英语教师终身成长书系

核心素养导向的 14种英语课型设计框架及课例解读（中学教师版）

王燕艳　崔林凤　编著

扫码解锁

- AI备课助手
- 配套资源
- 方法指导
- 实践心得

大连理工大学出版社

图书在版编目(CIP)数据

核心素养导向的14种英语课型设计框架及课例解读：中学教师版 / 王燕艳，崔林凤编著. -- 大连：大连理工大学出版社，2023.7（2025.4重印）

ISBN 978-7-5685-4132-9

Ⅰ．①核… Ⅱ．①王… ②崔… Ⅲ．①英语课－课堂教学－教学设计－中学 Ⅳ．① G633.412

中国国家版本馆CIP数据核字（2023）第005713号

大连理工大学出版社出版

地址：大连市软件园路80号　邮政编码：116023
营销中心：0411-84707410　84708842　邮购及零售：0411-84706041
E-mail：dutp@dutp.cn　URL：https://www.dutp.cn
大连图腾彩色印刷有限公司印刷　　大连理工大学出版社发行

幅面尺寸：185mm×260mm	印张：23	字数：472千字
2023年7月第1版		2025年4月第6次印刷
责任编辑：张晓燕		责任校对：孙　扬
	封面设计：姿　兰	

ISBN 978-7-5685-4132-9　　　　　　　　　　　　定　价：56.00元

本书如有印装质量问题，请与我社营销中心联系更换。

编审委员会

主　　　任： 王燕艳　崔林凤
副 主 任： 孙菲萍
专 家 审 读： 潘霖滋
审核与评课： 陈　冉　杜佳璐

内容制作者（按照姓氏拼音排序）：

　　　　安　梅　　白媛媛　　陈远明　　方士英　　方　欣　　蓝　兰
　　　　梁　辰　　罗正清　　彭亚楠　　孙菲萍　　孙海鸥　　王　焕
　　　　王　慧　　王明云　　王燕艳　　谢婷婷　　徐　菁　　郑　淳

联合实践教师（按照姓氏拼音排序）：

　　　　白媛媛　　龚鸿秀　　胡歆玥　　李清庆　　李　玥　　罗岚川
　　　　孙淑勤　　谢婷婷　　张骏成　　郑　淳　　钟达荣

联合审读教师（按照姓氏拼音排序）：

　　　　陈　冉　　杜佳璐　　龚鸿秀　　柯文倩　　黎怡超　　李清庆
　　　　梁军燕　　牛　牛　　王露麒　　王友佳　　肖　妍　　徐亚亚
　　　　薛旭珊　　张潇月　　周　薇

「码」上开启
英语备课
创新之门

- **AI备课助手** 7*24小时在线 随时答疑解惑
- **配套资源** 丰富课例 学以致用
- **方法指导** 实用技巧 高效备课
- **实践心得** 优秀经验 触类旁通

前言
PREFACE

作为英语教师,我们的职业生涯是从一堂英语课开始的。这"第一堂课"或许是你在还未正式入职前为一群陌生的学生所上的稚嫩却又十分认真的英语课。英语教师的职业生涯从这里开始,并以接下来一堂又一堂的英语课延续着。正是这一堂又一堂的英语课,让学生能够从这里汲取知识,不断成长。所以,对于一位英语教师来说,能否上好英语课,是职业生涯的长期目标,是起点也是终点。

现在的教师们可能会深陷备课之"痛"——大家都明白上好一堂课的重要性,而且在新课标的引领下,教育理念更新迭代,对教师的课堂要求越来越高。

以英语教师的教学现状为出发点,我们把英语教师终身成长书系列的第一册书定位在了"备好一堂课"的主旨之上,同时通过更加精细化的教师需求调研,最终确定了本书的主题:典型英语课型的经典课例研究。我们发现,对于青年教师而言,研究和模仿优秀课例是更为高效的教师学习成长模式,所以我们汇集了英语教学中的典型课型,并对每一种课型进行了详尽的背景分析、设计思路分析以及教案分析,以帮助每一位想要精进备课的教师从本书中获得更有效的知识信息。希望本书能够成为英语教师们的备课工具书,一本可以放在办公桌上、时时参考翻阅的实用工具书。

关于本书的章节内容设计及使用说明:

1. 内容大纲的设计

我们通过参考国内外专业英语教师教育图书及论文,同时在粉丝过万的英语教师平台进行了数据调研和分析,确定了本书的14种课型,其中包括8种英语教学的常规课型以及6种创新课型。我们为读者解读各个课型的设计原理,并辅以优秀教学设计案例进行实践应用的展示,以便读者更全面地学习、理解如何科学备课。

每种课型的概念明确了各课型的核心和重点教学目标，其中重点教学目标决定了选取的教学方法。对读者来说，熟练掌握各种英语技能的教学方式将更有助于把各种技能的教与学模式运用到课程中，迁移、创新出更为"融合"的课程，从而更全面地锻炼学生的"听说读写"四项技能。

2. 章节内容的设计

每章内容以"课型存在的实际教学问题及原因→如何设计课型→课型优秀教学设计案例"的思路展开，从"what, why, how..."等多角度解读每个课型的教学设计。每个章节中所展现的课型典型问题部分都基于一线教师的调研。内容设置上通过问题引发读者思考，让读者与之后的章节产生更强的思维互动，从而理解内容。

"如何设计课型"以优秀案例为例，详细拆解了该章节对应课型完整的设计思路，案例的讲解也尽量降低读者理解的难度。每章中优秀教学设计案例的选取以获奖课例、优秀论文所用案例、经不少于50位英语教师评课的公开课案例为主。还有一小部分为英文获奖案例，我们保留精彩片段供读者学习参考。每种课例均配有电子版课件及教案等资源，可通过书中的二维码扫码获取。

3. 图书的编写模式

本书由特级教师、全国英语教师平台专家团队组成的核心编者团队及全国范围内招募、邀请的优秀一线英语教师共同编写。编写过程中经历了思路研讨、文稿打磨、读者试读、专家审读、周例会集体反馈答疑等多重环节保证内容的专业性和可读性，希望为读者带来更优化的阅读体验。

目录 CONTENTS

第一章　记叙文的阅读课
基于记叙文体裁的深度阅读教学设计研究　001

第一节　阅读教学中的常见问题 …………………………… 002
第二节　如何设计一节有效的记叙文阅读课? ………… 006
第三节　优秀案例展示 ……………………………………… 022

第二章　说明文的阅读课
基于说明文体裁的阅读技能提升与测评教学设计研究　029

第一节　说明文教学中的常见问题 ……………………… 030
第二节　如何设计一节有效的说明文阅读课? ………… 038
第三节　优秀案例展示 ……………………………………… 050

第三章　写作课
"三步金字塔"谋篇布局法应用于写作教学的研究　057

第一节　写作教学中的常见问题 ………………………… 058
第二节　如何设计一节有效的写作课? ………………… 063
第三节　优秀案例展示 ……………………………………… 079

第四章 读写课 "以读促写"教学模式设计及应用研究 ... 087

第一节　读写教学中的常见问题 …………………………… 088
第二节　如何设计一节有效的读写课? …………………… 095
第三节　优秀案例展示 …………………………………… 108

第五章 听说课 基于"Arouse, Analyze, Apply""脚手架"的听说教学研究 ... 115

第一节　听说教学中的常见问题 …………………………… 116
第二节　如何设计一节有效的听说课? …………………… 119
第三节　优秀案例展示 …………………………………… 129

第六章 语法课 "ESA"教学模式应用于语法教学的课例研究 ... 135

第一节　语法教学常见问题解读及"ESA"教学模式初探 …… 136
第二节　如何设计一节有效的语法课? …………………… 144
第三节　优秀案例展示 …………………………………… 169

第七章 复习课 基于单元主题导向及内容整合的复习教学设计研究 ... 175

第一节　复习教学中的常见问题及原因 …………………… 176
第二节　单元主题复习课的意义 …………………………… 178
第三节　如何设计一节高效的单元主题复习课? ………… 179
第四节　优秀案例展示 …………………………………… 190

第八章 试卷讲评课 基于英语学习活动观的试卷讲评教学设计研究 ... 199

第一节　试卷讲评课的定义、常见问题和讲评原则 ……… 200

第二节　如何设计一节高效的试卷讲评课？ ·········· 205
第三节　优秀案例展示 ·········· 215

第九章　戏剧课
"过程戏剧"与"结果戏剧"方法应用于英语教学的研究　221

第一节　戏剧的定义 ·········· 222
第二节　课程实施痛点和设计原则 ·········· 226
第三节　教育戏剧的设计指导 ·········· 232
第四节　优秀案例展示 ·········· 248

第十章　语音课
由浅入深的整体性语音教学设计研究　255

第一节　语音课的现状和重要性 ·········· 256
第二节　语音课的课程设计 ·········· 262
第三节　优秀案例展示 ·········· 269

第十一章　口语课
以项目制学习为依托的口语教学设计研究　275

第一节　为什么要上口语课？ ·········· 276
第二节　口语课的教学现状 ·········· 279
第三节　口语课的设计原则 ·········· 280
第四节　如何设计一节有效的口语课？ ·········· 283
第五节　优秀案例展示 ·········· 289

第十二章　演讲课　297

第一节　演讲课的力量 ·········· 298
第二节　演讲课的现状与教学原则 ·········· 300

第三节　如何设计一节演讲课？ …………………… 306
第四节　优秀案例展示 ……………………………… 313

第十三章　泛读课
基于整本书阅读过程中的章节内容复盘赏析类泛读课教学研究　317

第一节　泛读和泛读课 ……………………………… 318
第二节　如何设计一节有效的泛读课？ …………… 320
第三节　优秀案例展示 ……………………………… 335

第十四章　活动课
基于"PBL"的英语活动课教学设计研究　339

第一节　什么是活动课？ …………………………… 340
第二节　什么是英语活动课？ ……………………… 340
第三节　为什么要上英语活动课？ ………………… 342
第四节　如何设计一节有效的活动课？ …………… 345
第五节　优秀案例展示 ……………………………… 355

第一章 记叙文的阅读课

基于记叙文体裁的深度阅读教学设计研究

——以"The Hero in My Eyes"为例

> **完成本章阅读,你将收获:**
>
> 1. 阅读教学中常见问题解读
> 2. "TOP-DOWN"模式的文本解读方法
> 3. 文本解读的英文版案例
> 4. 设计阅读课教学目标的方法和英文版案例
> 5. 全国英语教学设计大赛一等奖阅读课英文版教案解读

第一节　阅读教学中的常见问题

问题一：轻阅读文本，重语言点

把阅读课上成语言点课是很多英语教师在阅读教学中的常见问题。阅读课上，大多数教师针对文本的处理仅仅是提几个问题，填一些表格，做一个升华总结，便草草结束阅读环节，重点进入语言点讲解环节。正所谓：

一文二三问，

略读四五句。

语言六七点，

八九十考题。

（葛炳芳，2012）

这样的方式在高考的语法考点（语篇填空和短文改错）上会略占优势，但已经不符合新高考对于语篇理解的考查了。这不仅没有让学生真正理解阅读的意义，体会阅读的乐趣，提升阅读的技能，还会降低教师自己的上课体验感。

问题二：课堂热闹，活动很多，学生却没有真正的阅读时间

很多教师在阅读课的活动创新上花了不少心思，但是一节课内真正属于学生自主阅读的时间却因为这些活动的堆砌而被压缩，学生基于文本进行思考的时间也变少了。

这样的课堂，真的是阅读课吗？

问题三：阅读教学目标不明确，阅读活动目标无法达成

很多教师把撰写教学目标当作例行公事，并没有认真对待，从而导致阅读课的设计漫无目的。由于没有明确的教学目标，一堂阅读课如流水账一般没有轻重。

另一种情况，在教案详尽、设计精美的公开课上，教师把"如何吸引观众注意力，如何让课堂更热闹"变成了课堂的目标，而忽略了完成活动设计的相关目标，最终"捡了芝麻丢了西瓜"。

第一章 记叙文的阅读课

问题四：对文本的处理过于浅显，学生在被动接收信息，并没有主动思考

在阅读课上，很多教师在引导学生做完"skimming and scanning"（略读和精读：找主旨和找细节）的活动之后，缺少对文本的深度挖掘，于是课堂仅仅停留在获取和解读信息上，无法引发学生对文本内容的深度思考。最终，学生只做到了"read the lines and read between the lines"，但是却做不到 "read beyond the lines"[1]。

问题产生的原因

出现以上问题，主要有以下四个原因：

1. 教师对阅读本质的理解有偏差；
2. 教师缺乏阅读课设计的专业知识；
3. 教师对文本的解读不够透彻；
4. 教师对高考的认知只停留在词汇和语法解读的基础阶段，忽略了"reading for thinking"才是为高考选拔人才的宗旨。

其中关于阅读课设计和文本解读的方法将会在第二章中详细叙述，而关于"阅读本质的理解"是需要所有教师最先关注的基础知识。

例如，问题一和问题二出现的根本原因是教师对阅读本质的理解有偏差。把阅读课上成语言点课的教师，无形中把阅读文本定义成了无意义的语言素材。教师把阅读课上成了活动课，留给学生极少的阅读时间，也忽视了阅读过程本身对于学生学习语言的非凡意义。

那阅读的本质到底是什么？

阅读是一项通过文字获取信息并沟通思想的认知活动。阅读的终点是"思想的交流和沟通"，而无视阅读本质的教学行为，通常会忽略阅读的意义，从而把阅读行为仅仅停留在"文字解读"上。

对于外语学习者来说，"文字解读"难道不重要吗？答：非常重要。但如果外语学习者仅重视文字解读，那么他们永远无法掌握阅读技能。除此之外，脱离上下文语境的文字解读，是一种十分低效的语言学习模式。

真正的阅读行为，应该包含以下四个阶段[2]（如表1所示）：

---

1 美国芝加哥大学教授，前世界阅读学会首任会长 William Scott Gray 于 1960 年提出阅读理解的"三层努力观"：reading the lines, reading between the lines, and reading beyond the lines（Gray, 1960）。

2 David Nunan, Ronald Carter. The Cambridge Guide to Teaching English to Speakers of Other Languages[M]. London: Cambridge University Press, 2011.

表1 阅读的四个阶段

阶段	阅读行为分类	教学重点	学习者（读者）角色	行为关注主体	读者行为	读者状态
一	理解：Product	字词句意及语法	语言学习者 (language learner)	文本 (text)	理解 (decode): read the lines	被动的 (passive)
二	分析：Process	文本之意	信息整理者/归纳者 (information-organizer / summarizer)	读者 (reader)	解读 (extract): read between the lines	主动的 (active)
三	评价：Social process	作者观点与读者观点	思考者 (interpreter)	读者 (reader)	沟通 (negotiate): read beyond the lines	互动的 (interactive/reflective)
四	应用：Practice	读后应用习惯及日常阅读习惯的培养	问题解决者 (problem-solver)	社会环境及应用 (uses of reading in sociocultural environment)	习得 (acquire): read beyond the lines	文艺的 (literate)

从另一个视角解读这四个阶段，四个步骤如下：

1. Read for text
2. Read for context
3. Read for creative thinking
4. Read for problem-solving

第一阶段：理解（Product）

开始阅读外语文本时，读者需要对文本中的文字进行理解和解码[3]，也就是英文中所说的 read the lines。这一阶段，读者需要重点关注文本的字、词块[4]、句甚至文体，并通过这些客观表意的文字获取信息。在这一阶段，读者的阅读认知行为大多是被动且超出自己语言能力水平的。若读者阅读的是一篇超出他们语言能力水平的文本，那么他们阅读时的思考行为则会停留在"理解"这一层面。

---

[3] （对文字信息的）解码，英语为 decode，是一种透过语言文字的字、词、句的音形，进一步理解其含义的语言解读行为。此术语多用于专业语言学习文献中。

[4] 词块为英文 chunk 的中文译文，指单词的搭配；例如 play 为词，而 play with 则为词块。

第二阶段：分析（Process）

若文本生词率不超过 4%，或生词率较高但有词典辅助查阅，阅读行为则可进入第二阶段——分析。在这一阶段中，读者需要运用一定的阅读技能来理解所读内容。在"分析"阶段中，读者的阅读思维习惯就不再是线性的、割裂的、碎片的文字解码，而是更连贯的、更有意义的知识输入。

第三阶段：评价（Social Process）

当透彻理解了文本含义，读者便可在阅读中从被动接收信息、主动解读信息的角色，转变为有思维互动的思想者角色，在阅读中会带入从前所学的知识，与作者进行思想上的对话和碰撞。这个阶段，读者并不会全盘接受文本的内容，他们会辩证地看待文本所传达的信息及观点。

第四阶段：应用（Practice）

狭义的"应用"，指读者将阅读中获取的信息或产生的观点应用于实际生活的阅读后行为。

广义的"应用"，则可以指读者将阅读作为生活习惯中的日常习得性行为，也就是将阅读行为内化成生活中的习惯。读者之所以能常态化阅读，是为了获取信息、解决问题、陶冶情操甚至是为了打发时间。

当阅读成为一种习惯，读者在阅读时的功利感及语言障碍感，都会弱化很多。这时候的读者，在每一次习惯性的主动阅读中，都会不自觉地代入文章所处的社会文化环境下的思考，让自己在文本或阅读中不断地启智。

与此同时，读者的阅读技能变得较为纯熟，并将解码、解读、思辨的阅读行为润化到这一阶段中，形成自动化的行为。这一行为甚至读者自己都无法察觉。这便是炉火纯青的"阅而悦之感"。要达到这个阶段的阅读效果，读者不仅需要语言能力的达标，还需要文学功底的积累，更需要对阅读行为本身的热爱。

充分理解了阅读的这四个阶段，教师们才能更好地将其反馈在阅读教学目标设计上，才能从更宏观的视角设计更精准的阅读活动和阅读策略。

第二节　如何设计一节有效的记叙文阅读课？

经过 50 余位一线教师的实践探索，累计 800 余位一线教师的在线调研，笔者总结归纳出以下阅读教学的备课步骤供教师学习参考（如表 2 所示）：

表 2　阅读教学常用备课步骤

步骤	视角 / 方法
文本分析	发现"文眼"：主题
	解读文本大意
	确定文章体裁
	发现关键目标语言
	5W1H 法（解构记叙文的方法）
学情分析	学生已知
	学生未知
	学生欲知
确定教学目标	确定本课教学目标
设计教学流程	围绕教学目标，确定对应的教学策略
撰写教案	撰写教案 / 学案

第一步：文本分析

笔者以这篇 *The Hero in My Eyes* 为例带大家学习"TOP-DOWN"模式的文本解读之法：

Step 1: Find the KEY word.

Step 2: Read between the lines.

Step 3: Read the lines.

Step 4: Read beyond the lines.

读到本节的最后，你将发现文本解析的方法也可以直接在教授学生的过程中使用，或直接变成阅读课的设计环节。

例文：

The Hero in My Eyes

文本来源：READER'S DIGEST–SSP

编辑：吴佳骏

词数：321

① It was September 2005. I had just entered Grade Six. As a shy girl, I chose to be all alone reading books during the breaks while most of my classmates were eager to make new friends. And I was doing well until the third lesson on the first day.

② A teacher had us fill out a questionnaire with "get to know you" questions. I thought she would read them privately, so I felt safe to share who I was. However, after the teacher collected the sheets, she mixed them up and handed them out to the class. One by one, we read out the student's name and then our two favorite answers. My sheet went to a mean kid. His "favorite answers" of mine were the two worst ones to be read out loud.

③ The first question was "What's your favorite movie?" While other kids wrote the latest hit movies, my answer was "The Wizard of Oz." It was a film made in 1939. The next question was "Where would you like to travel?" The others had said "Australia" or "Japan." I wrote, "Wherever a good book takes me." A loud laugh broke out immediately.

④ My cheeks burned. I stared at my schoolbag. How I wished I could disappear inside it!

⑤ But then, something amazing happened. A voice from the back of the room said, "Guys, cut it out!" It was Michael Siever, a popular boy. The room went silent.

⑥ Michael then turned to the teacher and said, "Why are you letting this happen? What is the point if we are making fun of each other?"

⑦ Fifteen years have passed since then. I don't remember the teacher or the mean kid. But Michael and I still occasionally chat with each other on the phone. I can't forget how it felt when he spoke up for me. Michael has not only become a friend of mine; in my eyes, he is also a hero.

Step 1: Find the KEY word

该环节需要思考的问题:

· *最能概括文章主题的词或词组是什么?*

主题是文章的主体脉络和讨论的中心。主题为后续的细读奠定了一定的基础,也有助于教师设计教学环节。所以文本分析的第一步是教师找到主题词。

找主题词的方法有以下几种:

1)从题目中找关键名词;

2)从开头或结尾的总结句中找关键名词;

3)找出文本中出现频率最高的实义名词;

4)找到文本中寓意最深刻的名词。

根据本文的标题"The Hero in My Eyes",推测文章的主题应是此标题中最核心的名词"hero"。本文最后一句"Michael has not only become a friend of mine; in my eyes, he is also a hero"提到了 hero,而且是在 not only ... (but) 的句型中,作为转折后的重点语义出现,所以基本可以确定本篇文本的主题是"hero"。

虽然大多数教师能够很快识别出"hero"为本文主题,但其实标题中还有另一个词值得画重点并能引发学生的深度思辨——这个词就是"my"。因为"hero"作为主题词,方向较为广泛。若教师能够将重点聚焦到"my"一词上,则可以引导学生在文本阅读中更关注主人公在其独特经历中对"hero"的独特定义。教师甚至可以此为基础,引导学生升华文本主旨,让学生从自己的角度思考"my hero"的定义。

Step 2: Read between the lines

该环节教师备课/学生阅读需思考以下问题:

· *本文的体裁是什么?*

· *如何用一句话概括本文大意?*

· *如何用一句话概括各个段落的大意?*

· *本文是如何串联内容的?*

◎ 文本体裁

确定文本体裁,是对文本所用语体的解读。若文字是作者表达观点的武器,那么文本的语体就是作者的"战术"。作者使用不同的"战术",表达观点的效果是完全不一样的。

例如,本案例语篇使用了大量的叙事性语句及对话,是较为典型的记叙文。用记叙文叙述一个故事,讲求"起承转合"、人物的个性丰满、浓墨于情节的冲突、重笔于情绪的铺垫。

◎ 文本大意

解读文本大意,简言之就是需要思考一个问题:如何用一句话把本文大意说明白?

其实学生只要找到文本中 who、when、where、what 这四个信息,并将这些信息串联成一句话,便可得出文本的大意。

例如,本案例语篇的大意可以概括为:

"In the text, a girl (who) narrates her early experience (when) in the primary school (where), where a boy (who) called Michael stood up for her unfair treatment by her teacher and classmates (what).".

解读完文本大意之后,通常还要解读段落大意,同样可以用上述方法。若该段落中没有明显提出"when"和"where",则可以省略。

例如,案例语篇的段落大意可被概括为:

Para. 1→2: On the first day of school (when), a teacher (who) asked us to fill out a questionnaire and mine went to a mean kid (what).

Para. 3→4: The answers the mean kid (who) read out made the class laugh (what) and this embarrassed me (who).

Para. 5→6: Michael (who) stopped the laughter and questioned the teacher's inconsideration (what).

Para. 7: I felt grateful to Michael and he has been my hero ever since.

◎ 文本解构

教师对于文本"what"的解读,需着眼于故事的发展,尤其对记叙文中的实义动词应多加关注。

这里的"what"指的是"发生了什么"。一个好的故事,多遵循以下四个起承转合的叙事步骤(如图1所示):

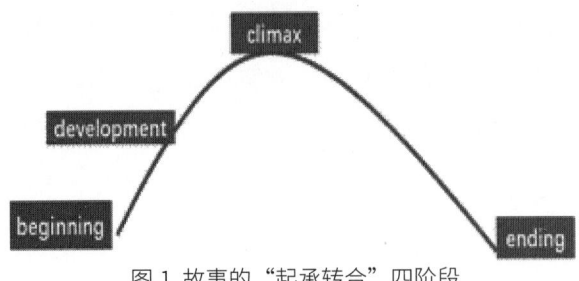

图 1 故事的"起承转合"四阶段

教师解构文本时可以将文本中的关键动词置于相应的环节，进行观察和解构；或直接将四个环节与相应段落对应，做更宏观的篇章解构。

例如本篇例文里的文本结构与段落的匹配如下：

Beginning: ①

Development: ② ③ ④

Climax: ⑤ ⑥

Ending: ⑦

按照这样的模式分析文章结构，不仅可以让教师更有条理地设计阅读课，还可以将此思路直接变成阅读课中的一个互动环节，让学生参与文本结构的分析，从而培养学生的阅读技能，甚至可以培养学生搭建写作思维框架。

Step 3: Read the lines

该环节教师备课需思考以下问题：

· 文本里学生需要学的目标语言是什么？

· 文本里有哪些对象、地点、时间等细节信息？

◎ 目标语言

对于 EFL（English as a foreign language）的学生来说，英语阅读课不仅是一门阅读课，更是一门语言课。文本对于学生来说，不仅是一篇获取信息的文本，更是一篇辅助其语言学习的语料。孰轻孰重，看教师的抉择，也看学生的水平。但不论天平偏向哪一边，教师在备阅读课时，都不能缺少对本授课目标语言的挖掘。

本课目标语言（target language）即本课需要重点学习的词、词组和句型，这些内容是需要教师从文本中挑选出来的。教师挑选的依据主要来源于：

1. 文本特点

2. 课程标准大纲

3. 学生水平

4. 教学时间

首先，注意文本特点。文本是原材料，每一份原材料都有自己独有的特点，比如文本中反复出现的句型，或者文本中推动情节发展的重点动词等，以上内容都可以成为本课的目标语言。

然后，以课程标准大纲为方向。《义务教育英语课程标准（2022年版）》和《普通高中英语课程标准（2017年版2020年修订）》是指北针，这是我国教育部根据本土英语学生的特点所规划出的语言难度和教学时间的合理匹配的指导手册。作为教师，遵循新课程标准上的规则进行教学，节奏会更为稳健。

再者，匹配学生水平。学生的水平是仪表盘，因为每个学生和每个班级的英语水平都不太一样，所以同一份文本在每个班级的阅读重点和学习目标也不一样。

最后，控制教学时间。教学时间是定时器，如果通篇都是重点，教师对每个语言点都不舍得放弃，就很容易出现满堂灌的课堂状态。所以在确定目标语言的过程中，必须要考虑教学时间这个定时器，并做必要的取舍。本课目标语言点的确定，其实到最后是一个做减法的过程。

本篇例文的关键目标语言点解读如下：

The text, a narrative under the thematic context of "Man and Self" and "Man and Society", deals with the idea of "Self-realization and Improvement" and "Communication Skills, Tolerance and Cooperation".

Verbal phrases: fill out, mix up, hand out to, read out, break out, stare at, turn to, chat with, speak up for, cut ... out

Key sentence structures:

① I thought she would read them privately, so I felt safe to share who I was.

② Wherever a good book takes me.

③ My cheeks burned. I stared at my schoolbag. How I wish I could disappear inside it.

④ Michael has not only become a friend of mine; in my eyes, he's also a hero.

◎ 细节信息

文章中有一些信息，属于不可改变的客观事实——也就是"facts"，找到这些信息不仅能够锻炼学生阅读细节、查找信息的能力，还能通过对信息的加工处理，深化对文本的理解。

我们可以从以下这些角度寻找文本的细节信息：who, when, where。

角度一：Who

"Who"即文本中的关键对象。对于记叙文来说，就是故事里的人物；对于说明文来说，就是说明描述的对象；对于议论文来说，就是探讨、评论的对象；对于应用文来说，就是应用的双方。

本篇例文是记叙文，我们就以记叙文为例。本篇文本的几个重要角色分别是：I, classmates, teacher, a kid, Micheal。

找到文中关键对象之后，下一步就是分析对象的特征。

例如在记叙文文体中，作者通常会用字里行间的措辞去丰满人物个性，这是非常重要的记叙文写作特点。教师通过让学生在阅读中思考人物性格，既可以让学生关注文本的字、词、句，做到精读，感受文学之精妙；又可以让学生读出文外之意，锤炼阅读技巧和深度思考的能力。

例如本篇例文中，学生读者或许能很容易读出作者，也就是第一人称"I"，是一位较为害羞（shy）的女生，因为本文开篇便写了一句：As a shy girl。既然 shy 为该人物标签，那么文中肯定会有其他细节能够描写出她的害羞。比如 **"As a shy girl, I chose to be all alone reading books during the breaks while most of my classmates were eager to make new friends."** 中的 all alone，尤其是用 all 来修饰 alone——把主角的不合群感放大；这个句中的 while 作为意思上的大转折，前后形成强烈的反差，更加衬托出主角的害羞。作为写作的修辞手法，这一转折也是教师可以引导和教授学生的点睛妙笔。

文中还有很多精妙之处，为丰满角色的性格埋下了伏笔。笔者对一些关键词句做了总结（表3）：

表3　解构文本之：Who

人物	性格	文本线索
I	Shy	1. As a shy girl, I chose to be <u>**all alone**</u> reading books during the breaks <u>**while**</u> most of my classmates were eager to make new friends. 2. I thought she would read them <u>**privately**</u>, so I <u>**felt safe**</u> to share who I was. 3. My cheeks burned. I stared at my schoolbag. How I wished I could <u>**disappear inside**</u> it!
Classmates	Outgoing	... while most of my classmates <u>**were eager to**</u> make new friends.

续表

人物	性格	文本线索
Teacher	Creative	**I thought** she would **read them privately**, so I felt safe to share who I was. **However**, after the teacher collected the sheets, she mixed them up and **handed them out** to the class.
A kid	Mean	My sheet went to a **mean** kid. His "**favorite answers**" of mine were the **two worst ones** to be read out loud.
Micheal	Popular	It was Michael Siever, a popular boy. **The room went silent**.
Micheal	Brave	A voice from the back of the room said, "Guys, **cut it out!**" It was Michael Siever, a popular boy. The room went silent. Michael then **turned to the teacher** and said, "**Why are you** letting this happen? **What is the point** if we are making fun of each other?"

角度二：When & Where

时间和场景在文本中反映了事情所发生的社会文化环境，是十分重要的记叙文要素。尤其是学生在阅读一些经典文学作品的时候，对"when"和"where"的纵深理解更是对文意的深度解读起到了关键的作用。

解构"when"和"where"的方法就是直接从文本中找"时间状语"和"地点状语"。

关于"when"，本篇例文中出现了两个时间状语，如下：

① It was September 2005.

② Fifteen years have passed since then.

从这两个时间点可以看出三层时间角度的含义：

第一，这个故事是一篇回忆，所以动词大多用的是过去式；

第二，这个故事发生在当代，所以时代背景和当下较为贴合，是会引起共鸣、值得反思的现实意义文本；

第三，作者对于时间的描述，并没有统一格式，一个为具体的时间点 September 2005，另一个为虚化的时间段 fifteen years。这种描述形式可以拓展关于故事描述的写作技能及关于时间描述的语言点，而且教师也可以基于这两个时间状语提出一个关于时间线的阅读题，简单考查一下学生对细节的把控和对时间词的理解，例如：

When did the author write the passage?

关于"where"，本篇例文中明确了"在课堂中"的场景，地点状语是 the third lesson on the first day，也进一步印证了上面的第二层时间角度的含义。这是一篇在时间和场景上都很贴合当下学生文化环境和生活环境的文本，可以让学生以文为鉴，深度思考在真实的校园生活中和同学的关系。

Step 4: Read beyond the lines

该环节教师备课需思考以下问题：

- 文本中用了什么修辞手法？
- 文本是否传达了一些不一样的文化？
- 是否可以通过拓展该文本的内涵，启发学生进行批判性思考？
- 从文本中学到的知识是否可以用于学生的实际学习中？

这个环节是大多数教师在阅读课备课中，最容易忽略且最难准备的部分，也是体现教师深挖文本功底的重要环节。其中修辞手法和文化差异的寻找，考验教师的素养和功底，这个技能的养成需要长期积累，并不能依靠几步指导示范便可一蹴而就。

◎ 启发批判性思考

启发学生的批判性思考，简言之，便是要通过深挖文本向学生提出值得思考甚至开化启智的好问题。

教师可以从文本中的这些方面进行提问，启发学生思考（如表4所示）：

- 强烈对比之处
- 强烈冲突之处
- 出乎意料之处
- 与现实共鸣之处
- 文意留白之处
- 含有历史文化信息之处

表4　深挖文本之法

文章线索	文本线索
强烈对比之处	As a shy girl, I chose to be **all alone** reading books during the breaks while most of my classmates **were eager to make new friends.**（解读：作者是害羞内向的，而同学们都是急切社交的，形成了强烈对比）
强烈冲突之处	Michael then turned to the teacher and said, "Why are you letting this happen? What is the point if we are making fun of each other?"（解读：男生站起来打抱不平的这一句，是全文情绪的最高点，也是转折点，是全文最具冲突之处，是值得重点关注的内容）
出乎意料之处	But then, **something amazing** happened. A voice from the back of the room said, "Guys, cut it out!"（解读：这是文章的一个反转，因为作者或许没有想到会有一个男生冒着得罪老师的风险，站起来为一个女生打抱不平）
与现实共鸣之处	I had just entered Grade Six.（解读：对于学生来说，这个场景是和他们的学生生活很贴近的，容易引起共鸣）

续表

文章线索	文本线索
文意留白之处	Michael then turned to the teacher and said, "Why are you letting this happen? What is the point if we are making fun of each other?"（解读：回忆的故事在高潮这里戛然而止，并没有继续写这个男孩站起来说了这句话之后同学们有什么反应，以及老师们有什么反应。留白之处，是会给读者无限想象的）
含有历史文化信息之处	无（本文发生于现代，无相关历史文化信息）

简言之，文中每一处笔墨，皆可为读者提供一个可想象和思考的"暧昧空间"。找到了文本中的这些曲径通幽处，便是读者思维可以开出花来的地方，也是阅读之所以能成为"悦读"之精妙所在。

例如本篇例文，看似为符合初中生阅读难度的文本，但是仔细"掘之"，大有深意可挖，比如本文中的"冲突"和"对比"非常多：

· 读书和交友的对比；

· 内向和外向的对比；

· 嘲笑和勇敢对峙的对比；

· 私密自我信息和公开朗读的对比；

· 同学和朋友的对比；

· 校园霸凌和见义勇为的对比。

每一组对比，都可以引发一个值得辩证思考的问题，比如：

· 新学期伊始，读书和社交哪一个更重要？

· 内向的自己需要在新学期克服自我去主动交友吗？

· 如何抵制和反抗校园霸凌？

· 个人介绍是否应该在课堂中公开？

· 什么是真正的"英雄"？

如果以上这些问题，已经引起了你对案例文本的思考，那么这些问题便是"read beyond the lines"之后可以向学生提的好问题。

◎ 学以致用

在对文本的信息和深意做了全盘解读之后，教师需要思考的读后重点问题是：这些知识对于学生，该如何学以致用？

教师可以从以下三个方面进行思考：

【语言知识再运用】学生应该如何运用文本中学习到的语言知识？

【阅读技能再运用】学生应该如何再运用阅读中所锻炼的阅读技能？

【知识于生活的再运用】学生应该如何将从阅读中获得的思想应用于真实生活？

想出一个活动方案，放在读后环节中，让学生运用本课所学进一步巩固知识和技能。

例如基于本篇例文让学生基于起承转合的故事线，写一篇总结文，这是对叙事技能和将语言点转化为写作技能的再运用；

或者，可以让学生以另一所学校的笔友身份给作者写一封信，表达安慰、理解、建议等内容；

抑或，可以让学生向教师写一封建议书，真实地告诉教师，从学生的视角来看到底怎样的新生互认活动是他们能接受的；

再者，还可以让学生小组讨论出一系列班级规则，约束和避免此类事情的发生。甚至可以以戏剧的模式还原场景，让学生演绎，从而更深切地体会作者的感受。

第二步：学情分析

通过文本解读，教师已经从文中积累了大量可用的教学信息。但在实际课堂上，因时间的限制和学生个体的不同，教师需要从诸多信息中剥离出最核心的知识、技能进行引导和教授。

本教案备课教师基于文本对其学生做了如下的分析，可供参考：

Student analysis (based on KWL)

K: Students in Grade 9 have studied many general topics and are familiar with the context of school life. As a result, it is expected that they can relate well to the text in this lesson. They have learned most verb tenses and there are few unfamiliar words in the passage. Therefore, the text is relatively easy for them.

W: At this age, they are developing their own emotions and have just learned how to better communicate and collaborate with one other. As a result, they are in need of guidance such as a role model or moral value for their behaviours.

L: In this passage, they will reflect on their past behaviours, being tolerant to others and better able to control their emotions.

第三步：制定教学目标

加涅曾说："教学目标是教师期望学生在完成学习任务后达到的行为变化程度，是课堂教学的出发点和归宿。"也就是说，教师在经过文本的深度解读和学情分析之后，制定阅读教学目标才是设计的真正开始。

我们在制定阅读课教学目标时，最容易上手的方法是参考国家英语教育课程改革、英语课程标准、英语学科核心素养培养等教育部核心思想、纲领的指引框架来进行设计。

关于教学目标的撰写维度，国内主要经历了以下三种主要教学目标设计模式的变迁：

三维目标——基于第八次课程改革理念下的教学目标设计维度

· 知识目标

· 技能目标

· 情感态度与价值观目标

三维教学目标英文版案例（此教学目标是基于本章例文所写）：

By the end of the lesson students will have **enhanced their Key Competencies** in terms of the following three aspects.

1. Key ability（此为三维目标中的"知识目标"）

◆ **Know about** verbal phrases such as *fill out, mix up, hand out to, read out, break out, stare at, turn to, chat with, speak up for*, and **be able to use** them for description.

◆ **Make clear** the development of the story and **analyze** the author's emotional changes on her first day of school.

◆ **Identify** the right and wrong behaviors of Michael, the mean kid(s) and the teacher, **evaluate** their behaviours and **demonstrate** their own way of solving problems.

2. Essential qualities（此为三维目标中的"技能目标"）

◆ **Think critically** on disputable issues, make appropriate decisions and solve problems properly.

3. Beliefs and values（此为三维目标中的"情感态度与价值观目标"）

◆ **Raise the awareness** of respecting others;

◆ **Learn to be** tolerant and thoughtful;

◆ **Think critically** on disputable issues.

五维目标——在《义务教育英语课程标准（2011年版）》中被沿用的教学目标设计维度

- 语言知识目标
- 语言技能目标
- 学习策略目标
- 情感态度与价值观目标
- 文化意识目标

五维教学目标英文版案例：

At the end of the lesson, students can develop their ability in (Ss=students) :

1. Language knowledge（此为五维目标中的"语言知识目标"）

◆ **Ss will understand** the main idea of the story (such as the main characters, the background and how the story develops) with the help of Teacher and pictures.

◆ **Ss will learn** key words such as "heat up, stone, put" and key sentence structures such as "... put in ...".

2. Learning strategies（此为五维目标中的"学习策略目标"）

◆ **Ss will** print awareness (find the title, the author and the illustrator on the cover).

3. Language skills（此为五维目标中的"语言技能目标"）

◆ **Ss will predict** the plots of the story according to the pictures, as well as analyze whether the stone works in the delicious soup and why the stone soup tastes good.

◆ **Ss will sum up** the moral of the story, give their opinions about the story and gradually develop the habit of thinking and questioning.

4. Beliefs and values（此为五维目标中的"情感态度与价值观目标"）

◆ **Ss will get to know** the importance of sharing and be willing to make a contribution to the collective.

5. Cultural consciousness（此为五维目标中的"文化意识目标"）

◆ **Ss will get to realize** the differences between the eastern and western culture about food.

四维目标——基于培养英语学科核心素养下的教学目标设计维度

- 语言能力目标

- 文化意识目标
- 思维目标
- 学习能力目标

四维教学目标英文版案例：

By the end of the lesson, students can develop their ability in:

① Language ability（此为四维目标中的"语言能力目标"）

◆ **Ss will learn** the key words such as: shout, laugh, heat up, taste, delicious.

◆ **Ss will learn** the key sentences such as: ... put in the ... , it tastes ...

② Cultural consciousness（此为四维目标中的"文化意识目标"）

◆ **Ss will get to know** different stories about stone soup.

③ Thinking skills（此为四维目标中的"思维目标"）

◆ **Ss will have a basic knowledge about** how to make stone soup, realize the importance of thinking critically, and learn to think.

④ Learning capacity（此为四维目标中的"学习能力目标"）

◆ **Ss will have a basic understanding of** the story with the help of the pictures.

◆ **Ss will sort out** the plots and be able to know how to use "story mountain" to retell the story.

◆ **Ss will be able to analyze** character's language.

在这三种目标设计的大框架下，教师在设计阅读课目标时还需要注意以下几点：

1. 以实际阅读教学为主，不可机械套用目标模式。多维目标是教学目标设计的参考指导方向，不是教学目标设计的最终目标。所有的目标还需要以实际阅读教学情况为主，灵活变通。在以核心素养为导向、技能锻炼愈发综合的教学设计中，各个维度的教学目标经常有交叉和融合的情况，所以在实际教学设计中，不需要把以上各类目标进行十分严格的分门别类，直接列举教学目标清单即可。

2. 以文本为主，不可脱离文本进行目标定位。尤其在"文化意识目标、思维目标、学习能力目标、情感态度与价值观目标"这几类教学目标的设计上，教师需尤其注意，不可过分升华。

3. 彰显文本主题，在教学目标中要体现出对文本核心思想的学习和理解。

4. 符合目标文本的体裁，不可制定明显脱离文本体裁的教学目标，例如让学生读完一篇记叙文之后，进行说明文的写作输出等设计。

5. 符合学生的心智特点、思维特点和原有认知，不可过分拔高，也不可过于幼稚。

6. 教学目标需评价是否达标，而不是模糊的概念描述，例如教学目标若表达为"Students will be able to master some key words and phrases in the text."，则该目标是一个无效目标，因为学生要具体掌握哪些 key words and phrases 无从得知。教师可以将 some、several 等虚化的概念词换成具体的有指向的词，例如"master the following key words: ..."。

第四步：设计教学流程

教学流程的设计，需一一对应教学目标。一切和教学目标无关的教学环节，都是在浪费学生和教师的宝贵时间。

笔者在进行了大量课程设计的评课之后，发现不少教师在公开课备课等场景下，容易不自觉地为了把课堂效果做到极致而出现为活动而设计的备课思路。这样的设计违背了教学设计的初衷，让课堂流于形式，不能高效地达成教学目标。所以在设计教学流程之前，首先要确定本课目标。

笔者根据 400 余份一线阅读教学教案的调研统计，加之 20 余位特级教师、教研员、大学学者等专家的评定，向教师推荐以下阅读教学步骤。该阅读步骤的设计为统计数据中使用频率较高、更科学专业，且可参考、复制性很高的一种：

表 5　阅读教学设计常用且科学的步骤

环节	步骤	学习者（读者）角色	读者与文本的互动	读者阅读行为
Pre-reading	主题引入	预测者 (predictor)	/	分析：Process
	预测文章			
While-reading	第一遍阅读：文章大意	信息整理者 (information-organizer)	解读 (extract): read between the lines	
	第二遍阅读：文章结构			
	第三遍阅读：逻辑化细节		理解 (decode): read the lines	分析：Process / 理解：Product
Post-reading	复述总结	信息归纳者 (information-summarizer)	/	分析：Process
	深度阅读思考题	思考者 (interpreter)	沟通 (negotiate): read beyond the lines	评价：Social process
	读后应用活动	问题解决者 (problem-solver)		应用：Practice

Pre-reading

在正式进入文本阅读之前，让学生作为预测者（predictor）对文本主题和文本内容进行预测，调动学生的原有认知，为即将学习的新知做铺垫和准备。

1. 主题引入

根据教师对文本主题和文眼的解读，设计主题引入活动，为该阅读课奠定基调，确定大方向。

2. 预测文章

教师可以让学生根据一些非正文信息对文章进行预测。

While-reading

到了正式阅读的环节，学生的角色则转换成了阅读者，并启动"信息整理者（information-organizer）"的视角和技能，对文本进行阅读。

1. 第一遍阅读：文本大意

教师可以让学生进行针对文章的第一遍"略读（skimming）"来获取文章大意。

2. 第二遍阅读：文章结构

在了解完文章主旨之后，教师可以指导学生梳理文章结构，同时这也是梳理学生在阅读中获取信息的思维框架，逐渐培养学生的"框架思维"意识，对学生的阅读能力培养和思维能力提升都有一定的帮助。这一步便是阅读中的"read between the lines"。

3. 第三遍阅读：逻辑化细节

学生对文本有了大致的框架信息之后，能准确地定位和阅读相关细节，所以第三遍阅读可以让学生理解文本的一些细节，通过"read the lines"为"read beyond the lines"做铺垫。

Post-reading

学生在做完"read between the lines"和"read the lines"之后，对文本已经形成了较为完整的信息图，所以第三阶段学生要巩固语言能力和拓宽思路，做到"read beyond the lines"。

1. 复述总结

教师引导学生复述和总结文本内容，更多是想让学生通过此项活动对文本中的目标语言的运用进行巩固。学生在这一步不仅需要运用文本结构框架信息掌握文本重点细节，更需要对目标语言点的运用有所了解，这样才能更好地进行文本的复述和总结。教师可以根据学生的水平和该阅读课之前环节的铺垫程度来调整本环节的难度，抑或将本环节放在阅读思考题和读后应用活动之后。

2. 深度阅读思考题

对文本进行有效的问题设计和提问是考验教师阅读课教学设计功底的重要环节。教师需要在读后活动中，设计评估型问题，启发学生进行辩证思考，甚至让学生能够从问题的回答中运用更多与主题相关的跨学科背景知识，从而达到"read beyond the lines"的目标。教师可以基于备课环节中自己对文本深挖的角度设计问题。

3. 读后应用活动

若教师阅读课时间把控得当，可以考虑为此阅读课设计一个读后应用活动，这样既丰富了课堂教学，又巩固和升华本节课的知识。

关于以上阅读环节设计的具体案例展示，可以参考第三节。

第三节　优秀案例展示

备课教师：钟达荣

专家点评（"赋教杯"全国英语教学设计大赛评委）：

教案详尽完整恰当，教学过程螺旋上升，利用问题链引导学生思考分析。教师引导学生从感知、体验、获得，再到判断、描述、搭建支架。如果教师布置课堂学习延伸的作业，效果会更好。

请教师读者们基于前文内容，评析本教案。可在"review"一栏写下你的思考。

Lesson Design: The Hero in My Eyes

Course type: Reading

Students level: Grade 9 (According to the Lexile range and Flesch- Kincaid readability, the text is targeted at students at Grade 8 or 9, depending on their language proficiency. This design takes Grade 9 students as the teaching subject.)

Teaching principles: Guided by the philosophy of Key Competencies, the lesson is largely based on meaningful and context-related activities, and it is conducted according to the levels of thinking, from lower-ordered activities to the higher-ordered ones (learning and understanding, applying and practicing, transferring and creating). It pays close attention to students' role in class and their process of learning (the process of exploration) instead of the result of learning.

I. Text analysis

The text is a narrative under the thematic context of "Man and Self" and "Man and Society". It deals with the ideas of "Self-realization and Improvement" and "Communication Skills, Tolerance and Cooperation". In the text a girl narrates her early experience in the primary school, where a boy called Michael stands up for her unfair treatment by her teacher and classmates. The school life, the context in which the story takes place, is intimately related to their experience.

In terms of linguistic features, the text mainly employs past tense and involves many other tenses as well, such as present perfect tense, continuous tense and subjunctive mood. The story is narrated in the first person and in the form of a combination of dialogue and narration. Here's how the text is structured:

◆ Para. 1~2: On the first day of school, a teacher asked us to fill out a questionnaire, and mine ended up with a mean kid.

◆ Para. 3~4: The answers the mean kid read out made the class laugh and this embarrassed me.

◆ Para. 5~6: Michael stopped the laughter and questioned the teacher's lack of consideration.

◆ Para. 7: I felt grateful to Michael and he has been my hero ever since.

II. Students analysis (based on KWL)

◆ K: Students at Grade 9 have studied a variety lot of general topics and are quite familiar with the context of school life. As a result, it is expected that they can relate well to the text in this lesson. They have learned most of the tenses and there are few unknown words for them in the passage. Therefore, the text is relatively easy for them.

◆ W: At this age, they are developing their own emotions and they have just learned how to better communicate and collaborate with one other. As a result, they need guidance, such as a role model or moral value for their behaviours.

◆ L: In this passage, they will reflect on their past behaviours, learn to be tolerant of others and better able to control their emotions.

III. Teaching objectives

By the end of the lesson students will have enhanced their Key Competencies in terms of the following three aspects.

1. Key ability

◆ **Know about** verbal phrases such as fill out, mix up, hand out to, read out, break out, stare at, turn to, chat with, speak up for, and be able to use them for description.

◆ **Make clear** the development of the story and analyze the author's emotional changes on her first day of school.

◆ **Identify** the rightness and wrongness of the behaviours of Michael, the mean kid(s) and the teacher, evaluate their behaviours and demonstrate their own ways of solving problems.

2. Essential qualities

◆ **Think critically** on disputable issues, make appropriate decisions and solve problems properly.

3. Beliefs and values

◆ **Raise the awareness of** respecting others.

◆ **Learn to be** tolerant and thoughtful.

◆ **Think critically** on disputable issues.

IV. Teaching focuses and difficulties

1. Focuses: How to clearly develop the story and perceive the author's emotional changes on

her first day of school.

2.Difficulties: How to set up scaffolding and guide students to make evaluations on others' behaviour and come up with their own solutions to some tricky problems.

Ⅴ.Teaching procedures

Procedure (time span) (students' role)	Activities (45 minutes)	Purposes	Review
	Warming-up (4 minutes)		
Step 1: prediction (4 minutes) (predictor)	1.Present a picture full of words that stand for the passage they are going to read in the lesson. Who was in the story and where did the story probably happen? [Which word(s) tell you?] 2. Look at the title and the picture, guess who was "the hero". (without reading the passage, some may say it's the teacher; others may say it's Michael simply because it is big enough in the words cloud...)	1. Quickly get students into the topic and train their ability of "viewing" and "predicting". 2. Identify key words and make connections of the words to the passage. 3. Build suspense for the upcoming exploration of who "my hero" is.	
	Pre-reading (3 minutes) learning and understanding		
Step 2: observing (3 minutes) (observer)	Quickly read through the passage and answer: Where is this passage probably taken from? (There can be more than one answer.) A. A newspaper B. A speech C. A science book D. A diary E. A writing collection F. An autobiography (自传) Why do you think so? / How could you tell?	Enable students to identify the genre of a text by observing its linguistic features, and provide sound reasons from the text to support their judgment.	

Procedure (time span) (students' role)	Activities (45 minutes)	Purposes	Review
While-reading (28minutes) learning and understanding, applying and practicing, transferring and creating			
Step 3: skimming (6 minutes) (information-interpreter)	The passage is divided into four parts. Go quickly through the text and fill in the blank with a proper paragraph number which each main idea involves. Para._____: The answers the mean kid read out made the class laugh and this embarrassed me. Para._____: I felt grateful to Michael and he has been my hero ever since. Para._____: On the first day of school, a teacher asked us to fill out a questionnaire and mine went to a mean kid. Para._____ Michael stopped the laughter and questioned the teacher.	Get a general understanding of what each paragraph talks about by locating, labeling and numbering a sequence of events, and synthesize in mind all the paragraphs into a whole discourse.	
Step 4: reading Para. 1~2 for details (8 minutes) (information-finder and information-organizer)	Individual work 1. Read Para. 1 and answer: What is the girl like in class? / What kind of girl is she? (A: She is shy and likes to be alone and read books. She does not seem to like making friends.) Reading books > making friends 2. Read Para. 2 to find out the doer of the action **(We, I, the teacher)** and rearrange them into the chronological order (1~5): **Actor Action Order** __I__ felt safe to share (2) _____ handed out the sheets to us ( ) _____ read out each other's answers ( ) _____ filled out the questionnaire ( ) _____ collected the sheets ( ) Have students check each answer.	1. Read between the lines to find as many qualities of the girl as they can. 2. Identify the actor of the action and have a clear idea of what the story is going on. 3. The given answers act as scaffolding to facilitate learning. 4. With peer correction, students can effectively monitor their errors and correct themselves. This makes evaluations more diverse.	

第一章　记叙文的阅读课

Procedure (time span) (students' role)	Activities (45 minutes)	Purposes	Review
Step 5: reading Para. 3~4 for details (9 minutes) (information-finder / co-operator)	Read Para. 3~4 and complete the tables (work in pair): 1. Table 1 Our questions and answers in class | Q/A	Others'	Mine
---	---	---
(1)_____	(2)_____	The Wizard of Oz
Desired place for traveling	Australia or Japan	(3)_____ | 2. Conclude how the class and I felt when my answer has been read out and find out supporting sentence(s). (work in group) | Q/A	Others	Me
---	---	---
Feelings	(1)_____	(2)_____
Supporting details	(3)_____	(4)_____ | You may use the sentence patterns as follows: When my answer has been read out, others felt (1)_ because (3)_. However, I felt (2)_ because (4)_. 3. What did the girl mean by "wherever a good book takes me" when describing her favorite place to travel? (work in group) Evaluate their answers.	1. Help students to get their information (or thoughts) organized. 2. With scaffolding (given answers), they can quickly find the answers for the rest of the blanks. 3. Students are required to read beyond the text and show their understanding of the important emotional changes. 4. Offer evidence for their judgment. 5. Train their ability to contrast and apply information they collected into real use. 6. Make connections to the first paragraph, and appreciate the beauty of the English language.	
Step 6: reading Para. 5~6 for details (3 minutes) (evaluator)	What do you think of the boy Michael? Why do you think so? (Brave, kind-hearted, considerate, confident, outspoken, impolite, etc.)	Guide students to evaluate and give opinions on Michael.	
Step 7: reading Para.7 for details (2 minutes) (interpreter)	How did she exactly feel when she says "I can't forget how it felt…"	Guide students to sense the author's emotions / attitudes towards Michael.	

027

Procedure (time span) (students' role)	Activities (45 minutes)	Purposes	Review
Post-reading (8 minutes) transferring and creating			
Step 8: discussion (8 minutes) (decision-maker / problem-solver/ presenter)	Two questions for thoughts: 1. If you were the teacher, before Michael said anything, what would you say or do instead? 2. What do you think of Michael's reaction to the teacher? If you were him, what would you do instead? (Tips: the differences between American education culture and Chinese education culture) 3. What could be the purpose(s) for the author to write down such an experience? (if time permits)	1.Guide students to read beyond the text and make proper decisions. 2.Enable students to evaluate Michael's way of doing things and have a critical thought on it. 3.Lead them to solve problems through cooperation. 4.Form an awareness of respecting others. 5.Train their ability of speculation and have a deeper understanding of the theme.	
Homework (2 minutes)			
Step 9: homework (2 minutes) (elaborator / summarizer)	Homework of the day: 1.Answer one of **the first two questions** in the form of an 80-word composition; remember to supplement your reasons for doing so. (for higher-level students) Write a 60-word summary for this passage. (for lower-level students)	For the higher-level students, they are given a chance to demonstrate their ability to think and take appropriate action for the lower-level students, they can at least demonstrate their understanding of what they've learned in the class.	

第二章 说明文的阅读课

基于说明文体裁的阅读技能提升与测评教学设计研究

——以"2019年全国Ⅰ卷C篇"为例

完成本章阅读,你将收获:

1. 试卷讲评类说明文阅读教学中常见问题及产生原因
2. 说明文的定义及分类
3. 《义务教育英语课程标准(2022年版)》中关于说明文的解读
4. 说明文的分类及其语篇的基本特征
5. 试卷讲评类说明文阅读课的设计思路及教学课例

第一节　说明文教学中的常见问题

一、说明文教学现状

高考试题中，话题专业性强、句式复杂且包含大量生词的科普类说明文阅读理解一直是让学生比较头痛的题目。如何上好说明文阅读试卷讲评课，自然也成了众多教师的困惑之一。对百余位一线教师进行线上调研的结果显示，教师对试卷讲评类说明文阅读课的教学主要有以下三个问题：

1. 语法、词汇、长难句都已逐一讲解，甚至翻译了整篇文章，为什么学生还是似懂非懂？

2. 《英语课程标准（2022版）》强调语篇的重要性，要求考生需要具备从整体理解语篇的能力。可是在讲评说明文阅读理解时，如何进行语篇探究的设计，如何达到《英语课程标准（2022版）》中对学生思维能力培养的要求呢？

3. 试卷讲评类的说明文阅读教学如何设计生成性活动呢？

无论是阅读科普杂志中的说明文，还是完成试卷上的说明文阅读试题，我们首先都需了解说明文这一体裁。了解了说明文是什么，明白了其文本特点，学生才能更快速更准确地提取信息、获得文章大意，做题时也可以更精准地定位。所以在这一节，笔者会先从两个角度带领读者了解说明文：

1. 说明文的定义及分类。

2. 《英语课程标准（2022版）》中关于学生应当具备的与说明文相关的阅读理解能力的定义。

以此助力教师树立对说明文较为全面的认识，以便在备课时有更清晰的思路，从而解决问题2。只有教师思路清晰了，课堂教学才会更严谨科学，学生参与后才能更直观地理解试卷上的说明文该如何读、题目如何做，从而解决问题1。

具备了专业的理论基础之后，笔者会接着介绍实操性强的说明文语篇分析方法，让理论融入实践。

二、认识说明文

说明文的定义及分类

说明文，分为事物型说明文和事理型说明文，是一种以说明为主要表达方式的文章体裁。

事物型说明文，是对客观事物做出说明，使人们对事物的形态、构造、性质、种类、成因、功能等有一定了解。如 2020 年全国 I 卷 D 篇，介绍了麻省理工学院的工程师开发出的一种发光植物。

事理型说明文，是对抽象事理的阐释，使人们对事理的概念、特点、来源、演变、异同等有科学的认识。如 2020 年全国 3 卷 D 篇，通过引用最新的基因研究成果，阐述人类的进化不仅仅发生在数十亿年前，也发生在最近的几千年间。

在日常教学中，学生很容易将事理型说明文和议论文混淆。事理型说明文，是通过对某一事理进行阐述，让读者对该事理有客观全面的了解。简单来说，议论文有作者的主观态度，而事理型说明文重在客观陈述。这两类是完全不同的体裁，有各自鲜明的语篇特点，与之对应的阅读策略自然也不尽相同。若是学生在做题时，因为混淆了这两类文本而将教师所授的阅读策略张冠李戴，或许会认为学习语篇知识是无效的，进而导致低效教学。所以，教师在介绍说明文体裁类型时，就应将此问题阐明。

清楚了说明文的定义和分类，中学生还需要了解说明文的哪些特点？教师在备说明文阅读课时，需要从哪些角度引导学生学习？《英语课程标准（2022 版）》给出了清晰的答案。

《英语课程标准（2022 版）》在语篇内容部分将说明文归类为连续性文本，具体要求见表 1：

表 1　语篇类型内容要求

级别	内容要求
二级	说明文，如介绍类短文、科普类短文、简短书面指令、操作程序等
三级	介绍类短文、程序或现象说明、事理阐释、书面指令、操作指南、使用手册等
三级 +	简单说理类文章
三级 +	理解说明文语篇的主要写作目的、结构特征、基本语言特点和信息组织方式，并用以说明事物和阐释事理

续表

级别	内容要求
三级+	理解说理类语篇的主要写作目的、结构特征、论证方法、基本语言特点和信息组织方式。

课程标准是教材编写、教师教学、评价评估以及考试命题的依据。《英语课程标准（2022版）》中明确了学生在中学阶段需要熟悉的说明文语篇类型，及需要具备的说明文语篇结构的分析理解能力。纵观高考真题，每年全国及各省市的试卷中，都有一到两篇说明文阅读试题，以此考查学生是否具备了这样的能力。表2以2021年高考真题为例：

表2 2021年高考真题中的说明文

年份	省份	篇章	内容
2021年	新高考Ⅰ卷	D篇	阐述了情商的定义以及对情商未来研究的期望。
	全国甲卷	B篇	介绍了在Port Lympne保护区的部分黑犀牛现状。
	全国乙卷	C篇	介绍了艺术家Benjamin Von Wong用塑料垃圾制作的塑料雕塑，呼吁人类审视和一次性塑料的关系。
		D篇	介绍了一项关于多少分贝的噪声最有利于人们创造性思维的发展研究。
	新高考Ⅱ卷	D篇	介绍一种正在开发中的、可以用于监测放牧牛健康状况的机器人。
	天津卷	D篇	阐述了艺术这一活动对人类的重要意义。
	浙江卷	C篇	介绍了一项表明狗能够识别人类的面部表情研究。
	北京卷	C篇	通过百位科学家、作家和学者的公开信，阐述了全球崩塌（global collapse）的相关内容。

《英语课程标准（2022版）》卷首有这样一段话："习近平总书记多次强调，课程教材要发挥培根铸魂、启智增慧的作用；要体现国家和民族基本价值观，体现人类文化知识积累和创新成果。"无论是介绍最新科技发现，还是弘扬中华优秀文化成果，都离不开作为文本载体的说明文。《英语课程标准（2022版）》明确了学生需要掌握的与说明文阅读相关的技能，高考真题则是用真实的语篇考查学生的这些技能。掌握说明文的阅读分析方法，不仅是课标的要求，更会助力学生在之后求学路中更顺利地读懂说明文体裁的文献资料，甚至能写出结构清晰、逻辑严谨的说明文。

说明文的阅读步骤

在阅读一篇说明文时,读者首先要确定文本是事物型说明文还是事理型说明文,从宏观层面把握语篇的组织形式,接着确定说明对象,分析语篇结构,厘清说明顺序和确定说明方法。

1. 确定说明对象

说明文中,被说明的事物或被阐明的事理,就是说明对象。确定说明对象,对快速理解文章大意和厘清语篇结构都有着重要作用。教师可以用以下两种方法,引导学生又快又准地确定说明对象:

方法一:标题或首段确认法

为了说清楚某个事物或事理是什么、为什么、怎么样,说明文通常在标题或首段会出现说明对象。如在2018年天津卷C篇中,首段明确给出了说明对象3D food printer: "There's a new frontier in 3D printing that's beginning to come into focus: food. Recent development has made possible machines that print, cook, and serve foods on a mass scale. And the industry isn't stopping there."。

方法二:高频词法

说明文围绕所说事物或事理,采用多种说明方法客观阐明,因而高频词会反复出现。读者在阅读过程中把握高频词也能准确找出说明对象,提取核心信息。如在2020年全国Ⅰ卷D篇中,学生就可以利用速读全文抓取关键词的方法,获知说明对象为"plant"和"function",继而确定文章主旨"Plant can perform many functions."。

2. 分析语篇结构

常见的说明文语篇结构有三种:问题——解决型(problem-solution pattern)、假设——真实型(hypothetical-real pattern)、一般——特殊型(general-particular pattern)。根据说明对象的不同,语篇结构也会不同。

假设——真实型结构多用于事理型说明文中。在假设部分,作者通常先提出一种普遍或个别的主张、假设,接着进行说明论证该主张的真实性,最后呈现"真实"部分,对"假设"部分中内容的真实性进行阐明[1]。

假设——真实型语篇结构的说明文在近几年的真题中没有出现。高考真题说明文阅读

---

[1] 徐欣,苗兴伟.英汉语篇"假设-真实"模式对比研究[J].外语学刊,2011.

文本主要采用一般——特殊型结构和问题——解决型结构。

一般——特殊型的结构特点是将文章要表达的主要内容概括成段落的主题句或全文的主旨句，然后按一定的顺序从不同方面介绍主题。如在 2017 年江苏高考试题 D 篇 "Old Problem, New Approaches" 中，第一段提出一般话题 global warming，随即点出特殊话题，即本文中心：世界各地的人们在使用不同的方法适应气候变暖。

问题——解决型的结构特点是先提出问题，接着分析问题产生的原因，最后提出解决问题的可行性办法。在 2018 年高考英语全国 I 卷 D 篇中，首段提出老旧的电子设备会消耗更多能源，也更不环保。之后两段列举科学家团队的研究，详细阐述了新旧设备各自消耗的能量，最后给出解决办法，即停止使用老旧的电子设备。

3. 厘清说明顺序

常见的说明顺序有时间顺序、空间顺序和逻辑顺序。

1）时间顺序

时间顺序是指将时间先后作为说明顺序。这种说明顺序，一般用于说明事物的发展变化。如在 2018 年全国 I 卷 C 篇，按时间顺序介绍了语言数量随着人类社会发展而逐渐减少的过程。

2018 年全国 I 卷 C 篇：

Languages have been coming and going for thousands of years, but in recent times there has been less coming and a lot more going. When the world was still populated by hunter-gatherers, small, tightly knit（联系）groups developed their own patterns of speech independent of each other. Some language experts believe that 10,000 years ago, when the world had just five to ten million people, they spoke perhaps 12,000 languages between them.

Soon afterwards, many of those people started settling down to become farmers, and their languages too became more settled and fewer in number. In recent centuries, trade, industrialization, the development of the nation-state and the spread of universal compulsory education, especially globalization and better communications in the past few decades, all have caused many languages to disappear, and dominant languages such as English, Spanish and Chinese are increasingly taking over.

At present, the world has about 6,800 languages. The distribution of these languages is hugely uneven. The general rule is that mild zones have relatively few languages. Often spoken by many people while hot, wet zones have lots, often spoken by small numbers. Europe has only around 200 Languages; the Americas about 1,000, Africa 2,400; and Asia and the Pacific perhaps 3,200, of which Papua New Guinea alone accounts for well over 800. The median number（中位数）of speakers is a mere 6,000, which means that half the world's languages are spoken by fewer people than that.

Already well over 400 of the total of 6,800 languages are close to extinction（消亡）, with only a few elderly speakers left. Pick, at random, Busuu in Cameroon (eight remaining speakers), Chiapaneco in Mexico (150). Lipan Apache in the United States (two or three) or Wadjigu in Australia (one, with a question-mark): none of these seems to have much chance of survival.

2）空间顺序

空间顺序是指按照事物空间结构的顺序来安排说明顺序。真题中采用空间顺序的说明文一般为事理型。如上文提到的 2017 年江苏高考试题 D 篇，第三段至第七段就是采用空间顺序，列举了不同地区应对气候变暖的新方法。

2017 年江苏高考试题 D 篇

Old Problem, New Approaches

While clean energy is increasingly used in our daily life, global warming will continue for some decades after CO_2 emissions（排放）peak. So even if emissions were to begin to decrease today, we would still face the challenge of adapting to climate change. Here I will stress some smarter and more creative examples of climate adaptation.

When it comes to adaptation, it is important to understand that climate change is a process. We are therefore not talking about adapting to a new standard, but to a constantly shifting set of conditions. This is why, in part at least, the US National Climate Assessment says that: "There is no 'one-size fits all' adaptation." Nevertheless, there are some actions that offer much and carry little risk or cost.

Around the world, people are adapting in surprising ways, especially in some poor countries. Floods have become more damaging in Bangladesh in recent decades. Mohammed Rezwan saw opportunity where others saw only disaster. His not-for-profit organization runs 100 river boats that serve as floating libraries, schools, and health clinics, and are equipped with solar panels and other communicating facilities. Rezwan is creating floating connectivity（连体）to replace flooded roads and highways. But he is also working at a far more fundamental level: his staff show people how to make floating gardens and fish ponds prevent to starvation during the wet season.

Elsewhere in Asia even more astonishing actions are being taken. Chewang Norphel lives in a mountainous region in India, where he is known as the Ice Man. The loss of glaciers（冰川）there due to global warming represents an enormous threat to agriculture. Without the glaciers, water will arrive in the rivers at times when it can damage crops. Norphel's inspiration came from seeing the waste of water over winter, when it was not needed. He directed the wasted water into shallow basins where it froze, and was stored until the spring. His fields of ice supply perfectly timed irrigation（灌溉） water. Having created nine such ice reserves, Norphel calculates that he has stored about 200, 000m of water. Climate change is a continuing process, so Norphel's ice reserves will not last forever. Warming will overtake them. But he is providing a few years during which the farmers will, perhaps, be able to find other means of adapting.

Increasing Earth's reflectiveness can cool the planet. In southern Spain the sudden increase of greenhouses (which reflect light back to space) has changed the warming trend locally, and actually cooled the region. While Spain as a whole is heating up quickly, temperatures near the greenhouses have decreased. This example should act as an inspiration for all cities. By painting buildings white, cities may slow down the warming process.

In Peru, local farmers around a mountain with a glacier that has already fallen victim to climate change have begun painting the entire mountain peak white in the hope that the added reflectiveness will restore the life-giving ice. The outcome is still far from clear. But the World Bank has included the project on its list of "100 ideas to save the planet".

More ordinary forms of adaptation are happening everywhere. A friend of mine owns an area of land in western Victoria. Over five generations the land has been too wet for cropping. But during the past decade declining rainfall has allowed him to plant highly profitable crops. Farmers in many countries are also adapting like this—either by growing new produce, or by growing the same things differently. This is common sense. But some suggestions for adapting are not. When the polluting industries argue that we've lost the battle to control carbon pollution and have no choice but to adapt, it's a nonsense designed to make the case for business as usual.

Human beings will continue to adapt to the changing climate in both ordinary and astonishing ways. But the most sensible form of adaptation is surely to adapt our energy systems to emit less carbon pollution. After all, if we adapt in that way, we may avoid the need to change in so many others.

3）逻辑顺序

逻辑顺序是指按照事物的内部联系或人们认识事物的过程来安排说明顺序。逻辑顺序也是高考真题中最常见的说明顺序。逻辑顺序通常包括以下三种类型：

从整体到部分：作者先从宏观角度整体介绍说明对象，再具体介绍说明对象的细节。多用于建筑或产品介绍类的说明文中。

从概括到具体：作者先给出一个概括性描述，在之后的段落中，增添说明对象的细节信息。如在2021年3月天津卷C篇中，文章按照从概括到具体的逻辑顺序，先提出医学影像手术中用催眠代替麻醉在蒙特利尔儿童医院进行试验这一话题，接着从项目起源、项目培训、治疗过程和试验在员工中的认可度四个具体角度进行说明。

现象到本质：作者先提出一个自然、科研或社会现象，接着分析说明产生该现象的原因、影响或阐述应对办法。如在2021年全国乙卷D篇中，按照现象到本质的逻辑顺序，先提出很多人讨厌开放性办公室这一现象，接着分析了其产生的原因。

4. 确定说明方法

说明文中常用的说明方法有举例子、列数据、引资料、做比较、打比方和下定义。说明文可能使用一种或多种说明方法来介绍说明对象，使文章表述更清晰，便于读者理解。如2020年天津卷C篇第四自然段，"Directed sound is a new technology that allows companies to use sound in much the same way spotlights（聚光灯）are used in the theater. A spotlight lights up only one section of a stage; similarly,'spot-sound'creates a circle of sound in one targeted area. This can be useful for businesses such as restaurants and stores because it offers a new way to attract customers."通过关键词 such as 和 similarly 可知，本段说明采用了举例子和做比较两种说明方法。

三、小结

学生在日常学习和生活中会读到大量不同主题的说明文。这些说明文尽管话题不同，但是无论文本内容如何变化，说明文的内在逻辑和结构是不变的。在试卷讲评类说明文阅读课上讲评试题之前，教师应先帮助学生梳理说明文基本要素及语篇特点，以便帮助学生在脑海中构建说明文的图式[2]。图式理论最早在 1781 年被提出，国内的图式理论首先被应用于外语阅读教学中[3]。就说明文阅读而言，图式就是存在于学生记忆中的说明文的语篇结构或相关语言知识框架。如果说明文的内容与学生已有的图式网基本吻合，那么学生只要从文章中获得新的信息，并与脑内已有的图式结合，便可较容易地达到理想的效果。

教师在指导学生阅读说明文时，可以参考以下框架给学生搭建说明文的图式，助力学生搭建未知说明文文本与已知说明文结构特点的桥梁，让学生在阅读时可以更加准确、快速地获取文章的主要信息（如图 1 所示）。

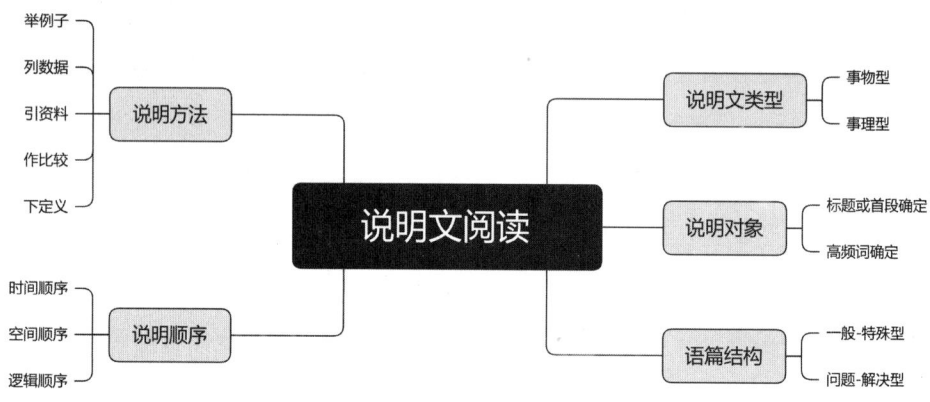

图 1 说明文阅读

第二节　如何设计一节有效的说明文阅读课？

试卷讲评类说明文阅读课虽与常规的阅读课型有相似之处，但也有其特殊的地方。笔者与众多一线教师及教学专家经过共同探索及在线调研之后，总结出一套备课步骤，可供各位教师参考（如表 3 所示）：

2　图式理论是指我们会自然地把个别刺激物放在一个预存的认知结构，即图式中去认识。当进入一个熟悉的环境，人可能会根据记忆中原有的知识进行相应的思维或行动反应。比如当我们看到一个舞台，舞台上有布景，有几个人在交谈，台下有一群人坐着观看，依据我们原有的认知结构便会推测这是舞台剧表演。如果我们还具备舞台剧赏析的相关知识，我们还可以进一步欣赏。

3　康立新. 国内图式理论研究综述[J]. 河南社会科学, 2011.

第二章　说明文的阅读课

表3　试卷讲评类说明文阅读课备课步骤

学情分析	错题归因	
教学目标制定	根据学情精准定位本课目标	
设计教学流程	课程导入	话题导入 文体导入
	文本梳理	确定说明对象 抓取文章大意 梳理文本结构 厘清说明顺序 确定说明方法
	真题复现	对应真题，定位信息 拆分长难句
	迁移创新	同类型文本试题分析
	反馈评价	教师评价 互评自评
教案撰写	联系课标要求，课后须有教学反思	

第一步　学情分析

经调研，学生在完成说明文阅读试题时，主要有以下三个问题：

1. 对文章进行全文翻译，似乎看懂了文章，但还是不能做对所有试题。
2. 主旨大意题错误率高。
3. 说明文中的长难句理解易出错。

阅读理解题要考查的绝不仅仅是学生的翻译能力。《英语课程标准（2022版）》提出要培养学生的语篇意识，学生要了解语篇如何构成、如何表达意义以及语篇中各要素之间的关系。高考真题中的说明文阅读题目主要考查学生通过对文章表层信息的理解推断出深层含义的能力，细节理解题、推理判断题、猜测词义题以及主旨大意题均有涉及。说明文语篇主题以科普、社会生活、文化为主，要求考生有整体理解语篇的能力，能根据文中的事实和线索进行推理和归纳，以及能够准确把握语篇的文体特征、行文特点和价值取向[4]。对学生来说，说明文中生词和长难句较多，这就使学生在阅读说明文时会不自觉地逐句翻译，忽略了说明文的语篇结构。从学生的问题中可知，学生具备一定的英语语言能

4　文安强，廖明生. 语篇知识在高考英语说明文阅读理解中的运用策略[J]. 中小学外语教学，2020.

力，但主要问题在于缺乏对说明文文本结构的认识。

备课前，教师可先以作业的形式布置说明文阅读训练试题，让学生完成并分析错误原因。教师也可以问卷形式，收集学生关于说明文阅读试题的已知、未知和欲知。

第二步 教学目标制定

科学的教学目标对于高效课堂教学起着至关重要的作用。教师可以利用布鲁姆教育目标分类法，深入理解《英语课程标准（2022版）》的基本理念。教师应结合学情分析，将《英语课程标准（2022版）》中的教学建议和评价建议落实到具体教学环节中，制定科学有效的教学目标。

布鲁姆教学目标分类法（Bloom's taxonomy of educational objectives），根据教学目标分类的对象和应遵循的原则将教学目标分为认知技能、情感技能和动作技能三部分。说明文阅读课的教学目标设定，主要运用认知技能（The Cognitive Processes Dimension）。认知领域目标包括六个层次：记忆/回忆（remember）、理解（understand）、应用（apply）、分析（analyze）、评价（evaluate）、创造（create）。图2详细给出了各层次目标在设定时可替换的动作名称：

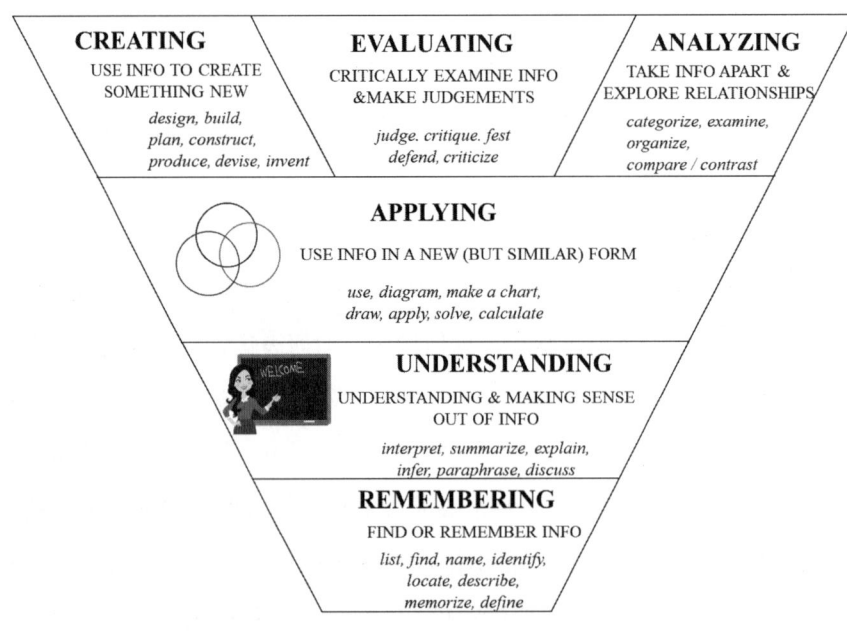

图2 布鲁姆教学目标分类法

利用布鲁姆教学目标分类法，教师可从以下角度设立试卷讲评类说明文阅读课的教学目标（如表4所示）：

表4　试卷讲评类说明文阅读课教学目标

认知层次	教学目标
回忆	通过文本分析，让学生能够辨认该篇文章属于事物型说明文还是事理型说明文。 通过梳理说明文语篇结构，学生能够 1. 快速找出说明对象，确定文章大意； 2. 理解说明文的文本结构，厘清说明顺序；
理解	1. 对应真题题目，快速定位信息。 2. 通过对定位信息句的拆分处理，学生能够具备长难句的分析能力，读懂句意。
应用	通过对本课中说明文例文的学习，学生能够利用所学知识，分析其他说明文的语篇结构，对应试题。
分析	通过对试题与文本结构的逐一分析，学生能够形成一套系统的说明文做题方法。 通过对多篇说明文结构的梳理与信息整合，学生能够找到不同说明文的共性结构特征。
评价	通过分析和总结，学生能够利用所学知识，自评反思自己做题出错的原因，并能分析其他学生的错题原因或点评小组出题成果。
创造	通过迁移运用所学知识，学生能够将一篇说明文改编成试题。

第三步 教学流程设计

2019年全国Ⅰ卷阅读理解C篇主要介绍了采用了生物测量技术的智能键盘。笔者将以本篇为例，从课程导入、文本梳理、真题复现、迁移创新和反馈评价五个角度进行完整的教学流程设计。本节课例可供教师直接教授学生使用，教师也可以将该设计思路用于讲评其他说明文类阅读题目。

例文：

来源：2019年普通高等学校招生全国统一考试全国Ⅰ卷

词数：238

As data and identity theft becomes more and more common, the market is growing for biometric（生物测量）technologies — like fingerprint scans — to keep others out of private e-spaces. At present, these technologies are still expensive, though.

Researchers from Georgia Tech say that they have come up with a low-cost device（装置）that gets around this problem: a smart keyboard. This smart keyboard precisely measures the cadence（节奏）with which one types and the pressure fingers apply to each key. The keyboard could offer a strong layer of security by analyzing things like the force of a user's typing and the time between key presses. These patterns are unique to each person. Thus, the keyboard can determine people's identities, and by extension, whether they should be given access to the computer it's connected to—regardless of whether someone gets the password right.

It also doesn't require a new type of technology that people aren't already familiar with. Everybody uses a keyboard and everybody types differently.

In a study describing the technology, the researchers had 100 volunteers type the word "touch" four times using the smart keyboard. Data collected from the device could be used to recognize different participants based on how they typed, with very low error rates. The researchers say that the keyboard should be pretty straightforward to commercialize and is mostly made of inexpensive, plastic-like parts. The team hopes to make it to market in the near future.

1. Why do the researchers develop the smart keyboard?
    A. To reduce pressure on keys.
    B. To improve accuracy in typing.
    C. To replace the password system.
    D. To cut the cost of e-space protection.

2. What makes the invention of the smart keyboard possible?
    A. Computers are much easier to operate.
    B. Fingerprint scanning techniques develop fast.
    C. Typing patterns vary from person to person.
    D. Data security measures are guaranteed.

3. What do the researchers expect of the smart keyboard?
    A. It'll be environment-friendly.
    B. It'll reach consumers soon.
    C. It'll be made of plastics.
    D. It'll help speed up typing.

4. Where is this text most likely from?
    A. A diary.
    B. A guidebook
    C. A novel.
    D. A magazine.

课程导入

相较于内容有趣、活动丰富的其他课型,试卷讲评课显得有些枯燥,这就更需要有效的课程导入环节,以帮助学生迅速集中注意力,激发学生学习的兴趣。

试卷讲评类说明文阅读课的导入部分可从两个角度出发,利用三种方法进行设计(如表 5 所示)。

表 5 试卷讲评类说明文阅读课导入方法

导入角度	文本话题角度	教师可选择与要讲评篇目相关的话题进行导入。
	说明文体裁角度	教师可结合学情分析,从说明文体裁角度进行导入。
导入方法	问题导入法	说明文话题主要涉及科普介绍或社会现象,教师可找准切入口,如与本篇文章内容相关且学生熟悉的科技发明或热点新闻,设计简单、直观又富有启发性的问题,让学生回答或小组讨论,以此导入课程。 优点:直观性强。 注意:问题需精心设计,不能过于简单让学生无话可说,也不能过于复杂占用太多课程时间。
	真题回顾法	教师可要求一名学生讲述文章大意,再邀请另一名学生点评是否赞同并提出自己的观点。 教师可引导学生回答文章主要介绍或说明了什么内容、从什么角度进行了介绍,以及采用了什么介绍顺序等。若学生回答不出,教师便可将此问题记下来,在课程最后再次提出。 优点:备课耗时少,若备课时间紧张,教师可采用此方法。 注意:无论学生回答正确与否,教师都无须在这一环节做出评价。可等课程结束后,由同一学生再次回答该问题,并做出自评。
	多媒体展示法	教师可利用与话题相关的科技产品的图片、对某社会现象的新闻报道截图,或有关产品介绍、自然探索及社会调查的简短视频等多媒体素材进行导入。 优点:视觉冲击力强,可迅速集中学生注意力。 注意:视频不宜过长,此方法还需与问题导入法配套使用。

笔者从文本话题角度出发,利用问题导入法进行设计,让小组讨论以下问题:

1. How much do you know about information disclosure?

2. What can we do to protect our privacy?

文本梳理

1. 确定说明对象

说明对象是说明文的中心,全文内容都围绕说明对象从不同角度展开说明。确定说明对象有助于学生迅速抓取文章中心，助力厘清语篇结构。常用的确定说明对象方法是首段确定法和高频词确定法。

示例文章中，学生阅读后可发现 keyboard 全文出现六次，再结合第二段的 keyboard 首次出现的前后文语境，可知本文说明对象为 a smart keyboard。

作为试卷中出现的说明文，学生有时还可结合题目判断说明对象。如示例中前三道题目中都出现了 the smart keyboard，学生在读题后也可预判说明对象。学生再结合高频词法，扫读全文进行验证，由此确定文章的说明对象。

2. 梳理文本结构

教师在带领学生梳理文本结构时，可从以下两个角度进行分析：

角度一：4W 表格法。

说明文一般从研究内容、研究背景或原因、研究现状和研究前景这四个方面对一事物或事理进行说明。笔者将这四个方面具象成四个问题（4W），助力学生理解与记忆。学生可采用速读段落首句的方法，抓取段落大意，并将不同段落与四个问题相匹配，快速厘清文本结构（如表 6 所示）。

表 6　4W 文本结构分析表

问题	段落匹配	段落大意
What is it?（说明对象）	paragraph 2 paragraph 3	The smart keyboard and the function of it.
Where were we?（研究背景）	paragraph 1	To solve the problem of private e-spaces technology, researchers came up with a low-cost device.
Where are we now?（研究现状）	paragraph 4	Data collected from the keyboard could be used to recognize different participants, with very low error rates.
Where to go?（研究前景）	paragraph 4	The team hopes to make a smart keyboard to market in the near future.

角度二：思维导图法

教师还可让学生从文本中提取与整合信息，并利用思维导图将文本结构进行可视化处理（如图 3 所示）。

经过以上分析后可知，示例文章属于一般—特殊型说明文，并按照逻辑顺序进行说明。

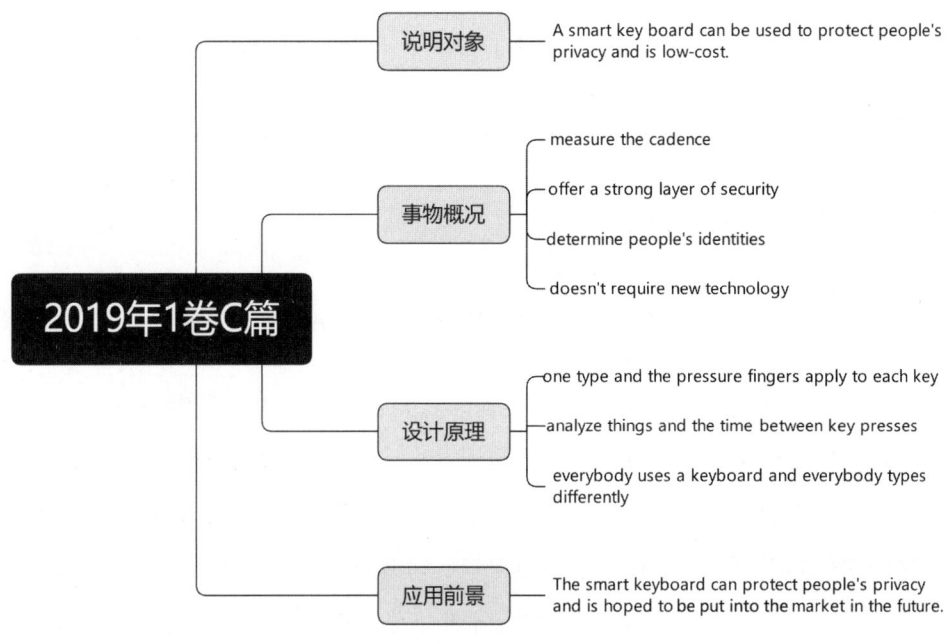

图 3 文章结构思维导图

真题对应

关于阅读理解，学生曾提出疑问：习题册配套的答案详细清楚地给出了每道题目与文章对应的句子，可即使明白了那句话，还是觉得另一个非正确选项也有道理。为什么英语试题不能把阅读理解改成句子翻译呢？作为教师该怎么回答这个问题呢？

出题人可以根据一篇文章设置无数道题目，但是为什么最终呈现在试卷上的是那几道题目呢？阅读理解需要学生从语篇整体出发，掌握文章大意和语篇结构，真题自然也会从语篇角度出题。熟悉语篇结构后，学生做阅读题时定位信息会更为快速准确，解题时间更短，得分率也会显著提高。因此阅读理解的攻破要点，绝不只是翻译句子。在讲评试卷时，相比直接让学生翻译文中支撑句，教师更需要做的是让学生理解题目设置与语篇结构的关系（如表 7 所示）。

表7 4W分本结构分析与真题对应表

问题	段落匹配	真题对应
What is it?（说明对象）	paragraph 2 paragraph 3	What makes the invention of the smart keyboard possible?
Where were we?（研究背景）	paragraph 1	Why do the researchers develop the smart keyboard?
Where are we now?（研究现状）	paragraph 4	
Where to go?（研究前景）	paragraph 4	What do the researchers expect of the smart keyboard?

有时学生不会划分长难句，导致无法提取重要信息，这也是学生失分的原因之一。下面笔者就简单地介绍一下有效分析长难句的方法。学生看不懂长难句，主要因为不会断句、找不到长句中的基本句型。教师可以在带领学生分析长难句时，采用逆向思维设计。教师可先问学生如果要写一个长句子，会在基本句型的基础上增加什么？增加成分，即为介词短语、从句、非谓语和并列结构。那接下来，学生在读长难句的时候，只需将这四个部分划分出来即可。比如示例文章第一句话："As data and identity theft becomes more and more common, the market is growing for biometric（生物测量）technologies—like fingerprint scans—to keep others out of private e-spaces."。

学生将介词短语、从句和非谓语括出来，就能看到句子主干了"(As data and identity theft becomes more and more common), the market is growing (for biometric technologies) — (like fingerprint scans) — (to keep others out of private e-spaces)."。教师在讲解长难句时，常会让学生找出句子的主谓宾定状补。可对于语法知识相对薄弱的学生来说，他们读句子时，看到的只是具体的单词，不知道这些单词具体在句子中充当什么成分。上文提到的这个方法，可以让学生立足他们熟悉的简单句，删繁就简，便于学生理解和操作。

迁移创新

《英语课程标准（2022版）》中提到教师要以英语学习活动观为指导组织教学，"秉持在体验中学习、在实践中运用、在迁移中创新的学习理念，鼓励学生围绕真实情境和真实问题，激活已知，并参与到指向主题意义探究的学习理解、应用实践和迁移创新等一系列相互关联、循环递进的语言学习和运用活动中。"教师应帮助学生运用所学知识，通过自主、合作、探究的学习方式，解决陌生情境中的问题。在迁移创新环节，教师可以通过有效的教学设计，了解学生从这节说明文课中究竟学到了什么，内化了多少。

如 2020 年天津卷 C 篇，属于事物型说明文，重点介绍了声音科技方面的发明及其对我们日常生活产生的影响。在教师讲评完这篇说明文后，可以选择 2020 年全国 I 卷 D 篇让学生小组合作探究，这篇阅读介绍了发光植物在照明方面的研究成果。

2020 年天津卷 C 篇

① For people, who are interested in sound, the field of sound technology is definitely making noise. In the past, sound engineers worked in the back rooms of recording studios, but many of today's sound professionals are sharing their knowledge and experience with professionals in other fields to create new products based on the phenomenon we call sound.

② Sound can be used as a weapon. Imagine that a police officer is chasing a thief. The thief tries to escape. And the officer can't let him get away. He pulls out a special device, points it at the suspect, and switches it on. The thief drops to the ground. This new weapon is called a Long Range Acoustic Device（LRAD, 远程定向声波发射器）. It produces a deafening sound so painful that it temporarily disables a person. The noise from the LRAD is directed like a ray of light and travels only into the ears of that person, but it is not deadly.

③ For those who hunger for some peace and quiet, sound can now create silence. Let's say you are at the airport, and the little boy on the seat next to you is humming（哼唱）a short commercial song. He hums it over and over again, and you are about to go crazy. Thanks to the Silence Machine, a British invention, you can get rid of the sound without upsetting the boy or his parents. One may wonder how the Silence Machine works. Well, it functions by analyzing the waves of the incoming sound and creating a second set of outgoing waves. The two sets of waves cancel each other out. Simply turn the machine or point it at the target, and your peace and quiet comes back.

④ Directed sound is a new technology that allows companies to use sound in much the same way spotlights（聚光灯）are used in the theater. A spotlight lights up only one section of a stage; similarly, "spotsound" creates a circle of sound in one targeted area. This can be useful for businesses such as restaurants and stores because it offers a new way to attract customers.

Restaurants can offer a choice of music along with the various food choices on the menu, allowing customers more control over the atmosphere in which they are dining. Directed sound is also beginning to appear in shopping centers and even at homes.

反馈评价

高中英语课多为大班教学，教师教学负担重，不可能面面俱到地评价所有学生的表现，因此教师采用师生合作评价体系 Teacher-Student Collaborative Assessment, (TSCA) 非常必要。

师生合作评价体系为教师评价提供专业引领。师生合作评价体系中以教师为主导，同时倡导师生合作，在此过程中师生互动性增强，能使教师进一步了解学生的问题，也能了解学生的想法、困惑、问题，有利于因材施教[5]。

课前：

教师可以根据学情在课前合理分配小组，不仅要考量各小组成员的英语学习能力，还要考虑到学生的学习习惯及性格特点，尽量做到均衡分配。教师需提前做好教学计划，安排课前学习任务。在上试卷讲评类说明文阅读课前，教师可让学生以小组为单位展开自我学习。小组成员各自提出不会的题目或不能准确理解的句子，先由组内成员讨论解决。之后，各小组把解决不了的问题记录下来，课后回看这个问题，检测课堂学习成果。

课中：

教师可以让学生按照分配好的小组进行小组合作学习，接着就产出成果进行互评。如：小组合作探究后，可选一到两组成员进行成果展示，其他小组成员利用互评表给展示组成员赋分（如表8所示）。

5　文秋芳．" 师生合作评价 ":" 产出导向法 " 创设的新评价形式 [J]. 外语界，2016(5):7.

表 8　生生互评表

内容	评分准则（1~7 项每项 3 分）	段落匹配	真题对应
文本结构分析	1. 能迅速且准确地确定文章的说明文类型，并找出文章说明对象。		
	2. 能准确总结文章大意。		
	3. 能厘清文章各段落大意，明确各段落分别阐述说明对象的某一方面特征。		
说明要素	4. 能厘清文章说明顺序。		
	5. 能判定文中所用说明方法。		
真题对应	6. 能精准定位真题支撑句在文中的位置。		
长难句理解	7. 能准确断句并理解长难句。		
真题演练	8. 做题正确率（小组全员都做对的题目可加一分）。		

课后：

课程结束后，教师可以带领学生进行为期一周的说明文专项训练。训练过程中，教师让学生完成自评表。训练结束后，教师对学生掌握情况和进步情况进行评价反馈。

学生自评表可以相对灵活，教师只需举出 1~2 个例子，其余的让学生自行完善。这样既可以引导学生复习课堂所学知识，又能在复习后进行自我评价反思（如表 9 所示）。

表 9　学生自评反思表

本课所学	可熟练运用（打√即可）	还有疑问（请详细写出）
1. 说明对象确认方法		
2. 语篇结构梳理方法		
3.（由学生自己填写）		
4.		

学生互评表和自评表完成后，教师可以将其收集批阅。这样可以更好地掌握学情，为之后的训练制定行之有效的教学设计。

第三节　优秀案例展示

课程设计

试卷讲评类说明文阅读课——以 2019 年全国 I 卷阅读理解 C 篇为例

年级

高三

材料分析

本节课主讲的篇目为 2019 年全国 I 卷阅读理解 C 篇，该文章介绍了一种防止个人身份信息被盗和数据泄露的高科技智能键盘。文章属于高考评价体系中学习探索情境的第二层情境活动，即复杂的情境活动。试题设计以应用性为主，试题主要考查学生学以致用、应对生活实践问题的学科素养，体现了高考的应用性。

文章来源：《新闻周刊》

词数：238

As data and identity theft become more and more common, the market is growing for biometric（生物测量）technologies—like fingerprint scans—to keep others out of private e-spaces. At present, these technologies are still expensive, though.

Researchers from Georgia Tech say that they have come up with a low-cost device（装置）that gets around this problem: a smart keyboard. This smart keyboard precisely measures the cadence（节奏）with which one types and the pressure fingers apply to each key. The keyboard could offer a strong layer of security by analyzing things like the force of a user's typing and the time between key presses. These patterns are unique to each person. Thus, the keyboard can determine people's identities, and by extension, whether they should be given access to the computer it's connected to—regardless of whether someone gets the password right.

It also doesn't require a new type of technology that people aren't already familiar with.

Everybody uses a keyboard and everybody types differently.

In a study describing the technology, the researchers had 100 volunteers type the word "touch" four times using the smart keyboard. Data collected from the device could be used to recognize different participants based on how they typed, with very low error rates. The researchers say that the keyboard should be pretty straightforward to commercialize and is mostly made of inexpensive, plastic-like parts. The team hopes to make it to market in the near future.

说明对象：智能键盘（smart keyboard）

学情分析

笔者所带班级为重点高中理科的普通班级。做这套试卷时，学生已完成人教版五本必修和两本选修课本的学习。成绩分析数据显示，学生在多次考试的阅读理解题目中，说明文阅读失分较多，故笔者认为有必要开展试卷讲评类说明文阅读课。笔者经问卷法与数据分析法对本班学生进行调研，得出学生失分原因主要集中在以下三方面：

1. 学生在阅读试题时，虽然读懂了问题句的字面意思，但不理解这个问题实际是在考查什么，故无法准确在文中定位信息句。

2. 主旨大意题学生的错误率高。

3. 学生对说明文阅读中的长难句理解易出错。

文章结构

表 10　文章结构（一般特殊型·说明文）

部分	大意
引言	To solve the problem of private e-spaces technology, researchers have developed a low-cost device.
正文	This smart keyboard precisely measures the cadence（节奏）.
	The keyboard could offer a strong layer of security.
	These patterns are unique to each person.
	Everybody uses a keyboard and everybody types differently.
	The researchers say that the keyboard should be straightforward to commercialize.
总结	The team hopes to make smart keyboard to market in the near future.

教学目标

1. 通过文本分析，学生能够辨认所读文章属于事物型说明文还是事理型说明文。
2. 通过梳理说明文语篇结构，学生能够：
1）快速找出说明对象，确定文章大意；
2）理解说明文的文本结构，厘清说明顺序；
3）对应真题题目，快速定位信息。
3. 通过对定位信息句的拆分处理，学生能够具备长难句的分析能力，读懂句意。
4. 通过对本课中说明文的学习，学生能够利用所学知识分析其他说明文的语篇结构。
5. 通过迁移所学知识，学生能够将一篇说明文改编成试题。
6. 通过分析和总结，学生能够利用所学知识自评反思自己做题出错的原因，并能分析其他同学的错题原因或点评小组出题成果。

教学重难点

教学重点：教师助力学生梳理说明文语篇结构。

教学难点：学生通过内化所学，可用相同方法梳理其他说明文结构，并能迅速定位题目对应的信息句。

教学流程

教学步骤	设计意图
教师提问学生： 1. How much do you know about information disclosure? 2. What can we do to protect our privacy?	从文本话题角度出发，教师利用问题导入法快速导入课程，引出文章主题，激活学生思维。
文本梳理（10分钟）： 1. 教师让学生速读全文，并确定说明对象——smart keyboard。 2. 教师进一步询问学生是怎样确定关键词的，引导学生得出高频词确定说明对象的方法。 3. 教师提问学生，该文本属于事物型说明文还是事理型说明文，并让学生说明原因。引导学生得出事物型说明文的说明对象为具体的某个事物。	1. 教师通过问题设计，引导学生总结出确定说明对象的方法。

第二章 说明文的阅读课

教学步骤	设计意图
4. 教师提问学生,若是介绍一个具体的事物,学生会从哪些角度进行介绍。教师将学生的答案写在黑板上。 5. 教师将学生分组,学生小组合作画出全文思维导图。教师带领学生将文章中的说明要素与学生之前的预测相匹配,表扬做出正确预测的学生。 possible version 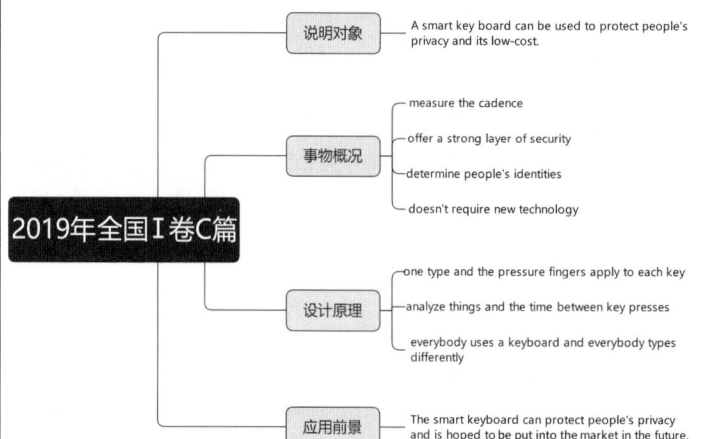 6. 教师选择三个小组展示思维导图作品,未展示的小组进行互评。同时,教师选择一位学生,这位学生需要将结合大家点评意见的导图最终版画在黑板上。	2. 教师引导学生预测事物型说明文的语篇结构,并在真题中验证预测,加强理解。 3. 教师引导学生采取自主合作的学习方式,参与语篇结构的探究活动并从中学习语言知识,巩固语言技能。 4. 教师利用思维导图,将思维可视化,助力学生更直观地了解语篇结构。 5. 教师利用互动式动态评价,使得学生成为彼此的教学资源。
真题对应与解题策略探究(15分钟) 1. 教师将学生分为四个大组,每组负责一道真题题目。先对题目进行解码,即这一题实际是在就说明对象 smart keyboard 的哪一个方面进行提问,并找出其在文章中对应的位置。学生讨论后将对应题号贴在黑板上导图的相应位置。教师接着引导学生,总结这篇真题的出题特点:引言、正文和总结部分各出一题,加一道文章出处题型。 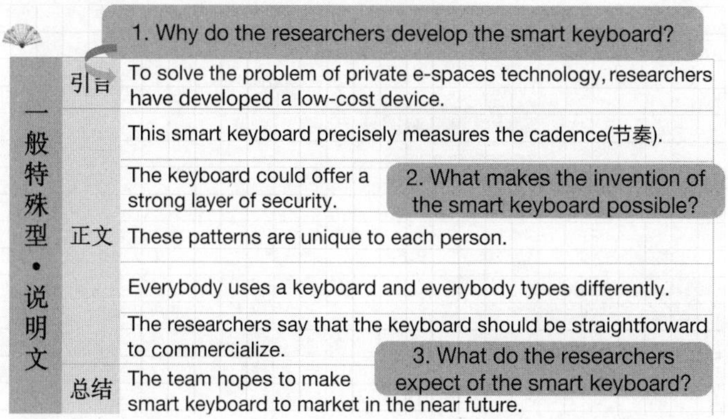	1. 对应真题,教师引导学生将真题与语篇结构相联系,有助于学生形成出题人意识。

一般特殊型·说明文

引言
1. Why do the researchers develop the smart keyboard?
To solve the problem of private e-spaces technology, researchers have developed a low-cost device.

正文
This smart keyboard precisely measures the cadence(节奏).
The keyboard could offer a strong layer of security.
2. What makes the invention of the smart keyboard possible?
These patterns are unique to each person.
Everybody uses a keyboard and everybody types differently.
The researchers say that the keyboard should be straightforward to commercialize.

总结
The team hopes to make smart keyboard to market in the near future.
3. What do the researchers expect of the smart keyboard?

053

教学步骤	设计意图

2. 学生进一步探究，找出本组负责的真题在文章中的对应信息句，并进行关联解释。
 	
拆解：说明文（一般特殊型）细节理解题
1 Why do the researchers develop the smart keyboard?   STEP1：定位信息段
  A. To reduce pressure on keys.   题干定位 说明对象
  B. To improve accuracy in typing.
  C. To replace the password system.
  ✓ To cut the cost of e-space protection.   技巧点拨：同义词替换
 	
① As data and identity theft become more and more common, the market is growing for biometric(生物测量) technologies—like fingerprint scans—to keep others out of private e-spaces. At present, these technologies are still **expensive**, though.
② Researchers from Georgia Tech say that they have come up with a low-cost device(装置) that **gets around this problem: a smart keyboard**.
 	
第 1 题问研究人员为什么开发智能键盘。教师引导学生对题目进行解码：这道题是就说明对象的开发背景进行提问，定位到第一段和第二段首句（上图句①②）。利用同义词替换法，原文中的"gets around this problem"对应题干里的"Why"，原文中的"this problem" "expensive"对应选项 D，故本题选 D。
 	
拆解：说明文（一般特殊型）细节理解题
2 What makes the invention of the smart keyboard possible?   STEP1：定位信息段
  A. Computers are much easier to operate.   题干定位 设计原理
  B. Fingerprint scanning techniques develop fast.
  ✓ Typing patterns vary from person to person.
  D. Data security measures are guaranteed.   技巧点拨：同义复现
 	
③ **These patterns are unique to each person.** Thus, the keyboard can determine people's identities, and by extension, whether they should be given access to the computer it's connected to—regardless of whether someone gets the password right.
 	
第 2 题实际是就说明对象的设计原理进行提问，定位到第二段（上图句③）。利用同义复现法，原文中的"These patterns are unique to each person"对应选项 C，故本题选 C。
 	
拆解：说明文（一般特殊型）细节理解题
3 What do the researchers expect of the smart keyboard?   STEP1：定位信息段
  A. It'll be environment-friendly.   题干定位 应用前景
  ✓ It'll reach consumers soon.
  C. It'll be made of plastics.
  D. It'll help speed up typing.   技巧点拨：同义词替换
 	
④ The researchers say that the keyboard should be pretty straightforward to commercialize and is mostly made of inexpensive, plastic-like parts. The team **hopes to make it to market in the near future**.	

教学步骤	设计意图
第3题实际是就说明对象的应用前景进行提问，定位到最后一段（上图句④）。利用同义词替换法，原文中的"... hopes to make it to market in the near future"对应选项B，故本题选B。 **拆解：说明文（一般特殊型）文章出处题** STEP1: 定位信息段 ↓ 题干定位 说明对象 4 Where is this text most likely from? 　A. A diary.　　　　B. A guidebook. 　C. A novel.　　　　☑ A magazine. 技巧点拨：文章出处题通常根据文中出现的关键词判断类型，从而得出答案。 ⑤Researchers from Georgia Tech say that they have come up with a **low-cost device**（装置）that gets around this problem: a smart keyboard. 第4题在教师带领学生确定说明对象后便可得出答案。教师此时应再次强调阅读说明文时首先确定说明对象的重要性。文章出处类题目实际就是在考查学生是否明确了说明对象。 3. 教师以第一题的文中对应信息句为例，介绍长难句分析法：学生将句中的介词短语、从句非谓语用括号括出来，剩下的部分就是句子主干。 **答案指向句分析** ❷As data and identity theft become more and more common, ❶the market is growing ❸for biometric(生物测量) technologies—❹like fingerprint scans—to keep others out of private e-spaces. At present, these technologies are still expensive, though. ❶ the market is growing　　状语从句 ❷ As data and identity theft become more and more common ❸ for biometric technologies　　状语 ❹ like fingerprint scans　　定语 参考译文：随着数据和身份的盗窃现象越来越常见，生物测量技术的市场份额逐渐增长，比如指纹识别是为了防止别人进入私人电子空间。然而，目前那些科技仍然比较昂贵。 4. 学生利用所学的长难句分析法，分析第二段最后一句： Thus, the keyboard can determine people's identities, and by extension, whether they should be given access to the computer it's connected to—regardless of whether someone gets the password right.	2. 教师通过长难句学法指导，助力学生加强对长难句的理解。教师配以当堂练习，帮助学生巩固强化所学技巧。

教学步骤	设计意图
迁移创新（15分钟） 1. 教师把 2018 年天津卷阅读理解 C 篇文章发给学生，让学生利用本课所学，分组探究读文章语篇结构。学生通过自主探究，命制四道阅读理解题目，并说明这样出题的原因。 2. 小组成果展示，其他小组点评。 （注：如果学生英语基础较好，教师可将这部分的材料换成报纸杂志或网站上最新的事物型说明文。教师将学生分小组模拟生活中的真实场景，如阅读新闻后的交流谈话。具体操作如下：小组内选一名学生读新闻，其他学生问："有什么新鲜事吗？"读新闻的学生应简要介绍阅读内容，其他学生则要不断询问细节信息。此举意在让学生感受到即使在试卷之外的实际生活中，本课所学的阅读技能依然有助于快速获取信息。） 互评表见表 8。 3. 教师展示真题，并让学生将真题与自己所出题目进行对比。	教师实践英语学习活动观，助力学生巩固理解已学知识，在新的语篇中应用实践，实现迁移创新。
课堂总结（3分钟） 学生总结本节课所学内容，分享收获。 学生结合本课所学，分析自己在之后的阅读理解练习中需刻意练习的地方。 课堂总结表： | 内容 | 确认 | |---|---| | 1. 我学会了说明对象的确认方法。 | | | 2. 我知道了说明文语篇结构的梳理方法。 | | | 3. 我学会了 _____。 | | | 4. 我还需加强 _____ 方面的练习。 | |	教师引导学生进行自我评价，帮助学生养成及时总结、反思的学习习惯。
家庭作业： 教师布置三篇说明文阅读题目，要求学生按课上所学画出文章思维导图，并对应真题。	

第三章 写作课

"三步金字塔"谋篇布局法应用于写作教学的研究

——以"Have You Ever been to a Museum"为例

> **完成本章阅读，你将收获：**
>
> 1. 写作是什么
> 2. 学生写作中常见的问题及其原因解读
> 3. 教师如何运用"三步金字塔"谋篇布局法解决学生的写作问题
> 4. 教师如何将"三步金字塔"法与写作教学的"PWP 框架"相结合
> 5. 优秀英语写作教学课程设计案例

第一节　写作教学中的常见问题

写作是什么？

《剑桥英语教学能力认证考试教程》[1]中对于写作的定义如下：

"Writing and speaking are productive skills. That means they involve communicating a message (something to say) by making signs on a page. To write we need a message and someone to communicate to."

通过上述定义可知，写作之所以称为写作，其中一个重要的前提便是"传递信息，传达思想，进行交流"。这一定义是写作的根基，更是写作教学的根基。读不透这一本质的教师，其写作教学的设计将会浮于字词的表面，一味追求高分而教授一些辞藻浮华却不实际传情达意的"无观众式"的范文——这无疑偏离了写作的本质，让学生的习作毫无灵魂。所以，教师要想教好写作，首先需要读懂写作的底层逻辑。

"Writing involves several sub skills. Some of these are related to accuracy." To communicate successfully, "we need to have enough ideas, organize them well and express them in an appropriate style."[2]

由此可见，写作是一个复杂且系统的工程。教师不但要教授学生如何进行谋篇布局，更要知道怎样去搜集相关主题的灵感，实现思想交流的目的。

学生写作中的常见问题

初高中学生写作中的常见问题主要分布在以下几个方面：

问题一：语病过多

不少学生在写作中直接照搬、套用所谓的"高分句"，导致句子写出来词不达意、语境不得当、语法问题频出等。这些问题产生的原因主要是教师在日常教学中疏于培养学生的语言综合运用能力。在"应试教育"的模式下，教师缺乏对学生进行语用层面的指导，过于注重通过语法教学来应对升学考试，从而导致学生所学的语言知识和实际交际处于割

1　Mary Spratt, Alan Pulverness, Melanie Williams. 剑桥英语教学能力认证考试教程 [M]. 北京：清华大学出版社，2007.
2　Mary Spratt, Alan Pulverness, Melanie Williams. 剑桥英语教学能力认证考试教程 [M]. 北京：清华大学出版社，2007.

裂的状态，使得语言学习"碎片化"[3]。不少教师在教学中常常给出所谓的"高分句"模板让学生套用，然而学生往往知其然，不知其所以然，不明白这些"高分句"究竟是如何实现的，这也直接造成了问题二的出现。

问题二：审题不清晰，逻辑混乱，辞藻堆积，边想边写

教师在批改写作时经常发现学生习作内容要点不全，或者上下文不连贯，然后将之诊断为审题不清，要求学生重新审题。但其实很多学生出现上述问题的根本原因可能是不具备审题的能力。学生不知道哪些是读题时需要重点关注的地方，自然也就无法快速抓住写作的目标，进行分析和思考。这就导致学生不会基于写作目标进行谋篇布局，从而出现逻辑思维混乱，只能靠堆砌辞藻博取阅卷教师的"欢心"，幻想靠着"高级词汇"拿到高分。然而，《高考英语写作评分标准细则》明确规定学生写作"要做到文章扣题、内容充分、构造完好、逻辑性强、语意连贯，从而达到预期写作的目的"。北京高考写作方式采用8-8-8分项式评分原则，评分标准明确规定：内容8分，逻辑8分（权重0.5），语言8分，合计20分（即8+4+8=20）。分项式评分将逻辑和内容、语言并列起来进行赋分，实实在在地考核学生的综合素养。因此，要解决这个问题，教师必须从培养学生的逻辑思维能力入手，教会学生审题，帮助学生养成先思考再下笔的习惯。

问题三：教学后，学生仍然无话可说

教师进行写作教学后往往会发现，学生实际下笔的时候经常会出现写不出来的情况，造成这个问题的原因主要有两个。一方面，教师没有帮助学生养成"先想再写"的习惯。学生听完课，思路仍然没有真正打开，也就是说，"如何基于写作目标进行谋篇布局的构思"这一环节是教师在实际授课的时候所缺失的。另一方面，学生下笔前语言素材积累不够，词汇和句式不会表达，这些"脚手架"的搭建都要在教授环节完成。如果这一环节的设计被遗漏，再加上学生思路也没有真正打开，写作的灵感没有在听课阶段被搜集，那么提笔无话是必然结果。

综上所述，学生写作问题产生的根本原因是教师在日常写作教学设计中缺乏对学生结构化思维能力的培养。学生不会思考，不知道"逻辑清晰、条理分明"究竟是如何实现的，也就写不出重点突出、逻辑清晰、详略得当、简明扼要的好文章。而《英语课程标准（2022版）》针对中学生应该达到的思维品质目标有明确要求，即要培养学生的语篇意识，辨识句子和段落间的逻辑关系。因此，教师在日常写作教学中，除了字词层面的语言教学，还

---

3 王蔷. 从综合语言运用能力到英语学科核心素养——高中英语课程改革的新挑战[J]. 英语教师，2015（16）：6-7.

需要更多地关注学生思维品质方向的培养。

基于问卷调查中呈现的三个常见问题，"三步金字塔"的方法可以综合解决。这套方法通过切实可行的标准化路径帮助学生在写作中实现交流的目的，让学生产出的习作可与内容的阅读者快速产生共鸣，达成共识。

"三步金字塔"谋篇布局法

库尔特·勒温说过："没有什么比一套好用的理论更有效了。"因为一套好用的理论，不仅给使用者指明了前行的方向，还为使用者规划了一条直接通往落地实操的便捷之路，从而让使用者能够"站在巨人的肩膀上"，更高效地做到"知与行的合一"。对于教师来说亦是如此，学习一套好的写作教学理论框架，可以让教师更好地优化其写作教学。

"三步金字塔"的方法就是基于一套好的理论延伸出的行之有效的解决方案。

什么是"三步金字塔"谋篇布局法呢？

这个谋篇布局的方法源于美国作家芭芭拉·明托的《金字塔原理》。该书讲授了一种能清晰呈现思路的方法，这个方法教会人们如何去思考、表达和解决问题——而逻辑是在"思考"中产生的，所以要解决学生写作逻辑不清晰的难题，首先便要教会学生如何"思考"。

芭芭拉·明托认为："清楚的文章结构总是呈金字塔形，自上而下表达。"[4]这里提到的"金字塔"的基本结构是：中心思想明确，结论先行，以上统下，归类分组，逻辑递进。先重要后次要，先全局后细节，先结论后原因，先结果后过程。这样的结构能够使得听众在听后有兴趣、能理解、能接受、记得住，运用这样的思考模式去完成写作构架自然能够有效实现写作目的，使得读者与作者形成共鸣。（如图1所示）

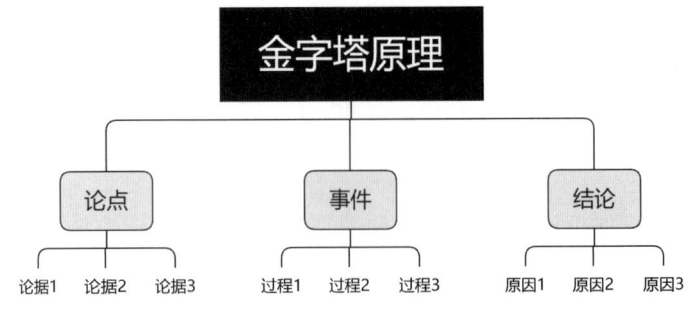

图1 金字塔原理图式

那么具体到写作中，如何自上而下地去思考、构建金字塔呢？可以通过以下三步实现

---

4 ［美］芭芭拉·明托，罗若苹译.金字塔原理2[M].海口：南海出版社，2011.

第三章 写作课

谋篇布局的整体构架：

1. 确定主题：明确写作目的；
2. 思考显性和隐性要点：确保做到全面思考；
3. 填充显性和隐性要点：确保要点逻辑精准；

在这里，我们可以通过可视化的方式让学生去清晰感知自己的思路是如何一层一层搭建起来并逐渐丰满的。

我们以应用文中的道歉信为例（如图2所示）：

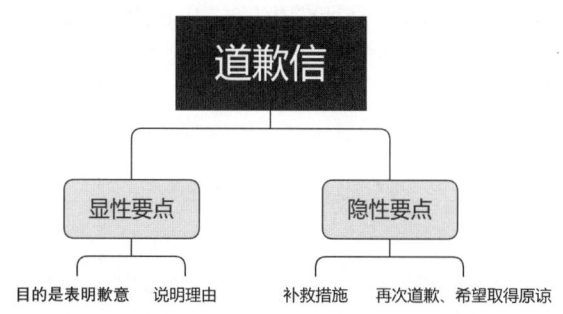

图2 道歉信的"三步金字塔"谋篇布局

自上而下分别对应三步思考：

第一步，学生需要确认本文的写作目的是什么。若要写一封"道歉信"，学生很自然会想到其写作目的是要表明歉意，取得对方谅解。明确了这一点后，第一层思考就搭建成功了。

接下来进入第二步思考：如何实现上述写作目的呢？多数学生第一反应便是要先诚挚致歉，然后说明原因。毋庸置疑，这两点是道歉信必备的要素，但是只写这两点却只能实现"表明歉意"的目的，而真实场景中的道歉，如果仅有这两个要素，就会略显缺乏诚意；所以，在考场中的道歉信若仅包含这两个要素，也很难出彩，因为内容没有深度，道歉显得单薄。

"道歉信"的致歉之诚意若要足够丰满，学生一定要进行更深度的思考，抓住更多要素：我们可以称之为"显性要点"和"隐性要点"。所谓显性要点，就是绝大多数人根据字面要求即能判断出来的内容。而隐性要点是需要作者进一步结合写作目的来深度思考的。比如，这篇文章除了道歉之外，更重要的是获得对方的原谅，维护好彼此的社交关系。那么为了实现这一目的，仅有道歉和说明理由是远远不够的，还需要在文中表达出诚意：比如"积极提出补救措施，在文末再次道歉，希望取得原谅"等要点和细节一定要在此信中呈现出来。

所以，在下笔之前，学生必须提前考虑到所有的显性和隐形要点，才能确保最终产出的文章可以真正实现更深层次的写作目的。

有了显性和隐性要点的考量，接下来就是第三步思考：分别填充显性和隐性要点的具体细节，确保要点之间逻辑紧密。这个时候，经过"三步走"，思考架构已经建立起来了，教师可以指导学生结合不同的写作要求进一步思考更加详细的问题。

以2016年全国三卷高考题为例。

（2016全国Ⅲ）假定你是李华，与留学生朋友Bob约好一起去书店，因故不能赴约。请给他写封邮件，内容包括：

1. 表示歉意
2. 说明原因
3. 另约时间

有了前面的金字塔构架，结合这个题目要求，学生可以根据写作要素去思考更加细节化的问题，比如可以选取怎样的理由来表明歉意？补救措施还需要考虑哪些细节？在每一个要点下面具体填充细节的时候，学生的思考就呈现出结构化的特点了。学生若能够做到每一层的思考都是自上而下层层推进的，也就不会出现"边想边写，辞藻堆积"的情况了。

具体到这个道歉场景中，在说明原因的部分，教师可以引导学生从以下几个方面进行思考，得出的理由会更容易令人信服和理解：德育渗透、文化交际，或力所能及的事情等。这样学生可以继续头脑风暴出多种原因，比如学生有重要会议参加；或作者要代表班级去跟交换生交流或代表学校参加英文辩论赛等。无论选择哪一个原因，都可以继续向下延伸细节。比如，以作者要作为班级代表与交换生交流这样的原因为例，继续向下思考，为什么必须参加这个活动？因为一方面这个活动对于自己来说既是挑战又是机会，不但能充分了解对方的文化，而且在交流的过程中可以让对方了解中国的文化，意义重大（如图3所示）。

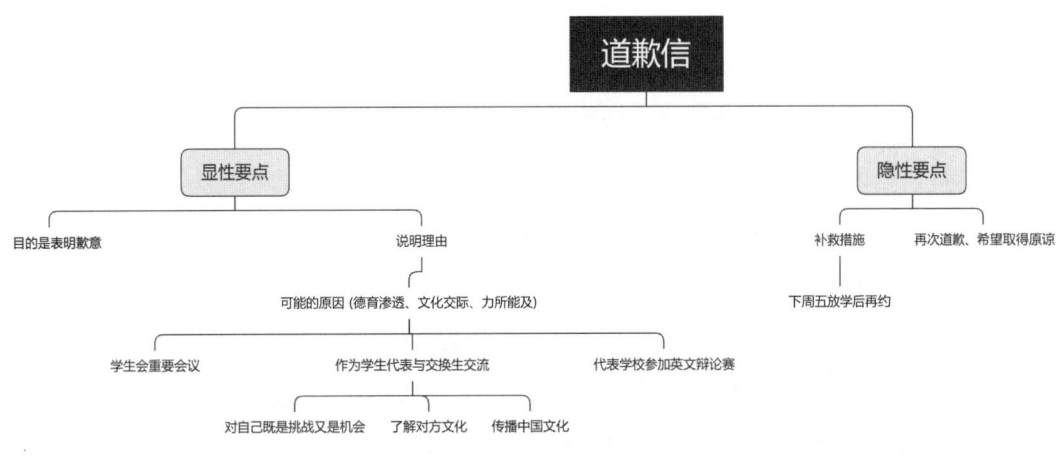

图 3 金字塔谋篇布局道歉信

通过上述"三步金字塔"的谋篇布局法,学生会发现思考是有迹可循的。通过一步一步自上而下的思考,严密的文章逻辑就层层搭建起来了。"三步金字塔"呈现的导图帮助学生将思维可视化,也有助于学生清晰判断出文章的详略,避免写出的内容前后矛盾,更可以避免学生因为没有语篇意识,写到最后匆匆收尾的情况出现。

学生通过"三步金字塔"刻意训练结构化思维,还会养成"先思考后写作"的好习惯。这样一来,他们在思考和表达的时候就能够更快速地抓住读者的注意力了。因为隐性要点的思考让学生在写作前就具备了"读者意识"[5],这样写出来的文章可以引导读者真正深入理解作者的观点从而产生更强烈的共鸣。学生的思维品质就是在这样的反复思考和刻意训练中培养起来的。

第二节 如何设计一节有效的写作课?

著名学者 Nation 说过"产出性学习通常比接受性学习产生更多更强的知识。"而且,写作作为产出性学习,可以有效检测输入阶段学生的消化和吸收情况。可以说,高效的写作课程设计对于整个教学效果而言,有着重要的验证作用。

---

5 李莉文. 英语写作中读者意识与思辨能力培养 – 基于教学行动研究的探讨 [J]. 中国外语,2011,8(3):66-73.

那么如何设计一节有效的写作课呢？最关键的是要明确教师日常写作教学的场景。通常，教师是以教材单元为依据展开日常教学的。在单元整体教学规划中，写作教学是教师在单元教学中必不可少的一步，也是帮助学生实现学以致用的重要一环。然而目前写作教学的现状是，在应试压力下，教师侧重于以考试标准来设计写作教学，对于学生的具体学情不清晰，无论学生具体学习情况如何，都采用一刀切的方式进行写作教学，即一切与考试挂钩，评价结果也是以考试为标准。这就造成学生写出来的文章千篇一律，很难将所学单元知识与写作主题有效结合。久而久之，学生认为写作与所学无关，只是应试，因此学生的写作热情也很难培养起来。这与核心素养倡导的"乐学与善学"[6]的目标背道而驰。《英语课程标准（2022版）》在学习能力学段目标中明确指出：初中阶段要培养学生"对英语学习有持续的兴趣和较为明确的学习需求与目标"；《普通高中英语课程标准（2017年版2020年修订）》也在开篇中指出，英语学科核心素养的目标要给学生树立正确的英语学习观，保持其对英语学习的兴趣，使其具有明确的学习目标。因此，基于高中新课标中对于学生核心素养的培养要求，日常写作教学设计要从培养学生的写作热情出发，将日常写作教学和考试要求有机结合，而不是以考试为唯一依据去设计课程。把学生写作能力的培养放在日常单元教学设计中，循序渐进，能力上来了，最终的写作成绩也会有所保障。研究中高考考纲和真题会发现，所有的考试写作题目或主题的设置其实都源于日常单元主题语境。因此，合理利用考试，将考试作为检测手段，去检验学生的学习效果和教师的教学设计是否有效并指导接下来的教学和学习，才是将二者有机结合的正确方式。

本书以人教版《普通高中教科书英语必修第一册》Unit 1 为例，进行写作课程设计，为广大一线教师提供可学习、可参考、可模仿的写作课规范化设计流程。

以本单元的主题为例，整个单元听、说、读、看（viewing）、写各个课型内容目录如下（如表1所示）：

表1　Unit 1教材单元目录

Theme	Reading	Listening
UNIT 1 **PEOPLE OF ACHIEVEMENT**	Tu Youyou Awarded Nobel Prize *Find descriptive words* The Man Who Changed Our Understanding of the Universe Heroes in Your Eyes	People of achievement *Listen for reasons* The woman I admire

---

6　中华人民共和国教育部. 义务教育英语课程标准（2022年版）[S]. 北京：北京师范大学出版社，2022.

续表

Speaking	Writing	Structure	*Project	*Video Time
Giving time to think	A description of someone you admire	Non-restrictive relative clauses	Prepare a book report	Mei Lanfang: Great Artist, Cultural Ambassador

基于来自全国各地的 1400 多位一线教师的反馈，笔者梳理出以下写作备课步骤，供广大一线教师参考（如表 2 所示）。

表 2　写作教学常用备课步骤

步　骤	方　法
学情分析	"以学定教"，结合班级具体水平定目标
确定教学目标	课程目标要参考教材本身，而不是纯参考应试题目
设计教学流程	围绕教学目标，进行对应教学策略的设计
撰写教案	撰写教案

第一步：学情分析

为什么要先做学情分析再确定教学目标呢？

学生因为个体的差异，现有知识结构、兴趣点、思维品质、心理状态等各方面的情况均有不同，这些因素都有可能影响学生的学习行为。没有分析学情就去设立教学目标，无异于建造空中楼阁，是没有根基的。而先做学情分析，再以此为依据去制定适合班级整体水平的教学目标，才是"以学定教"[7]。这样的做法与传统教学"强调知识传授"相比，关注的重点从"教师该如何教"转向了"学生该如何学"[8]。这种教学模式的思考路径是为了帮助学生更好地学，教师应该怎样教，更重视学生学习的主体地位[9]，从而实现有效教学。

写作课是单元整体教学的一部分，学情分析可以从以下两个方面入手。

◆学生已有基础

7、8　刘次林.以学定教的实质[J].教育发展研究，2011(4):5.

9　于龙.影响"以学定教"效果的因素分析[J].中国教育学刊，2012(9):5.

◆ 学生学习障碍

学情分析的方法主要有：经验分析法、资料分析法、问卷调查、[10]访谈法。经验丰富的教师多采用经验分析法或者通过日常考试中学生的写作成绩来大致评估学生的语言能力，但是很难分析"学生已知"对单元教学的作用，也不利于判断学生在单元学习中存在的潜在问题和障碍，从而影响了单元整体教学中写作教学目标的重点和难点的确定。

单元整体教学视角下的学情分析可以采用"单元学情分析框架法"[11]。具体流程：从教材出发，分析单元主题下需要授课的内容，然后结合学生的实际学情定位具体班级授课重点和难点，提出解决方案，从而制定合适的教学目标。具体流程可参照图4。

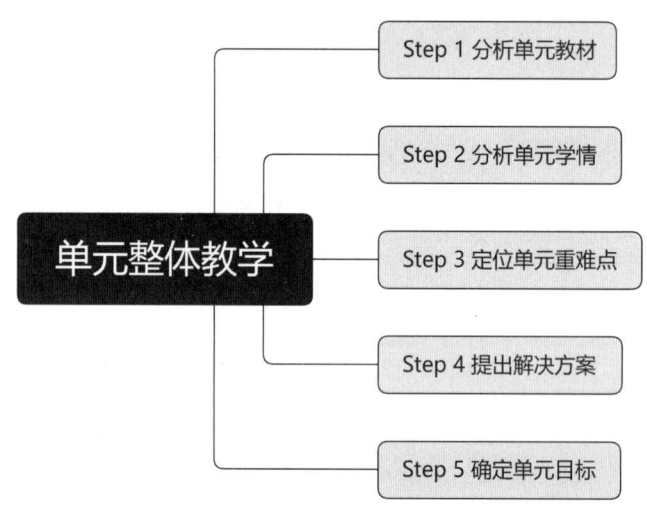

图4 单元学情分析具体流程图

写作课程是单元整体教学的重要环节，在整体单元准备阶段，学生的语言能力、接受能力等都要提前评估出来。具体评估方法可以用单元学情分析属性表进行评估[12]（如表3所示）。

---

10 马文杰，鲍建生."学情分析"：功能、内容和方法[J].教育科学研究，2012:(9).

11、12 朱妍.单元视角下的学情分析框架[J].教研现场，2020(5):31.

表 3　单元学情分析属性表（内容参照《教研现场》）[13]

教师名字		学校名称		学生年级		教材版本		
模块名称								
单元名称								
学习起点								
学习内容（参见单元教材教法分析内容）	应达水平	实际水平	重点（✓）	难点（✓）	说明	教学解决策略		
						单元活动设计	单元资源	单元比重
语音								
词汇								
词法								
句法								
语篇								
功能意念								
话题								

　　该表中，应达水平是指班级整体在该目标下应该实现的水平：知道、理解、运用或者综合；实际水平是指班级整体学生可以实现的占比是多少。通过实际水平的评估，可以清晰判断学生的已知和障碍，整个单元的教学重难点就会非常清晰，班级学生整体掌握不好的知识点就是本单元重点学习的对象，也是学生学习的障碍，整体课时和比重就要加大。以本单元 People of Achievement 为例，该单元主题属于"人与社会"的主题语境。写作前，学生对单元话题并不陌生。一般来说，学生对话题掌握水平可以达到 90% 以上，通过整

13　朱妍. 单元视角下的学情分析框架[J]. 教研现场，2020(5):32.

个单元其他课型的学习，学生知道了对社会做出重要贡献的诸多科学家及其事迹，比如诺贝尔医学奖得主屠呦呦。当谈论到学生自己眼中的英雄时，学生会结合所学内容，进一步头脑风暴出更多对社会做出突出贡献的人，包括科学家、军人，或平凡岗位的平民英雄等，总之对于话题的掌握程度非常好。

在实际教学中，教师往往会发现，通过单元整体教学，学生对写作话题掌握得非常好，但是下笔写作时，学生只会把零散的信息输出，不知道如何言而有序地把这些写作素材整合起来。在写作课堂上，学生共同的写作障碍主要有：

1. 针对头脑风暴列举出的语言信息，学生缺乏语篇意识，不知道如何通过逻辑构架，将零散、碎片化的信息整合成一篇有理有序、引起读者共鸣的好文章。

2. 学生不明白写人叙事的文章如何通过叙述来实现点题并升华主题的效果。

因此，在写作课教学中，教师要加大对谋篇布局的课时比重。

第二步：确定教学目标

英语写作课教学目标的设计，可以从以下几个方面着手：

1. 语言能力和文化意识：通过单元整体信息的输入性学习，学生能够学会表述与表达事实、观点、情感；让语言成为文化的载体，学生通过学习和理解文化差异，学会运用英语写作去交流；在提高语言实际运用能力的同时，真正实现跨文化交际的目的。

徐继田老师在《高中英语单元整体教学设计：理念与方法》中也指出："在单元整体教学设计理念下，注重内容，关注语言。以内容为依托实现语言学习，体现融合性。"可见，单元整体教学模式对于学生语言能力和文化意识的培养有重要意义。教师要注重单元内部板块之间的内在逻辑、递进关系和整体性，"避免教学内容的碎片化及整体目标的缺失"[14]。

2. 思维品质和学习能力：通过"三步金字塔"谋篇布局微技能的学习，学生能够掌握在下笔前思考语篇结构的方法；能够养成"先想后写"的写作习惯，最终写出言之有物、言之有理、言之有序的文章来。更重要的是，"三步金字塔"谋篇布局法的实施，有助于学生自主"学习能力"的培养。教师需要在引导过程中充分发挥学生在学习中的主导地位，同时带领学生去主动做出决策和判断，将自己的思维可视化。最终，学生可以自主解决写作中的问题。"教是为了不教"，学会了谋篇布局的微技能方法，学生在写作中的自主学习能力也就养成了。

---

14 李箭，李海明. 基于学科核心素养的英语教学课例研究 [M]. 上海：华东师范大学出版社，2019.

在确定教学目标时需要注意，要参考教材内容本身，而不是只参考应试题目。

首先分析教材，结合单元学情分析属性表制定适合于本班学生的单元整体目标。

然后，关注课本内容，细化写作课与本单元的关系。可以从如下几个方面进行思考：

1）写作主题

2）写作目的

3）语篇结构

4）语言特点

最后，结合第一步学情分析，制定合适的写作课教学目标。

以本单元为例，通过单元整体的要求我们会发现这篇文章在写作的环节是要求学生完成一篇关于"你敬佩的人"的描写，即"A Description of Someone You Admire"。

为了解决学生写作中的常见问题和共性写作障碍，这一节写作课的教学目标设计如下（可供参考）：

After the class, students will be able to: talk about the people that they admire by brainstorming what they have learned in the whole unit; draw their own logical and reasonable mind map by applying the method of "Three-step pyramid";identify opinion & fact, cause & effect and coherence skills, and use them in their own writing by reading the model essays;finish their own essays about the people they admire logically.

第三步：设计教学流程

Learning Teaching 一书中，将课堂写作的流程梳理为以下 14 个步骤[15]：

1.Introduce the topic

2.Introduce and summarize the main writing task

3.Brainstorm ideas

4.Fast–writing

5.Select and reject ideas

6.Sort and order ideas

7.Decide on specific requirement, layout, etc.

8.Focus on useful models

9.Plan the text

15　Jim Scrivener. Learning Teaching [M]. New York:Macmillan Education, 2005.

10. Get feedback

11. Prepare draft (s)

12. Edit

13. Prepare final text

14. Readers!

上述步骤是经过验证且非常科学的英语写作教学流程，属于过程性写作设计的典范。过程性写作重视学生的写作过程，而不是最终的作品。Zamel（1987）将过程写作法看作"探索学习者头脑中的意义并通过写作的过程来表达这些意义"[16]。该方法注重在教学过程中通过设计一系列的教学活动帮助学生在下笔之前激活大脑思维、搜集相关素材、构思布局。教师指导学生撰写初稿、不断修改、润色内容，直到最终定稿。上述14个步骤完整呈现了过程性写作的3个阶段：写前准备、写作阶段、写后编辑修改。强调写作过程，以学生为中心，重视开发学生思维，使得写作教学步骤清晰，每个阶段的目标清晰，能有效避免教师只重视写作结果的情况。

当然具体到国内英语写作课堂，这个步骤指导也有一定的局限性。比如：该步骤是针对母语为英语的教师而撰写的，因此学生在头脑风暴后，直接进行 fast writing，不用再搭建脚手架。对于中国学生来讲，由于其语言能力的限制，"学生的表达力和产出力无法实现快速输出"（沈弘，2021），无法完成 fast writing 的要求。因此，教师需要因地制宜，给学生搭建脚手架。此外，国内写作课堂需要结合第二步的教学目标进行本土化融合：教师既要有帮助学生整合语言素材的过程，又要有帮助学生去规划和构思文章框架的过程。语言知识和写作技能在写作课堂上要双管齐下，兼而有之才行。

笔者将上述步骤结合本土化写作课堂的特点进行融合，同时融入了重在培养学生逻辑思维品质的谋篇布局法——"三步金字塔"，沉淀出一套可模仿、可复制的写作教学流程设计。该课程设计已由来自全国不同地区的20多位教研专家打磨，并由1400多位一线教师付诸实践并给出反馈。在教学设计的科学性和有效性均经过实践验证的情况下，向读者推荐（如表4所示）。

16　Zamel, V. Writing:the process of discovering meaning[A]. New York: NewburyHouse,1987.

表 4　写作教学设计步骤

环节	步骤	步骤拆分	阶段性目标
Pre-writing	介绍主题	导入	激活学生情绪，引出写作主题。
		头脑风暴	激活脑海中与话题相关的一切内容。
While-writing	成文架构	"三步金字塔"谋篇布局法学习	学生学会用"三步金字塔"的思考模式设计出自己的文章思维导图。
		链接中高考真题	刻意练习"三步金字塔"微技能；让学生通过中高考真题呈现，明白日常写作学习的重要性，写作能力的培养功在平时。
	范文展示	聚焦范文中的表达	通过同主题范文的学习，可以区分 facts&opinion，并掌握行文流畅连贯的技能。
	写草稿	学生写草稿的同时，教师要及时给予反馈	学生在草稿撰写中用上一步习得的技能，同时得到教师对草稿的反馈，确认实操过程是否合理、得当。
	编辑	浏览全文，检查细节	学生通读全文，确认表达是否正确，语句是否通顺，并完成修改。
Post-writing	多样化评价	通过评价量表进行自评和同伴互评	通过评价量表的运用，让学生更加关注学习效果实现的过程，使学生获得成就感，增强写作自信心。
		根据评价量表评选优秀作文	让学生明白真实写作中的优秀作文究竟好在什么地方，给学生带来即时反馈，激发学生的写作热情。
		常见问题展示	通过展示学生习作中的常见问题，让学生关注语言表达的正确性和得当性。
		家庭作业	结合写作课堂的收获，完成终稿撰写和优化。

◎ Pre-writing

1. 导入

教师在课堂的开始要利用各种方式和手段去激活学生的情绪，为学生积极投入学习做准备。这是因为情绪可以调动意义，它们是紧密相关的系统，情绪的化学物质的释放和认知过程几乎是同时进行的。美国 Eric Jensen 致力于将脑科学知识引入教育，在《适用于脑的教学中》他提出"情绪不仅能帮助我们更快地做出更好的决定，而且会使我们所做的决定质量更高，更有价值。"卢家楣先生也在《情感教学心理学》中指出，在教学背景下，情绪对学生认知的影响具有重要意义。"学生在愉快情绪状态下的创造力水平显著高于难过情绪状态"[17]，主要表现在"发散性思维的流畅性和变通性"[18]这两个方面，且不同情绪状态对记忆、推理、外语口语等均产生不同程度的影响[19]。因此教学中对于学生情绪的调控直接影响着学习的效果（如图5所示）。

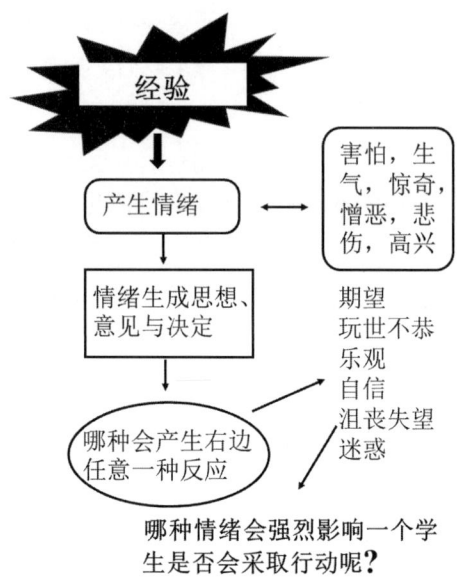

图5 情绪状态如何影响学习

在正式进入写作前，教师可借助多模态教学来丰富学习活动，激发学生的学习兴趣。多模态教学是指通过图像、视频、音频等的展示和强调，营造轻松和谐的学习氛围，组织学生进行自由探究、合作表演、分组讨论等多模态活动[20]。

例如本文以人教版《普通高中教科书英语必修第一册》Unit1为例，要完成"A Description of Someone You Admire"的写作教学，导入部分可选择与主题相关的视频或图片，同时学生需要配合相应的问题进行思考。

选择视听素材导入是因为心理学家特瑞克勒经过研究得出结论："我们的学习大约1%通过味觉，2%通过触觉，3%通过嗅觉，11%通过听觉，83%通过视觉。"多模态的教学模式，除了可以激活学生的学习情绪，使学生产生学习的动机外，还可以通过全面立体的感官刺激，使学生对课堂上教授的相关知识点吸收效果更好，学生理解程度更高。因此，将多模态教学模式与写作课有机结合，有助于写作课堂更有效地开展。

与视听素材配套的思考题可以从哪些方面着手准备呢？1991年菲利普·耶那文尼

17、18、19　卢家楣.情感教学心理学－第2版[M].上海：上海教育出版社,2000.
20　李箭，李海明.基于学科核心素养的英语教学课例研究[M].上海：华东师范大学出版社,2019（61）

（Philip Yenawine）提出：看图像不是为了机械复制，而是要以图像识读为主要手段，去启发批判性思考。问题设置的原则为：由易到难，引发学生思考，进一步培养学生的思维品质。

以下 9 个问题的设置由易到难，分别对学生的思维从不同维度进行考查，教师可以结合自己的课程目标去选择在视听过程中学生需要思考的配套题目。

（1）What can you see in the picture/ video/chart?（获取信息）

（2）What are they doing in the picture/ video/ chart?（获取信息）

（3）What information can you get in the picture/video/ chart?（概括信息）

（4）Where did the story happen in the picture/video/ chart?（获取、推断信息）

（5）How do you feel about what you saw in the picture/ video/ chart?（语言表达）

（6）Who created the picture or the video?（批判性思维）

（7）Are you in favor of what you saw in the picture/ video/ chart? And why?（批判性思维）

（8）What positive or negative effects can you draw from it?（推理信息）

（9）After watching this video, can you predict what we will talk about next?（预测能力）[21]

2. 头脑风暴

教师通过各种活动进行头脑风暴，激活学生脑海中关于写作话题的一切信息，有助于学生搜集写作灵感。常用的组织形式主要有：分组讨论、即兴问答、分组绘制思维导图等方法。

以本单元写作为例，教师可以让学生分组进行采访，介绍自己最敬佩的人，并分享敬佩的原因。

通过分组讨论，学生的思路已经打开，接着教师可以带领全班学生一起继续头脑风暴与该主题相关的已知内容。比如，教师可以提供相关文本（本单元设计中给出的是一篇关于爱因斯坦的文章）、视频、音频、上述采访活动中的素材分享等。

除了单元视角下的引导外，教师还可以运用大单元教学模式，进一步引导学生打开思路，搜集充足的写作素材。所谓大单元教学是指打破教材中固定的单元主题、课时等固定编排，对学习内容进行"大整合、大迁移和大贯通"。这样做既可以实现学生头脑风暴活

---

[21] 王彦鹏. 视觉素养视域下 " 看 " 的技能对英语教学的影响 [J]. 教学月刊：中学版（教学参考），2019(11):4.

动与话题相关的目的，又不会因为学生天马行空的想象而造成时间浪费。写作是输出性能力，从某种程度上讲，输入与输出一样，决定着学习者的学习成效（谢忠平，2021）。因此，教师在头脑风暴阶段主动打破单元间的限制，引导学生对脑海中已有的知识进行激活和整理。例如，本单元属于"人与社会"的主题语境，整个单元围绕对社会有突出贡献的人物进行讨论，这些人都拥有优秀的品行，或正确的人生态度，这与"人与自我"这个主题语境息息相关。那么，教师可以主动结合学生之前所学，比如人教版《普通高中教科书 英语必修第三册》Unit 2 Morals and Virtues（主要内容如表5所示）。两个主题关联性极强，因此教师可以帮助学生唤醒这两个相关主题下的词汇及有用表达作为语料素材，为接下来的写作做准备。这一步引导过程是实现"对信息的获取和整合"的关键，也是对学生进行思维培养的关键。

表5　Unit 2教材单元目录【内容参照高中英语新人教版教材（2019年）目录】

Theme	Listening	Speaking	Reading
UNIT 1 **MORALS AND VIRTUES**	A moral dilemma *Listen for attitudes* Chain of love	Telling a story	Mother of Ten Thousand Babies *Draw conclusions* The stone in the Road The Taxi Ride I'll Never forget
Writing	**Pronunciation**	**Structure**	***Project**	***Video Time**
A review of a moral fable	The rising intonation	The *-ing* form (2) as the object complement and the adverbial	Make a poster to motivate others to practice virtues	Confucius and *Ren*

除了语料素材外，教师还可以继续引导学生思考除了本单元外其他有用句型。比如：本单元的重点语法结构是非限制性定语从句，除此之外还可以引导学生使用之前在新人教必修一学过的限制性定语从句，必修三学过的doing做定语后置修饰人或物的表达，引导学生将脑海中的已有旧知激活，来准备充分的写作素材。

◎ While-writing

至此，学生已经准备了充分的写作语料和素材，那么如何引导学生把这些零碎且无序的思维碎片以一种读者更容易接受的方式呈现出来呢？

这时候就要教会学生进行谋篇布局的微技能——"三步金字塔"。首次引入这个方法上课时，需要先向学生进行通识类的介绍。比如：

首先，让学生明白为什么要谋篇布局。这样做有利于学生产生学习新方法的内在动力，为日后能够学以致用做铺垫。

具体做法参考：教师可以从第一节中介绍的学生写作中的普遍问题入手，分析出现这些问题的原因，强调谋篇布局的重要性。写作是为了实现交流，读者读懂了，才能实现写作目标。从根本上讲文章逻辑混乱，读者看完不明所以，是写作者思路不清晰造成的。读者理解力和写作者的"表达思想的顺序发生了矛盾"，就会造成理解障碍。而只有写作者自己能看懂的文章无异于是自说自话，无法实现写作目标。

接下来，向学生介绍对于读者而言最容易理解的结构——"金字塔结构"。人的大脑总是最先了解"主要的、抽象的思想，然后了解次要的、为主要思想提供支持的思想。主要思想总是从次要思想概括总结得出。"[22]而这样的结构自上而下就构成了一个金字塔结构。因为这样的结构结论先行，读者会带着疑问，继续向下探索，因此具备金字塔结构的文章也能第一时间吸引读者的注意力，引导读者一步一步完成阅读。如图6所示，作者想要证明"猪应当被当作宠物养"，有了这个目标，作者分两点进行阐述，分别是：猪很漂亮；猪可以培育很多新品种。在这两个观点下，作者再进一步分开阐述，论证以上两个观点，环环相扣，实现写作目标。

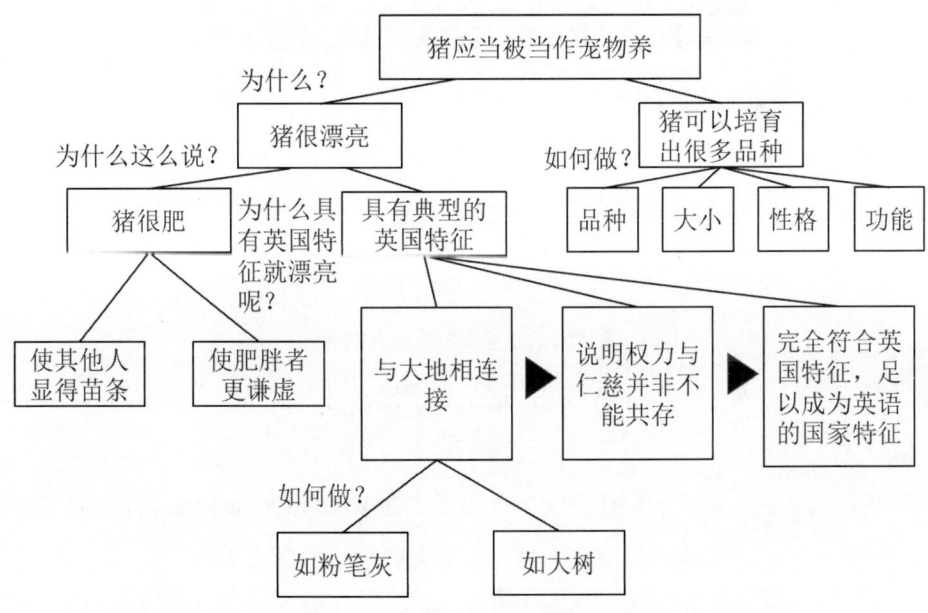

图6 "猪应该被当作宠物养"论证思考图式（图片出自《金字塔原理》）

---

22 ［美］芭芭拉·明托，罗若苹译.金字塔原理2[M].海口：南海出版社，2011.

看完这个金字塔思维导图，读者就明白了为什么猪应该被当作宠物。虽然读者可能不会同意这个结论，但是并不影响作者和读者的思路、认知达成一致，有助于读者理解并快速抓住论述的核心要义。至此，作者推理论证的目的就顺利实现了。

因此，为了使读者能够理解作者思路，抓住文章主旨，作者就要学会使用读者最容易理解的结构进行写作和构架：即自上而下，先表达主要思想，再向下发散次要思想或细节。

第三步：向学生介绍"三步金字塔"谋篇布局的具体做法。

以本单元的写作目标为例：A Description of Someone You Admire

第一步：明确写作目标：写人。

第二步：思考写人叙事的文章需要考虑的显性要素和隐性要素。

第三步：利用头脑风暴环节搜集的语料信息将显性要素和隐性要素进行填充。

三步思考可视化如图 7 所示：

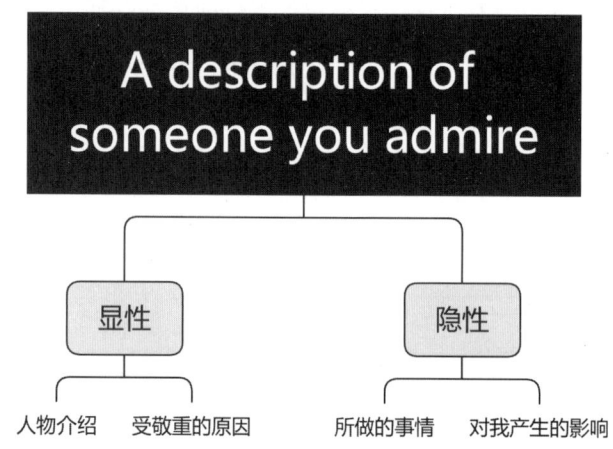

图 7 构思"三步走"思考图式

经过上述"三步金字塔"构思形成的这个文章架构可以指导绝大多数写人叙事类文章的主体构架。

接着就是具体到本单元的写作，学生受单元主题 Hero in Your Eyes 的影响，会继续展开思考，回想自己最尊敬的一些英雄人物，比如袁隆平、钱学森等。

有了这些人物，学生可以进一步选择某一个特定的人物作为继续思考的对象。以袁隆平为例，引导学生接着构思他受敬重的原因，例如世界杂交水稻之父、吃苦耐劳、不怕失败等（如图 8 所示）。这时候可以提醒学生使用在导入环节中曾头脑风暴过的词汇。

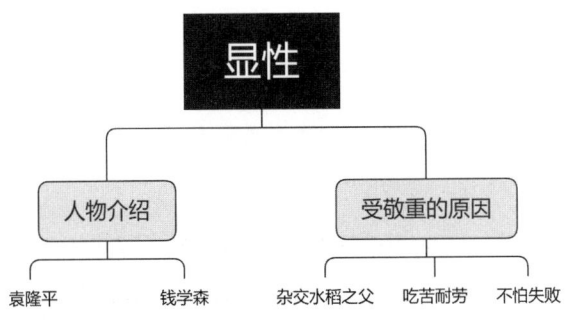

图 8 显性要素思考图式

以上为显性要素，接着结合受敬重的原因，教师可以引导学生继续思考隐性要素：每一个受敬重的原因背后对应的事件有哪些，以及这些事件分别对"我"产生的影响。思路请参考图 9。

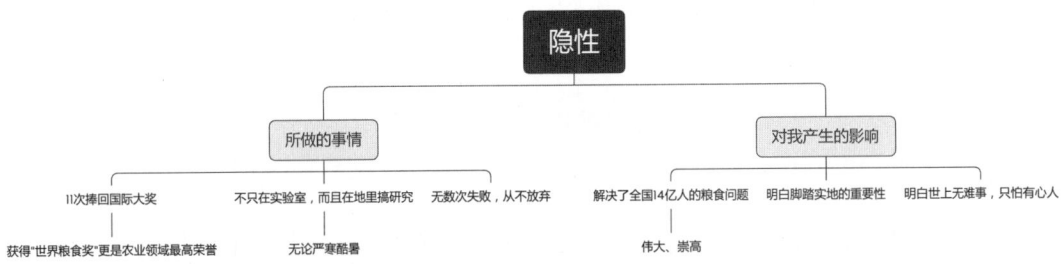

图 9 隐性要素思考图式

整篇文章的谋篇布局结束。学生通过"三步金字塔"的方法，将思维可视化，可以直接指导学生接下来的写作。为了巩固学生的思路，可以给学生再准备一篇同类型的文章进行"三步金字塔"谋篇布局的刻意训练。

无独有偶，2020 年全国一卷高考的写作题目也是让学生以"身边值得尊敬和爱戴的人"为题写一篇短文（试题如下）。

第二节书面表达（满分 25 分）

你校正在组织英语作文比赛。请以身边值得尊敬和爱戴的人为题写一篇短文参赛，内容包括：①人物简介；②受尊敬和爱戴的原因。

注意事项：①词数 100 左右；②短文题目和首句已为你写好。

选择这篇文章就是为了将日常写作教学和考试进行有机结合。学生会发现日常写作中学到的知识确实是高考考查的重点。这样学生在未来也就会更加重视日常英语写作课程。同样作为写人叙事的文章，前三步是一致的，区别是接下来的细节填充。由于本单元写作侧重的人物是英雄，而 2020 年全国一卷高考题明确要求写"身边值得尊敬和爱戴的人"，那么第四层开始就会有区别：英雄人物可以换成——教师、医生、清洁工等。剩下的细节可以交给学生自主选择和填充。

练习结束后，进入范文展示环节，通过范文来了解上述思路可以怎样呈现，同时引导学生区分 Fact 和 Opinion 并用英语来解释如下：

A fact is something that can be proven true. It is a kind of experience.

An opinion shows someone's thoughts about something. It is a kind of feeling.

之所以要给学生强调这两者的区别，是因为只有掌握了这两者的概念，学生才能在日常阅读和写作中有意识地去思考和斟酌，这是养成批判性思维的必经之路，同时也是核心素养中对于学生思维品质的要求。

完成了思维构建，接下来，学生进入草稿写作阶段。在这个过程中，教师扮演的是学生资源库的角色，随时给出反馈，并为学生提供及时的帮助。学生写完后，教师提醒学生进行通读自查，并进行修改。

◎ Post-writing

注重"教—学—评"一体化设计是《义务教育英语课程标准（2022 年版）》和《普通高中英语课程标准（2017 年版 2020 年修订）》共同倡导的教学闭环。学生写作完成后进入写作教学的最后一步，即评价环节。该评价环节强调多样化的评价方式，避免传统的以一个分数盖棺定论。

多样性评价可采用评价量表方便学生进行自评和同伴互评。清晰的评价维度既能帮助学生认识到自己的写作现状，也能通过阅读他人的文章，发现自身的不足。通过自评和互评，能够帮助学生更好地掌握写作技巧和语言运用。评价量表的设计可以从内容、语言、逻辑构架和卷面这四个维度进行设计（如表 6 所示）。

表6 评价量表

	Assessment/Evaluation	Self	Group	Teacher
Content	Does the writing contain all dominant elements?（具体要素根据文章具体内容来确定）			
	Does the writing contain all the recessive elements?（具体要素根据文章具体内容来确定）			

续表

	Assessment/Evaluation	Self	Group	Teacher
Language	Are there any grammar mistakes?How many are there?			
	Does the writer use the aim grammar structures we have reviewed in class? Mark them, please.			
Structure	Does the writer use the pyramid structure to organize the passage logically?			
	Does the writer use any coherence?			
Handwriting	Is the writing neat and clear?			

评价后，学生根据自己的评价结果选出优秀范文，并分析优秀作品的特点，同时，教师给学生分享大家习作中的常见错误和共性问题，让学生关注语言表达的正确性和得当性。

科学的评价手段与结果反馈，既有助于学生根据评价结果改进学习方法，培养学生的自学能力，又能够帮助教师"反思教学行为和效果，教学相长。"[23]

最后，教师布置家庭作业，让学生结合自评和互评中的收获，撰写全文。

第三节　优秀案例展示

备课教师：白媛媛　包头市北重二中

指导专家：蓝兰　包头市教育教学研究中心

教材内容分析

本课教学内容来自人教版《初中英语 Go for it 八年级下册》中 Unit 9 Have you ever been to a museum? 这一单元。本单元话题"有趣的地方"，隶属于"人与社会"主题。这一中心话题与学生生活密切相关，有丰富的图文及音视频素材以激发学生的学习兴趣。本

23　中华人民共和国教育部．义务教育英语课程标准（2022年版）[S]．北京：北京师范大学出版社，2022．

课时内容主要聚焦旅游与城市推介，教材为本单元主题写作提供了阅读文本、相关话题清单和关键句型，以便学生对旅游目的地进行有逻辑、多维度、详略得当的推介。

本课时课型为写作课，Section B 中的新加坡旅游推介阅读文本为本堂课写作任务做好了铺垫，本课设计中使用"三步金字塔"法作为可视化工具，帮助学生明确写作目的、高效搭建写作框架及各段落要点，完成谋篇布局。学生将在教师设计的"环游中国"真实情境中，巩固在本单元前几个课时中获取的重要词汇与句型，还需发挥想象、联系生活实际对家乡旅游进行有创造力的、生动形象的推介。

学情分析

八年级学生具备一定的英语水平和基础，但语言综合能力发展不均衡。体现为学生语言输入充分、听读能力较强，但写作输出能力不足。部分学生在写作时存在畏难心理，写作信心不足、动机缺失。

针对以上现象，本课时选取与学生日常生活紧密相关的写作主题，同时辅以大量图片资源激发学生的写作兴趣，利用"三步金字塔"法、思维导图、关键句型库、拓展词汇库为学生的独立写作输出提供支架、打好基础，旨在解决学生写作内容空泛、表达不准确的问题。

设计思路

本课时中心任务为城市推介写作，采用读写结合模式，以多元化的综合活动引导学生获取、整合并内化写作所需核心信息，进而构建独立写作的基本框架，最后以书面形式表达自己的观点。首先，学生学习"三步金字塔"谋篇布局写作微技能，进而分析城市推介写作的基本框架及各段落要点，接下来从细节层面对范文各段落进行研读，由发现闪光点、改写基础词汇到扩写活动细节，由易到难、由宏观到微观，在任务逐步推进的过程中，帮助学生将写作思路和框架结构化，为学生搭建写作"脚手架"并有效实现写作目的。

本课时设计重点在于引导学生学会从"称赞（Praise）—质疑（Question）—润色（Polishing）"三个层面对写作语篇进行反馈和评价（以下简称为"PQP 反馈模式"），以评促学、以评促写。在赏鉴文章的过程中引导学生采用自主学习与合作学习相结合的模式，初步运用"PQP 反馈模式"对语篇内的闪光点、疑问点及改进点进行评价，最后学生在完成写作后通过评价清单自主开展自评及互评，让学生真正成为评价的主体。在集体赏析过程中灵活运用"PQP 反馈模式"对学生的习作进行形成性评价，鼓励学生迁移创新，并通过持续反思，形成元认知意识，提升自主学习能力。

学习目标

1. 通过师生问答、看图说话、学习"三步金字塔"微技能，学生能够正确运用描述城市信息的核心词汇和句型，并对城市推介主题进行谋篇布局。

2. 通过赏析文本、修改个人习作，学生能够灵活运用描述城市的目标语言、升级表达并联系实际进行拓展，描绘目标城市并介绍推荐理由。

3. 通过独立完成写作任务和打磨作品，学生能在写作中感受祖国的大好河山，培养热爱家乡、建设家乡的意识。

4. 通过填写评价清单、小组分享、班级展示，学生能够理解并掌握作文评价维度，并根据评价意见优化作文，提升写作能力。

教学重难点

教学重点

学生能够理解并运用"三步金字塔"谋篇布局写作微技能，同时掌握并正确运用城市推介写作的核心词汇和句型。

学生能够在评价清单的引导下，初步掌握从不同维度对写作进行自我评价和同伴评价的方法。

教学难点

学生能够联系实际生活对城市推介写作内容进行扩写、改写和词汇优化。

教学配套资源

教材、多媒体课件、导学工具单、单元主题阅读扩展资源、思维导图、自评清单。

教学流程

教学过程	学习任务设计与教师活动	学生活动设计	设计意图 落实目标
导入 （1分钟）	教师提问："Where have you been on May Day?"，等学生回答后继续追问："What do you think of this city?"，教师在学生回答的过程中以板书形式归纳学生描述城市的不同维度，如 title、location、size 等。	学生回答问题，介绍自己曾去过的城市并分享旅行经历，尝试从不同维度对城市进行简单的评价。	导入新课，以五一假期的旅行经历激发学生学习兴趣，引起学生共鸣。
第1步 游戏活动 （3分钟）	教师引导学生参与游戏活动，通过观察地图和城市的大小、位置、称号等基本信息，引导学生猜测城市名称的同时，复习描述关于城市的核心句型，扩充更多介绍维度。	学生参与游戏活动，在猜测城市名称的过程中回顾并运用介绍城市大小、位置、称号等基本信息的核心句型描述不同城市，积累更多描述城市的维度。	激活旧知，巩固并丰富城市描述相关核心句型的表达。
第2步 头脑风暴 （2分钟）	教师引导学生以小组为单位进行头脑风暴，将介绍城市时涉及的不同方面绘制成思维导图。	学生进行头脑风暴，讨论并记录介绍城市的不同方面，绘制思维导图并进行展示。	调动已有知识，为城市推介写作任务进行铺垫。
第3步 谋篇布局 （5分钟）	教师设置电台频道征稿的情境，出示2019年广州市中考英语书面表达真题，引导学生使用"三步金字塔"进行谋篇布局。	学生在教师引导下：①阅读写作题目要求，明确写作目的；②结合已绘制的气泡图，进一步思考本篇写作的显性因素和隐性因素；③使用思维导图梳理文章基本框架。	学习并初步感知"三步金字塔"微技能在谋篇布局中的作用，从宏观上把握写作语篇的特点和利用思维导图加以梳理。

第三章 写作课

教学过程	学习任务设计与教师活动	学生活动设计	设计意图落实目标
	2019 年广州中考真题		
	广州某电台英文频道将开设 Welcome to Guangzhou 栏目，目前面向全市中学生征集"微广州"英文介绍。请你写一篇英语短文，向栏目投稿。短文需包括下图所有提示内容。  （思维导图：广州——位置：中国南方；一个好去处及理由；历史：两千多年；特色：花城、美食；气候特点） 注意：1. 词数：80 词左右（短文的开头与结尾已给出，不计入词数）； 　　　2. 不得透露学校、姓名等任何个人信息，否则不予评分。		
	"三步金字塔"思维可视化		
	 Advertising a city —— 显性（介绍城市）、隐性（欢迎游客） 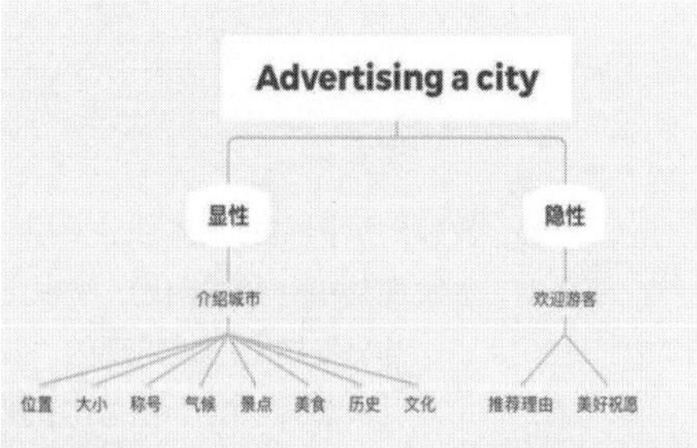 Advertising a city —— 显性：介绍城市（位置、大小、称号、气候、景点、美食、历史、文化）；隐性：欢迎游客（推荐理由、美好祝愿）		
第 4 步 绘制金字塔提纲 （5 分钟）	教师播放一段介绍广州城市旅游的视频，激活相关背景知识，之后再出示写作任务，引导学生使用"三步金字塔"结构列出提纲，并在小组内进行展示和讨论。	学生观看视频，阅读写作任务要求，使用"三步金字塔"结构梳理思路，列出提纲。学生将提纲与组内同学进行分享，在讨论的过程中进行适当修改。	在视频引导下，结合已有背景知识描述广州，利用"三步金字塔"结构绘制思维导图作为写作提纲。

教学过程	学习任务设计与教师活动	学生活动设计	设计意图落实目标
第5步 写作 (10分钟)	教师引导学生利用10分钟时间，结合"三步金字塔"思维导图独立完成写作。	学生根据自己的"三步金字塔"思维导图独立完成写作。	学生根据思维导图独立完成写作，进一步体会到"三步金字塔"结构在谋篇布局、辅助写作中的重要作用。
第6步 讨论和编辑 (12分钟)	教师引导学生阅读广州城市推荐写作的例文并完成相应任务。		
	Part 1 欣赏		
	教师出示例文的开头部分，向学生介绍文章中的闪光点，并结合五角星、波浪线等符号进行编码的方法，引导学生寻找并积累例文中值得借鉴的介绍维度、好词好句等。	学生阅读例文的开头部分，使用特定符号对可借鉴的介绍维度、好词好句进行标记和编码，然后对照自己所写文章的开头部分进行恰当修改。	引导学生以欣赏的眼光对例文进行评价，利用编码高效解构语篇亮点，更加迅速地梳理、内化并用以修改自己的习作。
	Part 2 引导		
	教师出示例文的主体部分，引导学生发现其中存在的问题——用词单一。当学生找出反复出现的"good"一词后，教师引导学生思考更多的近义词，并结合不同语句的含义进行替换。	学生阅读范文主体部分，寻找文中反复出现的"good"一词。学生在教师引导下说出更多与"good"含义相近的单词，并对照自己的习作选择更加符合语意的词汇对某些单一或不恰当词语进行修改。	引导学生关注例文内的单一词汇，思考更多场景之下的替换词汇，并对照自己的习作进行恰当同义替换，丰富自己的词汇。
	Part 3 打磨		
	教师出示例文的结尾部分，引导学生关注文中的复合句，对比个人习作找出可能存在的差距，并适当添加复合句结构进行修改。	学生阅读例文的结尾部分，对照自己的文章结尾，适当使用简单的宾语从句、条件状语从句等结构，增加句式的丰富性。	引导学生对个人习作的结尾进行打磨，灵活运用宾语从句、条件状语从句等复合句式，提升语言魅力。

教学过程	学习任务设计与教师活动	学生活动设计	设计意图落实目标
第7步 评价 (6分钟)	在大多数学生完成写作修改后，教师引导学生再次通读自己的文章，填写评价量表（如表6所示）的"学生自评"一栏。在自评结束后，组织学生与同桌交换文章，并填写"同伴互评"一栏。最后，教师选出2~3名学生的写作和评价清单利用展台进行展示分享。	学生在教师指导下分步骤填写评价清单，参与自评与互评，关注评价意见，思考修改和优化习作的方法。	引导学生在写作修改完成后利用评价清单从不同维度对写作进行自评和互评，并在"PQP模式"下进行全班讲评分享，为后续的打磨修改做好铺垫。
第8步 总结 (1分钟)	教师引导学生对本课内容进行总结，梳理本课所学写作微技能和评价要点。		

学习评价与作业设计

1. 本节课评价设计

让学生成为写作评价的主体是本课程设计的一个亮点。教师在学生赏析文本的过程中引导其通过文本解码、关注闪光点等活动对文章初稿进行评价和反馈，为学生的后续写作服务。在写作完成后，学生利用评价量表，关注显性和隐性要素的表达、金字塔结构的应用、连接词和语法结构使用、卷面整洁度等方面。学生在评价过程中无论是自评还是同伴互评，都可以基于该表格进行对比和思考：首先发现闪光点，接下来找出有疑问的部分进行标注，后续进行打磨和修改，根据不同写作目标的达成情况对自己的文章进行自评并适当修正。让学生成为写作课堂的评价主体有助于以评促学、以评促写的目标达成（评价量表见表6）。

2. 作业设计

（1）基础类作业：

根据自评反思及同伴互评意见，对本堂课的写作文章再次进行修改和完善。

（2）综合应用类作业：

利用本课时所学的写作微技能，独立完成自己最向往城市的旅游推介写作。

（3）反思类作业：

近日，美国《国家地理》杂志公布2022年度"全球25个最佳旅游目的地"榜单，我国云南普洱市的景迈山上榜，普洱市旅游业发展也迎来了新机遇。请以小组合作的形式，在周末通过图书馆、互联网等多种渠道获取信息，用英语为普洱市旅游发展提出至少5条规划建议。

板书设计

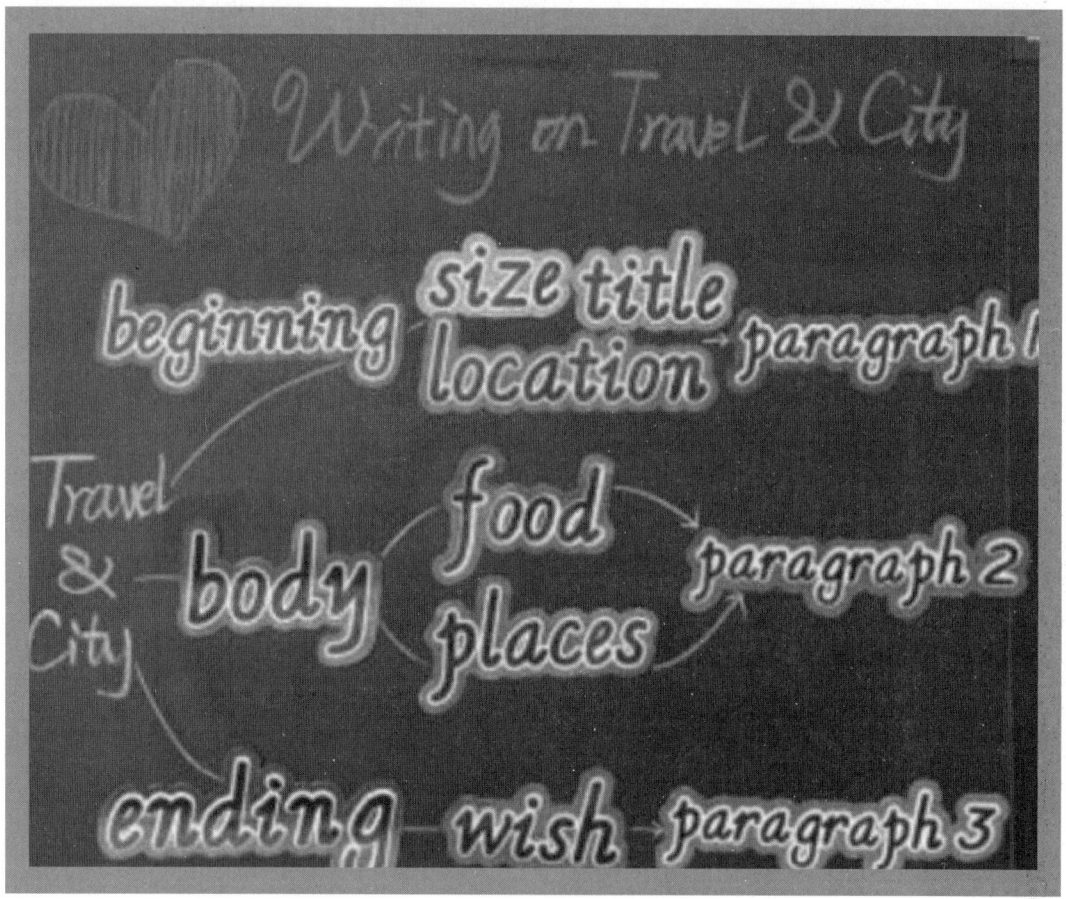

图10 板书设计样例

第四章 读写课

"以读促写"教学模式设计及应用研究
——以 Going Positive 为例

完成本章阅读，你将收获：

1. 英语读写教学中常见问题解读
2. 英语读写教学设计思路解读
3. 优质英语读写教学课程设计案例

第一节　读写教学中的常见问题

提到读和写，不少教师可能会想到：读书破万卷，下笔如有神——正如古人言，阅读之为语言输入，写作之为语言输出，二者是密切相关的；古今中外的语言大家们，都曾对读写的重要性做过相关研究和经典论断：

语言学家 Krashen（克拉申）曾提出，"阅读能使读者感受文章的书面表达和组织结构。"[1]

语言学家 Carson（卡尔）和 Leki（莱基）也指出，"阅读能够使学生了解写作中需要的各种知识。阅读通常是写作的基础。"[2]

语言学家 Webb 在谈到读写关系时也指出，"阅读从某种意义上说是写作的彩排，阅读材料提供了彩排的道具。"[3]

英语语法专家李庭芗认为，"在英语教学里，写能加强读，读能促进写。读是写的基础，要在读的基础上开展写的训练。阅读是吸收，为写作提供语言、内容和临摹的典范。写又促进学生对词形的辨认，从而有利于提高阅读速度。写作经验的丰富有助于阅读中的理解、欣赏和吸收，有提高阅读能力的功效。"[4]

著名英语教学专家胡春洞在我国最早提出语言技能综合教育思想，主张"视、听、说、读配合写作"，写作教学反之可促进阅读能力的发展[5]。

英语教学法专家刘上扶将国外的"阅读—讨论—写作"综合教学法引入国内，他提出阅读与写作之间是一种相互促进的关系，写作基于阅读，写作材料和言语表述来源于阅读[6]。

从语言大家们对读写关系的论述中不难看出：读能促写，写能助读。阅读为写作提供范本，写作反过来也能加深阅读理解，推动阅读活动的开展。也正是阅读与写作技能在语言中的天然相关性，推动了语言教学中这两种技能在课堂中的"共生性"。所以，在英语

1　Krashen, S. Writing: Research, Theory, and Applications[M]. Oxford: Pergamon, 1984.
2　Carson, J. G.& Leki, I. Reading in the Composition Classroom: Second Language Perspectives [M]. Boston: Heinle & Heinle wadsworth, 1993.
3　Webb, S. S. The Resourceful Writer[M]. New York: Harcourt Brace Jovanovich, Inc, 1987.
4　李庭芗. 英语教学法 [M]. 北京：高等教育出版社，1983.
5　胡春洞. 英语教学法 [M]. 北京：高等教育出版社，1990.
6　刘上扶. 英语写作论 [M]. 南宁：广西教育出版社，1998.

教学领域，读写课也越来越受到教师们的关注与重视。

问题一：英语读写课的定义

阅读是语言输入的重要环节，写作是语言输出的主要形式，英语读写课正是语言输入和输出相结合的课程。在英语教学中，读写课是教师根据写作任务，依托阅读语篇，开展一系列有效的读写教学活动，旨在同时提高学生的阅读和写作能力的一种课型。

在读写课中，学生通过解读阅读文本，建构相关的结构、内容和语言图式，迁移运用和生成相同主题的写作表达。因而读写课不同于常规的阅读课和写作课。读写课中的阅读文本和将要输出的写作文本需要在内容、结构和语言等方面紧密相关，让学生有"本"可依，有"体"可仿。读写课中的"读"是教师有意引导学生从写作角度研读阅读文本，了解阅读文本的篇章结构、内容、语言特点，进而提炼主题意义，归纳写作技巧，为完成写作任务做铺垫；"写"是内化和迁移阅读中习得的知识与技能，培养学生的知识迁移能力，并检测阅读的效果。因而，读写课中的"读"是思维的内化吸收，"写"是思维的外在表现[7]。

笔者认为读写课可细化为三种类型："以读促写""以写促读"和"读写结合"。"以读促写"以精读输入为主，写作输出为辅；"以写促读"从写作任务出发，促进阅读的开展；"读写结合"则是"以读促写"和"以写促读"相互补充，相互结合。

问题二：英语读写课的重要性

近年来，读写教学越来越受到一线英语教师们的关注和重视，主要是因为读写教学在英语教学中扮演着愈发重要的角色。

首先，读写教学符合英语学习的认知规律。王初明指出，"英语学习是学习者模仿并创造的构建过程。[8]"读写教学其实就是模仿与创造相结合、学习与运用相结合的一种教学模式。

其次，读写教学使得英语学习更高效。著名学者 Stotsky（司托茨基）表明："写作能力与阅读能力呈正相关；写作能力与阅读量呈正相关；阅读能力强的人写作时句法结构

---

7 谢亮珠，基于思辨能力培育的初中英语读写整合研究[J]. 英语教师，2021（7）：42-47.
8 王初明，内容要创造，语言要模仿[J]. 外语界 2014（2）：42-48.

使用更纯熟。[9]" Daniels、Steineke 和 Zemelman 开展的研究也证实，"学生读后完成写作任务，将能够保留住阅读中获得的 70% 的信息。[10]" 著名读写教学专家 Tsang 开展了多次对比研究实验，对比外语学习环境中读写结合的写作教学效果与单纯写作教学效果。实验结果显示，参与读写结合实验的学生在写作内容和语言运用上的进步大大超过了未参加实验的学生[11]。2003 年，首都师范大学的徐浩和高彩凤进行了为期两年的英语专业低年级读写结合教学模式的实验研究，在教学大纲中融入写作和泛读，在讲解阅读方法后让学生训练相应的写作技能。实验结果证明，读写结合对学生写作能力的提高有促进作用。学习在语言流利性、语法复杂性及写作抽象思维的能力提升方面尤其明显[12]。

结合以上实验研究不难发现：在读写过程中，学习者通过阅读输入，将阅读的内容内化为自己的知识，最终完成写作输出。反过来，学习者通过写作输出，加深自己对阅读文本的理解，进一步反思自己的写作产出。

最后，读写教学符合国家对人才（学生）综合素养的新要求。英语读写教学能够提高学生语言能力，促进新的认知发展，提升思维能力，丰富文化修养和综合人文素养，对于培养学生的英语学科核心素养具有积极作用。

《普通高中英语课程标准（2017 年版 2020 年修订）》提出，在设计教学活动时，教师既要关注具体技能的训练，也要关注技能的综合运用，可以设计看、听、说结合，看、读、写结合，看、读、说、写结合，以及听、说、读、写结合等综合性语言运用活动。

新高考写作题型的调整正是体现了读写结合的教学理念，使得读写教学成为日常教学的一部分。从 2016 年起，上海和浙江英语高考试卷增加了"读后续写"和"概要写作"两种题型。这两种题型将信息的获取处理与英语思维的表达紧密结合，主要考查学生综合语言运用能力。

"读后续写"题型要求考生依据材料内容（350 词左右的短文）所提供的每段落开头语和所标示关键词进行续写。完成一篇与给定材料有逻辑衔接、情节和结构完整的短文（150 词左右）。原文中有十处标有下划线的关键词，学生在续写短文时要求使用五个以上的关键词（如图 1 所示）。

9　Stotsky, S. Research on reading/writing relationships: A synthesis and suggested directions [J]. Language Arts 1983(60)：627-642.

10　Daniels. H., Steineke. N. , Zemelman. S. Content-area writing：every teacher's guide [M]. Portsmouth, NH: Heinemann, 2007.

11　Tsang, W. K. Comparing the effects of reading and writing on writing performance[C]. Applied Linguistics, 1996.

12　徐浩，高彩凤，英语专业低年级读写结合教学模式的实验研究[J]. 现代外语 2007（5）：184-190.

第四章 读写课

第二节 读后续写（满分 25 分）
阅读下面短文，根据所给情节进行续写，使之构成一个完整的故事。

"I'm going to miss you so much, Poppy," said the tall, thin teenager. He bent down to hug his old friend goodbye. He stood up, hugged his parents, and smiled, trying not to let his emotions (情绪) get the better of him.

His parents were not quite able to keep theirs under control. They had driven their son several hours out of town to the university where he would soon be living and studying. It was time to say goodbye for now at least. The family hugged and smiled through misty eyes and then laughed.

The boy lifted the last bag onto his shoulder, and flashed a bright smile. "I guess this is it." he said. "I'll see you back home in a month, okay?" His parents nodded, and they watched as he walked out of sight into the crowds of hundreds of students and parents. The boy's mother turned to the dog, "Okay, Poppy, time to go back home."

The house seemed quiet as a tomb without the boy living there. All that week, Poppy didn't seem interested in her dinner, her favorite toy, or even in her daily walk. Her owners were sad too, but they knew their son would be back to visit, Poppy didn't.

They offered the dog some of her favorite peanut butter treats. They even let her sit on the sofa, but the old girl just wasn't her usual cheerful self. Her owners started to get worried, "What should we do to cheer Poppy up?" asked Dad. "We've tried everything."

"I have an idea, but it might be a little crazy," smiled Mom. "Without anybody left in the house but us, this place could use a bit of fun. Let's get a little dog for Poppy."

It didn't take long before they walked through the front door carrying a big box. Poppy welcomed them home as usual, but when she saw the box, she stopped. She put her nose on it. Her tail began wagging (摆动) ever so slowly, then faster as she caught the smell.

注意：
1. 所续写短文的词数应为 150 个左右；
2. 至少使用 5 个短文中标有下划线的关键词语；
3. 续写部分分为两段，每段的开头语已为你写好；
4. 续写完成后，请用下划线标出你所使用的关键词语。

Paragraph1: Dad opened the box and a sweet little dog appeared.

Paragraph 2: A few weeks later, the boy arrived home from university.

图 1 2020 年浙江卷 1 月高考真题（读后续写）

"概要写作"题型则会提供一篇 350 词以内的短文，要求考生基于该短文写出一篇 60 词左右的内容概要（如图 2 所示）。

第二节 概要写作（满分 25 分）
阅读下面短文，根据其内容写一篇 60 词左右的内容概要。

Parents everywhere praise their kids. Jenn Berman, author of *The A to Z Guide to Raising Happy and Confident Kids*, says, "We've gone to the opposite extreme of a few decades ago when parents tended to be more strict." By giving kids a lot of praise, parents think they're building their children's confidence, when, in fact, it may be just the opposite. Too much praise can backfire and, when given in a way that's insincere, make kids afraid to try new things or take a risk for fear of not being able to stay on top where their parents' praise has put them.

Still, don't go too far in the other direction. Not giving enough praise can be just as damaging as giving too much. Kids will feel like they're not good enough or that you don't care and, as a result, may see no point in trying hard for their accomplishments.

So what is the right amount of praise? Experts say that the quality of praise is more important than the quantity. If praise is sincere and focused on the effort not the outcome, you can give it as often as your child does something that deserves a verbal reward. "We should especially recognize our children's efforts to push themselves and work hard to achieve a goal," says Donahue, author of *Parenting Without Fear: Letting Go of Worry and Focusing on What Really Matters*. "One thing to remember is that it's the process not the end product that matters."

Your son may not be the best basketball player on his team. But if he's out there every day and playing hard, you should praise his effort regardless of whether his team wins or loses. Praising the effort and not the outcome can also mean recognizing your child when she has worked hard to clean the yard, cook dinner, or finish a book report. But whatever it is, praise should be given on a case-by-case basis and be proportionate (相称的) to the amount of effort your child has put into it.

图 2 2019 年浙江卷 6 月高考真题（概要写作）

《英语课程标准（2022版）》提出要提高综合性、探究性、开放性试题的比例。题目命制中增加了读写结合的综合技能题，重点考查学生能否在理解稍长语篇内容的基础上，完成相关的写作任务（如图3所示）。

义务教育英语课程标准（2022年版）

样题4

阅读下面的材料，根据短文内容回答问题并选择最佳答案。

Learning a New Language Some people learn a second language easily. Other people have trouble learning a new language. How can you learn a new language, such as English? There are several ways to help you learn English more easily and to make your learning more interesting.

First, feel positive about learning English. If you believe that you can learn, you will learn. Be patient. You don't have to understand everything all at once. Often you will make mistakes when you are learning something new. We can learn from our mistakes.

Second, practice using your English. For example, you can write a journal, or a diary, every day. Soon, you will feel more comfortable writing your ideas in English. After several weeks, your writing will improve. In addition, try to speak English every day. You can practice with your classmates after class. You might make mistakes, but it's no worry. Gradually you will feel confident when you write and speak in English.

Third, keep a record of your language learning experience. You can write your learning experience in your journal. After each class, think about it. Do you answer questions correctly in class? Do you understand the teacher? Perhaps the lesson is a bit difficult, but you can try to understand it. Write these reflections in your journal.

You should be positive about learning English. You should believe that you can do it. It is important to practice every day. You can make a record of your achievements. Make learning English fun, and have more confidence in yourself.

1. List the ways that can help you improve your English language learning.
2. Which of the following would the writer most likely agree with? Choose TWO answers.
   a. Never fear making mistakes.
   b. Keep a diary of your learning.
   c. Learn things as fast as possible.
   d. Choose easy lessons to start with.
   e. Celebrate your success with your classmates.
3. Which suggestion is the most helpful for you? Why? Write 30 words or more.

图3 《义务教育英语课程标准（2022年版）》的试卷样题

各种版本的高中英语教材的编排设计也体现了读写结合的教学理念。人教版高中英语教材NSEFC[13]（2003）里，每单元都有读写综合技能训练——Reading and Writing，把读写技能整合教学作为高中阶段培养学生综合语言运用能力（尤其是写作能力）的主要途径。人教版高中英语新版教材也增设了Reading for Writing板块，学生通过模仿阅读文本进行迁移创新，完成写作输出。

---

13 人教社于2003年推出了新的高中英语教材（New Senior English for China，以下简称NSEFC）。

问题三：读写教学现状及面临的问题

随着越来越多的教师意识到了英语读写教学的重要性，很多一线教师开始尝试读写教学。为了了解英语读写课的教学现状，笔者采用文献研究法，对中国知网和维基万方收录的与英语读写教学相关的 60 篇论文进行了梳理和研究。笔者发现，很多一线英语教师在实际读写教学中并未真正贯彻读写教学理念，仍然割裂地开展阅读教学和写作教学，未能充分发挥读写教学的优势。目前读写教学环节主要存在以下几点问题：

1. 读写教学缺乏整体目标设计，很容易造成阅读与写作分离，导致读写教学活动设计脱节。在教学实施环节，阅读活动设计不能为后续的写作任务积累素材。反过来，写作任务的设计与阅读文本关联不大，也不能加深学生的阅读理解和提升学生的思维能力。割裂的读写活动设计也不利于培养学生的批判性思维能力。

2. 读写教学中教师对学生缺乏相关阅读和写作指导。在阅读环节，不少教师依然按照常规的阅读流程开展阅读教学，缺乏规范的读写教学的文本解读示范引导，导致学生不能从结构、内容和语言层面为后续写作积累素材。在写作环节，不少教师依然按照日常写作教学进行写作设计，并未引导学生通过仿照阅读文本的结构、内容和语言，从而完成写作的迁移创新。

3. 读写教学实施环节课堂时间分配不均衡。在读写教学实践中，不少教师很难把控好读写时间安排，很容易出现以下几种情况：要么阅读活动占用时间过长，导致学生没有时间完成写作输出；要么为了完成写作任务，挤压阅读时间，导致学生囫囵吞枣，最终无法完成迁移创新。

4. 读写教学缺乏系统有效的读写评价反馈。《普通高中英语课程标准（2017 年版 2020 年修订）》倡导建立过程性评价和结果性评价相结合的课堂评价。在读写教学实践中，很多教师的课堂评价主要集中在对学生写作成果的结果性评价，缺乏过程性评价。并且，很多教师在学生的读写过程中，并未及时给学生提供反馈和可供参考的评价标准，这并不利于培养学生的纠错和反思能力。

问题四：读写教学策略

为了改善上述读写教学现状及面临的问题，我们可以重点关注以下几个方面：

1. 在读写教学中，教师尤其要关注整体目标的设计，保证读写目标一致。教师可以先确定写作的目标，明确写作任务和要求，再确定阅读的目标，明确文本解读的侧重点，这样就可以避免读写活动的脱节。

2. 在读写教学中，读写活动的设计要体现三个层次：获取信息—整合信息—迁移应用（如表1所示）。除此以外，在教学实践中，教师需要提供必要的读写指导，帮助学生实现读写结合。在读写教学实践中，首先在获取信息环节，教师可以根据阅读文本体裁的不同，设置阅读教学活动，引导学生获取文本信息。比如，有关记叙文的阅读文本，教师可以利用拉波夫叙事结构[14]帮助学生利用思维可视化工具获取文本主要内容。在整合信息环节，教师可以引导学生根据所获取的基本信息，整合出文本的段落及主旨大意，并引导学生梳理出文本的篇章结构、措辞句法等文本特征，为后续写作积累素材。迁移应用环节，教师可以先尝试设置微写作，首先加深学生阅读理解，然后迁移应用写作技能。在最后的写作生成环节，教师要充分调动学生的创造性和批判性思维，引导学生运用阅读过程中所搭建的写作支架逐步完成写作任务：先搭建写作框架，再完成基本内容输出，最后修改润色语言。在读写过程中，教师也可以尝试多设计一些概括性、批判性的活动，提高学生的批判性思维能力。

表1 读写活动设计

读写活动层次	读写活动设计
获取信息	结合文本体裁，利用思维可视化工具获取文本信息和主要内容。
整合信息	结合文本信息，整合文本大意，并梳理篇章结构、措辞句法等文本特征。
迁移运用	设置微写作等写作任务，迁移应用写作技能。

3. 在读写教学中，教师需合理分配阅读和写作时间，避免阅读与写作时间的失衡。受日常教学课时的局限，教师需要先确定读写任务是全部放在课堂上完成还是部分在课上完成。教师可以根据具体教学进程灵活安排教学任务。比如教师可以借助导学案，在课前完成阅读环节的基础性任务，在课堂上开展深度阅读和搭建写作脚手架，引导学生完成微写作或者整体写作。

4. 在读写教学中，教师应将评价活动贯穿读写结合教学的全过程，及时根据读写任务和学生表现给予反馈，并提供有指导性和建设性的建议。在读写教学评价中，教师应该将过程性评价和结果性评价相结合。在读写过程中，教师应给予持续性的过程性评价。

---

14 美国语言学家威廉·拉波夫所提出的叙事分析模式，即将一个完整的叙事结构分为点题（Abstract）、指向（Orientation）、进展（Complicating action）、评议（Evaluation）、结局（Resolution）、回应（Coda）六个部分。拉波夫认为在一个完整的叙事模式中，应由点题和指向作为开始，以进展为主体，用评议烘托气氛，以结局结束情节，最后用尾声将读者拉回现实。

在阅读环节，教师应关注学生的知识建构和语言内化——学生是否能够运用思维导图输出语篇的结构知识？学生是否能够借助结构导图内化语言和认知任务？

在写作环节，教师应关注学生的知识迁移运用——学生是否能够基于所学完成口头和书面作业？学生是否能够基于所学表达自己，解决新的问题？

最后，教师应关注学生的反思日志——学生是否能够整理所学内容？

在写作输出环节，教师可以尝试先进行写作内容评价，重点关注学生的习作是否借鉴运用了阅读文本的结构和写作手法。其次，教师对学生习作语言的准确性和复杂度进行评价，最后给予结果性评价。同时，教师应尽量提供相同维度的评价标准，便于学生进行自查和检测。教学评价不仅仅局限于师生之间，也可以延伸至生生之间。

为了保证读写课堂的高效，教师须遵循读写教学策略来设计读写活动。教师可以根据具体情况，开展"以读促写""以写促读"等活动，不断提升学生的语言能力，发展学生的思维品质。具体案例后文会展开详细阐述。

第二节 如何设计一节有效的读写课？

笔者对上一节所提及的60篇论文进行了梳理和研究，归纳总结出"以读促写"的备课步骤如下：

第一步：进行以写作为目的的文本分析

在英语读写课中，教师需要带领学生快速捕捉文本特点、文本内容及主要写作手法，并进行有效迁移，为写作输出服务。因而教师必须明晰文本解读的侧重点。教师应带领学生迅速抓住语篇宏观组织结构，进而分析文本大意、篇章结构及主题意义，帮助学生建构写作脚手架，进行有效的语言输出[15]。

下面，笔者基于以下语篇案例，通过"三步法"对读写模式的文本进行深入分析。

Step 1：内容分析——要素整合

Step 2：结构分析——谋篇布局

---

15 王术.高中英语科普类说明文思维型读写综合课的教学架构[J].英语学习，2020（6）：50.

Step 3：语言分析——措辞句法

这个文本解析的方法可以直接用于指导学生，也可以融入读写课的教学设计，作为其中一个环节呈现给学生。

例文：

Going Positive

字数：204 words

文本来源：人教版《普通高中教科书英语必修第一册》Unit 3 Sports and Fitness 的 Reading for Writing。

I always wanted to look like the slim girls on TV even though I knew that it was impossible. I worried about my weight and tried every new diet I read about online. I tried no-fat, low-fat, 5:2, only bananas, no bananas — I almost went bananas, too.

Then I read an article that said instead of asking "Am I fat?" I should be asking "Am I fit?" I had no idea a letter could make such a difference! Once I started thinking about fitness rather than weight, things began to change. Instead of saying "I want to lose three kilos," I would say "I want to run two kilometers in eight minutes" or "I want to be able to do 30 push-ups." Rather than cutting out the foods I enjoyed, I added healthy food to my meals. I could still have a burger now and then, but I would add a salad or an apple.

Finally, I stopped comparing myself with actresses and models and looking for things that were wrong with my face or body. Instead, I made a list of the things I liked about myself. By being positive about myself and my body, I became both happier and healthier.

Step1：内容分析—要素整合

首先，教师对读写课的内容进行深入分析，明确读什么和怎么读，从而构建写作内容框架。这部分的分析维度不同于常规阅读课，主要从以下几点要素着手进行文本分析：主题、文本内容及主题意义。

教师要先基于单元主题，明确阅读文本的主题。"以读促写"写作任务的主题设置应与阅读文本的主题相关，同属于单元主题下的子主题。如此，学生才能够实现以读促写的

第四章 读写课

正迁移。

在明确阅读文本主题后，教师可以借助思维导图整合文本要素，从而获取文本主要内容。教师通过梳理文本要素，能够帮助学生建构不同语篇类型的文本要素，有助于保证后续写作要素的完整性。同时，教师需要基于文本内容，提取阅读文本的主题意义，这有助于引导学生模仿学习如何借助文本内容传递主题意义。

不同的语篇类型具备不同的文本要素和写作目的，具体请参考表 2：

表 2 语篇类型及其对应的文本要素和写作目的

语篇类型	文本要素	写作目的
记叙文	一般包含时间、地点、人物、起因、经过和结果六要素。	以描述经历或某个事件为目的。
议论文	一般包含论点、论据和论证过程三要素。	以论证观点或说服他人为目的。
说明文	一般包含说明对象、说明顺序和说明方法三要素。	以说明某一事物的特征、普遍真理，阐述科学道理和介绍、说明事物发生、发展、结果等信息为目的。

文本主题：本单元以健康与运动为主题，关注身心健康。Reading for Writing 这一板块从健康的角度探讨运动和人们生活的关系。Going Positive 的主题是"Write a page in a wellness book"，引导学生形成正确的健康观。

文本内容：Going Positive 是一篇记叙文，主要描述了主人公 Kayla 所面临的一个现实问题——身材焦虑，并讲述了她健身前后的心理变化。具体文本要素如图 4 所示：

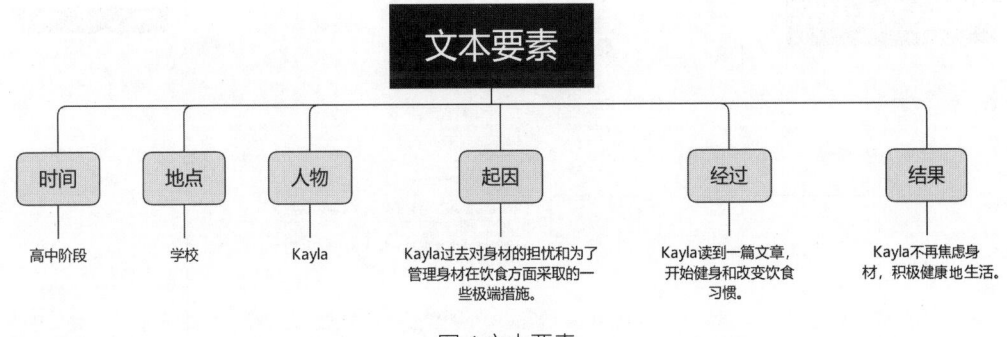

图 4 文本要素

主题意义：Going Positive 向学生展示了如何塑造积极心态及其重要性，引导学生关注健康，用正确积极的心态对待心理和身体健康问题。

097

Step2：结构分析—谋篇布局

然后，教师对阅读文本进行结构分析，明确文本的语篇框架。分析文本的篇章结构有助于提升学生的思维层次，将他们的认知从浅层且零散的知识点，上升至具有内在逻辑和联系的整体文本，有利于学生从整体认知文本，避免学习碎片化[16]。在日常教学中，教师可以引导学生借助思维导图或流程图等可视化工具梳理篇章结构，了解文章是如何围绕主旨组织和安排素材的，重点关注语篇的文体形式、内在信息和观点的逻辑关联[17]。

教师可以借助图表等可视化工具总结概述段落大意，厘清阅读文本的篇章结构和逻辑框架，帮助学生建构有效的写作框架和逻辑支架，培养学生的逻辑思维能力和语篇意识。不同的语篇类型具有不同的语篇结构，具体如表 3 所示：

表 3 语篇结构

语篇类型	语篇结构
记叙文	拉波夫叙事结构（如图 5 所示）（点题，指向，进展，结构或结局，评议和回应）
议论文	金字塔结构
说明文	一般—特殊型；问题—解决型；匹配—比较型

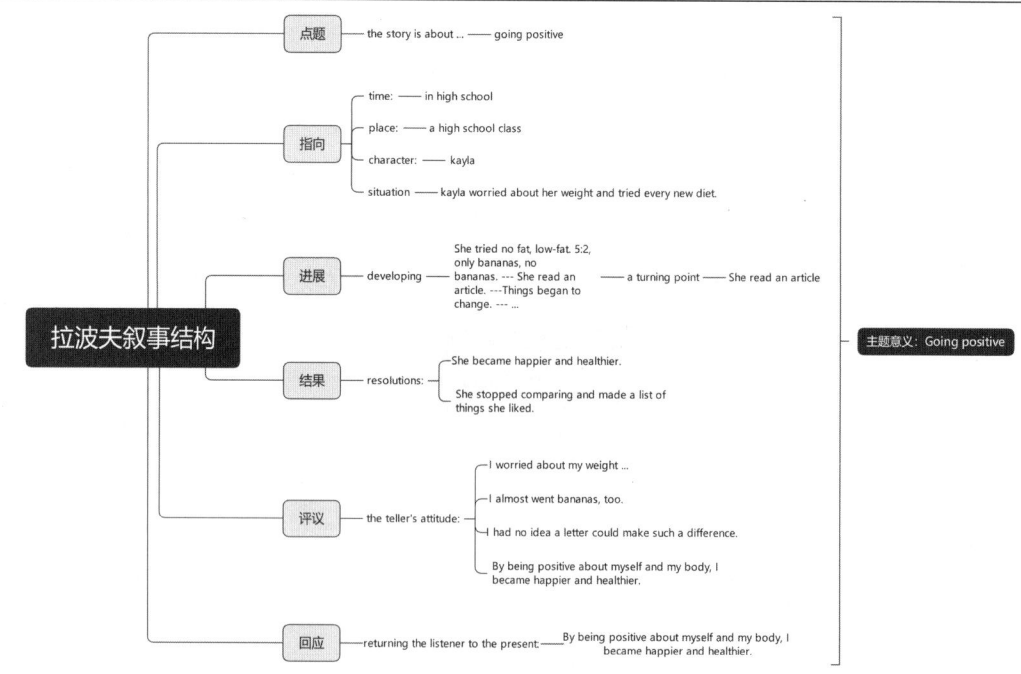

图 5 拉波夫叙事结构

---

16 李云霖，王叶知. 小学英语读写教学中文化意识的培养——以人教版小学《英语》（一年级起点）六年级下册 Unit 6 Summer Vacation Project Time 板块为例[J]. 英语学习，2022（3）：24—29.

17 王蔷，钱小芳，周敏. 英语教学中语篇研读的意义与方法[J]. 外语教育研究前沿，2019（5）：43.

Going Positive 是一篇记叙文，结构清晰明了，三个段落分别描述现状和问题、转变前后对比、转变后的结果和反思。具体结构和布局分析如表 4 所示。

表 4　Going Positive 的语篇布局

语篇结构	主要内容
第一段	描述主人公 Kayla 过去对身材的担忧和为了管理身材在饮食方面采取的一些极端措施。
第二段	描述 Kayla 遇到的转折点，以及健身前后观念和饮食上的改变。
第三段	分享 Kayla 在做出积极改变后的心理变化及反思。

Step3：语言分析—措辞句法

最后，教师进行语篇文本的语言分析，提取可迁移目标语言，尤其关注措辞和句法。教师可以基于文本主题，梳理相关主题语言，提取丰富的语言表达。教师可以参考表 5 开展语言分析。

表 5　语言分析

角度	具体分析
语体	书面语、口语
文体	记叙文、说明文、议论文等
修辞	比喻、排比、拟人、对比等
用词	准确性、生动性、丰富性等
句式	从句（定语从句、名词性从句和状语从句）、特殊句式（倒装句、强调句等）等

Going Positive 是收录在学生健康簿的一篇文章，内容贴近学生日常生活和学习。整体语言结构简单，主要运用比较和对比（instead of doing ... , start thinking about ... rather than ... ; rather than doing ... ; ... but ... ; comparing ... with ... 等）的基本写作方法，描述 Kayla 健身观念和饮食习惯的改变。文本的句法以从句为主，例如：定语从句、让步状语从句、宾语从句等。

第二步：分别从阅读和写作的角度同时分析学情

通过文本分析，教师已经从阅读文本中提取有关读写教学的信息，以此进行教学活动设计。但是在设计教学活动时，教师需要提前进行学情分析，了解学生的心智特点和思维特点，从而精准把控课堂。教师还应该关注学生在阅读和写作两方面的原有认知。学情分析的重要性还在于其对教学目标设计的指导。

和其他课型一样，我们主要从以下三方面进行学情分析：学生的已知、学生的未知和学生的欲知。在读写课中，教师可以从以下几个层面开展学情分析：生活层面、阅读层面、写作层面、篇章结构层面、内容层面以及思维层面等。比如：

学生是否具备相关话题的目标词汇及表达？

学生是否了解相关主题内容？

学生是否了解类似篇章的行文结构？

学生是否能够准确把握阅读文本的写作特点？

学生是否具备对阅读文本行文结构和语言表达的赏析能力？

笔者基于文本以及所教班级的学情做了如下分析，可供参考：

学生已知：本班学生英语基础较好，在初中阶段已经学过关于健康话题的文章，对健康话题的内容并不陌生。在阅读方面，学生基本具备获取信息的能力。在写作方面，学生能够完成基本的写作要求。

学生未知：在阅读方面，学生缺乏整合信息的能力，缺乏篇章意识和提取目标语言的能力。在写作方面，学生的写作能力有限，普遍存在审题不清、要点不全、逻辑不清、语言匮乏、句式单一和行文不畅等问题。在读写方面，学生缺乏迁移创新能力，不能将阅读信息内化为写作信息。

学生欲知：高中阶段，因学生正处于青春期，他们很容易对身材和相貌产生焦虑，可能像 Kayla 一样对自己的外表和身材不自信，甚至会出现心理问题。因而学生很容易与文本产生共鸣。通过学习本文，学生能够解决自己现实生活中所遇到的问题。

第三步：针对读写课，设计"读写融合"的教学目标

结合内容分析和学情分析，教师能够设计更为合理的读写教学目标。教师在设计读写课教学目标时，尤其注意读写教学目标一定要体现读写关系。阅读教学目标要能为写作积累素材，写作教学目标要能加深阅读理解和提升思维能力，实现读写结合。切不可阅读和写作目标毫不相关。

读写课的教学目标主要聚焦三大层面：学生的文本解读能力、写作能力和思维能力。教师要关注整体教学目标的设计，保证读写教学目标一致。

以下教学目标是基于本章案例文本所写，仅供大家参考：

在本课学习结束时，学生能够：

1. 归纳阅读文本的主旨，掌握文章的基本结构，正确认识健康问题，提升对单元主题意义的认知。

2. 通过分析阅读文本，学习比较和对比的写作方法，完成健康手册写作任务。

3. 从内容、结构和语言三个维度评价和润饰习作，提升写作内容的完整性、写作结构的逻辑性和写作语言的丰富性。

4. 通过阅读和小组讨论，反思自己的身心健康，形成正确的健康观。

第四步：设计教学流程

基于在线调研，笔者发现，在读写教学中，"以读促写""以写促读"和"读写结合"这三个课型基本遵循相似的读写教学流程，只是在个别环节顺序有所调整。笔者在本章节中基于"以读促写"教学模式，归纳总结出常用的读写教学步骤（如表5所示）：

表5　以读促写教学设计常用教学步骤

环节	步骤	任务导向法对应环节
Lead in（导入）	话题导入	任务驱动
	明确写作任务	
Read to learn（以读促学）	初读建构内容图式	输入促成
	再读建构结构图式	
	三读建构语言图式	
Think and write（思考与写作）	基于主题，内容输出	输出转化
	模仿文本，结构输出	
	整合表达，语言输出	
Evaluate（评价）	同伴评价，教师反馈	评价完善
Homework（作业）	基于反馈，润色写作	输出完善

图式理论认为人脑中所贮存的知识是以单元形式（即图式）建立的，分为语言图式（linguistic schema）、内容图式（content schema）和结构图式（formative schema）。语言图式指语音、词汇和语法等方面的语言知识；内容图式指法律、旅游等内容主题；结构

图式指文章的体裁特点，如议论文、说明文、传记、新闻、书信、广告等[18]。在阅读过程中，读者大脑中的这三种图式与文章的语言、内容和结构相互作用，影响着读者对文章的理解程度。

环节一：Lead in

在正式进入文本阅读之前，教师需要先激活学生对相关话题的原有认知，让学生形成阅读期待。随后明确与之相关的写作任务，促使学生形成写作期待，为即将学习的新知做好铺垫和准备。

1. 话题导入

教师基于单元整体框架，对阅读文本进行主题意义解读。教师通过设计话题导入的活动，引导学生对相关话题内容进行初步思考，为阅读和写作任务做好话题和内容铺垫。

2. 明确写作任务

教师基于读写教学目标，设置写作任务。教师通过明确本节课的写作任务，让学生根据写作任务的要求开展有针对性的阅读，引导学生将阅读所得进行迁移创新，实现写作输出。教师可以根据单元要求和学习任务灵活选择写作输出形式：读后改写、读后续写、读后缩写、读后仿写和读后主题写作等。

环节二：Read to learn

正式进入阅读环节，教师需要引导学生从阅读文本的内容、结构和语言三个维度为写作任务提供支架，建构图式。在读写课中，教师应先引导学生从内容层面解构，这便于学生提取文本要点，为后续写作建构内容图式。同时，这也有助于学生厘清文本要素，梳理文本框架。

1. 初读建构内容图式

在第一遍阅读中，教师可以借助问题链或者表格，引导学生 read the lines，帮助学生获取文本的基本内容。这一步的教学目标是获取信息，关注文本内容，尤其是文本各要素的提取，为学生后续写作提供内容支撑，保证后续写作要素的完整。

根据不同语篇类型，教师可以借助以下表格，帮助学生建构相同文体的内容图式（如表6所示）。

18　程晓堂，郑敏. 英语学习策略[M]. 北京：外语教学与研究出版社，2002.

表 6　内容图式

语篇类型	内容图式
记叙文	借助拉波夫叙事结构和故事山获取基本信息，提取主题意义
议论文	借助金字塔结构厘清讨论议题、不同观点及其原因
说明文	关注说明对象、说明顺序和说明方法等要素，厘清大意

学生通过 Read for Content 获取 Going Positive 文本的基本信息，并为后续写作任务建构内容图式：

What should be included for the content?

What problem did you have in the past and what did you do to solve the problem?

Why did you change?

What were the changes you made?

How did you feel after these changes?

How have the changes improved your situation?

What are the results?

2. 再读建构结构图式

在厘清阅读文本的基本信息后，教师可以引导学生 read between the lines，以此理解文章的主旨大意，梳理文本篇章结构和写作技巧，培养学生的"框架思维"意识，建构相同文体的结构图式。这一步的教学目标是整合归纳信息，关注文本的篇章结构和写作技巧，为学生后续写作提供结构支撑。学生通过梳理阅读文本的篇章结构，能够初步建构后续写作的结构图式，也能将前面的内容图式有逻辑、有条理地串联在一起。

不同的语篇类型具有不同的篇章结构，教师可参考表 7。

表 7　结构图式

语篇类型	结构图式
记叙文	拉波夫叙事结构
议论文	金字塔结构
说明文	一般—特殊型；问题—解决型；匹配—比较型

学生通过 Read for Structure 获取 Going Positive 文本的篇章结构，并为后续写作任务建构结构图式（如图 6 所示）：

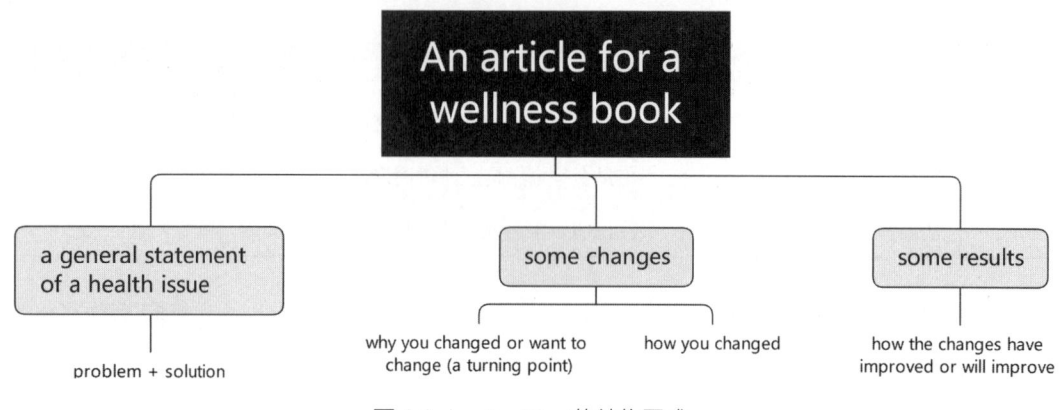

图 6 Going Positive 的结构图式

3. 三读建构语言图式

学生通过建构内容和结构图式，基本完成了后续写作任务的框架和主体的搭建，随后则需要填补文本的"血肉"，即建构语言图式。

在学生梳理出文本框架后，教师可以指导学生聚焦文本语言特点，整合相关语言表达，建构同类话题的语言图式，为学生后续写作提供语言支撑。同时，教师可以尝试设置微写作，进行目标语言的练习和巩固。这一步的教学目标是获取整合信息，关注文本的语言表达。学生可以通过模仿阅读文本的语言特点完成后续写作任务。

学生通过 Read for Language 获取 Going Positive 文本的语言特点，并为后续写作任务建构语言图式（如图 7 所示）：

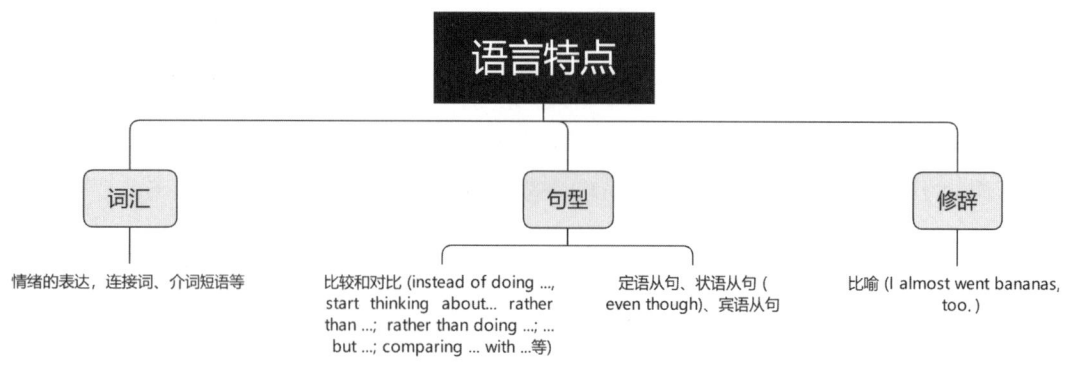

图 7 Going Positive 的语言图式

环节三：Think and write

经过前面三个步骤，学生基本完成信息的获取和整合。学生已对文本有了深刻的理解，也形成了自己的思考和感受，在内容、结构、语言三方面都有了一定的积累。接下来，教师可以指导学生进行升华启发，将阅读文本和现实生活相结合，迁移创新完成写作任务。这一环节的教学目标是迁移应用，关注写作输出。这一步既能巩固所学内容，又能结合现实生活，让学生能够进行真实的写作，完成从 reading 到 writing 的自然过渡。

1. 基于主题，内容输出

　　阅读输入环节，学生已经建构相关主题的内容图式，为后续写作搭建了写作的内容支架。教师可以依据具体写作任务的主题，指导学生根据特定主题，通过头脑风暴进行主题词汇拓展。教师可以指导学生根据写作任务，以小组为单位，借助"四格写作法"梳理写作要点。这一环节学生可以仿写阅读文本的所有要素内容，也可以续写和补充相关文本要素，使文章更加完整。

2. 模仿文本，结构输出

　　在阅读输入环节，学生已经建构阅读文本的结构图式，为后续写作搭建了写作的结构支架。教师可以引导学生通过模仿内化阅读文本的篇章结构和思维框架，实现篇章结构的迁移与应用，提升写作结构的逻辑性。

3. 整合表达，语言输出

　　在阅读输入环节，学生已经建构相关主题的语言图式，为后续写作搭建了写作的语言支架。教师可以通过微写作等练习引导学生熟悉和巩固目标语言的用法，进行语言输出，实现语言的迁移与应用，提升写作语言的丰富性和灵活性。

环节四：Evaluate

　　在读写评价环节，教师需将过程性评价和结果性评价相结合。在读写过程中，教师应给予持续性的过程评价。在写作输出环节，教师应先进行写作内容评价，重点关注学生的习作是否借鉴运用阅读文本的结构和写作手法。其次，教师对学生习作语言的准确性和复杂度进行评价。最后，教师给予结果性评价。教学评价不仅仅局限于师生之间，也可以延伸至生生之间。

1. 同伴评价，教师反馈

　　在学生写作输出环节，教师可以从内容、结构和语言的角度指导学生对同伴习作与阅读文本进行对比评价，分析、总结和内化写作结构和语言表达。评价表能够为学生提供可操作的评价依据，有助于学生在评价中反思自己的写作过程，从而更好地改进自己的作品。

　　教师应基于学生各个环节的表现给予一些有指导性和建设性意义的反馈。比如在结构层面,教师引导学生借助思维导图厘清篇章结构。在内容层面,教师可以通过提问,引导学生关注要点是否清晰全面。最后,教师可以借助语言表达清单,帮助学生关注语言的准确性和丰富性。语言清单具体表 9 的 "checklist" 一栏。

教师每次应尽量采用相同的反馈维度或评价量表,指导学生学会自我监控和评价自己写作的表现和写作的质量[19]。教师可以参考 Nation(2009)[20] 的反馈评估表(如表 8 所示)和常用的读写教学评价标准。

2. 反馈评估表(Nation, 2009)

表 8 反馈评估表(Nation, 2009)

Aspects of Writing	Comment
Richness of vocabulary 1.____ 2.____ 3.____ 4.____ 5.____	
Mechanics(spelling, punctuation) 1.____ 2.____ 3.____ 4.____ 5.____	
Grammatical accuracy and complexity 1.____ 2.____ 3.____ 4.____ 5.____	
Organization and coherence 1.____ 2.____ 3.____ 4.____ 5.____	
Content 1.____ 2.____ 3.____ 4.____ 5.____	

3. 读写教学评价表

表 9 读写教学评价表

	Checklist	Self-assessment	Group-assessment	Teacher-assessment
Content	Does the writing include the key points of the task?			
	Does each sentence relate to the main idea?			

---

[19] 王蔷. 在英语教学中开展读写结合教学的意义及实施途径[J]. 英语学习,2020(5):28-29.

[20] Nation, I. S. P. Teaching ESL / EFL reading and writing[M]. New York: Routledge, 2009.

续表

	Checklist	Self-assessment	Group-assessment	Teacher-assessment
Structure	Are the ideas in the writing developed clearly and logically?			
	Is the writing well-organized?			
	Does the writing use coherence?			
Language	Does the writing contain words and expressions we have learnt in this unit?			
	Does the writing contain some proper rhetorical devices we have learnt?			
	Is the language in the writing used accurately and vividly?			
	Does the writer use correct spelling, punctuation and capitalization（大写）?			
	Does the writing include various sentence patterns?			
	Are there any grammar mistakes such as incorrect tenses and voices?			
Handwriting	Is the writing neat and beautiful?			

Use A+, A, B+, B, C+, C etc. to rank the performance of each part.
Underline key words or sentences in the writing to show evidence for your comments.

Give suggestions：

环节五：Homework

基于反馈，润饰写作。

基于课堂上的同伴反馈，教师引导学生参照评价标准修改自己的习作。这既能促进学生内化吸收课堂所学，也能提升学生的写作意识。教师也可以根据学生的水平设置不同难度的任务。

以上读写教学环节设计主要服务于日常读写教学，同样也适用于高考读写题型，比如概要写作。教师可以引导学生先进行内容整合，再梳理语篇结构，最后提炼语言并完成概要写作。

第三节　优秀案例展示

教学设计

教材：人教版《普通高中教科书英语必修第一册》Unit 3 Sports and Fitness-Reading for Writing

主题语境：人与自我——体育与健康

语篇类型：说明文

年级：高一

教学原理：内容与语言整合性教学（Content and Language Integrated Learning）；任务型教学（Task-based Language Teaching）

授课时长：1课时（40分钟）

教材分析

本单元以健康与运动为主题，关注身心健康。Reading for Writing 这一板块从健康的角度探讨运动和人们生活的关系。Going Positive 的主题是引导学生形成正确的健康观。该语篇描述了主人公 Kayla 所面临的一个现实问题——身材焦虑，并讲述了她健身前后的心理变化。文章贴近学生的实际生活，向学生展示了如何塑造积极心态及其重要性，引导学生关注健康，用正确积极的心态对待心理和身体疾病。

该文本结构清晰明了：第一段运用"问题—解决"的叙事模式，描述主人公 Kayla 过去对身材的担忧和为了管理身材在饮食方面采取的一些极端措施；第二段主要运用比较和对比（instead of doing ... ; rather than doing ... ; ... but ... 等）的不同句式，描述 Kayla 健身前后观念和饮食的改变；第三段分享 Kayla 在做出积极改变后的心理变化及反思。重点词汇主要涉及饮食、运动等，如：diet, weight, fitness, slim, push-ups。句式主要涉及定语从句、让步状语从句和宾语从句等。

学情分析

学生进入高中后逐渐形成审美观，很容易对身材和相貌产生焦虑，可能像 Kayla 一样对自己的外表和身材不自信，甚至会出现心理问题，因而学生很容易与文本产生共鸣。

本班学生英语基础较好，在初中阶段已经学过关于健康话题的文章，对健康话题的内容并不陌生。在阅读方面，学生基本具备获取信息的能力，缺乏整合信息的能力，缺乏篇章意识和语言鉴赏能力。在写作方面，学生的写作能力有限，普遍存在审题不清、要点不全、逻辑不清、语言匮乏、句式单一和行文不畅等问题。在读写方面，学生缺乏迁移创新能力，不能将阅读信息内化为写作信息。

教学目标

在本课学习结束时，学生能够：

1. 归纳阅读文本的主旨，掌握文章的基本结构，正确认识健康问题，提升对单元主题意义的认知。

2. 通过分析阅读文本，学习比较和对比的写作方法，完成健康手册的写作任务。

3. 从内容、结构和语言三个维度评价和润饰习作，提升写作内容的完整性、写作结构的逻辑性和写作语言的丰富性。

4. 通过阅读和小组讨论，反思自己的身心健康，形成正确的健康观。

教学重难点

教学重点

1. 学生通过阅读，获取关于 Kayla 健身前后的变化，整合推断出完成健康手册的步骤及写作手法，实现以读促写。

2. 学生正确认识健康问题，并提出积极的解决办法。

教学难点

学生分析、梳理并内化阅读文本的行文结构和语言特征，实现以读促写。

教学用具

教材、多媒体课件、学案、黑板和粉笔。

教学流程

步骤（时间）	学习活动	设计意图	效果评价
Lead in			
话题导入 （3分钟）	学生观看居家运动的视频，之后通过头脑风暴活动，讨论并分享减肥方法，引出"健康"概念。 Q1: Why do thousands of people follow online stars? Q2: What measures have you taken to lose weight? Are they healthy?	通过热点视频，激发学生的兴趣，激活他们关于减肥的原有认知，从而呈现本课的主题语境——人与自我。	观察学生小组讨论和回答问题的表现，了解学生对"减肥"和"健身手册"的已知及未知。
明确任务 （1分钟）	1. 明确写作任务：学校即将出一本健康手册，邀请学生们投稿。学生阅读健康手册的介绍。 Introduction: In a wellness book, students can exchange ideas about health and fitness by sharing their opinions and experiences. 2. 明确阅读任务：学习一篇收录在健康手册的文章——Going Positive。	通过明确本课写作和阅读任务，引出健康手册的介绍，激活主题，为后续阅读和写作做铺垫。	
Read to learn			
初读建构 内容图式 （6分钟）	1. 学生浏览文章标题和插图，预测文章内容（What did she do and why?）。 2. 学生通过逐段阅读，获取并概括文章的基本信息；分析、推断Kayla的心理变化，探究语篇的主题意义，即形成正确的健康观。 Para. 1: Q1: What problem did Kayla have in the past and what did she do to solve the problem? Q2: What do the phrase "5∶2" and the sentence "I almost went bananas" mean? Q3: How did she feel after trying these diets? Para. 2: Q4: What made her change her thought? Q5: What were the changes she made? Q6: How did she feel after these changes? Para. 3: Q7: How have the changes improved her life? Q8: How did she feel after these changes?	1. 激发学生对阅读文本的好奇心和求知欲，并训练"看"和"预测"的能力。 2. 借助问题链，帮助学生获取与梳理文本主要内容，并关注Kayla的行动和心态的改变，引导学生拥有积极健康的心态。 3. 培养学生在语境中的猜词能力。	1. 观察学生互动表现和答案阐述，评价其所具备的相关语言能力，比如猜词能力、概括整合能力和提取关键信息的能力等。 2. 观察学生是否能从行为和心理两方面进行提炼，能否推断和概括Kayla心理变化。

第四章 读写课

步骤(时间)	学习活动	设计意图	效果评价
	学生利用图表获取、梳理、概括，整合 Kayla 的问题和变化，建构和呈现语篇信息。 这个环节设计分层任务：学生可以选择自己制作导图，也可以借助教师所提供的简图进行完善。	借助图表，帮助学生概括与整合文本要点，加深对文本内容的理解，形成正确的健康态度，为后续写作搭建内容支架。	观察学生能否依托图表整合概述文本要点。
再读建构 结构图式 (4分钟)	1. 学生获取、概括文章段落大意，并梳理篇章结构。 | Para.	Main idea	Structure
---	---	---
Para. 1	What did Kayla think and did in the past?	The problem
Para. 2	What changes did she make?	The turning point + the changes
Para. 3	The results of her changes	The results | 2. 学生通过标记行为动词和衔接词，获取、梳理和探究阅读文本的叙事结构和写作技巧。	1. 引导学生内化篇章结构和写作技巧，为后续写作搭建结构支架。 2. 引导学生关注语篇结构—问题—解决模式，培养学生的语篇意识。	从学生的图表完成情况和问答情况，评价学生对阅读文本结构的把握。
三读建构 语言图式 (2分钟)	学生标记、梳理语言特征—表达对比和比较的不同句式以及衔接手段。 Underline the expressions of comparison and coherence. I always wanted to look like the slim girls on TV even though I knew that it was impossible. I worried about my weight and tried every new diet I read about online. I tried no-fat, low-fat, 5:2, only bananas, no bananas—I almost went bananas, too. Then I read an article that said instead of asking "Am I fat?" I should be asking "Am I fit?" I had no idea a letter could make such a difference! Once I started thinking about fitness rather than weight, things began to change. Instead of saying "I want to lose three kilos", I would say "I want to run two kilometres in eight minutes" or "I want to be able to do 30 push-ups". Rather than cutting out the foods I enjoyed, I added healthy foods to my meals. I could still have a burger now and then, but I would add a salad or an apple. Finally, I stopped comparing myself with actresses and models and looking for things that were wrong with my face or body. Instead, I made a list of the things I liked about myself. By being positive about myself and my body, I became both happier and healthier. 	Similarities	Differences
---	---
like, so, too, still, similarly, similar to, the same as, in common with, both...and...	instead, than, however/ but/ though, different from, rather than, instead of, the difference is...		引导学生关注语言特征，为后续写作搭建语言支架。	观察学生是否能够标记出表达比较和对比的句式，以及相应的衔接手段。

111

步骤（时间）	学习活动	设计意图	效果评价
	Think and write		
基于主题内容输出（6分钟）	1. 学生解读题干，了解写作任务。 题目如下： 假如你是李华，你校报刊拟开设健康专栏——A Wellness Book，现向各位学生征文。内容包括： ① 你曾经所面临的问题和以往的经历； ② 如何改变不良状况； ③ 改变后的收获。 注意： 写作词数应为100个左右。 2. 学生通过头脑风暴活动，从生活和学习两方面思考和分享自己所遇到的健康问题。 | Aspects | Topic of health problems | |---|---| | learning | learning stress | | | learning habits | | | learning attitudes | | life | a lack of self-confidence | | | unhealthy diets or eating habits | | | do little exercise | | | poor relationship among students | 3. 学生通过小组讨论，结合阅读文本和写作任务，整理、归纳并分享内容要点。 What problem did you have in the past and what did you do to solve the problem? Why did you change? What were the changes you made? How did you feel after these changes? How have the changes improved your situation? What are the results and the influence?	引导学生选择新的健康话题，模仿阅读文本，搭建新的内容框架。	1. 观察学生在小组和班级描述自己所遇到的健康问题，是否用到表达比较和对比的句式。 2. 观察学生在小组讨论和班级分享中是否涵盖内容要点。
模仿文本结构输出（2分钟）	学生借助思维导图，仿照阅读文本的结构，梳理写作任务的结构框架。	引导学生借助思维导图搭建写作框架。	关注学生的思维导图是否逻辑清晰、层次分明。
整合表达语言输出（8分钟）	学生运用阅读文本的语言支架，尤其使用对比和比较结构，完成初稿。	引导学生模仿阅读文本目标语言和句式结构，迁移创新，并完成初稿。	观察学生能否在限时训练中完成写作任务。

步骤（时间）	学习活动	设计意图	效果评价
	Evaluate		
同伴评价 教师反馈 （6分钟）	1. 学生参照评价标准，完善自己的初稿。 2. 学生交换初稿，进行同伴评价。	通过自评和互评，加深学生对自己所学知识的理解和掌握，提高学生的写作和批判性思维能力。	观察学生在评价他人习作时能否根据评价标准标记出亮点和不足，并提出合理的建议。
	Homework		
润色习作 （2分钟）	学生根据同伴评价反馈和评价表，润饰写作初稿。	激发学生的写作兴趣，促进学生进一步内化和吸收课堂上学到的内容。	依据评价标准，从内容、结构和语言三个维度检查学生习作要点是否齐全，语言和时态使用是否正确，结构是否符合逻辑，句式结构是否丰富，表达顺序和转折的衔接词使用是否恰当等，监测学生对语言和结构的内化情况。

第五章　听说课

基于"Arouse, Analyze, Apply" "脚手架"的听说教学研究

——以"We're Trying to Save the Earth"为例

> 完成本章阅读，你将收获：
>
> 1. 听说教学中常见问题解读
> 2. "3A 模式"的听说教学方法
> 3. 听说课的文本分析方法
> 4. 优秀英语听说教学课程设计案例

第一节　听说教学中的常见问题

语言技能包含五项：听、说、读、写、看，其中听说最重要。在语言习得中，听说先于读写。我们一出生，首先使用的就是听觉。通过"听"来接收信息，通过"听"来唤醒意识，通过"听"来锻炼思维，因而"听"是语言学习的基础。没有一定的听力理解能力，就不能理解课堂上的语言输入，学习也就不能真正发生。正如美国应用语言学家Brown（布朗）所说："在语言学习中，不管怎样估价听的重要性都不为过。""说"作为语言的另一重要技能，是语言输出的重要途径，也是衡量一个人是否熟练掌握一门语言的重要指标。因此，听说在语言习得过程中至关重要，学习者从"听"进入"说"，而后再进入读、写、看的阶段。

什么是听说课？

听说课是英语教学的常见课型，是提升英语听说能力的主阵地，是英语教学的重要组成部分，也是发展学生英语语言技能的重要方式。它以听说技能训练为主要目标，基于听力内容搭建"脚手架"，通过一系列的听说活动达到以听促说的目的，促进学生课堂口语输出，提升学生口语交际能力。

为什么要上听说课？

美国语言教育学家克拉申认为，人们在一定的语言情境中通过口语来交流思想、传递信息。他还认为，说的能力是在有足够输入的情况下才出现的。听和说两者相互促进、相辅相成。听是说的基础，是语言输入的途径，说是语言输出的结果。说的能力的提高会使学习者得到自主运用语言的心理满足感，进而寻求更自由地听以获取更丰富的语言内容，这样反过来又促进了听力的进一步提高。大量学习实践表明，脱离了听说的语言学习难以达到理想的学习效果。听说课将听和说两大语言技能有机结合，培养学生在日常生活中使用语言的能力。

《英语课程标准（2022版）》对各级听说能力都进行了目标描述，为教学提供了参考方向。《英语课程标准（2022版）》对听力时长的增加也充分说明了只有足量、有效的听力活动才能为语言的正确输出提供保障。同时真实和多频次的口语操练又能巩固听力活动中的目标语言在真实语境中的落实。听说课教学应当立足国家课程标准，坚持以终为始的原则，搞清楚听与说的关系，充分利用听力材料，以《英语课程标准（2022版）》的要求为出发点和落脚点。

我国的综合国力在不断增强，中学生作为未来跨文化交际的桥梁，肩负着向全世界传播优秀中华文化的时代使命，因此要变"被动"输入为"主动"输出，提高口语交际能力。面对目前国内外双循环背景以及互联网带来的全球线上沟通，教师依然需要国际视野，培养听说能力。听说课对于提高学生实际运用语言的能力，增强自主学习意识，提高综合文化素养，有着十分重要的意义。

听说教学的常见问题及原因

目前英语听说课教学开展频率相对较低，教师对学生听说技能的培养重视不足。据对线上数百位英语教师听说课教学实践的调查结果显示：43.1%的教师一周只安排一次听说课；16.8%的教师只注重读写，不安排听说课，低于听说课时长的标准要求；只有40.1%的教师每节课都开展听说活动。即便是开展听说课，很多教师的听说教学只关注语言形式、语言技能，忽视学生思维品质的培养。有些教师只要求学生识记听力语篇中的词汇、句型等语言知识，文本处理浅层化，忽视引导学生分析和理解这些语言知识在听力语篇中的意义和功能。有些教师只是机械训练学生的听说技能，忽视引导学生探究听力语篇所蕴含的主题意义和说话者的情感态度。有些教师忽视口语输出，在听后活动中只是播放录音，要求学生跟读并圈画重要词组、句型，以便课后背诵、默写，而忽视创设真实情境，未能引导学生迁移运用所学知识进行创意表达。究其原因，一方面是教师在应试环境下急于求成，忽略了听说能力对读写能力的正向促进作用。另一方面，教师自身对听说课认识不足，教学目标不明确，听说课型模式单一，听力输入与口语输出活动割裂，教学脱离情境化，未关注到学习理解外的应用实践和迁移创新。

近年来，除甘肃、贵州、内蒙古、新疆等几个省份，多数省份都将听力测试纳入了中高考的考察范围，教师和学生逐渐认识到听力的重要性，开始重视听力理解的技能训练。但是高年级的听力教学大多以中高考为指挥棒，以训练听力考试题型、培养学生应试技巧为听力教学的主要内容。学生只能听懂简单、机械、程序化的考试听力内容，基本听不懂具有真实交际意义的内容。学生在听力理解能力差的情况下反复做听力练习题，在考试中常常连蒙带猜做题，成绩难以有实质性提高。此外，教师常常只关心答案的正误，对学生缺乏鼓励性评价，导致学生对听力学习焦虑、退缩。对听力学习的消极态度也让部分学生开始放弃听力，把更多精力放在了背单词、刷阅读理解类题型和套模板写作上。在这样的情况下，学生的连读、弱读等语音知识匮乏，口语能力长期得不到锻炼，久而久之学生就对用英语表达失去了兴趣，甚至不敢开口说英语。历年的托福、雅思成绩显示，中国学生阅读和语法相对较好，听说能力普遍较弱，口语表达能力在全世界的排名倒数，"聋哑"英语的状况依然没有改观。

解决方案

好的听说课能够通过交际情境的创设与口语交际活动的开展，规范和发展学生语言，培养学生口语交际能力和文明交际素养。基于听说课的常见问题，教师在听说课的设计中首先要解决的问题是听说文本的解读。只有深入研究文本，教学才有明确的目标和科学有效的活动设计，才能落实学科核心素养。教师要从多视角解读听说文本，从不同层面去分析并理解听说文本内容，并结合学生实际情况吃透文本内容。教师要从文本的标题、导语、图片、人物、话题、语言、文化等入手，深入解读文本，制定恰当的教学目标，并在课堂上引导学生感知、理解、获取、评价文本的信息。

其次，教师应当关注教学设计。《普通高中英语课程标准（2017年版2020年修订）》倡导指向学科核心素养发展的英语学习活动观和自主学习、合作学习、探究学习等学习方式。教师应设计具有综合性、关联性和实践性特点的英语学习活动，使学生通过学习理解、应用实践、迁移创新等一系列融语言、文化、思维于一体的活动，提高其英语学习能力和运用能力。

教师可以把听力课堂的课堂教学分为 Arouse、Analyze、Apply 三个环节。听前创设情境，激活背景知识，教师要选择贴近学生生活实际、难度相当的材料，运用头脑风暴等活动提高学生听的兴趣，激活背景知识，为理解后面的听力内容做铺垫。好的导入能够帮助学生将思维和话题建立联系，激发学生说的欲望。教师还应指导学生利用缩写、符号、图式等方式帮助其习得速记技巧，以提高听力能力。在听的过程中，教师要有意识地搭建"脚手架"，借助思维导图、流程图等形式解构文本，梳理文本信息，为后面的输出活动做好铺垫。学生在真实的情境中利用建立起来的图式去内化新知识，实现知识的建构。听后，教师要拓展学生的思维，引导学生运用迁移。在控制性口语练习环节（controlled practice），教师通过师生互动、生生互动，将学习理解的知识应用到对话交流的实践中，从而提升学生的表达能力。在自由口语练习环节，学生依据教师创设的情境，使用目标语言，运用新知识表达自己的观点。在自由表达的过程中产生思维的碰撞，积累丰富的认知感悟，实现个性发展。

再次，教师应当关注教学策略。听力理解的过程错综复杂，听力理解可以采用自上而下（top-down）和自下而上（down-top）理解模式相结合的教学策略。自上而下的理解模式指在冗余信息面前，大家不需要关注所有信息，而应关注上下文、谈话语境和文本类型等，重点关注宏观的内容，如主旨大意、作者态度等，运用已有知识对语言输入做出宏观的、概括性的理解。自下而上的理解模式是指人们要捕捉语言输入的各种细节元素，包括语音、语调、单词、词块、句子，准确解码输入的信息。在听力理解的过程中，两种模式相辅相成，缺一不可。此外，听力理解应遵循任务反馈循环（the task-feedback circle）这一教学策略。对任务设置梯度后，教师播放录音时先选取一个简单的听力任务，让学生成功完成。然后，教师对同一段录音设置更有挑战性的任务，学生分组核对答案，如果学生成功完成则继续完成任务。如果不能，再次播放录音直到任务达成再进行下一个任务。按此方法依次进行。听力任务完成后进入口语输出的交际活动。在听说教学中，教师不要执着于核对答案，过程比结果更重要。

最后，教师应当完善教学评价。教学评价是课堂教学的一项重要工作，其首要目的是通过不同形式的反馈，给学生提供具体的学习评价，促进学生的学习。只有当教学评价与教学目标、教学活动在高度上时，教学才是高效的。课堂上的教师反馈（即对学生课堂表现的评价或者点评）是对学习效果最有影响的评价方式之一。因此，教师在课堂的即时评价不应局限于好（good idea，good job）、很好（great，wonderful，excellent，fantastic）之类的鼓励性评价。教师既要对学生的言语行为进行点评，也要对学生的回答提出建设性意见。教师应当倾向于深层问题的发问并注重问题的追问，创造机会提高学生的口语表达能力。

学生作为学习的主体，和教师一样也是评价的主体。除教师反馈外，教师在课堂教学中也要采用学生自评和互评等多种评价方式。学生可以使用自我评价量表开展自我评价（第三小节有实例）和学生互评。学生自评有助于调动学生的内驱力，启发学生认识自我、发现自我、改进自我。学生互评可以促进合作学习，共同发展。采用多种评价方式以评促学，可以为学生指明学习方向，同时提供反馈信息，培养学生自主学习的能力，做学习的主人。

第二节　如何设计一节有效的听说课？

做好初高中听说课教学设计，有助于帮助学生深化对听说内容的理解和掌握，对于巩固英语词汇、锻炼口语能力、培养交际能力、夯实读写基础具有重要意义。经过对近百位一线教师的在线调研，结合几十位一线教师的实践探索，笔者形成了以下可行性强的科学备课步骤。

第一步：文本分析

文本分析是指教师结合自身的背景知识，与文本进行对话，在对话的过程中体会并感悟作者的写作意图与思路，透过文字领会作者写作的视角和思维，体会文本蕴藏的丰富内涵。只有在深入研究文本的基础上，教师才能制定清晰合理的教学目标，设计科学有效的教学活动。

一般来说，听说课的文本内容贴近学生的日常生活，通常发生在学生比较熟悉的语境中，容易激发学生的学习兴趣。对话文本通常承载着特定的语用功能，教师需要在备课时加以梳理，并在上课时向学生介绍这些语言功能，从而引导学生在语境中学习和操练语言功能。教师通过对文本细致深入的解读，可以为后续的教学提供抓手和方向。

文本分析可围绕"what"、"why"和"how"进行研读："what"指语篇的主题和内容是什么；"why"指语篇的深层含义是什么，也就是作者或说话人的意图、情感态度、价值取向是什么；"how"指语篇的文体特征、内容结构和语言特点。其中，"what"是对语篇内容的客观分析，"why"和"how"是对语篇内容的主观解读，是教师的个性化处理，考验教师的文本分析和探究能力。因此，文本分析的重点是"why"和"how"。

本文以人教版《普通高中英语教科书必修第一册》Unit 1 Teenage Life 为例，谈谈如何从标题、导语、图片、文字、人物、话题、语言等角度解读文本，为教师设计有效的听说课教学课程打下基础。听说文本如下：

Conversation 1

Teacher：Shh! Listen carefully!

[3-second beep at about 40 kHz]

Teacher：Did you hear that? No? How about this?

[3-second beep at about 17.4 kHz]

Teacher：If you couldn't hear the first one, it means you're not a dog! [Laugh.] Dogs can hear very high frequency sounds, but people can't. And if you could hear the second one, you're younger than 25.

Student: Wow! Why is that?

Teacher: Our ears change when we get older. Children and young people can hear the second one, but most people older than 25 can't.

Conversation 2

Teacher: Today's topic is "Should teenagers date?" Team A, please begin.

Team A: We say no — they shouldn't. One reason is that teenagers are too young. They should think about schoolwork and spend more time studying.

Team B: We don't agree with Team A. Our answer is "Yes". Teenagers can date if they want. It is quite natural for a teenager at that age to feel he or she likes somebody. We think it's possible for teenagers to date and study at the same time.

Teacher: Team A?

Conversation 3

Julie: Hi, Adam! Are you going to join a club?

Adam: Hi, Julie! I'd like to, but I'm not sure which one.

Julie: I think I will join the Ballet Club. It's always been my dream to be a dancer, and ballet has such beautiful movements.

Adam: Oh, wow, dancing's not for me—I've got two left feet! Mr Brown told me about the Nature Club. They watch biology lectures and grow plants in a greenhouse. I like animals, but I'm not so interested in plants.

Julie: Did you hear about the Cartoon Club?

Adam: Yes, I love cartoons! But what do they do in the club? Watch cartoons?

Julie: No, they write stories and draw cartoons.

Adam: Oh, no. I'm not good at drawing. Besides, I'd like to do something outdoors.

Julie: Max is in the Volunteer Club. He says that they mostly help clean up parks and give directions to visitors. Why not talk to him?

一、读标题，感知语篇主题

本单元听说文本的标题是 Choose a School Club，文本大意为俱乐部的选择，属于"人与自我"主题语境，生活与学习主题群。本单元主题围绕青少年生活展开，本文在"人与自我"的主题下，探讨了中外青少年在学习、课外活动、兴趣爱好、人际交往等方面的状况及面临的问题。本单元旨在帮助学生真实、客观地了解和思考高中生活，引导学生以积极和阳光的心态规划未来的学习和生活，成就更好的自己。

二、读话题，了解主题意义

对话话题属于"人与自我"的范畴。听力文本包含两部分：第一部分是两段发生在社团活动中的师生对话，为下面选择不同社团做好情境铺垫；第二部分是高中生 Adam 和 Julie 之间的对话，商量如何选择适合自己的社团。文本提示学生要根据兴趣爱好、自身需要和未来的就业方向来选择社团，并鼓励学生尽早规划未来。

三、读导语，提高思辨能力

导语为语篇提供了语境、主题、体裁等背景信息，用好导语可以帮助教师更好地进行文本分析。

四、读图片，明确对话场景

听说文本通常配以图片（如图 1 所示），图片的呈现可以帮助学生直观地了解对话发生的场景，还有涉及的人物和事件。学生可以从本单元放风筝的主题图及对话文本中的课堂讨论、跳芭蕾舞、公众演讲、户外植树四个配图得知对话发生的基本信息，学生能够从中推断出对话发生的地点是学校，探讨的话题是校园俱乐部。

图 1 人教版《普通高中英语教科书必修第一册》Unit 1 Teenage Life 社团活动插图

五、读人物，分析人物关系

人们通常可以根据人物间的对话，推断其身份，因此在教学设计中，教师可以为学生创设情境，在课堂上进行角色扮演，帮助学生熟悉话题及人物关系、操练语言。

六、读语言，把握语言难度

听力文本语言比较简单，重点呈现了表达喜好的语言结构，例如："I like/prefer/enjoy..." "I'm not so interested in..."。短短的一个对话在实际生活中有很高的语用价值和交际功能。因此，教师在课堂上可以引导学生去理解、模仿、体验、运用这些语言结构。

第二步：设计教学流程

初高中英语听说教学重在训练和提升学生的英语听说能力。在教学中，教师需要灵活运用素材，精心设计听说训练任务和活动，在有限的课堂时间内为学生提供更多的可理解性的语言输入，提高听说教学的效率。教师要潜心研究听力文本，设计多样化的教学活动，以"Arouse（激活）—Analyze（解构）—Apply（运用）"的3A模式，加强听说训练，提高学生的听力理解能力、口语表达能力和交际能力。

Arouse—创设情境，激活背景图式

建构主义创始人 Jean Piaget（让·皮亚杰）认为，所有的学习都是以心智为客体，即图式为认知中介。每个人头脑中都以图式的方式储存了大量知识。在听到新信息时，大脑中的相关图式就会被激活。图式的有效激活有助于组织、加工新信息，从而有利于对文本的正确理解。因此，教师要将听说素材与学生已有的知识结构和生活经历联系起来，通过兼具直观性和趣味性的情境创设，将要输入的听力材料更加生活化、具体化。这有助于学生在趋于真实的语言环境中学习语言知识、习得语言技能。

学生应当作为预测者，通过标题、导语、图片、问题及选项设置等，对文本主题和文本内容进行预测，调动原有认知，为即将学习的新知做铺垫和准备。听前活动的主要目的是激发学生的学习兴趣，提高学生的参与感。活动的设计应当充分考虑学生的年龄特点、心理状态、基础知识、生活经验、兴趣爱好等，以便更好地调动学生情绪。

以人教版《普通高中英语教科书必修第一册》Unit 1 Teenage Life 的 Choose a school

club 为例，听录音前，教师展示几张俱乐部的图片和名称，要求学生完成图文匹配。与此同时，教师通过图片帮助学生复习与俱乐部话题相关的单词及喜好的常见表达，如 ballet, debate, prefer doing, enjoy, love, be interested in, be fond of 等，帮助学生扫除听力活动中的单词和短语障碍，也为口语输出做铺垫。之后，教师给学生播放一段社团活动的视频，引入 Choose a school club 这一话题。伴随着欢快的音乐和丰富多彩的俱乐部活动，学生的学习兴趣被点燃。观看视频后，教师紧接着向学生抛出三个问题：Have you ever joined school clubs? Which club do you want to join? Why? 结合真实的生活体验和观看的视频，小组成员积极讨论自己想要参加的俱乐部，并说明原因。该活动既激发了学生的学习兴趣，又充分调动了学生借助已有的知识和经验去表达想法的积极性。

在 Arouse 环节，教师利用图片、文字、视频等多模态方式生动呈现话题，增加学生口语表达的机会，加强师生之间、生生之间的有效交流，这有助于调动学生学习的主观能动性，同时又能让学生提前进入状态，对听力任务保持较高的关注度，为后续的听说活动做准备。

除了采用多模态导入、自由交谈之外，教师还可以采用头脑风暴、气泡图、韦恩图、单词游戏等方式激活背景知识，呈现关键词汇，扫清听力障碍。但需要注意的是，Arouse 环节用时要短、节奏要快，必要时要有信息差，以让学生产生联想，提高其对听力文本的兴趣。在听的过程中，学生能证实自己的预测；在口头谈论时，教师布置的任务要具体且聚焦，高效导入新课。

Analyze—创新活动，解构文本

听说教学的重点在于学生能围绕主题，通过听力活动，获取听力文本的大意及细节，在听力理解的基础上进行口语表达。听力理解的过程错综复杂，通常采用两种理解模式，即自上而下的模式和自下而上的模式。自上而下的模式要求学习者在冗余信息面前，设法抓住涉及宏观意义的部分，如主旨大意、作者态度等，运用已有知识和语言理解策略为语言输入做理解。自下而上的理解模式关注文本的微观层面，要求学习者听懂语言输入，例如语音、语调、单词、词块、句子等要素。在实际的教学活动中，教师需要把自上而下与自下而上的模式相结合，坚持泛听与精听相结合的教学策略。

1. 泛听听大意

以人教版《普通高中教科书英语必修第一册》Unit1 Teenage Life 的 Choose a school

club 为例，教师在听力环节首先采用自上而下的模式，设计如下活动引导学生听大意并获取关键信息，让学生了解说话人的意图、交际目的和文化背景：

Listen to the first two conversations and try to use the listening strategy to find the correct answers.

① What are they learning about in conversation 1?

  A. Hearing   B. Sounds   C. Dogs

② The students are discussing _____ in conversation 2.

  A. schoolwork B. relationship C. dating

③ Circle the two clubs where these two conversations happened.

  A. Science Club B. Ballet Club C. Nature Club D. Debate Club

听力的预测一般基于已经获取的信息和个人经验，因此，教师要指导学生在听大意时先阅读题目和选项，预测听力内容并带着目的去听。

2. 精听听细节

在泛听之后，教师再次播放录音，通过文本关键信息挖空的形式让学生精听局部内容。

Teacher: Today's topic is "_____". Team A, please begin.

Team A: We say no, they shouldn't. _____ is that teenagers are too young. They should think about _____ and spend more time studying.

Team B: We don't agree with Team A. _____ is "Yes". Teenagers can date if they want. It is _____ for a teenager at that age to feel he or she likes somebody. We think it's _____ for teenagers to date and study at the same time.

Teacher: Team A?

文本挖空时，教师要侧重对主题信息词挖空，此举旨在训练学生获取关键信息的能力，培养听力策略，并引导学生对主旨大意词进行概括整合（如图 2 所示）。

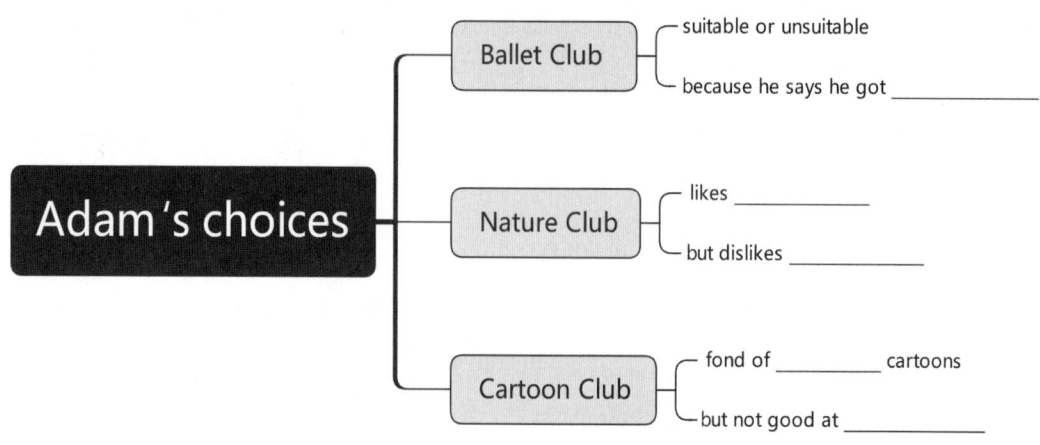

图 2 听力文本解构（Adam's choices）

听第三段对话时，教师可以运用思维导图引导学生听取相关内容，构建与话题相关的表达框架，为下一步准确、生动的口语输出做准备。示例：

I think Adam should join the_____ club, because his dream is to become a _____. There he could learn _____.

学生理解了听力文本的大意，捕捉到了细节信息，自然能够衔接到口语能力的训练，实现从听力内容的输入到口语的输出。教师可以接着追问"What should be considered when choosing a club?"，通过头脑风暴，学生各抒己见，提高思辨能力。

基于对话三，教师也可以采用问题链的形式，通过问题链搭建结构，围绕文本设计有序的、环环相扣的问题，避免文本理解的零散化、碎片化。这考查学生对听力材料的理解和口头输出能力。

（1）Why are the first three clubs unsuitable for Adam?

（2）What does he put first in choosing a school club?

（3）What else should we consider when choosing a club?

3. 任务反馈循环

Jim Scrivener 在 *Learning Teaching*（The Essential Guide to English Language Teaching）一书中指出，在泛听与精听的过程中，教师应当遵循任务反馈循环这一原则。在播放听力内容前，教师要对任务的难度进行分级，任务的设计要有层次，由易到难。在播放听力内容的过程中，如果任务不能完成，不要盲目进入下一环节，需要再次播放录音，直到多数学生能够完成，再进入下一项任务（如图 3 所示）：

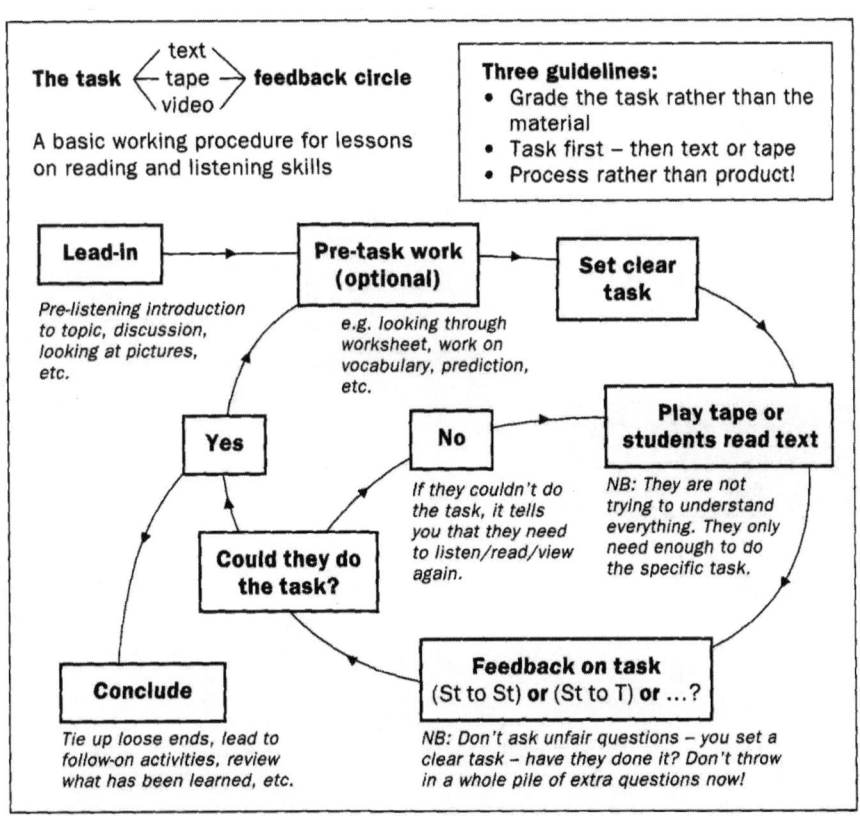

图 3 The task—feedback circle

Apply—拓展思维，运用迁移

听说课不是听与说相割裂的活动，听说课的最终目的是让学生能够在交际场合中灵活地运用英语交流。因此，听后的活动设计是对主题的延伸，帮助学生将课堂所学迁移到课外真实的生活情境中，鼓励学生在语言实践中表达个人见解和观点，培养学生分析问题和解决问题的能力。教师在通过文本分析把握主题意义后，进行话题情境创设，搭建脚手架，自然衔接到口语能力的训练，从而实现听力内容的输入到口语的输出，同时加深对该话题和主题意义的理解。

以人教版《普通高中教科书英语必修第一册》Unit 1 的 Choose a school club 为例，在听后环节中，同桌两人讨论各自的兴趣和优势，自编对话。之后学生化身校园小记者，采访组内同学要参与的学校社团并询问原因、给出建议。教师在整个听说设计过程中可以通过思维导图等形式为学生搭建支架（如图 4 所示）。最后各小组在班内进行集体展示，推选出最佳小组。

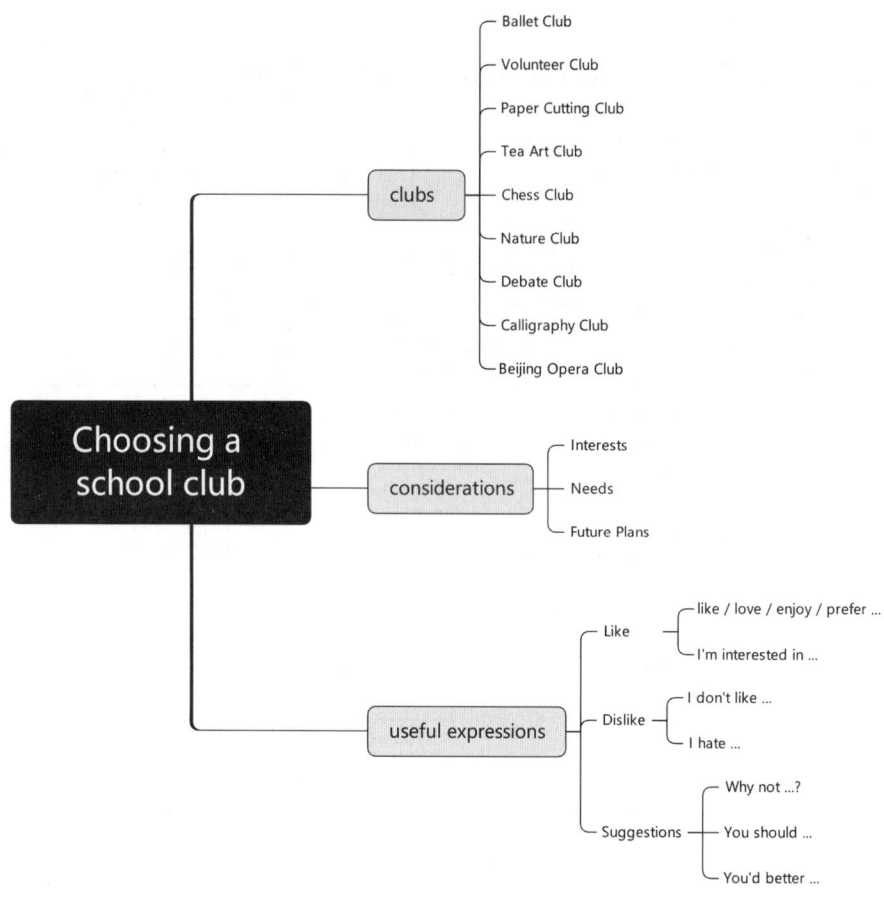

图 4 社团活动思维导图

在新的语境中，学生基于新的知识结构，通过自主、合作、探究的学习方式，综合运用语言技能，进行多元思维。真实输出是听说教学的终极目标，通过小组合作，学生能在互动交流中引发思维碰撞，激发灵感，发现新知，产生新的感悟。

作业是教学的重要环节，是课堂教学的延续。听说课课后作业要注意主题情境的创设，关注思维品质的培养。教师可以利用现代信息技术鼓励学生配音，演唱相关主题的英文歌，录制对话，录制新闻播报、作品解说词、景点介绍视频，制作课本剧等上传班级群共享。以人教版《普通高中教科书英语必修第一册》Unit 1 Teenage Life 的 Choose a school club 为例，教师可以安排学生设计社团纳新的海报。

总之，成功的听说课应当是将听说有机结合。教师灵活运用教学资源，基于 3A 模式创设听说结合的交互活动，激发学生学习兴趣，拓展学生思维，提供听说机会，让听说学习更加高效。

第三节　优秀案例展示

课题名称　Unit 13 We're trying to save the earth!
教材　人教版《初中英语 Go for it 九年级全一册》
设计者　包头市北重二中 白媛媛
指导者　包头市教育教学研究中心　蓝兰

教材内容分析

【What】本单元话题为环境保护，隶属于"人与自然"主题。本课的听力语篇和口语语篇主要围绕水污染、废品污染和空气污染三大问题展开，介绍了在不同环境下污染问题的成因、表现以及解决措施。本课含有丰富的图片素材，便于学生对当今世界严峻的环境污染问题产生清晰直观的了解。作为复习单元的第一课时，听力语篇和口语语篇涵盖初中阶段学生所学的基础知识，涉及与环保话题相关的词汇、句型，语言较为简单，还包含环境污染"类型——成因——表现——解决方法"的分析逻辑。

【Why】本课的对话语篇可以帮助学生通过两个完整的听说任务链，学习和了解环境污染的类型、成因、表现和解决方法，提升学生对环境问题的关注，进而对当前环境的常见污染问题和环境保护进行积极探究。学生在参与听说活动的过程中构建结构化知识，提升环境保护意识和能力，结合生活实际表达自己对环境问题的见解和主张，同时寻求创新性的解决方案，树立参与环保的观念。

【How】本课的听说文本是比较典型的学生日常生活对话，涉及环境保护相关的词汇和短语，如 dirty, waste, throw litter into the river, plastic, rubbish；交流环境保护问题和举措时使用的核心语言，如 "What do you think has caused this problem?" "So together, our actions can make a difference and lead to a better future." 学生通过交流和讨论环境问题整合性地学习和运用语言知识，将零散的知识内容有意义地联结起来，建构连贯的知识结构。该对话内容情节简单、易于理解，能帮助学生树立对环境保护的正确认识，具有现实意义和教育意义。

设计思路

教师设计基于英语学习活动观和 3A 模式，以环保主题为引领，以对话语篇为依托，创设符合学生实际的、能引起学生共鸣的教学情境，同时在不同学习阶段设置学习理解、应用实践和迁移创新类活动，引导学生整合性地学习和运用所学知识，加深对环保主题的理解，并能对个人观点进行有理有据的表达。在 Arouse 阶段，教师充分运用丰富的资源和素材激发学生的学习兴趣。在 Analyze 阶段，教师的课堂设计需能发挥学生自主性的活动并能提高学生学习技能，引导学生在探究主题意义的过程中掌握与环境污染和环境保护相关的词汇与句型。最后，在 Apply 阶段，教师以环境污染治理论坛发言为情境，引导学生对当前存在的环境污染问题发表意见，提升环保意识，参与环保活动，提升其社会责任感。

学情分析

九年级学生经过初中阶段的语言学习和实践，具备了一定的英语基础知识，掌握了一定的语言学习策略和技能，但授课班级的目标学生总体为场依存型认知风格，[1] 比较依赖教师的呈现与引导，自主表达的意识不够强，另有部分学生学业考试压力大，学习兴趣不够浓厚，口语表达信心不足。

本套教材围绕《英语课程标准（2022 版）》中"人与自然"主题，教学设计梯度合理、学习内容层层递进，包括人教版《初中英语 Go for it 七年级下册》Unit 5 Animal 和 Unit 7 Weather、《初中英语八年级上册》Unit 7 Life in the future、《初中英语八年级下册》Unit 5 The storm brought people close 等，因此已学习过以上内容的九年级学生对于该主题下的"自然生态"和"灾害防范"具备一定的知识基础，这为本单元学习"环境保护"奠定了基础。然而，多数学生虽有较强的环保意识，但对于环境污染问题的严峻性认识仍显不足，对污染成因挖掘不够深入，提出的解决措施有限，同时其语言表达的逻辑性和准确性也有待提高。

因此教师通过完成听说任务链、思维导图、小组讨论、口头报告等课堂活动，能最大程度地调动学生的学习热情，促使全班学生积极参与环境污染问题的讨论，发表自己的观点。

学习目标

1. 通过观看与污染类型及成因分析相关的图片和视频，教师引导学生初步认识环境污染现状，学习与环境污染和环境保护相关的词汇、句型。

2. 通过师生问答、补充思维导图、角色扮演的形式，教师激活学生已有的知识并调动其学习新知，学生在语境中正确运用环境污染和环境保护相关语言谈论环境问题。

---

1 场依存型认知风格指倾向于以外界的参照作为内部信息加工依据的认知方式。

3. 通过完成听力任务及口语对话活动，学生能使用高效的听力及口语学习策略，培养学生与他人合作学习、共同解决问题的能力。

4. 通过小组讨论环境污染解决方案、完成环境污染问题的口头报告，学生能综合运用本课时所学核心语言结构并联系生活实际谈论环境污染问题，提出可行的解决方案，树立绿色环保意识，践行环保理念。

评价任务

1. 完成师生问答、构建导图等评价任务后，教师检测学生对环境污染现状的掌握和应用情况；（检测学习目标1、2）

2. 完成补全表格、多项选择、同伴对话展示等评价任务后，教师检测学生听力、口语学习策略的应用情况以及能否在语境中正确运用与环境污染和环境保护相关的词汇、句型；（检测学习目标2、3）

3. 在完成小组制定环境污染解决方案、进行口头汇报的评价任务后，教师检测学生环保意识的培养情况以及综合运用本课时所学核心语言结构讨论实际生活中环境污染问题的能力。（检测学习目标3、4）

教学流程

教学过程	教学任务设计与教师活动	学生活动设计	活动层次	设计意图 落实目标
Arouse	Lead in: Class Environmental Protection Forum			设置情境、导入新课，利用直观且震撼的视频激发学生学习的兴趣，引发学生共鸣。
	Play a video about environmental problems around the world.	Watch the video and work in groups to complete the mind map of types of pollution.	感知与注意 获取与梳理	
	Present pictures and key vocabularies about the causes of different kinds of pollution. Let students match each kind of pollution and its cause according to their life experience.	Discuss in pairs to find out the common causes of different kinds of pollution. Match the pollution and its cause with the help of what they've known about the topic.	感知与注意 获取与梳理	图片引导，激活学生旧知，丰富不同种类污染类型及其成因相关表达。
	Put more emphasis on the new words which will appear in the following listening tasks. Present key vocabularies of these kinds of pollution in sentences.	Look at the pictures and learn more details about air pollution, water pollution and waste pollution. Learn and master the key vocabularies of these kinds of pollution in real situations.	获取与梳理 概括与整合	图片引导，激活学生旧知，并在情境中掌握与环境污染相关的核心语言结构，减少后续听力内容中的生词。

续表

教学过程	教学任务设计与教师活动	学生活动设计	活动层次	设计意图落实目标
Analyze	Let the students finish listening tasks——Activity 1b, 2a and 2b. Remind the students of the proper learning strategies of listening.	Finish the listening tasks by: 1. Listening for gist 2. Listening for details Finish the multiple choice, blank-filling tasks and check the answers.	获取与梳理 分析与判断	引导学生使用正确策略，精听、泛听结合，高效完成听力任务。
	Show the mind map and let students complete it. Model the introduction of water pollution. Let the students introduce other kinds of pollution with the help of mind map.	Complete the mind map first and introduce water pollution under the guidance of the teacher. Introduce other kinds of pollution with the help of mind map.	描述与阐释 概括与整合	学生利用思维导图对常见污染类型现状和成因进行梳理和口头输出。
Apply	Let the students role play the conversation and underline the solutions of air pollution and waste pollution on their textbooks. Let the students work in groups to find other useful solutions and make a mind map of how to cut down pollution.	Role play the conversation and underline the useful solutions of air pollution and waste pollution on the textbooks. Work in groups to find other useful solutions in daily life and make a mind map of ways to cut down pollution.	获取与梳理 概括与整合	学生分角色表演对话和小组讨论，发现解决环境污染问题的多种办法并梳理为结构化知识网。
	Let the students talk about different kinds of pollution according to the mind map above and work in groups to prepare a report on environmental pollution.	Talk about different kinds of pollution according to the above mind map in groups. Deliver a report on environmental pollution with the help of the given structure.	内化与运用 想象与创造	学生借助思维导图及所给结构框架，结合生活实际及本课所学核心语言结构进行口头报告。
Summary	Lead the students to make a summary of this class. Assign homework.	Make a summary of what they have learnt in this class according to the mind map.	概括与整合	整合本课所学知识并进行总结。

学习评价

表 1 学习评价表

Evaluations	Excellent	Good	Average	Need Improvement
1）I learn about the types of environmental pollution.				
2）I can summarize the structure of this passage.				
3）I can describe and explain one type of pollution to my partners.				
4）I can explain the causes and prevention of it.				
5）I can judge and clarify whether the solution is effective or not.				
6）I deepen my understanding of environmental issues and solutions.				
7）I know how to protect our environment as an individual.				
Learning reflections on my revision and improvement.				

分层作业设计

1. 基础类作业

结合本课所学，完成以下思维导图（如图 5 所示）。

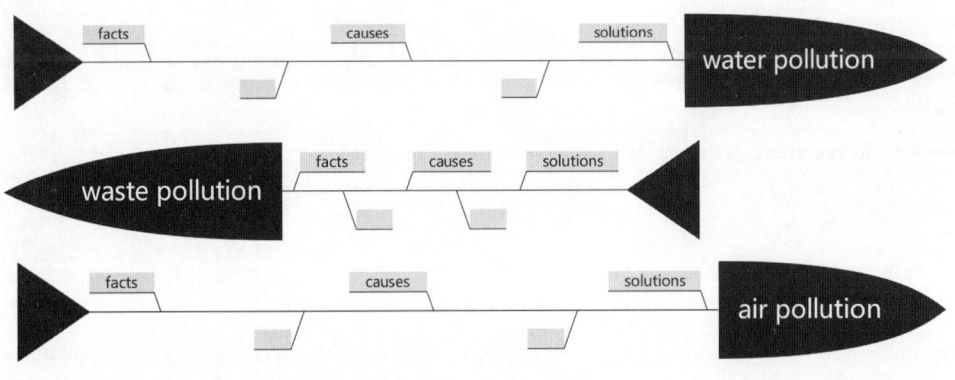

图 5 课文结构梳理

2. 综合应用类作业

由于在今天班级环境污染治理论坛上表现出色，你受邀参加本年度"世界环境日"开幕式并发表一个简短的演讲。请你撰写演讲稿，谈谈对"保护周边环境、建设美丽家乡"的看法。

3. 反思类作业

请以小组为单位，通过互联网或图书馆资源寻找更多解决环境污染的新方法并列成清单，在下周一的课堂进行分享。

板书设计

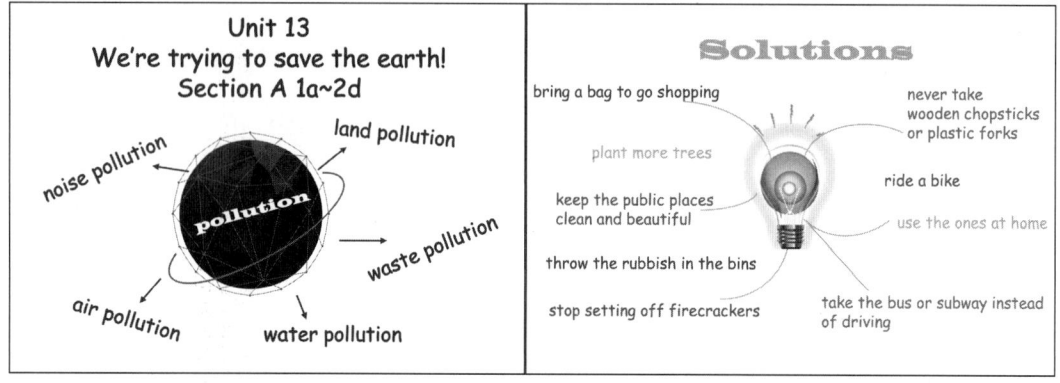

图 6 板书设计

第六章 语法课

"ESA"教学模式应用于语法教学的课例研究

——以"宾语从句"语法点教学为例

> 完成本章阅读,你将收获:
>
> 1. 语法课教学中常见问题解读
> 2. 一节科学的语法课应该具备的特质
> 3. "ESA"模式下的语法教学重点
> 4. 如何设计一节有效的语法课
> 5. 优秀语法教学课程设计案例

语法教学在外语教学中占有重要地位，谈外语教学，从来都绕不开语法教学。Rutherford 曾说过："两千五百年来，语法教学几乎是外语教学的同义词。"然而，教师在语法教学理念上仍存在一些模糊认识，在课堂教学实践中还存在不少问题。

《英语课程标准（2022版）》主张"学生在语境中接触、体验和理解真实语言，并在此基础上学习和运用语言。"，但教师会觉得融入语境的语法教学在日常教学中不太实用，同时也不容易操作，故教师仍然沿袭传统的语法教学方法，把语法课当成了"纯语言点"的展示，过分关注语法形态、规则等结构形式。因此笔者认为语法的教学问题有必要继续展开讨论，教师不能因为"不懂、不熟悉、不好操作"，就干脆回避更科学的语法教学策略。笔者将基于多年的观评课经验，挖掘语法课上的潜在问题，总结一节科学的语法课的必备特质，结合具体案例，利用"ESA"语法教学模式展开分步骤、细致的讲解，帮助教师梳理较为清晰的、符合新课标的语法教学方法，从而让教师更好地赋能学生的语法学习。

第一节　语法教学常见问题解读及"ESA"教学模式初探

一、语境创设误区

1. 语境创设不真实

很多教师普遍意识到语法教学需要依托语境，所以多会通过创设语境让学生理解语法知识的相关表意功能和用法。但在实际教学中，有时教师因为创设的语境不真实，而影响了教学目标的达成。例如某位教师在讲形容词的比较级和最高级时，首先呈现了三种水果（苹果、香蕉和菠萝）的实物，接着在黑板上写出"The apple is big. The banana is bigger than the apple. The pineapple is the biggest."。实际上，该教师展示的苹果并不大，香蕉和苹果也不适合比较大小，两者更多的是形状上的不同。

经不起推敲的"失真"语境违背了语言学习的真实性原则，这不仅会增加学生的理解负担，还会导致学生无法正确地使用语言。

2. 语境创设不地道

在以理解输出为目标的语言教学中，语法需要依托教师所选择的教学素材，因此教师常常需要根据目标语言来准备相关语言素材以便呈现语境。除了在网络资源库中搜寻合适的内容外，很多教师经常会使用自编的语言素材。这些素材虽然在语法上是正确的，但是往往不够真实，导致呈现的内容不够地道、不够典型。

请看下面这段某位教师在讲解表语从句时自编的一段素材：

"The rabbit is hungry . The problem is that the rabbit is hungry. The reason is that there is no more carrot. The question is that whether the rabbit is hungry. The question is what the rabbit should eat. The question is where /when/how_____."

表语从句是用来表达说话者想法、建议和态度的句子，而以上这段话是这位教师为了刻意使用表语从句而编造的句子，并非鲜活的交际语言，不符合正常的逻辑思维，属于无效语境。有效的语境才是促进学生感知和理解相关语法形式和意义的"催化剂"。

对于以中文为母语的语言学习者来说，英语的语言学习素材有三种类型：真实语境材料（authentic material）、改编材料（adaptive material）和"中式英语材料"（Chinglish version），前两种都是很好的语料，只有当原汁原味的真实语境材料不符合学情时，教师才需要动手改编。教师自创的内容难免会受中文影响，将其创编的内容变成了"中式英语"的学习语料，从而影响学生对英语的学习。另外有时候，教师编写的句子并不能反映语言真正的表意功能，也就更不用谈学生的感知、理解和运用了。

3. 语境创设不生动

教师在语法教学中经常使用传统方式——听读语篇输入来创设语境。这本身没有问题，因为在真实的语篇中学习某些语法内容，更能促进学生语言运用能力的发展，但如果语篇内容平淡枯燥，脱离学情或生活实际，就难以引起学生融入课堂的兴趣。

请试着读下面这一小段话，并有意识地觉察自己的"人物状态"——

"Lrish architects Yvonne Farrell and Shelly McNamara were selected as the 2020 Pritzker. Laureates announced Tom Pritzker, Chairman of the Hyatt Foundation which sponsors the award that is often referred to as 'architecture's Nobel'."

学生是会认真听讲，还是会心不在焉呢？以上这段素材恰巧就出现在一位教师讲解被动语态的导入情境里。这段话的语料做到了真实、地道、语法正确，但它出现在课堂的情境导入环节，教师面对的就有可能是心不在焉的学生们，毕竟这些"在建筑领域有代表性的人物"离他们的生活太远了，很难引起学生的共鸣。

从脑科学角度解释，大脑更钟情于有趣的信息，会自动拦截、过滤或忽略不那么新、不那么重要或不那么让人兴奋的信息[1]。简单来说，大脑更喜欢新颖的学习方式，教师为语法学习创设的语境也不例外。学生在贴近生活的、生动的语境中接触、体验和学习语言，有利于他们更好地理解语言的意义和用法，积极构建知识网，达成学习目标。

二、语法讲解误区

1. 重语法规则，轻语法思维

教师除了容易在创设语境上出现问题，在对语法的讲解上也容易陷入只注重语言规则，而忽略规则背后所蕴含的"语法思维"的误区——这里的思维是指形成语法规则的应用思考。因为语法规则最初是以交流为目的，总结常见的规律以方便交流而逐渐形成的。所以最地道地使用语法规则的思维顺序应该是先想到要表达的意义，达到的交流目的，再选择具备相应功能的语法类型，最后考虑该语法在形式上的规则变化。但实际常见的语法教学操作却直接跳过了开始最重要的功能表达环节，或者将其弱化，导致教师会直接挑出蕴含目标语法的例句，然后针对例句讲解语法书上的规则，让学生记住语法规则并像套公式一样去做题。这种"语法书"式的授课方式，可能会让学生误认为语法就是枯燥无味的代名词和"死规则"，没有任何想象的空间，从而提不起学习语法的兴趣。

比如，某位教师在教授肯定句如何转变为疑问句时，归纳了以下转换方法：第一步，将谓语动词 be 移到句首；第二步改变人称，将 I 和 we 改为 you，将 my 改为 your；最后将句号改成问号。

讲解规则之后，教师让学生把以下句子变成疑问句：

This is my brother. → Is this your brother?

若一堂语法课只有这样机械式的训练，那么学生对于语法规则的认识就只能停留在形式的变化上，而完全不能将所给例句和转化形式后的例句带入场景进行功能性地表达目

---

1 佚名. 脑靶向教学法 [J]. 上海教育, 2017(20).

的思考。带入语用思考后，教师会发现上述语法规则根本经不起推敲。比如"Is this your brother？"会用在什么场景呢？再比如"This is my brother。"的疑问句形式，为什么不能是"Is this my brother？"呢？假设一位妈妈刚刚生完二胎从产房出来，这时候她的大儿子到床前探望妈妈和刚刚出生的小弟弟，大儿子是否会问："Is this my brother？"。

当带入了语用场景的"语法思维"对语言形式的转化进行更丰满的思考后，我们不难发现"肯定句变疑问句，要把第一人称变成第二人称"的语法"铁律"其实有很多例外情况。所以，语法不止于规则。

2. 重教学进度，轻过程方法

部分教师在语言知识讲解的"量"上也没有把握好，为了赶教学进度，常常会出现"满堂灌"的现象：希望在一节课里把某个语法项目所有的规则讲完，不注重学生的学习过程和方法。

以宾语从句为例。教师的教学目标是在一节课里把宾语从句的三要素（连接词、时态、语序）都讲完，包括它们的形式、意义和用法。实际上，学生很难在一节课里记住这么多的语法规则。此外，在语法知识点讲解的过程中，课堂还是以教师讲授为主，没有为学生创造主动学习和思考的机会，没有做到和学生有效互动。

笔者并不是认为灌输式的讲授不好，但是新时代的语法教学要求教师最大程度地调动学习的主观能动性。美国缅因州的国家训练实验室研究成果——"学习金字塔"理论反映：在塔尖的学习方式——"听讲"，即"教师在上面说，学生在下面听"，这种教师最熟悉最常用的方式，对学生而言其学习效果却是最差的，两周以后学生的学习内容只能留下5%。学习效果在30%以下的几种传统方式（前四种学习法），都是个人学习或被动学习；而学习效果在50%以上的（后三种），都是团队学习、主动学习和参与式学习。因此教师要学会"退居幕后"，启发学生主动鉴别、分析、归纳和总结语法规则，这种"我要学"的主动学习才是最有效率的学习。毕竟学生不是空水杯，教育也不是单纯往水杯里倒满水，最有用的学习经验永远来自学生的主动实践。只有教师做到不一味追求教学进度的少讲、精讲，才有可能使学生在语法学习的"深水区"畅游。

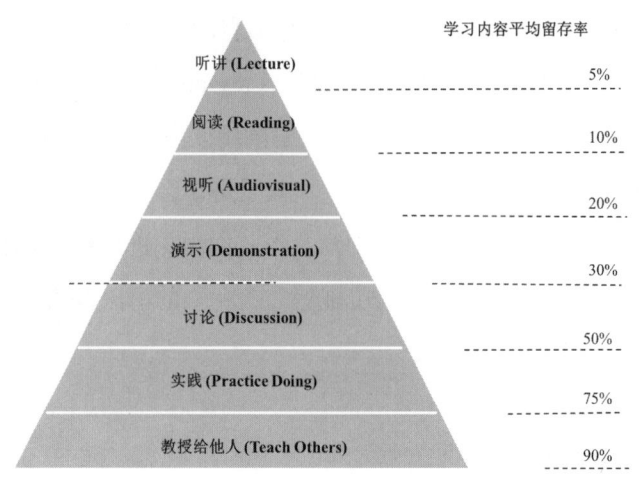

图1 学习内容平均留存率

3. 重机械操练，轻语言运用

《英语课程标准（2022版）》中强调："要使学生初步意识到语言使用中，语法知识是'形式——意义——使用'的统一体，明确学习语法的目的是在语境中运用语法知识理解和表达意义。"换言之，语法教学的内容应该包括语法形式（form/structure）、相关语义（meaning/semantics）与语用（pragmatics）等方面。

日常教学中，教师很容易在"语用"这块礁石上碰壁：认为学生只要把单项选择题做对了，在书面表达中把语法写正确了，就说明语法学好了。语言和其他技能一样，讲究的是"会运用"，例如会不会用英语和别人交流、会不会用英语写文章。简而言之，评判学生语法学好的标准，是学生会不会"用英语做事情"。在实际的语法教学中，有些教师在语境中帮助学生感知、发现、归纳语法的形式和意义后，往往会针对语法结构设计大量的机械操练题，采用"题海战术"，忽视将语法结构、语法意义的学习和操练转化到实际语境的运用中去，这样做不仅不利于创设连贯的语境，更不利于培养学生用所学语言进行交际的能力。

当然，笔者并不是一味否定针对语法结构的机械操练，它在语法教学中是有必要的，对学生集中学习特定的语法结构有益处，可以帮助学生树立学习信心，在反复刻意的练习中提高语法使用的"正确性"，但这些还远远达不到语言运用的目的。克拉申语言学习理论提到，尽管对语言形式的有意识地注意有必要，但是这种注意只有与语言的交际性运用相结合才能促进语言的习得。因此，脱离交际的语法学习对语言学习没有效果。可见，机械操练不能过多，要和语言运用结合起来。

4. 重语法形式，轻语法意识

在学生能够熟练运用语法之前，教师对他们语法意识的培养也很重要。《普通高中英语课程标准（2017 年版 2020 年修订）》提出了语言能力、文化意识、思维品质、学习能力等核心素养目标，为培养语言运用能力而教语法，需要特别关注学习者"语法意识"的培养。学生的语法意识是指学生在使用语言的过程中，能够自觉地使用正确的语法。然而很多学生在英语输出中，会犯如"时态不正确""主谓不一致""从句使用不当""成分缺失"等基础语法错误。他们不是因为没有学习相关的语法知识，也不是因为忘记了这些知识，而是因为语法意识薄弱。

可以回顾一下，是不是经常有学生把"He doesn't go to school on Sunday."说成或写成"He isn't go to school on Sunday."，又或者本该运用"there be"，学生会用"there have"。出现这种现象的原因有两个：

第一，母语思维给学生的英语学习带来了一定的影响。学生在日常交际活动中，容易下意识地产生思维定式，把母语中的语法规律用到英语中，语法错误自然就少不了。

第二，教师的教法不恰当。学生因为不理解某个语法规则背后的原因，就会在同一个知识点上屡屡犯错。在给学生分析语法错误时，教师仅告诉学生错在哪里，而不是引导学生去发现为什么出错比如"This is the very thing which I lost yesterday."，许多教师会告诉学生如果先行词为物且前由 the only，the last，the very 等修饰时，定语从句的修饰词只能用 that。其实教师可以结合语境告诉学生，因为 which 表示的是"哪一个"，因此这里要改成 that，表示"那一个"。

综上所述，一节语法课出现问题的主要原因是教师的教学法知识和语法教学技能有所缺失。此外，教师还会受其英语语言水平、文化积累、语言学理论素养的限制，较难形成更为深刻的语言观和语法教学观，从而达不到好的教学效果。然而教师语法教学技能的发展，不是依靠阅读几本语言学书或者观摩一两节语法公开课就能得到有效提高的。它需要有计划、系统性地逐步学习和训练，还需要有效的资源支持、自修学习和实践反思，这是一个需要较长时间实践积累的过程。因此，笔者接下来会梳理一节优秀语法课应该具备的特质，提供语法教学的有效教学模式——"ESA"的框架设计思路作为参考，帮助广大教师找到一条相对"轻松"的语法教学路径。

三、一节科学的语法课应该具备的特质

1. 教师所创设的语境真实、鲜活、合理、有趣，能够激发学生的语法学习兴趣；

2. 教师的讲解方式灵活多变，引导学生自主发现、探究和总结，让学生在实践中感知、学习、巩固和练习目标语法；

3. 教师将目标语法的"形式、意义、使用"有机融合，帮助学生构建三维语法意识，自如运用语法；

4. 教师注重挖掘语法现象背后的成因，帮助学生更好地遵循语法规律组织语句、表达思想，正确发挥语言作为交际工具的作用。

那么一节语法课如何满足以上四个特质呢？*How to Teach English* 这本书的作者 Jeremy Harmer（杰拉米·哈默）在 20 世纪 90 年代提出的"ESA"教学模式，可以帮助教师综合解决前文所述问题，达成更优的教学效果。因为这种模式弥补了传统语法课堂上以教师为中心、以语法规则为中心、以做题为中心的不足，在一定程度上可以辅助教师突破语法教学目前的困境，改进语法教学的效果，其具体优势会在下一节进行论述。

四、"ESA"教学模式下的语法教学重点

什么是"ESA"教学模式呢？它是 Jeremy Harmer（杰拉米·哈默）对 3P（Presentation—Practice—Production）教学模式进行深入反思，同时合理借鉴心理学动机理论、输入假设理论和输出假设理论等理论后提出的教学理论（如图 2 所示）。

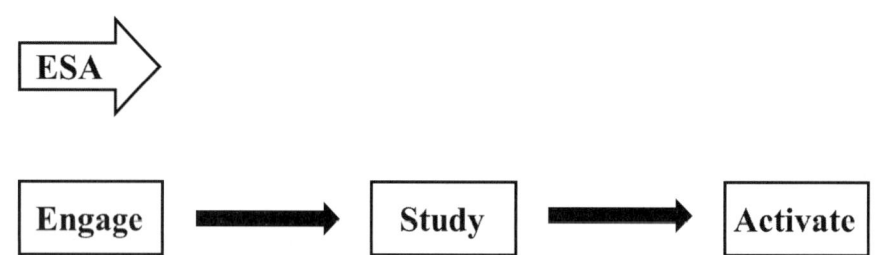

图 2 "ESA"教学模式（ESA Straight Arrows sequence）

"ESA"中的三个字母代表了三个单词，也分别代表了语言学习的三个阶段：Engage（输入）、Study（学习）、Activate（运用），如果将"ESA"与语法教学结合起来，可以解读如下：

Engage 阶段：教师通过各种方式创设真实的语境，激发学生的学习兴趣，提高学生

的课堂融入感。这是语法教学过程中的"点火"环节，"火力"足了，学生自然会自发地进入第二阶段——Study。

Study 阶段：教师帮助学生在语境中理解机械的词和句式背后的含义，通过设置有针对性的问题引导学生独立发现、归纳、总结目标语法的规则和用法，让学生有参与感。这是语法教学过程中的"上升"环节，"动力"足了，学生就能大步迈向第三阶段——Activate。

Activate 阶段：教师结合目标语法的高频使用情境和隐含的文化内涵，设计以语用为导向的交际性教学活动，使学生的认知结构和主体意识都动起来，在交际活动中掌握、巩固、运用语法规律，让学生有输出欲。

与传统的"PPP"语法教学模式不同，"ESA"教学模式通过三个螺旋式上升的环节实现语法教学。教师在这个过程中需要思考利用各种方法创设真实鲜活的语境，将语法教学的"形式、意义、使用"统一起来，引导学生自主参与探究活动，最后帮助学生实现交际场景下的自然输出。Engage 阶段为 Study 阶段做好铺垫，Activate 阶段为 Study 阶段的拓展和延伸，由此形成一个符合学生认知规律、过程环环相扣、思维逻辑递进的活动链。因此，"ESA"教学模式能够最大程度地满足一节优秀语法课应该具备的四个特质，给学生提供主动活动的机制、空间和环境，让教师和学生之间、教与学之间更为融洽、和谐，实现教学效果最大化。

"ESA"模式下的语法教学重点如下：

1. 师生互动

学生是教学活动的主体，学生自己将各类信息带入课堂，积极参与课堂，并在一定程度上控制自己的学习进程，参与制订学习计划。教师的角色更加灵活，不再是语法教学过程中的"填鸭者"（explainer），而是学生学习的赋能者（enabler）。就像 Jim Scrivener 在 learning Teaching 这本书中说的一样："Teaching doesn't mean 'talking' all the time. Teaching doesn't mean 'teaching' all the time. A lesson is a sequence of linked activities.[2]"。

2. 教学活动情境化、任务化、交际化

"ESA"模式强调将真实的交际情境融入课堂教学之中，围绕某一语言形式而设计交

---

[2] Jim Scrivener. Learning teaching: a guidebook for English language teachers[M]. 上海：上海外语教育出版社，2002.

际性的教学任务或活动，帮助学生运用自己掌握的语言技能，实现教师和学生之间、学生和学生之间的交流。[3] 这一点极大地突破了语法教学语境创设不合理、不真实、不地道的问题。关于"ESA"教学模式下的活动组织形式会在《核心素养导向的中学趣味语法合集》中分语法专题进行展示，给教师提供更多基于真实语境的任务化教学活动灵感。

3. 践行英语学习活动观

《普通高中英语课程标准（2017年版2020年修订）》首次提出英语学习活动观是一种组织和实施英语教学的理念、方式。就其理念而言，它强调促进学生在语言、文化、思维和学习能力等方面的融合发展，重视在体验中学习、在实践中运用、在迁移中创新；就其倡导的方式而言，活动观采用一系列相互关联、循环递进的活动来组织英语课堂教学，这与"ESA"教学模式倡导的活动设计框架不谋而合。因此，教师应在"ESA"模式下的语法课堂充分践行英语学习活动观，在Engage、Study、Activate阶段设计、融合不同类型学习理解、应用实践、迁移创新活动，帮助学生将知识转化为能力，促进能力转化为素养。

综上所述，"ESA"教学模式强调让语法学习者融入语境，在学习理解、应用实践和迁移创新活动中实现语言的综合运用。在"ESA"教学模式下，各个教学环节紧密联系，相互作用和影响，形成最终的教学闭环。笔者将会在下一节就"ESA"模式在语法实际教学案例中的应用展开细致的讲解，帮助广大教师构建清晰的语法教学路径。

第二节　如何设计一节有效的语法课？

语法教学首先应该是有效的。简单来说，就是学生能够理解语法的形式（Form）、意义（Meaning）和用法（Use），并且能够在听读过程中有效理解语言含义，在口语和写作过程中能够自然运用并准确使用语法规则表达意图。对于教师来说，有效的语法教学就是把语言的形式、意义和使用三方面有机融合在一起，不仅要帮助学生感知和理解语法的结构和含义，还要帮助学生关注语义、语境和交际目的。笔者参考60余位一线教师的语法课课堂实践经验，结合对千余位一线教师的在线调研结果，总结出以下较为高效的语

3　全建强. 英语课堂教学的ESA模式[J]. 中小学英语教学与研究, 2004(11):5.

法课备课步骤供教师们学习参考（如表 1 所示）。

表 1　语法教学常用备课步骤

步骤	视角 / 方法
学情分析	KWL
筛选教学材料	是否蕴含充足的目标语言
	是否符合学情
	是否有趣
	是否长短适中
分析对应语法	形式、意义和用法
制定教学目标	确立本节课教学目标
设计输入活动（Engage）	有效的听力活动
	有效的阅读活动
选取讲解方法（Study）	归纳法
	演绎法
	引导式发现法
	其他方法
设计输出活动（Activate）	有效的口语活动
	有效的写作活动
	作业布置

第一步：学情分析

　　语法教学的学情分析也可以参考 KWL 分析方法。传统的 KWL 学情分析方法是熟悉学生的已知、未知和欲知。具体做法是教师要熟悉学生已知的相关知识、了解学生已具备的技能储备、体会学生已有的生活经验。这里笔者沿用 KWL 的核心模式，结合语法课要打破学习资源单一化的特点，以本章所举语法点——高中难度的宾语从句为例，对目标学生群体做了如下分析，可供参考：

　　K：学生的语言储备（what the students know），即学生对本节语法知识点掌握的程度。教师可以通过学前测试等方式，摸清已有知识，让学生有准备地学。本节课例中，学生在初中阶段已经学习了宾语从句的概念、时态和语序变化的规律，但对宾语从句引导词的用法以及宾语从句有时会移到句子后部用 it 做形式宾语的用法都没有学透。

W：学生的学习诉求（what the students want to know），即学生在本节语法课的学习目的。教师在课堂上通过师生交流互动等方式，让学生了解未知知识，带着期待学。本节课例因为是面向未知学情的学生，所以笔者只能预设一个中等的学习水平和学习诉求，即学生对上述较难理解和未知的知识点存在认知缺口，需要通过教师在"形式、意义、使用"三个层次上引导学生进行宾语从句相关知识的学习理解、应用实践和迁移创新活动。

L：学生所需要的资源支持（what the students use to learn），即学生用什么来学。批判性与创造性思维、有根据的决策、现实世界的问题解决都是在数字时代学生必须进一步发展和深化的高级技能。教师可以通过网络、电脑、课件等资源的开发，创设信息化环境，让学生带着优势学。本节课可以利用音视频材料、幻灯片动画等多媒体素材，帮助教师呈现特定的教学资源。较短片段的音频描述可以促进学习，视频、电影与动画对于教授程序性和人际间的技能、传输具体的例子是非常好的媒体。根据所选择的多媒体，教师可对教学策略加以调整和改进，以便获得最优的效果。[4]

第二步：筛选教学材料

从学情分析出发，教师需要做到以学生为中心，评估和筛选教学素材，而不仅仅局限于课本素材。输入材料一般是听力素材和阅读素材，输出材料则是口语素材和写作素材。目前学校的教材已经对语法教学素材做了充分的筛选和编排，但仍然不能充分满足教学需求，具体有以下三个方面的原因：

1. 教材编写的年份较早，课本里的素材内容无法与时俱进或和大多数学生的实际生活距离较远，学生难以对不熟悉的情境产生学习兴趣和共鸣，导致其课堂参与度的降低。

2. 在同一个语法知识点的呈现过程中，教师应该依据学生群体学习背景和学习类型的不同，采用不同的教学素材和教学内容，单一的课本素材无法满足分层教学的需要。

3. 中高考试卷中的阅读篇章绝大部分来源于国内外各大英文网站，包括旅游资讯网站、新闻网站、报纸杂志网站等，而现有课本教材的内容多为国内作者团队编写，因此仅仅局限于课本的教学素材是不够的，无法满足学生对语言学习素材广度和深度的需求。

综上所述，由于教学惯性和现实需要，教师应主动思考和筛选各种资料对课本素材进行补充。作为教师，应该具备较强的能力、较高的语言水平、较好的语法素养和课程素养

---

[4] 加涅，布里格斯. 教学设计原理[M]. 上海：华东师范大学出版社，1999.

来对所教授的素材进行评估和筛选,绝不能"捡到篮子里就是菜"。教师还需从以下 6 个角度对素材进行核查:

1. 素材的话题必须有趣、有吸引力,能够激发学生的兴趣;
2. 素材的难度必须符合学情,与不同学生的语言水平匹配;
3. 素材中需含有充分的目标语言,足够体现所教授语法点的词汇和句型;
4. 素材应该多样化,除了来自教材外,也可以是来自实际生活中的地道语言素材;
5. 素材的篇幅应该适中,能让教师在规定课堂时间内完成教学;
6. 素材内容健康、符合培养学生语言能力和综合素养的课程育人目标。

在了解素材筛选的标准后,教师所需要的真实地道的教学情境和素材到底从何而来呢?无论是挑选合适的素材还是依据原汁原味的素材做合理改编,都要求教师具备比较强的文本素材筛选和编写能力。笔者建议教师从三个方向努力提升自我:

1. 从《英语课程标准(2022 版)》、教学目标、学生水平和具体学习需求出发,利用现在丰富的网络资源去"海搜"和现实需求相符合的相关素材资源,并对其进行一定程度的合理改编,创设和语法主题相关的情境。这一环节教师要注意"量"的把控,不可追求语法内容的"全面系统"而满堂灌从而增加学生认知负担。笔者根据多年观评课的经验,语法课的情境创设可以参考如下几个方法(如表 2 所示):

表 2　语法课的情境创设方式

方法	目标
创设视听情境(音视频等多媒体资源的呈现)	激发学生对教学素材强烈的阅读兴趣
创设讨论情境(个性化的与学生个人经历相关的话题讨论设计)	帮助学生激活与共享已有的知识经验
创设猜测情境(图片人物关系、情境对话的信息猜测等)	激发学生丰富的想象力,迅速建立与目标语言的链接
创设任务情境(以需在课前完成的任务成果作为教学素材)	促进学生自主构建语言知识和框架
创设展示情境(以需学生合作完成的内容作为教学素材)	促进学生合作学习
创设问题探究情境	提供学生探究空间,培养学生自主思考能力
创设生活情境	提高学生语言运用能力

2. 在没有搜集到合适教学素材的情况下，教师也可以自编真实、地道的教学素材。

3. 建立和整理自己的教学资源库，方便检索。

以本节语法课为例，以下歌词是为引入宾语从句所创设的视听素材：

Don't care _____ is written in your history

As long as you're here with me

I don't care _____ you are

_____ you're from

_____ you did

As long as you love me

I don't know _____ you do these for me

I just know _____ you helped me

Now, I want to know _____ you are a good man.

I believe _____ I can understand you

英文版《西游记》中相应的语法情境导入素材（只展示部分）———白龙马的牢骚语录及其问题情境的创设（如图3所示）：

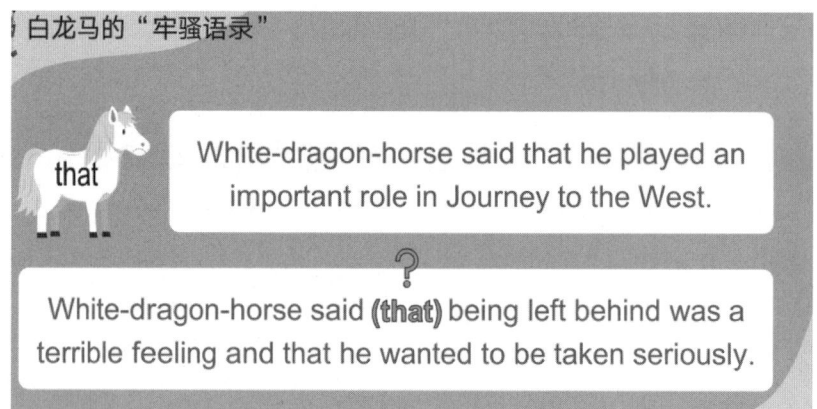

图3 "西游语法"情境导入素材

英文版《西游记》中的孙悟空"大闹天宫"语篇素材（只展示部分，如图4所示）及其问题探究方式（如图5所示）：

（旁白）Sun Wukong, the guard of the Royal Peach Garden, happened to meet them.

Sun Wukong（孙悟空）：Fairies, what are you doing here?

Fairies（七仙女）：We're to go pick the immortal peach. The queen of Heaven sent us to do so.

Sun Wukong（孙悟空）：So it is for the Peach Festival, right? I know it is going to be a gala. And who has been invited then?

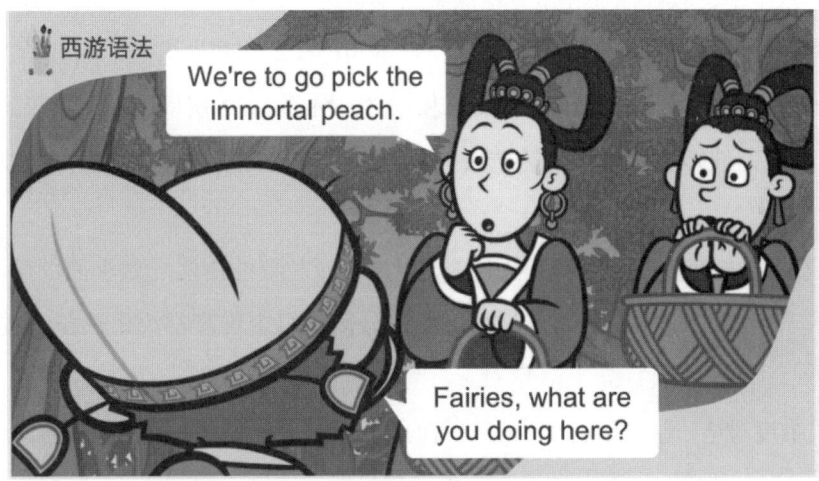

图 4 “西游语法”孙悟空“大闹天宫”语篇素材

Q1: What questions did Sun Wukong ask the two fairies?

- He asked **where** the two fairies were going.
- He asked **who** had been invited.
- He asked **what** the two fairies were going to do.

图 5 “西游语法”孙悟空“大闹天宫”问题探究方式

以上三段素材，分别采用了上文所述的视听情境和问题探究情境，综合来说，基本能满足前文所述的素材核查角度：

1. 包含了充足的目标语言，涵盖了不同类型宾语从句引导词的使用情境。

2. 难度和长度适中，采用对话的形式精简呈现。

3. 语料具备趣味性，能通过学生耳熟能详的歌曲和西游人物吸引学生注意力，调动学生学习积极性。

综上，做好素材的筛选是语法教学中不可缺少的重要环节。需要注意的是，教师搜集语法教学补充内容须持严谨的态度，因为未经严格甄别和改编的内容，反而会给学生学习语法带来困扰。做好素材筛选后，教师可以直接进入下一步——做好教学素材的对应语法分析。

第三步：分析对应语法

在实际教学中，教师往往在做好语法素材筛选之后，就认为完成了语法分析，接着就会直接针对素材进行语言点和练习的设计，殊不知这样急匆匆地进入语法教学，很容易将语法教学的重点落在语言的形式（Form）和意义（Meaning）层面，而忽略了语言的运用（Use）。因此，教师在做好素材筛选后，需要进入很重要的一环——做好教学素材的对应语法分析。

教师应从语法的形式、意义和使用三个维度对所教授的语法点做全面的学习和分析。语法的形式、意义、使用三者紧密相关、不可分割，每个维度都为语法学习提供了独特视角：

- 形式维度对应"某一语言单位是如何构成的？"，比如"宾语从句"的构成形式是：连接代词/副词 + 主语 + 谓语 + 其他成分。即：连接代词/副词 + 陈述句语序。

- 意义维度对应"该语言单位的字面意思是什么？"，也就是句子句式在语法规则下所呈现的含义，这是关于语法结构的表意性问题。一个句子所表达的含义不仅仅来自句中所使用的词汇的含义，还来自其中特定语法结构所蕴含的语法意义。

- 使用维度对应"何时以及为何使用该语言单位？"，即该语法结构的语用功能——在何种情境下我们需要使用该语法结构来表述正确的含义，这与在实际交流中的语境有关系，例如宾语从句在特定的语境中，可以用于陈述某种事实、补充信息、提出建议、转述他人的话及表达情感。

做好以上三个维度的语法分析，是为了最终让学生能够有意义地（meaningfully）、精确无误地（accurately）、恰如其分地（appropriately）使用语法。有时我们会遇到这样的情况：学生能把语法规则背得滚瓜烂熟，也能完成机械操练，但是一到实际运用中，就很难准确无误、恰如其分地使用语法。因此，在语法课中，教师既要注重教授语法规则，也要在语境中指导学生观察语法的使用场合、基本意义和语用功能，根据学生的实际困难，在活动目标设计中查漏补缺，实现语法教学 Form—Meaning—Use 的三维目标。

这里笔者以第二步中白龙马的"牢骚语录"为例（如图6所示），从"形式、意义、运用"三个维度进行对应的语法分析。

目标语法——宾语从句：

例句：White-dragon-horse said that he played an important role in Journey to the West.

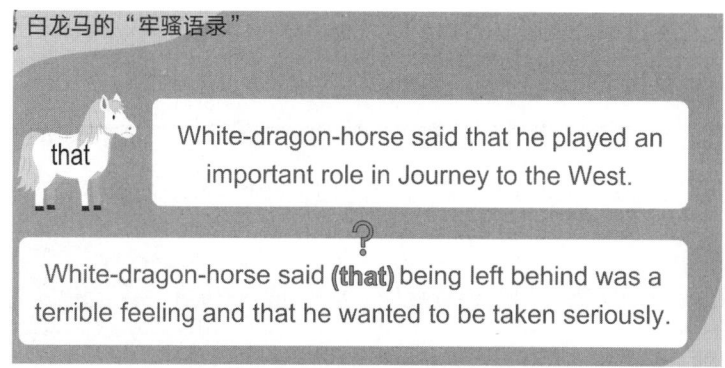

图 6 白龙马的"牢骚语录"素材展示

Meaning（意义）：

White-dragon-horse played an important role in Journey to the West;

White-dragon-horse spoke a truth for himself;

White-dragon-horse thought he played an important role in Journey to the West.

From（形式）

We report people's words and thoughts with：

（He）said ¦that¦+Subject+Verb

Use（用法）

Especially in speech, we reported in our own words what people think or what they have said.

（来源：*Advanced grammar in Use*）[5]

在语法分析的过程中，教师务必参考各类语法教学参考图书，从而确保所分析语法点用法的准确性。

第四步：制定教学目标

在《追求理解的教学设计》这本书中，作者提出：最好的教学设计应该是"以终为始"（To start with the end in mind.）。因此本章范例都是基于"Understand by Design"的原理来设计的。此原理也称"UbD原理"，即：从学习结果开始逆向设计为达到教学目标所需的教学路径。

那么，如何明确预期的学习结果，也就是制定教学目标呢？

第一步，教师需要对自己发问：学生需要知道什么？学生需要理解什么？学生能够做什么？学生能够用哪些知识或技能让学生产生有创造力的表现？

5　Hewings M. Advanced grammar in use[M].Cambridge: Cambridge University Press, 2001.

以本节宾语从句为例，笔者从前面对宾语从句"形式、意义、用法"三个维度进行的语法分析中得到答案：

学生需要知道——宾语从句的基本语法结构（Form）——连接代词/副词+陈述句语序；从属连词（that/if/whether）和特殊疑问词（who/where/what/whoever）引导宾语从句的结构。

学生需要理解——宾语从句的表意功能（Meaning&Use）——宾语从句可以用来陈述事实、转述他人话语。

学生能够（做）——学生能够使用宾语从句进行信息交流，在一定的语境下依据说话人的意思和语气选择合适的引述动词，在具体情境中表达恰当的情感。这里基于《普通高中英语课程标准（2017年版2020年修订）》第24页语法知识的内容要求第二条：运用所学的语法知识，描述真实和想象世界的人和物，情境和事件，简单地表达观点、意图、情感态度。

第二步，在明确了宏观的大方向后，教师就需要选择合适的"动词"和"活动"来组合心中所想的答案，造出"目标句"，也就是最终呈现的教学目标内容。

关于"动词"的选择，这里需要引用"布鲁姆教育目标分类法"（如表3所示），它是我们为教学目标进行分层设计最重要的依据。语法课也不例外。

表3 布鲁姆教育目标分类法

认知过程	具备的能力
Remembering（记忆）	从长时记忆中提取相关知识，包含识别、回忆
Understanding（理解）	从教学信息中建构意义，包括口述的、书面的、图像传递的；包含解释、举例、分类、总结、推断、比较、说明
Applying（应用）	在情境中执行或使用相关知识，包含执行、应用
Analyzing（分析）	分解知识之间的相互关系，包含区别、总结、组织、归因
Evaluating（评价）	基于准则和标准做出判断，包含检查、评价
Creating（创造）	将知识要素重新组织在一起，包含产生、生产、创新

上表中，布鲁姆将认知领域的教育目标做了具体的划分，将认知过程从低级到高级进行了排列，级别越高，学生的认知难度就越高。分别是：Remembering（记忆），Understanding（理解），Applying（应用），Analyzing（分析），Evaluating（评价），Creating（创造）。依据目标语法的"三维分析"选定了具体的"动词"后，教师可以将自己所要达到的教学效果匹配具体的活动设计进行分层次的目标设定。这里的活动设计建

议分别指向英语学习活动观的三个活动层级——学习理解，应用实践和迁移创新。

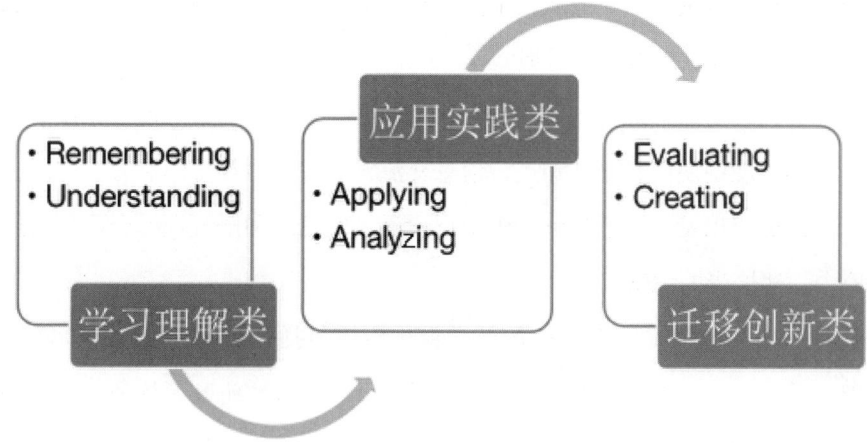

图 7 "英语学习活动观"的活动层级

如图 7 所示，英语学习活动观的三大活动层级可以和布鲁姆的目标分类法进行融合，因为它们都遵循学生由浅入深的认知过程，符合语法教学先理解，再分析，最后迁移运用的基本逻辑。确定了三种不同类型的活动后，教师可以将三大活动层级和布鲁姆目标分类法的六个层面对应起来。

- 学习理解类的撰写句型是"通过（做什么），学生能够记忆、理解……"；
- 应用实践类的撰写句型是"通过（做什么），学生能够应用、分析……"；
- 迁移创新类的撰写句型是"通过（做什么），学生能够创造、评价……"。

以上分析并不意味着在教学实践中，教学目标里"动词"的选择必须和任务类型一一对应。因为有些语法活动任务是可以"身兼数职"的，例如学生读完或听完材料之后所进行的相似作文仿写，不仅需要学生理解原文信息和结构（学习理解），组织内化原文语言（应用实践），还需要想象和创新（迁移创新）。教师需要根据自己最终设计的活动类型选取合适的"动词"，循序渐进地让学生真正实现从语法知识的感知理解到综合运用。

第三步，生成教学目标。以本课例要教授的教学内容"宾语从句"为例，基于最终筛选出来的语篇素材，我们可以制定如下教学目标，仅供大家参考。

在本课学习结束时，学生能够：

1. 识别宾语从句连接词，关注宾语从句语法结构：连接代词/副词＋陈述句语序。

2. 在语境中感知理解从属连词（that/if/whether）和特殊疑问词（who/where/what/whoever）等引导的宾语从句的结构和意义。

3. 主动回忆对话内容并使用宾语从句回答问题，从而在语境中分析理解宾语从句可以用来陈述事实、转述他人话语。

4. 在观察比较中自主总结宾语从句不同引导词（例如 if 和 whether，who 和 whoever）的结构和功能，培养独立思考的好习惯。

5. 在一定的语言支撑下进行刻意的宾语从句输出练习，增强学习动力和自信。

6. 在一定的语境中使用宾语从句进行信息交流，锻炼口语和写作能力。

7. 从真正的交流出发，在迁移创新中根据说话人的意思和语气选择合适的引述动词，在具体情境中表达恰当的情感。

除上述撰写要素之外，一个完整的教学目标应该包括 Mager（马杰）1962 年提出的三要素基础：即行为、条件、标准。在教学实践中，有的教育研究者认为有必要在三要素的基础上，加上对学习者的描述。这样，一个规范的学习目标就包括四个要素，简单说就是谁（对象）在什么条件下（行为条件）做了什么（行为），以及做到什么程度（标准）。因为"通过……活动"也就是"采用英语学习活动观下的何种活动"，笔者会在接下来的 ESA 语法教学模式下进行具体描述，所以本课例教学目标特意省略了条件，在本节的最后，笔者会展示完整的教学目标。

第五步：教学设计环节

1. Engage—设计输入活动

从这一步开始，就进入了真正的语法课堂设计环节。在 Engage——输入阶段，有的学生对课堂没有融入感，就像有一个自动开关，开关关了，教师讲什么都会自动屏蔽。因此，教师在课程开始的阶段就应该尝试对目标语法进行呈现和讲解，并且依据教学素材的特点来设计有趣有效的输入活动，包括听力活动和阅读活动，让学生在听说交流中激活自己的语法知识储备，唤起学生对教学素材和目标语法的学习兴趣，让学生有融入感，进入教学主题，从而更加投入地参与学习全过程。记住一句话："Students learn better when they are engaged than partly or wholly disengaged."。

笔者认为图片引入、课堂游戏、音乐、有挑战性的课堂讨论、戏剧性的故事都是 Engage 阶段很好的选择[6]。即使没有特别的技巧，也可以通过话题和练习，让学生了解今天学习的目标语言到底是什么？甚至教师也可以利用表情、手势、身体语言等进行教学素

---

6 全建强. 英语课堂教学的 ESA 模式 [J]. 中小学英语教学与研究, 2004(11):5.

材的介绍。

有没有哪一种教学方法可以高效地完成 Engage 这一目标？脑科学研究表明：人的大脑功能，左右两半球既有分工又有合作，大脑左半球掌管逻辑、理性和分析，包括言语的活动；大脑右半球负责直觉、创造力和想象力，包括情感的活动。在传统教学中，无论是教师的分析讲解，还是学生的单项练习、机械背诵，所调动的主要是逻辑的、无感情的大脑左半球的活动，而兴起于 20 世纪 80 年代的情境教学法（Situational Language Teaching）往往是让学生先感受后用语言表达，或边感受边促使内部语言的积极活动。感受时，掌管形象思维的大脑右半球兴奋；表达时，掌管抽象思维的大脑左半球兴奋。这样，大脑两半球交替兴奋、抑制或同时兴奋、协同工作，大大挖掘了大脑的潜在能量，学生可以在轻松愉快的气氛中学习[7]。因此，情境教学可以获得比传统教学更好的教学效果，也可以很好地帮助学生投入，激发学生的情感。

同时，针对前文所讲的语法教学语境创设二宗罪，教师首先要解决的是语境创设不合理、不新颖的问题，因此在 Engage 阶段可参考情境教学法（Situational Language Teaching）来指导具体的教学实践。其语言学解释如下："It is a grammar-based language teaching method in which principles of grammatical and lexical gradation are used and new teaching points are presented and practiced through meaningful situation-based activities.[8]"。顾名思义，情境教学法是指教师在教学过程中，有目的地引入或创设具有一定情绪色彩的、以形象为主体的生动具体的场景，从而帮助学生获得知识，发展技能。

因此，在新授课的使用场景下，教师可以基于该语法点功能发生的高频场景进行语言的输入，让学生在自然真实的语境中初步感知和理解语言本身承载的信息，然后在此基础上自然地完成抽象语法概念规则的提炼、学习、练习。除此之外，语法教学也可以紧密结合听、说、读、看、写等活动，促进学生理解和表达能力的发展。在听读看活动中，教师将语篇意义的准确理解和说写活动中的得体表达结合起来，通过多种形式，对特定语法教学内容进行提示，逐步培养和提高学生对语言形式与意义之间联系的敏感性[9]。

以本课例的 Engage 部分为例，教师通过听歌填词活动，将连接词做挖空处理，引导学生关注目标语法结构（如图 8 所示）。

---

7 翁桂萍，郑志雄.情境教学的主体二元性及其实践[J].新课程：综合版，2008(1):2.
8 刘润清，文旭.新编语言学教程[M].北京：外语教学与研究出版社，2006.
9 陈力.中学英语语法教学的内容、原则和方法[J].基础教育外语教学研究，2022(2):5-11.

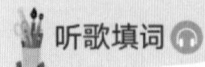

图 8 宾语从句听歌填词活动

接着笔者通过展示唐僧师徒三人的趣味对话，帮助学生初步感知和理解宾语从句是在复合句中做宾语的从句，当一个名词不能表达思想、传达信息时，我们会将一个句子当作一个名词来使用，于是就有了"He says that he wants to lose weight."（如图 9、图 10 所示）。

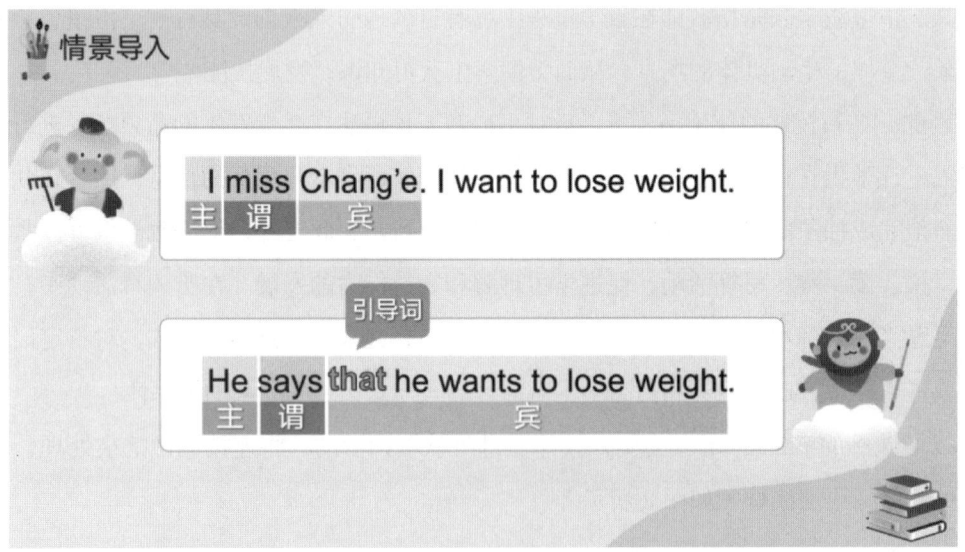

图 9 宾语从句趣味对话（1）

图 10 宾语从句趣味对话（2）

如何分析素材特点并依据其进行有效的活动设计涉及听力活动和阅读活动的设计方法，读者可以参考本书有关听力和阅读课型的章节。总之 Engage 阶段活动设计的最终目的是帮助学生更好地融入语境并理解语言，从而帮助教师更好地展开接下来的语法教学。

2. Study—选取讲解方法

初高中教师比较常用的语法教学方式如下：

①随堂讲解教材课文和对话中的重要语言点，适当拓展补充；

②拿出专门课时系统归纳总结和补充讲解语法专题；

③做语法练习题，然后讲题[10]。

第一种方式在日常教学中用得最多，第二种和第三种方式集中用于考试前后。多数教师平时的语法教学基本上仍沿袭课改前的做法，也就是进了本章第一节中关于语法讲解"重语法规则、重教学进度、重机械操练"的三个误区。其实，没有哪一种语法讲解方法适用于所有的知识点，一定要具体问题具体分析，根据所教授语言知识特点和学生特点选取合适有效的教学方法。目前常见的语法课教学方法如下："归纳法""演绎法"和归纳与演绎法的综合即"引导发现法"。

---

[10] 陈力. 英语语法教学的困境与突围（一）——基础教育英语课程改革十年回眸[J]. 基础教育外语教学研究，2013(008):10-14.

①归纳法（Inductive method）。归纳法遵循从具体到抽象，从个别到一般的顺序。在英语教学中，凡是先熟悉材料再讲述规则道理的教学过程，都属于归纳法。它的优点是能充分利用学生已有的经验、知识、能力，由旧到新，学生容易接受和巩固，且能保证英语教学的实践性。归纳过程中的启发手段又能培养学生的认知能力和发现能力。

②演绎法（Deductive method）。与归纳法相反，演绎法是一种由抽象到具体、由一般到个别的教学方法。采用这种方法时应先讲授规则，然后举例论证或说明规则，最后运用规则。其优点是条理清晰、系统性强，教师易教，课堂活动好控制。但使用不好容易造成"满堂灌"，不能充分发挥学生的积极性，从而降低语言实践练习的质量。

③归纳与演绎法的综合——引导发现法（Guided discovery）。实践证明，归纳法是中学英语教学的主要方法，应尽量多地使用，但也不能排斥演绎法。演绎法省时省力，颇为简便，只要处理得当，同样能够达到语法教学的目的。事实上，两种方法是相互联系的，在实践中应是互补关系。两者常常综合使用，互相渗透。综合使用时，其步骤通常为："归纳——演绎——归纳"或"演绎——归纳——演绎"，即侧重归纳或侧重演绎的语法教学方法。我们称这种方法为引导发现法，即先向学生呈现情境化的场景，说明具体的结构，然后在教师精心引导帮助下由学生自主归纳并总结语法规则和用法。这种方法也可以称为苏格拉底提问法（Socratic questioning），其核心是我们要学着做一个会提问的教师，不是告诉学生答案，而是通过连环发问让学生自己找到规律。

虽然在语法课上直接灌输语法规则，然后进行大量的机械操练的语法教学仍然"大有市场"，但这并不是《英语课程标准（2022版）》所提倡的语法教学理念，因为它割裂了语法在"形式——意义——运用"三个层次上的统一，教师的教和学生的学都不是高效和有意义的。因此笔者着重推荐引导发现法（Guided discovery）来进行语法知识的讲解，因为它强调的是学生对语法规则、含义、用法的自我总结和发现，不仅可以大大减少语法教学课堂上教师"满堂灌"的比例，而且学生通过自己总结反思的学习记忆会更加深刻，从而高效完成语法学习的识记目标，培养独立思考的好习惯。

笔者将从本节"宾语从句"的课例出发，探讨如何在Study环节用引导发现的方式探究目标语法。

Step1: 教师呈现情境化场景

教师通过呈现白龙马的"牢骚语录"创设趣味情境，引导学生关注目标语法结构——that引导的宾语从句（如图11所示）。

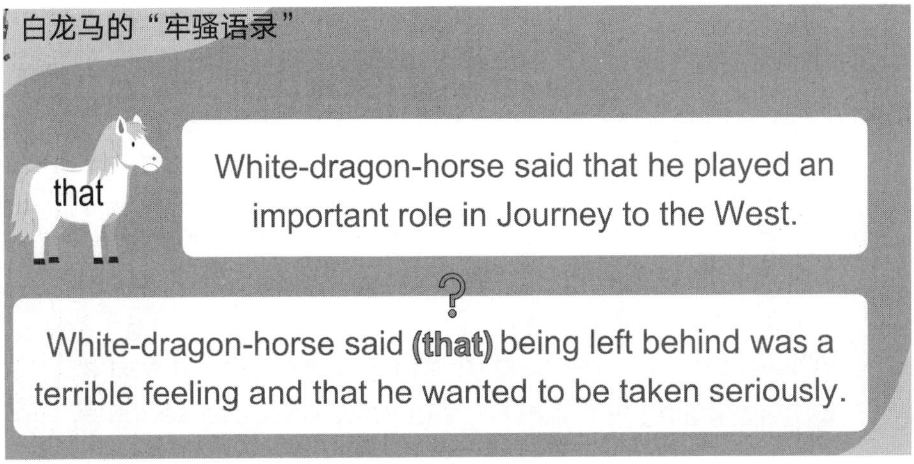

白龙马的"牢骚语录"

White-dragon-horse said that he played an important role in Journey to the West.

White-dragon-horse said (that) being left behind was a terrible feeling and that he wanted to be taken seriously.

图 11 白龙马的"牢骚语录"

Step2：教师设置针对性问题，学生观察归纳（如图 12~15 所示）。

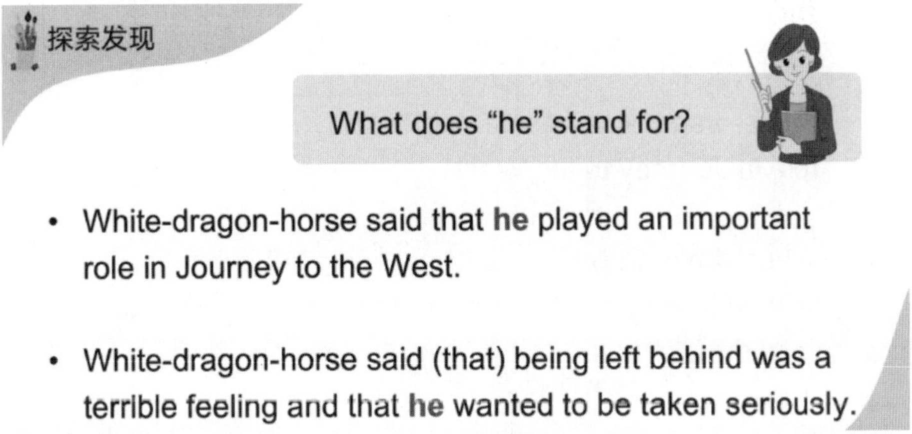

探索发现

What does "he" stand for?

- White-dragon-horse said that **he** played an important role in Journey to the West.

- White-dragon-horse said (that) being left behind was a terrible feeling and that **he** wanted to be taken seriously.

图 12 教师针对宾语从句设置的问题（1）

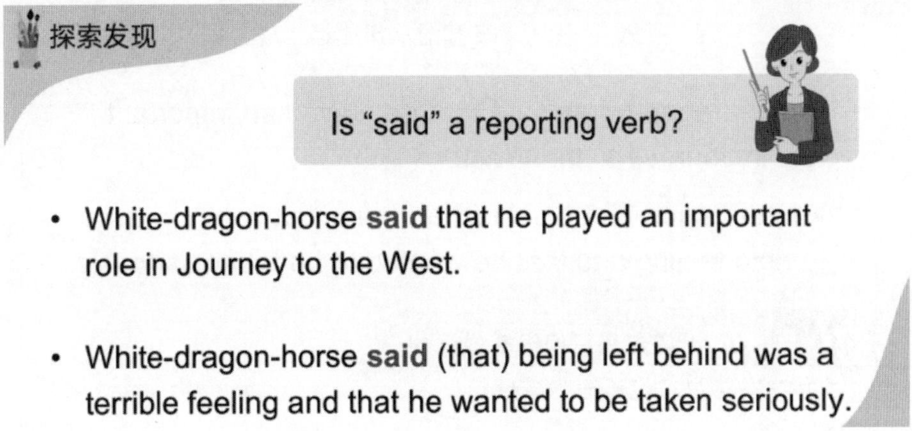

探索发现

Is "said" a reporting verb?

- White-dragon-horse **said** that he played an important role in Journey to the West.

- White-dragon-horse **said** (that) being left behind was a terrible feeling and that he wanted to be taken seriously.

图 13 教师针对宾语从句设置的问题（2）

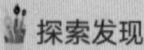 探索发现

How do we report that? In our own words or quoting it directly?

- White-dragon-horse said that he played an important role in Journey to the West.

- White-dragon-horse said (that) being left behind was a terrible feeling and that he wanted to be taken seriously.

图 14 教师针对宾语从句设置的问题（3）

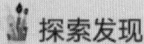 探索发现

Can the word "that" in the two sentences be left out?

- White-dragon-horse said **that** he played an important role in Journey to the West.

- White-dragon-horse said (**that**) being left behind was a terrible feeling and that he wanted to be taken seriously.

图 15 教师针对宾语从句设置的问题（4）

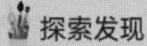 探索发现

"that"在句子中有意义吗？在宾语从句里担当成分吗？

- White-dragon-horse said **that** he played an important role in Journey to the West.

- White-dragon-horse said (**that**) being left behind was a terrible feeling and that he wanted to be taken seriously.

 "that"在这里好像没有具体的意义，也不充当成分。

图 16 教师针对宾语从句设置的问题（5）

如图所示，教师设置针对性的问题如下：

"What does 'he' stand for?"——针对目标语言的意义（Meaning）

"Is 'said' a reporting verb?"——针对目标语言的用法（Use）

"How do we report that? In our own words or quoting it directly?"——针对目标语言的运用（Use）

"Can the word 'that' in the two sentences be left out?"——针对目标语言的结构（Form）

以上问题设计以学生为中心，在对应语法分析的基础上，带领学生探究 that 引导的宾语从句的重点知识和规律，帮助学生一步步在观察中得出目标语法的规则、含义和用法。

Step3：教师总结语法

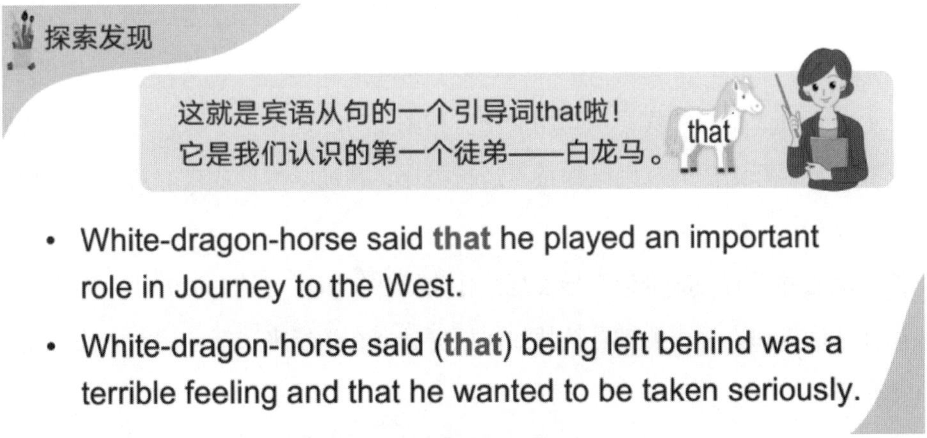

图 17 教师对宾语从句的语法总结（1）

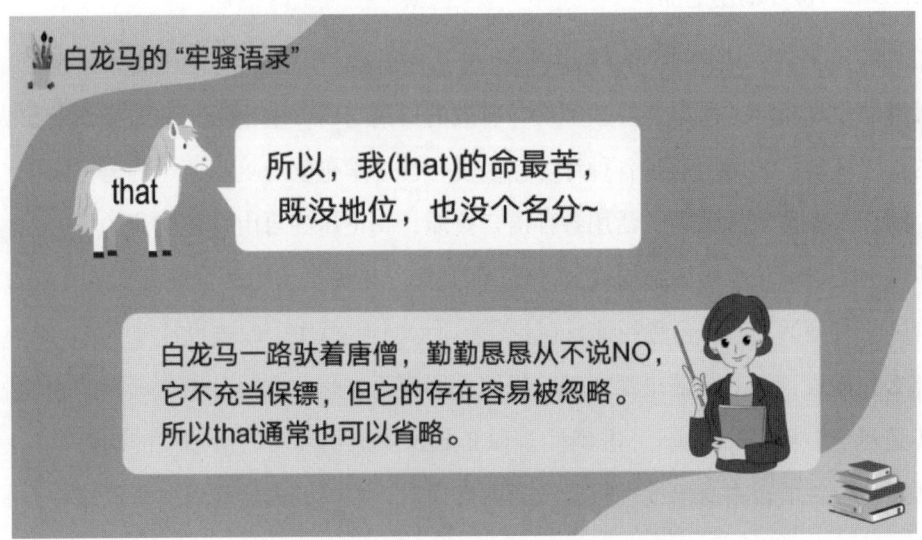

图 18 教师对宾语从句的语法总结（2）

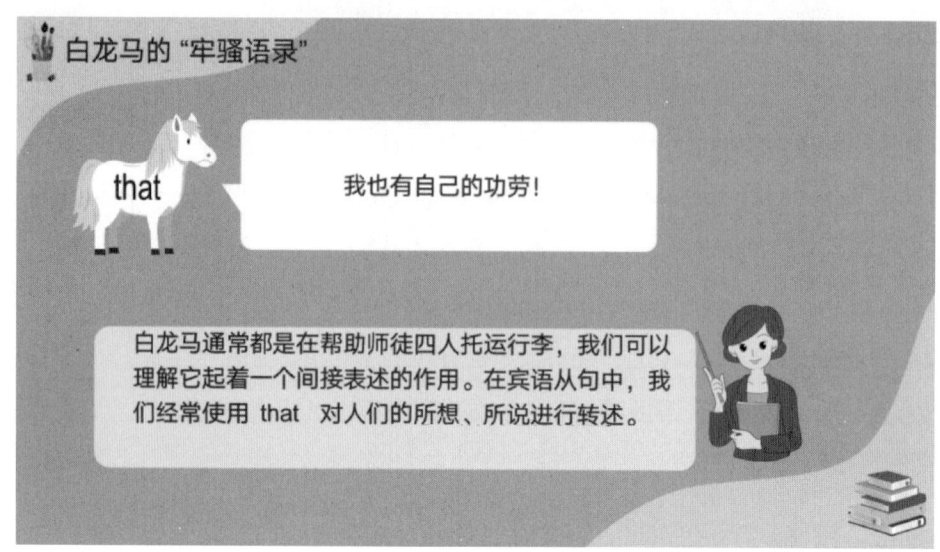

图 19 教师对宾语从句的语法总结（3）

在以上关于 that 引导的宾语从句用法中（如图 17~19 所示），教师巧妙地将情境创设中的角色特点与目标语法的规则结构特点进行类比，帮助学生形成良好的学习体验，提高学生的记忆效率。

当然，笔者并没有一味推崇引导发现法作为语法知识讲解的主流方法，因为任何一种教学法都有其优势和不足，关键是教师如何根据教情、学情来选择合适的方法，英语教学允许百花齐放。

3. Activate—设计输出活动

最后一步，进入语法知识的 Activate——活用阶段。因为所有的语言教学都要以输出作为最终的教学闭环，所以需要教师设计有效的口语与写作输出活动和课后作业作为课程设计的收尾环节。教师应通过各种练习和活动，帮助学生复习巩固所学的语言知识，并鼓励学生结合某一情境和话题，活用各种语言技能，真正达到自由有效交流的目的。这一阶段的重点不是讲解某个语法结构或语言点，而是给学生提供运用语言进行真实交流的机会。这一阶段的典型活动有：角色扮演、讨论、辩论、小组写作、广告设计等[11]。

那么如何设计有效的输出活动呢？我们先回到语言学习本身，输出项目的教学最终围绕的还是两个方面：accuracy（准确性）和 fluency（流畅性）。所谓"准确性"，就是指如何帮助学生从语言本身出发，将要说的内容说对，要写的内容写对。所以这一方面训练

11　全建强. 英语课堂教学的 ESA 模式 [J]. 中小学英语教学与研究, 2004(11):5.

的关键点就是要通过不同的有效的练习设计来让学生反复不断地进行语言本身的训练，包括语法知识点之下的形式、意义和用法。针对语法准确性的训练是语法练习中非常重要的部分，因为通过这样控制性非常强的练习和活动，能够有效地减少学生在语言输出中犯错的频率，让学生在一定正确语言的支撑下刻意地练习输出，能够很好地增强学生在课堂上的学习动力和自信[12]。所以，如果教师想要确保学生们能够说得更多、写得更多，可以先从语言正确性训练出发，设计大量的针对语法句式和规则的练习活动，让学生在相对安全的语言学习环境下进行最大程度的语言输出。以本节宾语从句的课例为例，针对语法正确性的训练如下（仅截取部分作为参考，如图20、21所示）：

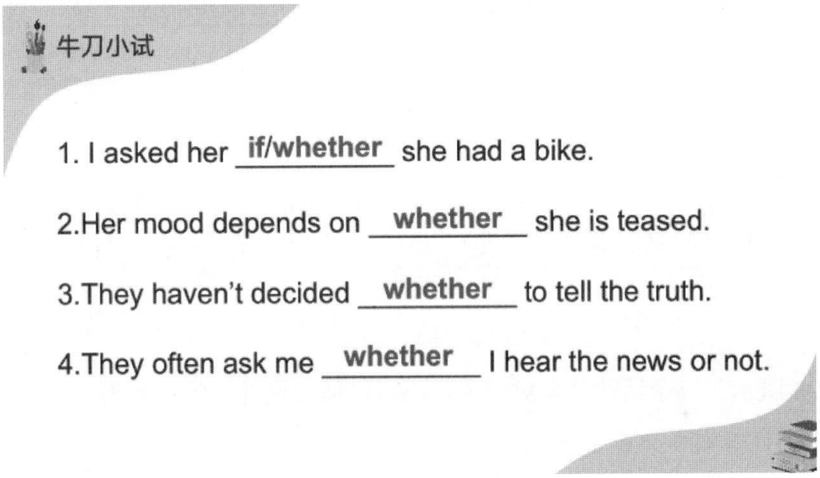

牛刀小试

1. I asked her ___if/whether___ she had a bike.

2. Her mood depends on ___whether___ she is teased.

3. They haven't decided ___whether___ to tell the truth.

4. They often ask me ___whether___ I hear the news or not.

图 20 宾语从句的练习展示（1）

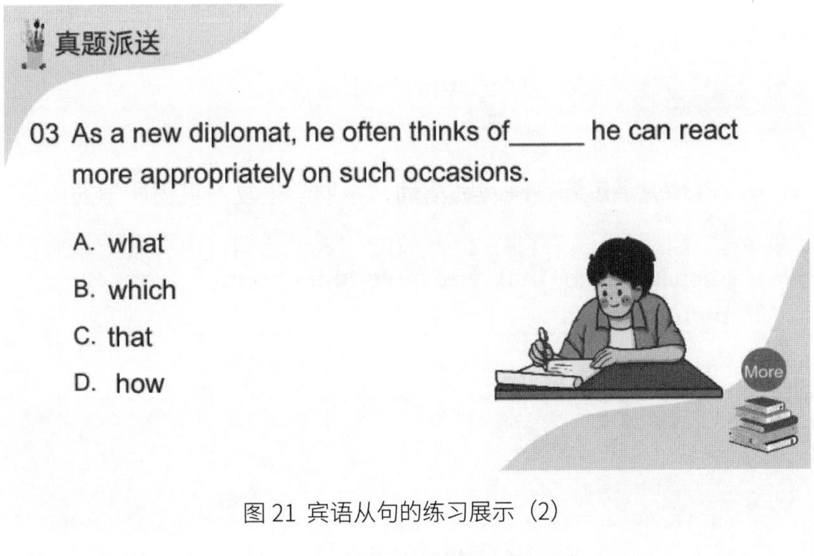

真题派送

03 As a new diplomat, he often thinks of_____ he can react more appropriately on such occasions.

A. what
B. which
C. that
D. how

图 21 宾语从句的练习展示（2）

12　Ling. 流畅性还是准确性，你的课堂需要哪一样[J]. 第二课堂：英语版，2015(9):1.

当然，要让学生最终自然流畅地在 Activate 环节使用目标语法在真实语境中进行口语和写作产出，仅仅完成语法准确性的训练是远远不够的，因为语言的学习最终需要回归到信息交流的本质。这就需要教师针对学生的口语和写作输出中的另一个板块进行训练，即语言的流畅性。与前面针对语法准确性的控制性练习活动相比，流畅性的出发点是进行信息的交流和个人观点的表达。学生需要在一定的交际场景下用新学的知识与他人进行口头或者笔头的沟通，这一板块又分为控制性练习（controlled activity）、半控制性练习（less controlled 或 freer activity）和交际性练习（free activity），具体可以参看"TKT"书中给出的课堂活动设计案例（如图 22 所示）来进一步理解。[13]

Activity 1	Activity 2	Activity 3
Complete these sentences about yourself with can or can't. 1 I .... swim. 2 I .... speak Mandarin. 3 I .... play the guitar. 4 I .... use a computer. 5 I .... run very fast.	Write an email to a language school asking them about their courses. Find out: - when the courses are - what the courses are about - how much they cost - how long the courses are.	Write an email to a friend asking them to come on holiday with you this summer.

图 22 课堂活动设计案例

如图 22 所示，三个活动分别对应了口语写作活动设计中的三种类型，分别是控制性练习、半控制性练习和交际性练习。它们对于学生语言练习的控制性依次减弱，但对于交流的要求依次增加。因此我们在设计相应的语法输出活动时，可以参考这样的分层梯度，照顾到不同学情学生的学习需求。

以本节课为例（如图 23、24 所示）：

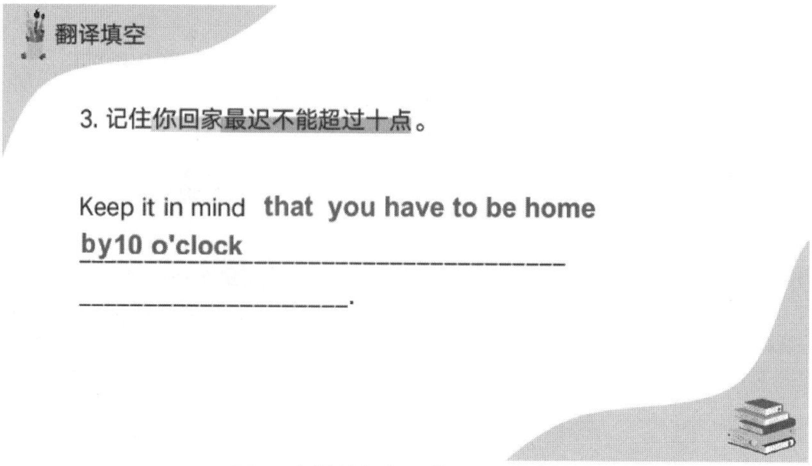

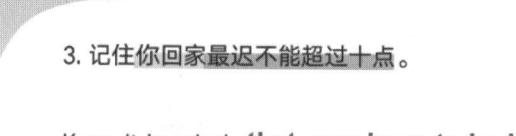

图 23 宾语从句翻译练习展示（1）

13　Spratt M, Pulverness A, Williams M. The TKT Course Modules 1, 2 and 3[M]. Berlin: Klett, 2011.

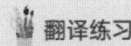

2. Reformed offenders can tell young people about how they became involved in crime, the dangers of a criminal lifestyle, and what life in prisons is really like.

图 23、24 "宾语从句"翻译练习展示（2）

以上的翻译练习属于半控制性练习，相较于针对语法正确性训练部分的控制性练习，这部分练习减弱了对学生语言练习的控制性，对语言交流的要求有所增加。谈到翻译，这里要讲到语法翻译法（Grammar Translation Method），它的教学手段是通过大量翻译练习和写作练习来检验学生对语法规则的掌握情况，主要是培养学生阅读和写作的能力。很多学者指出它的弊端在于过分依赖双语互译忽视了学生的听说能力发展，不利于培养学生的交际能力。针对此观点，笔者认为教师需要吸收语法翻译法的合理部分，然后与其他的方法结合并弥补其缺陷，帮助学生取得最佳的学习效果。

没有一步到位的学习方法，只能循序渐进朝着语言交际的目的迈进。因此本节课例在最后又设计了两个交际型练习活动帮助学生在相对真实的交际场景中进行宾语从句的口语和写作练习（如图 25、26 所示）：

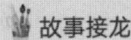

Continue the story in groups of 4. Include four object clauses with "what", "that", "whether" and "it" in the story.

Your story is expected to talk about:
1. the reasons for Sun Wukong's havoc (大破坏);
2. the Heaven spirits'(神仙) response to the reasons.

图 25 针对宾语从句的交际型练习活动展示（1）

165

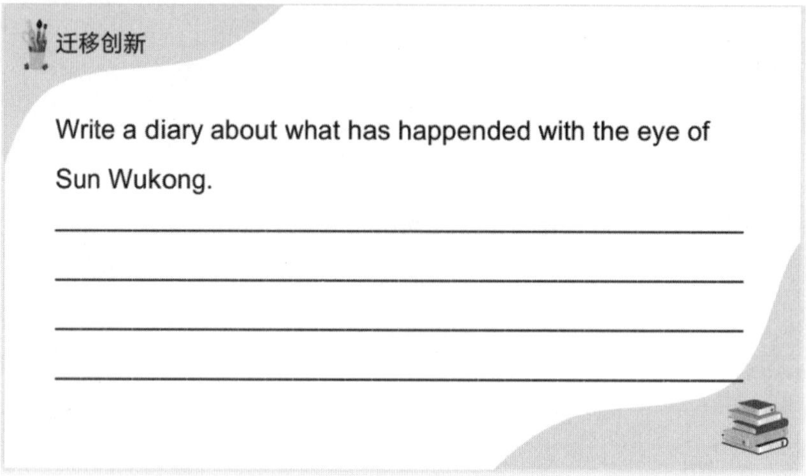

> **迁移创新**
>
> Write a diary about what has happened with the eye of Sun Wukong.
>
> _____
> _____
> _____
> _____

图 26 针对宾语从句的交际型练习活动展示（2）

第一个情景对话活动要求学生综合前面所学的宾语从句语法结构继续"西游语法"的故事接龙，该活动的开放性较强，对学生的能力要求较高。教师可以提供一定的语言脚手架帮助学生输出，例如"When the Jade Emperor asked whether ....","... warned that ...",""... denied that ....","Keep it in mind that ...","...explained to ....."。除了给学生提供句型脚手架，学生们还可以发挥想象，自由表达。

第二个迁移创新活动是对整体活动情境的再创造，通过以孙悟空的视角撰写日记，学生能够从真正的交流出发，在迁移创新中根据说话人的意思和语气选择合适的引述动词，把人物的语气、态度、观点表达到位。这个活动对学生的控制性最弱。这个活动对学生能够使用英语进行信息交流的要求最高。

本课例三个不同类型的口写输出活动，由浅入深，由易到难，从情境出发，先感知，后理解，再分析，最后迁移运用。不仅满足了不同学情学生的学习需求，促进了英语语法课堂的分层教学，还真正落实了语言在情境下的有效运用。

教师备语法课时还需要遵循以下三种原则：

一、在教学各个环节落实英语学习活动观

《普通高中英语课程标准（2017 年版 2020 年修订）》提出了指向核心素养发展的英语学习活动观，《英语课程标准（2022 版）》继承了"高中课标"的理念，倡导以学生为主体，以素养发展为目标，知行合一、学以致用的学习活动观，将包括学习理解、应用实践、迁移创新的语言学习和运用活动视为培养核心素养的路径（如表 4 所示）。核心素养导向的《英语课程标准（2022 版）》促使教与学内容和方式发生变化，在教学各个环

节落实核心素养。

表 4 英语学习活动观理论模型

学习理解类	引起学生感知与注意的活动	语篇信息获取与梳理的活动	语篇信息概括与整合的活动
应用实践类	描述与阐述的活动	分析与判断的活动	内化与运用的活动
迁移创新类	推理与论证的活动	批判与评价的活动	想象与创新的活动

如表 4 所示，英语学习活动观的理论模型有九种任务类型供教师选择，但这并不意味着教师必须在语法课堂上逐一完成这九种活动，毕竟课堂时间有限，教师要做的就是打"组合拳"，融合不同类型的教学活动，高效地完成教学目标。

本课例活动设计以此为方向标，将学习理解、应用实践、迁移创新的活动融入"ESA"各个环节的课程设计中：

① 教师呈现和宾语从句主题相关的多媒体素材，如歌曲、"西游语法"动画等引起学生的感知和注意；

② 教师依据教学素材设计的具体问题，帮助学生更好地进行语篇信息的获取与梳理，语言规则的概括与整合；

③ 学生对教师提供的语篇信息进行分析判断，形成自己的观点；

④ 教师引导学生基于新学的语法知识，通过自主探究和小组合作的方式，创造性地解决新问题，进行口头和书面的语言输出。

二、语境创设统一连贯，"西游语法"贯穿始终

这里解决的是教师在语法教学语境创设中的三个问题：1.语境创设不合理；2.语境创设不新颖；3.学生缺乏在一定语境下的语言输出。规则是抽象的，而故事、信息、人物、事实是具体的，学生能够先融入情境，理解这些机械的词和句式背后的含义，才能够更好地去学习和理解语言本身的规律。"ESA"模式下的英语语法教学的核心武器，提炼出来其实就是语境，有效的、连贯的、有趣的语境是促进学生感知和理解相关语法形式和意义的"催化剂"。本课例语境创设如下：

Engage: 唐僧师徒三人的对话；白龙马的"牢骚语录"；沙僧和猪八戒的"搞笑日常"；孙悟空"大闹天宫"；

Study: 学生在感知"西游语法"的情境后，回答教师提出的针对文本信息的相关问题，

从而初步感知宾语从句的结构和意义。

　　Activate：孙悟空"大闹天宫"故事接龙；孙悟空日记撰写。

三、语法讲解以学生为中心，引导学生自主发现

　　这里解决的是语法知识讲解的两个大问题：重语法规则、重机械操练。《英语课程标准（2022版）》指出："英语课程改革的重点是改变英语课程过分重视语法和词汇知识的讲解与传授，忽视对学生实际语法运用能力培养的倾向"。新课标下，我们要改变的是教学方法而非教学内容，我们要转变的是教学观念而非教学形式。教无定法，贵在得法。每种教学方法都有其可取之处。我们要遵循新课标的理念，先感知后理解，即感受—观察—发现—讨论—讲解—运用。教师引导学生自主观察，通过分析和讨论，发现和归纳语言的规律并加以应用，让学生在这一过程中感知、体验语言，很好地理解语法点的用法和内涵，达到 "Learning by using, learning for using." 的目的。本课例很好地践行了这一点，具体细节可以参考本小节第五步：教学设计环节的"Study——选取讲解方法"。

　　最后，在进行了具体的课程设计步骤分析后，笔者加入前文特意遗漏的教学目标要素——条件，即"通过……活动"环节，清晰完整地展示本节语法课的教学目标全貌，旨在启发教师只要教学事件没有真正发生，教学目标可以在备课过程中不断优化和完善。

　　1. 通过听歌填词活动，学生能够识别宾语从句连接词，关注宾语从句语法结构：连接代词/副词+陈述句语序；

　　2. 通过"西游语法"呈现语篇，学生能够在语境中感知从属连词（that/if/whether）和特殊疑问词（who/where/what/whoever）等引导宾语从句的结构和意义。

　　3. 通过转述"西游语法"对话，学生能够主动回忆对话内容并使用宾语从句回答问题，从而在语境中理解宾语从句可以用来陈述事实、转述他人话语。

　　4. 通过引导式提问，学生能够在观察比较中自主总结宾语从句不同引导词（例如 if 和 whether，who 和 whoever）的结构和功能，培养独立思考的好习惯。

　　5. 通过语法填空、选择填空等控制性练习，学生能够在一定的语言支撑下进行刻意的宾语从句输出练习，增强学习动力和自信。

　　6. 通过翻译句子、故事接龙等半控制性练习，学生能够在一定的语境中完成宾语从句的信息交流，锻炼口语和写作能力。

　　7. 通过入戏孙悟空大闹天宫事件撰写日记，学生能够从真正的交流出发，在迁移创新中根据说话人的意思和语气选择合适的引述动词，在具体情境中表达恰当的情感。

第三节　优秀案例展示

设计者：蓝兰（包头市教育教学研究中心）　白媛媛（包头市北重二中）

教材内容分析

本单元为人教版《初中英语 Go for it 八年级上册》Unit 5 Section A，主题为"人与社会"中的"文化、社会与艺术"范畴，中心话题为娱乐活动（entertainment）。本单元内容以"电视节目和电影"为主线展开，围绕影视节目的类型、特点、文化内涵，对相关内容进行由浅到深、由泛入微的讨论和赏析。各板块连接较紧密，其中，语法课的设计以表达看法和偏好的关键语言为基础，在教学过程中渗透中国卡通片的相关内容，最后以简单的影评汇报作为主要输出活动，为本单元学习后完成语篇写作打下基础。

本课时为本单元的第三课时，主要对本单元目标语言进行巩固和提升，教师通过设置赏析电影《哪吒之魔童降世》这一情境，引导学生学习动词不定式做宾语这一语法教学重点。通过在课上完成电影赏析并在课下阅读相关文章，学生能够进一步学习和了解哪吒这一中国传统神话人物形象所代表的精神及背后的文化内涵，增强对中华优秀文化的认同，进而坚定文化自信。

下一课时学生将学习以美国著名卡通角色米老鼠为主题的阅读语篇，因此本课时学习内容将为本单元后续学习中西文化对比做好铺垫，有助于学生深入体会卡通形象在特定文化中的作用和影响，并初步培养理解中外文化和跨文化认知的意识。

学情分析

八年级学生已掌握一定的英语语言基础知识和学习策略并具备合作探究能力，但同时面临着生词量扩大、语法点增多的挑战。经过本单元上一课时的学习，学生已基本掌握了电视节目类型和谈论喜好的句型，本节课时将对其已有知识进行归纳并加深理解，引入深度讨论。

教师将创设赏析电影的真实情境，引导学生通过看图像视频等途径，赏析电影、回顾情节，同时体会和感知动词不定式的用法。课堂活动包括同桌讨论、小组讨论及个人报告等多种形式，有利于充分调动学生的学习主动性和积极性。

本课时设计采用了"ESA"教学模式，以主题为依托开展语法教学。教师利用图片、音视频等多模态学习资源，引导学生在主题情境引领下，调动多种思维能力主动感知语法项目。学生在赏析电影的过程中体会动词不定式在具体语境中的语用意义，并有序完成多元学习活动。本课时结束时学生能综合运用动词不定式撰写影评并对影片及中心人物进行合理评价，这也体现了语法学习目标的实现和学科育人目标的达成。

在"ESA"教学模式下，教师在 Engage 阶段设置赏析电影《哪吒之魔童降世》这一情境，激发学生的学习兴趣，促使学生尽快投入学习；在 Study 阶段，教师设计不同认知层次的课堂活动，引导学生在重温影片情节的同时学习动词不定式做宾语这一语法教学重点，促进学生对学习内容进行主动感知并在情境中深度学习目标语言知识、发展语言技能。在 Activate 阶段，教师设置 Bingo 游戏和完成影评的任务帮助学生在真实情境中灵活运用动词不定式开展有效交流，活用所学知识实现迁移创新。

教学目标

①通过阅读文本、观看视频，学生能够初步感知并基本理解动词不定式 want/hope/expect/plan to do 的基本结构及其用法。

②通过观看视频、观察图片、参加 Bingo 游戏，学生能够独立准确完成句子并正确运用动词不定式 want/hope/expect/plan to do 进行交流。

③通过赏析电影、设计电影海报，学生能够在真实情境中综合运用动词不定式撰写影评，并树立不畏误解、迎难而上的观念。

教学重点

①通过赏析电影及回顾情节让学生体会、理解并基本掌握动词不定式做宾语的用法。

②通过赏析影片及完成相关讨论和任务让学生正确掌握 want to do, hope to do, expect to do, plan to do 的用法，并结合语境熟练运用。

第六章　语法课

教学难点

①学生能够在不同语境中正确使用动词不定式表达自己的看法。

②学生能够在交流中灵活运用动词不定式获取信息。

预设过程与教学内容

学习过程	学习活动	效果评价	设计意图
Engage			
导入 (Lead in)	教师展示课件首页，提问："Who is he?"和"Did you watch the film Nezha?"，学生齐声回答。	教师观察学生的面部表情和回答问题的积极程度。	在导入新课时介绍背景，引入话题，激发学生学习兴趣，由复习已有知识过渡到新知介绍。
环节一 (Activity 1)	教师提问："What do you think of this film?"和"What do you think of Nezha?"，学生根据已有知识和思维导图回答。	教师观察学生能否用简单的语言对影片和主人公进行评价。	
Study			
环节二 (Activity 2)	教师使用课件出示介绍电影背景故事的语段，学生齐读该语段并画出所有的 to do 形式及其前面的动词，教师在学生发言时对"want to do""hope to do"等动词不定式结构和含义进行板书展示，结合语篇初步认识动词不定式的结构并记下笔记。	教师观察学生能否画出所有的 to do 结构，引导学生关注 to do 之前的动词。	引导学生通过阅读段落感知和体会动词不定式在语篇中的使用。
环节三 (Activity 3) Enjoy the story	在了解影片故事发生的背景和开端后，教师播放一段电影宣传片，学生观看视频并深入情境。 接下来，学生观看教师出示的动图，教师根据图片提问，如："What does Nezha want to do?"或"What does Nezha plan to do?"等，学生使用相应的动词不定式进行造句并回答，在此过程中学生能够回顾影片，使用动词不定式描述部分情节、复述电影的基本脉络。	教师观察学生能否运用动词不定式进行造句，正确描述电影情节。	提供图片和视频，引导学生分析影片并联系个人现实生活，在情境中正确使用 want/hope/plan/expect to do 进行表达。
	教师播放电影中哪吒遭人误解的片段，学生观看视频了解哪吒的烦恼，教师逐一使用动词不定式提问："What do you want/plan/hope to do?"，学生思考当自己遇到困难和问题时应如何应对，使用动词不定式回答问题，口头表述自己在面对负面情绪时的解压方式。	教师观察学生能否恰当运用动词不定式表述个人选择。	

171

学习过程	学习活动	效果评价	设计意图
环节四 (Activity 4) Conversation	教师播放哪吒选择牺牲自己、不计前嫌拯救百姓的电影片段。学生观看视频后进行同桌对话，使用动词不定式谈论电影中哪吒的行为。教师提问："Do you think Nezha is good or bad? Why?"引导学生结合全片体会哪吒不畏艰难、积极帮助他人的精神，并用自己的语言进行回答。	教师观察学生对话中对于动词不定式的使用是否准确，及时进行指导和反馈。	利用视频，学会与他人交流观点时正确运用 want/hope/expect/plan to do。
Activate			
环节五 (Activity 5) Bingo	教师向学生解释并示范 Bingo 游戏的具体做法：学生在教师组织下有序地在教室内走动，使用动词不定式与其他学生进行自由问答，根据学生的回答填写活动表格，所填写答案的方格可连为一条直线时击掌并大声喊出"Bingo!"。前五名完成 Bingo 的学生可获得哪吒经典英汉双语台词小卡，并在班级中分享自己在 Bingo 中补全的句子。	教师观察学生能否积极有序参与游戏，对游戏秩序进行即时调控，根据学生表现进行鼓励。	综合运用动词不定式讨论学生们对影片的看法和内心的感受。
环节六 (Activity 6) Film Appreciation	教师创设校报影评征稿的情境，引导学生根据本课对于影片情节的赏析和主人公的评价，综合运用动词不定式独立完成影评，并在班级内进行汇报展示。	教师根据学生的影评完成情况在班级内及时指导，在汇报环节给出反馈并鼓励。	结合情境，综合运用动词不定式，并从多方面赏析影片并撰写影评。
环节七 (Activity 7) (Summary)	学生综合各部分内容复述影片经典情节，总结动词不定式的基本结构、含义和用法。	教师关注学生复述中动词不定式使用的准确性，及时指导；或以提问的形式帮助学生总结相关语法规则。	梳理并总结本课时所学内容。

学习评价

1. 评价任务

（1）理解语段并定位对应不定式结构，做好笔记，运用情境完成造句。（检测目标一）

（2）通过补全句子或编写对话，对图片、视频进行描述，通过同伴问答对他人情况进行介绍。（检测目标二）

（3）在师生及同伴问答中正确使用 want/hope/expect/plan to do，表述自身的观点和看法。（检测目标二、三）

（4）运用思维导图的引导完成影评并进行口语分享。（检测目标三）

2. 课堂活动达成效果评价

（1）通过课堂提问及反馈检测学生对已学知识的掌握情况。

（2）通过补充句子、撰写影评了解并检测学生对动词不定式做宾语的使用情况。

（3）引导学生对学习内容进行梳理和总结，引导学生课后利用学习效果自我评价表（如表 5 所示）进行自评。

（4）通过教学效果的评价，了解学生对学习内容的掌握程度，并进一步完善日后教学。

3. 基于主题意义探究的学生学习效果自我评价表

表 5　基于主题意义探究的学生学习效果自我评价表

评价内容	Good	Average	Need Improvement
1. 我能在不同语篇和语境中定位动词不定式结构。			
2. 我能利用动词不定式表述自己和同伴的计划和安排。			
3. 我能利用动词不定式询问同伴的计划和安排。			
4. 我能利用动词不定式结合其他语言知识表达自己的观点和看法。			
5. 我能在欣赏影视作品时对人物行为进行分析和评判。			

第七章 复习课

基于单元主题导向及内容整合的复习教学设计研究

——以"Travel Diary"为例

> **完成本章阅读,你将收获:**
>
> 1. 复习课教学中常见问题解读
> 2. 单元主题复习课高效备课流程
> 3. 单元主题复习课设计框架
> 4. 优秀英语复习课教学课程设计案例

第一节 复习教学中的常见问题及原因

《英语课程标准（2022 版）》中指出：英语课程内容的组织以主题为引领，以不同类型的语篇为依托，融入语言知识、文化知识、语言技能和学习策略等要求，以单元的形式呈现[1]。由此可见，复习教学也可以从单元入手进行主题复习。然而，目前单元主题复习课的探索还在初期阶段，所以复习教学仍然存在一些普遍的问题。

问题一：复习课的设计没有构建知识网

复习课中，教师会把一个完整的知识体系分解成若干个知识点，割裂单元整体的主题，基于最常用的"语法翻译法"对习题或知识点进行按部就班的讲解。经调研，复习课有两种常见现象：第一种是教师默认将复习课上成习题课，没有构建知识网，只是单纯地让学生在"题海战术"中巩固复习。究其原因，是因为教师惯性地认为学生做的习题越多，成绩便会越好。其次，"习题式"复习课省时省力。教师可以从各渠道获得大量的习题资源，从而大大减少了教师的备课时间。第二种现象是教师习惯罗列堆砌学生学过的知识点，将其从语篇中剥离出来，进行满堂灌式的纯词汇和语法点的课堂讲授。这样的课堂忽略了单元的整体性，没有帮助学生建立知识间的联系，无法帮助学生系统化地构建知识网。孤立地进行语言知识点的传授，忽略了知识的系统性学习，会使学生"只见树木，不见森林"，不利于学生进行深度思考，巩固记忆，故而很难达到理想的复习效果。教师也会经常抱怨："我已经讲过了，学生怎么还不会呢？"

出现以上现象的主要原因是教师缺乏用系统化思维进行单元整合复习的能力，从而导致复习课堂缺少系统化设计，脱离单元主题。从思维模式角度来看，系统是一个由若干相互连接的实体构成的整体，但系统整体所展现出来的特征往往不是它构成部件特征的累加或平均，也不能通过研究系统中任何部件而获得，必须从整体上研究和看待系统。将事物分割开来，无论分割得多细、研究得多深，可能都无法辨认出系统层面的特征。所以，总体大于部分之和。由于复习内容通常涵盖半个学期或一个学期的所学知识，在备课中对单元进行梳理和整合对教师来说是一项很大的挑战。在复习内容多且杂的情况下，系统化思

---

1 文秋芳. 频率作用与二语习得. 第二语言习得研究[J]. 外语教学与研究，2002(6).

维和结构化思维就显得尤为重要[2]。如果我们把一节复习课当作一个系统，那么词汇和语法只是系统的一部分。教师单一注重语言的积累，无法发挥复习的最大功效。如果从单元主题入手，我们就可以有效地解决备课中系统化整合的问题，帮助学生进行高效复习。

问题二：复习课的设计缺乏对学生学业情绪的关注

部分教师在设计复习课时往往会忽略学业情绪，不太重视不良情绪带来的不良后果。不良情绪不仅会对学生的成绩造成不利的影响，阻碍其身心的健康发展[3]。在复习课上，大量语言知识的输入是靠教师在一遍一遍的讲解中完成的。在"满堂灌"的复习课上，教师对学生的输入超负荷，学生的学习任务重，自然会出现不良情绪。

在教师纯灌输的课堂中，学生会感到笔记越记越多，要学的内容也越来越多，不知道该从何学起。内心的无力感会让学生产生消极的学业情绪，比如紧张、焦虑和沮丧等。长此以往，自我效能感不强的学生只能被动地应对学习中可能遇到的各种困难，甚至会让学生产生"习得性无助"[4]——例如，学生在输入超负荷的复习后参加考试，发现复习的内容无法运用到考试的题目中，可能会开始否定自己的复习和努力，情绪逐渐低落，或许会得出"复习没有用"的结论，"这个题目我也是做不出来的"的结论，不愿意再去尝试。内心深处不再认为复习能帮助自己巩固知识，也难以去思考怎么改变复习的现状，这必然会对他们的学习行为产生消极的影响，不利于学生的高效复习[5]。教师可以运用减法思维来设计复习课，考虑学生的学业情绪，洞察真相，将知识相互链接，引导学生在主题情境下，系统化地复习，形成"记忆结"[6]。

问题三：教师应加深对考试评价和命题改革的研究

教师和学生都非常重视的中考和高考也在不断的改革中，考前的复习课应顺应考试评价的方向。以高考考试评价改革为例，近年英语试卷的命题方向更强调育人功能，考查维度更广——不仅仅停留在知识性的考查中，更考查了学生的社会主义核心价值观、学科素养、

---

2 邱昭良. 如何系统思考 [M]. 北京：机械工业出版社，2021.

3 陈亦文，积极心理学视角下初中生学业情绪对英语学业水平的影响研究 [J]. 教育界 (2), 29-31.

4 习得性无助（Learned helplessness [1]）是指个体经历某种学习后，在面临不可控情境时形成无论怎样努力也无法改变事情结果的不可控认知，继而导致其放弃努力的一种心理状态。

5 杨娟. 中学生提分宝典 [M]. 北京：现代教育出版社，2020

6 记忆结就像是在知识链条或信息网上打牢一个属于自己的记忆烙印，帮助学习者快速检索和提取所学的内容。

关键能力和其他必备背景知识等。改革不仅强调基础性，更强调综合性、应用性和创新性。《2019年全国中考试题评介报告》指出：很多地区的中考英语试卷中出现多种非选择题形式考查语言知识运用能力的题型，这是中考改革的正确方向。因此教师在复习课的设计中，应该从更加开放的角度，帮助学生理解语言的"工具性"和"人文性"的特点，从单纯的"语言知识"走出来，将语言"学活"，让学生感受语言的魅力。教师正确看待考试与复习之间的关系，才能更好地基于考试的考查方向，灵活调整复习教学的设计。

第二节　单元主题复习课的意义

随着课程改革的实施，教师普遍接受以培养学生综合语言运用能力为目标的理念[7]。教师也逐步开始关注在复习课中将零散的知识串联起来，进行单元主题复习。基于复习教学的重要性以及常见问题，我们可以尝试单元主题复习的设计，结合学生的主体需求，搭建一个由单元主题统领、内容相互关联、逻辑清晰完整的教学单元，将凌乱的知识点串成线、连成片、织成网，纳入系统的知识结构[8]。单元主题复习可以是基于自然教学单元主题的整体复习，也可以是基于大单元主题或大观念的整体复习。

在《基于学科核心素养的英语教学课例研究》一书中的课例6"初中英语主题复习课例研究"，黄晓燕老师肯定了单元主题复习课的设计：复习课应该围绕主题设计活动，整节课基于主题情境，借助于几个子情境展开，衔接自然，层层推进；语言输入和输出紧密结合。

单元主题复习课对发展学生的英语核心素养至关重要，会影响到后续是否能实现深度学习。《英语课程标准（2022年版）》也提到教师应以主题为引领来选择和组织课程内容。内容的组织以主题为引领，以不同类型的语篇为依托，融入语言知识、文化知识、语言技能和学习策略等学习要求，以单元的形式呈现。英语课程由主题、语篇、语言知识、文化知识、语言技能和学习策略等要素构成。围绕这些要素，通过学习理解、应用实践、迁移创新等活动，推动核心素养在学生的义务教育全程中持续发展（如图1所示）[9]。综

7　梅德明，王蔷. 改什么？如何教？怎样考？[M]. 北京：外语教学与研究出版社，2018.
8　崔允漷. 如何开展指向学科核心素养的大单元设计[J]. 北京教育（普教版）2019: 11-15.
9　中华人民共和国教育部. 义务教育英语课程标准[S]. 北京：北京师范大学出版社, 2022.

上所述，单元主题复习课的出发点站在了系统的整体性上，符合新的课程理念，能够有效解决传统英语复习课没有建构知识网等问题。

图1 《义务教育英语课程标准（2022年版）》内容结构示意图

第三节 如何设计一节高效的单元主题复习课？

单元主题复习课设计中的核心概念界定

我们在设计单元主题复习课之前，需要了解三个基本的概念：单元、主题和单元整体教学设计。

单元是承载主题意义的基本单位。单元是具有相对独立性、整体性和阶段性特征的完整的教学基本单位。它有一个具体的话题，围绕话题设计对应的内容，并通过具有不同功能的板块来呈现[10]。崔允漷老师提出单元不是一个主题下几篇课文的集合，而是一种学习单位，一个单元就是一个完整的学习事件或学习故事。大部分教师已实践了基于自然单元的主题复习课。但是由于大单元的理念较新，教师还在初步探索大单元整合的主题复习课。

《英语课程标准（2022版）》指出主题具有联结和统领其他内容要素的作用，为语言学习和课程育人提供语境范畴。对主题意义的探究是学习语言的最重要内容。内容的组织以主题为引领，以不同类型的语篇为依托，融入语言知识、文化知识、语言技能和学习策略等学习要求，以单元的形式呈现。

---

10 朱浦.单元整体教学设计01[M].上海：上海教育出版社，2021

教师可以结合"单元"和"主题"两个核心概念进行单元整体教学设计。北京教育科学研究院的陈新忠老师在一次讲座中指出：单元整体教学设计是以教材中的单元为基础，以单元主题意义为导向，为培养学生英语学科核心素养而进行的教学内容、教学目标、教学活动和教学效果评价的整体化设计。不同的教师会有不同的单元整合，但一定要有道理、逻辑清晰且有育人导向。

单元主题复习课教学设计的目的

从中学生的学习特点出发，在教师的引导下，学生可以从主题进入复习。在"问题链"的设计中，学生不断搜索记忆，总结归纳已经成为长久记忆的知识以及遗忘的知识。通过主题复习课的设计，学生能够构建系统化和结构化思维，形成知识网，让知识有情境、有连接，从而综合运用语言知识，发展学生的核心素养。

单元主题复习课备课步骤

在日常的初中教学期间，通常有单元测试、期中测试和期末测试这三种常见的学业阶段性评价，学生在考试前会有大概 1~2 周的复习时间。在时间较为紧张的前提下，教师需要提高复习课的课堂效率，根据考试评价的能力和题型来指导学生学习语言的各个方面，这其中通常包括语言知识、语言技能、题型训练、做题策略指导、语篇练习和书面表达。

笔者参考 400 余位一线教师的复习课课堂的实践教学经验，结合对 250 余位一线教师的在线调研结果，整理出以下备课步骤供各位教师参考（如表 1 所示）：

表 1　单元主题复习课备课步骤

单元主题复习课备课步骤	
第一步	梳理大纲，明确主题。
第二步	围绕主题，梳理知识。
第三步	依据学情，确定评价。
第四步	对照课标，确定目标。
第五步	立足目标，设计活动。
第六步	结合活动，撰写教案。

第一步　梳理大纲，明确主题。

在期末复习时，教师要引导学生复习一整册书的内容。我们首先需要探究单元之间的关联，从而确定单元主题。教师可以对教材文本和各单元的各部分内容进行回忆和再梳理，参照教材目录，最终确定期末复习课程设计方案。

我们以人教版《初中英语 Go for it 八年级上册》为例。本册书共 10 个单元，如表 2 所示：

表 2　人教版《初中英语 Go for it 八年级上册》单元目录

Unit	Topic	Function	Grammar
Unit 1 Where did you go on vacation?	Holidays and vacations	Talk about past events	Indefinite pronouns Simple past tense of regular and irregular verbs
Unit 2 How often do you exercise?	Free time activities	Talk about how often you do things	How often...? Adverbs of frequency
Unit 3 I'm more outgoing than my sister.	Personal traits	Talk about personal traits Compare people	Comparatives with -er and more both and as... as...
Unit 4 What's the best movie theater?	Your town	Discuss preferences Make comparisons	Superlatives with -est and most
Unit 5 Do you want to watch a game show?	Entertainment	Talk about preferences Make plans	Infinitives used as objects: to do
Unit 6 I'm going to study computer science.	Life goals	Talk about futures and inventions	Future with be going to Want to be
Unit 7 Will people have robots?	Life in the future	Make prediction	Future with will Quantities with more, less, fewer
Unit 8 How do you make a banana milk shake?	Cooking	Describe a process follow instructions	Imperative Countable/uncountable nouns How much/How many questions Adverbs of sequence
Unit 9 Can you come to my party?	Invitation	Make, accept and decline invitations Talk about obligations	Can for invitations Modal verb might
Unit 10 If you go to the party, you will have a great time.	Decision making	Talk about consequences	First conditional if+will Modal verb should

根据《英语课程标准（2022 版）》提到的四个依据，即主题内容要求、语言功能、语法和学业阶段性评价常考话题，我们可以将八年级上册的 10 个单元分为 8 个主题：旅

行日记、健康生活、友谊故事、影评推荐、未来生活、春节传统食物制作、活动邀请和问题建议。不同的教师对单元主题的整合有所不同。我们依据语法现象和命题中的高频主题，将其中 5 个单元进行了相应的合并或调整：

- 友谊故事："Unit 3 I'm more outgoing than my sister." 和 "Unit 4 What's the best movie theater?"。
- 未来生活："Unit 6 I'm going to study computer science." 和 "Unit 7 Will people have robots?"。
- 中国春节和食物："Unit 8 How do you make a banana milk shake?"。

从宏观上讲，在整合、合并和调整的过程中，教师基于教材主题内容对文本进行了再构，摸清了教学的重难点和逻辑线，形成了一个具有情境和现实的语篇，可以说，既源于教材又高于教材。整个过程中，教师需要利用系统化思维，从初中英语课程规划和主题出发，依据学情，调动教学经验，判断出常见的考试评价方向，从而设计出基于单元整体教学的主题复习课。

从微观上讲，我们以人教版《初中英语 Go for it 八年级上册》"Unit 1 Where did you go on vacation?"为例，探讨如何设计"旅行日记"这一主题下的单课时。根据单元内容的深度研读，我们对"Holidays and vacations"这一单元中各语篇的主题意义进行了整合，并根据语篇的主题内容和意义之间的关联，提炼出学生需要不断复现的语篇中的核心学习维度：人们在假期到国内外旅行或居家休息，这体现了人们不同的假期生活；人们去国内旅游胜地旅行并欣赏乡村风光，了解祖国的地方特色；人们去香港旅行，体会同一片疆土下的不同地理人文特色；人们去马来西亚旅行，体验异国文化与中国文化的异同；人们再次回到祖国首都——北京，讲出中国故事和传承中国优秀文化（如图 2 所示）。

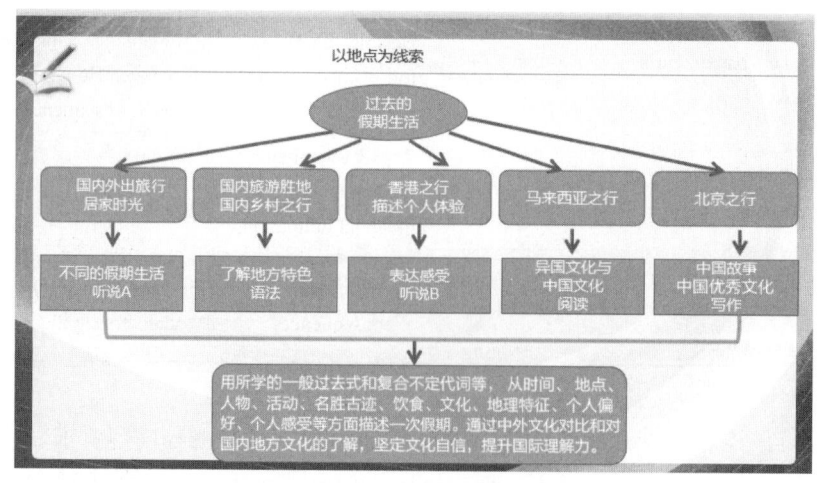

图 2 人教版《初中英语 Go for it 八年级上册》"Unit 1 Where did you go on vacation?"单元结构图

第七章 复习课

根据单元内容整合的结构图（如图2所示），我们需要先确定单元复习课的输出形式：既能培养学生的表达能力，又必须涵盖单元整体的内容和逻辑。我们选择了书面表达——旅行日记作为单元复习主题。接下来，我们需要确定主题语境，也就是对学生写作城市的设定。本单元复习的主题语境为北京，原因如下：四大古都之一的"北京"独具文化传承的魅力；同时，北京之行也是教材中写作部分的内容，学生更易唤醒记忆深处的知识，对其进行复现和升级。于是北京旅行日记就成了整册书单元主题复习课的第一课时。

第二步 围绕主题，梳理知识。

《普通高中英语课程标准（2017年版2020年修订）》中强调知识间的关联与整合，强调教师要在主题探究活动中调动学生已有的知识和经验，帮助学生在已有知识的基础上，通过获取与梳理、概括与整合，建构与完善新的知识结构，建立知识间的关联，深化对该主题的理解和认识。根据《英语课程标准（2022版）》三级目标要求，对应第一课时北京旅行日记的单元主题，我们接下来应整合语境意义联结的学习内容，把孤立的知识要素联结起来，在旅行日记知识体系中，将知识结构化，以整合的方式存储在记忆中。教师可以从语言知识、文化知识、语言技能、学习策略和思维品质层面进行主题语境下的单元复习梳理。

◎ 梳理语言知识

《英语课程标准（2022版）》中提到语言知识包括语音、词汇、语法、语篇和语用知识，这些是发展语言技能的重要基础。所以教师在准备复习课时，应该针对语言知识和语言技能，逐一梳理出学生应学习的内容。教师可以将教材前的Content部分、教材Additional Material部分中的Words and Expressions in Each Unit、人教版配套的教师参考用书与语篇结合起来确定单元复习课的语言知识。

语法知识包括词法知识和句法知识。词法关注词的形态变化，如本单元出现的动词过去式变化和复合不定代词的用法；句法关注句子结构，如本单元的疑问句语序和陈述句语序（如表3所示）。

表3　语法知识梳理

涉及语法知识	对应的句子
一般过去式	-Where did you go on vacation? -I went to New York City.
复合不定代词	① -Did you go out with anyone? 　-No. No one was here. Everyone was on vacation. ② -How was the food? 　-Everything tasted really good.

注：① 确定依据：新课标、目录、教材中的 Grammar Focus 和学情。
　　② 内容要求：在旅行日记的语境中运用一般过去式和不定代词进行叙述。

词汇知识指语言中所有单词和固定短语的总和（如表4所示）。在旅行日记主题语境中，新词汇都是通过句法关系和语义关系与其他词语建立联系，并在语境中传递信息。

表4　词汇知识梳理

词汇属性	词汇梳理
名词	hen, duck, pig, diary, trader, difference, umbrella, paragliding, bicycle
形容词	wonderful, enjoyable, enough, hungry
副词	anywhere
代词	anyone, something, everyone, someone, myself, yourself
动词	seem, decide, try, wonder, wait
介词	below
固定短语	quite a few, of course, feel like, because of

注：① 确定依据：《英语课程标准（2022版）》、目录、单词列表、教材语篇、学情、教学重难点。
　　② 内容要求：在北京旅行日记主题语境中，运用词汇描述旅行过程，表达与主题相关的主要信息和观点。

根据《英语课程标准（2022版）》的要求、教学重难点、学情和主题语境，教师应进行下一步的词汇筛选。我们可以删除学生在小学阶段学习的旧知识或非课标词汇，如 pig、duck 等。最终，围绕北京旅行日记主题语境，梳理出以下表格中需要使用的词汇（如表5所示）：

第七章 复习课

表5 词汇知识筛选

词汇属性	词汇梳理
名词	diary, difference, umbrella
形容词	wonderful, enjoyable, enough, hungry
代词	anyone, something, everyone, someone, myself, yourself
动词	seem, decide, try, wonder, wait
固定短语	quite a few, feel like, because of

注：① 确定依据：新课标、目录、单词列表、教材语篇、学情、教学重难点。
② 筛选依据：按《英语课程标准（2022版）》的要求、教学重难点、学情和主题语境进行筛选。
③ 内容要求：在北京旅行日记主题语境中，运用词汇描述旅行过程，表达与主题相关的主要信息和观点。

语篇知识是由三个部分构成的知识要素，分别是语篇如何构成、如何表达意义以及人们如何使用语篇达到交际目的。在口头和书面表达北京旅行的过程中，我们需要从语篇内容和核心学习维度来设计该单元的语篇组成部分。教师可以通过思维可视化工具来分析旅行日记的体裁结构，也可以将这个策略直接教授给学生进行单元主题复习（如表6所示）。

表6 单元语篇组成

人教版《初中英语 Go for it 八年级上册》Unit1	
教材文本 & 录音材料	核心学习维度
Section A, 1b	旅行目的地、人物、活动、感受
Section A, 2a, 2b	旅行目的地、人物、活动（购物、饮食）、感受、所见所闻
Section 2d	旅行目的地、人物、名胜古迹、特别的经历
Section B, 1c, 1d	旅行目的地、人物、活动（饮食）、特别的经历、感受
Grammar Focus 3a	旅行目的地、人物、活动（购物）、感受
Grammar Focus 3b	旅行目的地、人物、活动（饮食）、问题困难、感受
Section B 2b	日期、旅行目的地、人物、天气、活动（饮食）、特别的经历、名胜古迹、地方文化、囧事、感受
内容要求	能运用语篇的结构特征和基本语言特点来描述旅行日记

教师基于教材分析，可以整合更多的核心学习维度，突破教材的制约，合理开发教材以外的素材性资源。教师还要基于学生已有的基础和学习需求，挖掘主题下有价值的学习内容，帮助学生打开思路，从而做到复习课的分层教学。为了使结构更清晰，教师可以合并整理单元主题核心要素来绘制思维导图以指导自己的备课过程（如图3所示）。

图 3 单元主题核心要素思维导图（以 Journey to Beijing 为例）

语用知识是指在特定语境中准确理解他人所表达的意思并能得体表达自己想法的知识。学生可以在旅行日记中用书面语得体且恰当地交流，提升有效运用英语和灵活应变的能力。

具体落实在本节复习课中，在旅行的语境中，学生能够尝试使用旅行日记／日志的方式记叙旅行，表达情感、态度和观点。

◎ 梳理文化知识

文化知识既包括饮食、服饰、建筑、交通，以及相关发明与创造等物质文化的知识，也包括哲学、科学、历史、语言、文学、艺术、教育，以及价值观、道德修养、审美情趣、劳动意识、社会规约和风俗习惯等非物质文化的知识。

在以旅行为主题的复习中，学生需要掌握并表达出首都的地理位置、重要标志物、特征和象征意义。

◎ 梳理语言技能

根据《英语课程标准（2022 版）》，在本节课中，学生需要训练获取和梳理听力文本的主旨和关键信息的能力；在口头表达中结合主题使用正确的词汇、句式和语法，转述语篇的主要内容和观点；读懂语篇、提取关键信息并运用日记体裁描写旅行经历。

◎ 梳理学习策略

在运用日记体裁描写旅行经历时，学生可以使用思维可视化工具进行归纳总结并讲出中国故事和文化。

◎ 梳理思维品质

在复习课中，学生能够根据教师的引导，进行知识的归纳总结并利用系统化思维和结构化思维进行语篇建构。

在梳理的过程中，单元主题的意义不断深化，学生语篇分析的逻辑能力将得到进一步提升。不难发现，五个维度的梳理使单元主题复习课的课程设计更加多元化，更能促进学生发展核心素养。

第三步　依据学情，确定评价。

《英语课程标准（2022版）》中强调了"教—学—评"一体化设计，要求教师将评价贯穿英语课程教学的全过程。我们可以使用"评价设计先于教学"的逆向设计来解决目标、评价和教学的一致性。这种"以终为始"的逆向思维方式，也是一种基于理解的教学模式，从最终的结果出发，反向分析过程，寻找关键因素，采取相应策略，从而促进学生有意义地学习。所以，我们的单元主题复习课的备课步骤将确定评价放在了制定目标之前。

目前我国义务教育阶段实行阳光分班政策，招生现场由电脑随机分配每班的学生，同一个班的学生认知水平有一定的差异并且学习效果不同，因此教师应在课时设计中分层设计单元主题复习课的过程性评价。

第四步　对照课标，确定目标。

教师可以参照《英语课程标准（2022版）》，基于教学内容进行梳理和学情分析，制定教学目标。虽然大部分单元主题复习课在考试前进行，但是教师不能仅关注应试能力而忽略英语学科核心素养，应从语言能力、文化意识、思维品质和学习能力四个方面设定复习课的教学目标。

教师需要明确的是，在核心素养发展中，这四个教学目标的设计维度不是各自被孤立地培养，而是语言能力和其他三个中的一至三个相融合发展，或可称之为"1+n"模式。语言能力是学科基础的"1"，其他三个为融合发展中的"n"[11]。

以下是基于核心素养这一教学目标的中文版案例（此教学目标是基于本章案例所写）：

在北京之行的语境中，通过"问题链"引导和听说读看写的训练，能够巩固并归纳语言知识、复合不定代词和复合不定副词的用法以及一般过去式的用法，运用以上知识描述

---

11 罗敏江. 基础英语教育实践与创新[M]. 北京：北京理工大学出版社，2020.

旅行的时间、地点、天气、人物、感受、饮食、活动和原因等。

通过阅读相关主题语篇，能够分析常见题型、掌握答题技巧，从而提高语言理解能力、迁移能力以及语言的综合运用能力。

通过以读促写，能够将基础语言知识提升到篇章表达，完成旅行日记的书面表达。

第五步　立足目标，设计活动。

笔者在进行了大量课程设计的评课之后，发现不少教师设计的课堂活动与教学目标和评价不匹配，出现了一种"为了活动而活动"的现象。这样的设计缺乏逻辑性和过程支架，使学习过程出现了断层现象，因此学生很难有效产出并达到目标评价效果。所以，在准备教学的环节中，我们需要基于目标导向和学情，围绕主题，创设情境并将知识串联在各情境中，设计"问题链"，帮助学生不断搜索记忆，回答问题并完成学习任务，从而达到综合运用语言进行输出的目标。

笔者根据400余位一线教师的调研反馈，向读者推荐以下单元主题复习课教学步骤（如表7所示）。该复习步骤的设计科学全面、复制性强，具有较高的参考价值：

表7　单元主题复习课教学步骤

步骤	阶段	复习内容
第一步	夯实基础	语言知识
		语言技能
第二步	题型突破	题型训练
		策略指导
第三步	综合训练	语篇练习
		书面表达

◎ 热身活动

在正式进入单元主题复习之前，以游戏、戏剧、头脑风暴等形式热身，调动学生的积极性，同时帮助学生进入主题情境。

◎ 夯实基础

复习课中最为重要的一个步骤就是夯实基础。这一部分最大限度地发挥了备课中对知识的梳理，将语言知识、文化知识、语言技能、学习策略和思维品质融合在主题语境的故事线中。

在这个过程中，教师应带领学生进行语法项目和课本内容的话题归纳、总结和梳理，并通过语言技能（听、说、读、看、写）的训练，使学生在话题情境中将语言知识掌握牢固。具体来讲，教师可以将语言知识融合到主题内容的各核心维度中。同时，教师要设计听说读看写的学习活动来复习语言知识。每个核心维度可囊括一个语言知识和一个语言技能。学生每完成一个核心维度的复习，教师就设计一个问题来引导学生将具体的语言知识归纳成规则。教师还需要提高教学重点、难点、易错点的复现率，引导学生梳理知识之间的关联，帮助学生将"meaning"和"form"内化成"use"，构建系统化的知识网，从而夯实基础。在夯实基础环节，教师需要放慢授课节奏，时间大致控制在20分钟左右，避免在学生的语言知识还没有完全巩固的情况下就进入"题海"。

同时，教师的角色转化成"引导者"，整个过程要给学生让位，使用"问题链"的形式引导学生从核心学习维度开始学习，主动回忆并思考主题下可归纳的知识，从而构建知识网，形成长久记忆，并提升综合语言运用的能力。

◎ 题型突破

针对阶段学业评价前的复习课，学生的应试能力和英语学科素养同样重要。所以，在夯实基础后，学生可以针对重难点知识进行应用和练习。同时，教师应尽量使用阶段学业评价中的考试题型，帮助学生分析不同题型的做题策略和步骤，进行刻意的训练。但不宜使用"题海战术"，应将有限的课堂时间高效利用，达到举一反三的效果。时间控制在10分钟左右。

◎ 综合训练

复习课的最后一个部分侧重综合运用，这也是一节复习课的终结性评价。在中高考中，语篇阅读和书面表达的分值通常会占卷面分值的50%左右，而阶段性学业评价也基本会参考中高考题型进行命题。所以，在1~2周的复习课中，每一节都可以加入语篇阅读，从而保证复习的多元性。在语篇阅读中，教师可以帮助学生回忆并强化日常语篇阅读（包括阅读理解、完形填空和短文填词等）的做题策略和步骤。同时，在语篇阅读的过程中，学生不断运用所学知识进行阅读理解活动，从而巩固复习所学的知识。在语篇阅读完成后，通过以读促写的方式，完成本课话题相关的书面表达。时间控制在15分钟左右。

第四节　优秀案例展示

课程类型

复习课

年级

八年级

教学内容

人教版《初中英语 Go for it 八年级上册》Unit1　课时：45 分钟

项目	内容
单元主题	Travel Diary "人与社会"中涉及中外国家和地区的游览体验
教材分析	本单元由九段对话和四篇有关旅行的文本组成。九段听说材料分别从假期活动的时间、目的地、活动、一起旅行的人等方面展开。第一篇阅读文本主要介绍了去三亚的旅行；第二篇阅读文本介绍了乡村之旅；第三篇阅读文本是马来西亚之旅；第四篇阅读文本是北京之旅。 本单元的核心语言围绕假期活动展开，主要以旅行为线索，从旅行的时间、目的地、活动、一起旅行的人、天气、感受、地方饮食、购物、个人喜好和个人所获等方面展开，涉及的核心语法为一般过去式和复合不定代词。阅读语篇均为记叙性文章，描述了事件的时间、地点、人物和经过。
单元教学目标	语言能力：通过讨论假期生活，学生能够根据不同主题运用词汇描述旅行、复习一般过去时、了解复合不定代词的用法并以听、说、读、看、写等方式运用所学的语言知识介绍旅行，从而进行社会交往，表达情感。 文化意识：在国内外旅行的情境下，学生能够对国内外的地理、建筑和人文知识有所了解，尤其能够通过对东南亚建筑风格的了解，坚定文化自信。 思维品质：学生通过中外交流情境，可以从跨文化视角去认识中外国家和地区的地理和人文知识，基于结构化知识，介绍旅行。调整个人旅途中的消极情绪，对比不同情绪下的人物活动，帮助学生解决现实问题。 学习能力：学生能够学习并运用听力、阅读和写作的学习策略并愿意多渠道获得有关假期或旅行的英语资源。
课标要求	能够在特定语境中，根据不同主题，运用词汇描述行为和过程； 能够在口语和书面语篇中理解和体会所学语法的形式和表意功能并运用所学语法知识进行描述、叙述和说明； 能理解记叙文语篇的主要写作目的、结构特征、基本语言特点和信息组织方式，并用以描述自己和他人的经历； 能在听、读、看的过程中，针对语篇内容有选择地记录信息和要点； 能围绕相关主题，用所学语言，以书面语篇的形式描述和介绍身边的人和事物，表达情感、态度和观点； 能根据交际需要发起谈话并维持交谈； 能表达旅行目的地的基本信息、旅游文化和风土人情等。

第七章 复习课

教学指导思想

"四位一体"教学法。包括阶段训练、专项训练、综合训练和模拟训练。阶段训练对学过的知识进行树立和归纳;专项训练对考试题型进行针对性检测和讲解;综合训练对知识学习进行迁移输出;模拟训练在所有单元复习后,进行完整试卷检测。

项目	内容
学情分析	教材自然单元的五个课时通常分为听说课 A、语法课、听说课 B、阅读课和写作课。在教材自然单元的学习中,通过听说读看写,八年级的学生已经掌握了一定量的词汇,对旅行的话题也较熟悉,这为本节课奠定了良好的基础。但在阶段性复习时,学生对知识的记忆有所下降。学生对于语言知识的识记较为牢固,但对语言的综合运用较差。教师需要以"问题链"的方式,引导学生回忆、思考、归纳和总结,在知识的不断复现中进行复习巩固,从而能够掌握运用。
学习目标	1. 在北京之行的语境中,通过"问题链"引导和听说读看写的训练,学生能够巩固并归纳语言知识、复合不定代词和复合不定副词的用法以及一般过去式的用法,运用以上知识描述旅行的时间、地点、天气、人物、感受、食物、活动和原因等。 2. 通过学习做题策略,学生能够分析常见题型、掌握答题技巧,从而提高语言理解能力、迁移能力以及语言的综合运用能力。 3. 通过以读促写,学生能够将基础语言知识提升到篇章表达的层面,完成旅行日记的书面表达。
教学重点	学生运用主题词汇、一般过去时以及复合不定代词完成旅行日记。
教学难点	基于结构化知识,学生以书面语篇的形式完成旅行日记。
评价设计	情境与问题 对应目标 你能描述上一次的北京之旅吗? 目标 1 你掌握了主题语言知识吗?(词汇、一般过去式和复合不定代词/副词) 目标 2 你能读懂关于北京的文本并写出北京之旅的旅行日记吗? 目标 3
学生课前需要做的准备工作	搜集北京的基本信息和地方特色。
教学方法和策略	Content-based Teaching Method、Top-down 的教学方式、"问题链"引导策略。

教学流程

学习目标	学习环节	学习活动	评价要点
目标 1	(一)夯实基础	**Warm up** 通过节奏 chant, 复习动词的不规则变化。 - I say "do". You say "did". - Do! - Did! - Do! - Did! **Lead in** 通过词汇寻宝活动,学生能够复习本单元的核心词汇,并找出单元主题。	你能描述上一次的北京之旅吗?

学习目标	学习环节	学习活动	评价要点
目标 1	（一）夯实基础	**Presentation** 教师分别从核心维度（假期活动、旅行目的地、旅行人员、旅行感受和旅行活动）引导学生介绍假日旅行，帮助学生构建系统化思维和结构化思维。 复习子主题：假期活动 复习情境：冰墩墩（中国小孩）和雪宝（外国小孩）讨论假期活动 复习语法：一般过去时 通过 picture walk，学生能够使用一般过去时讨论假期活动。 Bing：Hi, Olaf. What did you do on vacation? Olaf：Hi, Bing Dwen Dwen. I ... 图片提示： stay at home, go to the mountains, visit relatives, visit museums, go to summer camp, go to the beach, play volleyball, swim, study for test, travel 复习子主题：旅行目的地 复习情境：当时决定的目的地是北京 复习语法：一般过去时 通过问题引导，学生能够进入假期旅行的主题情境。 Olaf：Where did you go on vacation? Bing：I went to Beijing. 复习子主题：旅行人员 复习情境：雪宝询问冰墩墩北京之旅的随行人物 复习语法：复合不定代词 通过总结归纳，学生能够使用复合不定代词讨论旅行出行人员。 选词填空 anyone, someone, everyone, no one Olaf：Did you go with _____ else? Bing：No. _____ was here. _____ was on vacation. Olaf：Did you go with _____ special? Bing：Yes, I went there with my family. 总结归纳： 复合不定代词在否定句和疑问句中通常将 some 变为 any； 当形容词修饰复合不定代词时，需要后置。	你能描述上一次的北京之旅吗？

学习目标	学习环节	学习活动	评价要点
目标1	（一）夯实基础	复习子主题：旅行感受 复习情境：冰墩墩描述旅行个人感受 复习语法：复合不定代词 通过对比分析，学生能够使用不同的心情词汇描述旅行。 词汇分类（好/坏心情） enjoyable, exciting, wonderful, great, terrible, boring Bing：I found it _____ . 复习子主题：旅行活动 复习情境：冰墩墩描述旅行的所见所闻（名胜古迹、标志建筑、地方美食、购物和收获） 复习语法：动词过去式、复合不定代词以及 enough 的用法 通过 picture walk 或使用思维可视化工具，学生能够从所见、听闻、所尝、所买和所学几个方面谈论旅行活动。 Olaf：What did you do in Beijing? Bing：I _____ and _____. I _____ but _____. 动词：visited 地点：the Summer Palace，the Bird Nest，the Tian'anmen Square, the Great Wall Olaf：What did you do in Beijing? Bing：I _____ and _____. I _____ but _____. 动词：saw 地点：the Temple of Heaven, the Palace Museum, the Water Cube, hutong Olaf：What did you eat in Beijing? Bing：For lunch, I ____ and _____. For dinner, I _____ but _____. 动词：ate, tried 地点：candied haws on a stick, Beijing duck Olaf：What did you buy in Beijing? Bing：I _____ for _____ （my parents/my grandparents/my friends/my teachers/myself） and it was good enough as a gift.	

第七章 复习课

学习目标	学习环节	学习活动	评价要点
		I didn't bring enough money, so I _____. 动词：bought Bing: I like Beijing because I learned _____.（重要的东西） Chinese buildings, history of China, Chinese culture, Chinese art Olaf: Beijing is wonderful. I am going to Beijing. **Production** 复习主题：北京之旅 复习情境：雪宝向家人描述冰墩墩的北京之旅，询问家人是否可以一起去北京旅行。 复习语法：综合运用动词过去式和复合不定代词口头描述北京之旅。 通过使用思维导图所给的核心要素，学生能够结构化地巩固复习以上基础知识并综合运用自己所掌握的语言知识介绍北京之旅。	
目标 2	（二）题型突破	复习主题：北京之旅 复习情境：每成功闯关一个题型训练，就可多获得一次去北京景点游览的机会。 复习语言知识：一般过去式、复合不定代词、核心词汇知识 做题微策略：读懂情境、找对题眼；读意思、看成分 通过考试常见题型训练，学生能够掌握单选题和适当形式填空题两种题型的做题策略并复习语言知识。 单选题 （2021·重庆） Last Sunday my brother and I _____ our grandparents. A. will visit　　B. visits　　C. visit　　D. visited 适当形式填空题 （2020·湖南省常德市） He _____ (sit) down and began to read a newspaper. 选词填空题 （2021·江苏省扬州市） I, trade, decide, different, wonder, act 1. My parents and I had a _____ journey to Hainan. (wonder)	

学习目标	学习环节	学习活动	评价要点
目标2	（二）题型突破	2. When I fell and hurt _____, my mother encouraged me to stand up and gave me a hug. （I） 3. What _____ （act） do you find enjoyable? 4. We saw the houses of the Chinese _____ （trade） from 100 years ago. 5. -Shall we go on Friday or Saturday? 　-Either day is OK. It makes no _____ （different） to me. 6. They made a _____ （decide） to build a big factory here.	你能掌握答题技巧并完成语言知识训练吗？
目标3	（三）综合训练	复习主题：北京景点介绍 复习情境：冰墩墩给雪宝介绍景点信息 复习语言技能：应用文阅读 通过阅读文本，学生能够扩充相关主题的知识并为写作做好铺垫。 做题微策略： 此类应用文通常在阅读A篇中，题目较简单。 1. 定位文章中的关键地点或名词 2. 计算题要注意人物和数字 Tony is a student aged 15. He and his parents are going to travel around Beijing this summer. Below is some information that he have got. The Palace Museum Opening hours: Tuesday—Sunday　8:30—17:00 （Monday Closed） Admission: adult:　￥60 　　　　　　　student:　￥20 The Summer Palace Opening hours: Monday—Sunday　6:30—18:00 Admission: adult:　￥30 　　　　　　　student:　￥15 　　　　　　　child (under 6): free The Badaling Great Wall Opening hours: Monday—Sunday　6:00—19:30 Admission: adult:　￥40 　　　　　　　student:　￥20 　　　　　　　child (under 6): free Beijing Zoo Opening hours: Monday—Sunday　7:30—18:00 Admission: adult:　￥15 　　　　　　　student:　￥7.5 　　　　　　　child (under 6): free 1. Tony interested in animals, so he can go to _____ for fun. 　A. The Palace Museum　　B. Beijing Zoo 　C. the Summer Palace　　D. the Badaling Great Wall 2. Tony and his parents can't go to visit the Palace Museum on _____. 　A. Monday　B. Tuesday　C. Saturday　D. Sunday 3. How much will Tony and his parents pay if they visit the Summer Palace and the Badaling Great Wall? 　A. ￥105　B. ￥140　C. ￥175　D. ￥210	你能读懂关于北京景点介绍的应用文吗？
		复习主题：旅行日记 复习情境：雪宝写北京旅行日记 评价环节：书面表达 通过以读促写的方式，学生能够总结归纳旅行日记的格式和要素。根据题目要求，完成北京旅行日记的书面表达。	你能利用所复习的知识完成北京旅行日记的书面表达吗？

学习目标	学习环节	学习活动	评价要点
目标3	（四）板书设计	time 25 December, what you learnt, dislike, like, place, shopping, Beijing, people, activities, weather, food, feeling	无
目标3	（五）作业设计	1. 基础巩固：总结并补充 travel diary 的思维导图，至少完成三级分支。 2. 综合应用：使用彩纸制作一张北京之旅的英文视觉手账，可打印、裁剪、绘画等，用英文介绍北京之旅。 3. 反思迁移：观看动画片《我们的冬奥》，制作北京冬奥会的海报并介绍北京之旅。	无

案例评价

本单元的单元整体教学设计表现出以下几个突出的特点：

1. 单元整体教学设计注重引导学生从单元视角展开对单元内各语篇主题意义的探究，将碎片化的复习转化为指向预期的核心素养综合表现。从教学走向教育，实现了育人目标。本单元涉及假日旅行主题，学生在教师的引导下，通过对语篇的学习，从各地的旅行中体会中外旅游文化和风土人情，学习语言、建构新知、解决问题。通过体会中外文化差异，能够坚定文化自信并提高国际理解力。

2. 充分体现了思维品质的引导，帮助学生构建系统化思维和结构化思维，从几个核心维度的建构帮助学生介绍假日旅行。同时，通过跨文化交际的场景搭建，帮助学生从不同的角度看待中外旅游文化，培养批判性思维。

3. 巧妙使用"内容依托教学法"和"TOP-DOWN"的模式进行语言知识的学习，在主题语境的多模态语篇下，学习词汇和语法知识中的一般过去式和复合不定代词，设计学习理解、应用实践和迁移创新的学习活动。本课时为阶段性期末测试前的复习课，既要顾及语言的综合运用能力又要兼顾语言基础知识的考点训练，所以将复习课分为三个环节：复习巩固、题型训练和综合训练。通过不断的知识复现，使学生从 meaning—form—use

中体会语用目的。

4.整个设计基于"教—学—评"一致性的教学原则。通过评价先于教学的"以终为始"的设计,将评价、目标和教学过程紧密相连。学生在教师"任务链"和"问题链"的设置中,循序渐进地思考和产出,积极讨论,合作完成学习活动,突出了以学生为主体的教学理念。

课堂中教师引导学生使用思维可视化工具进行单元整合,教授学习方法,帮助学生使用学习工具来提高学习效率,从而提升学英语的自我效能感,促使学生在学习中启动元认知策略,调用思维可视化工具,如思维导图、组织结构图等,进行英语和其他学科的学习。

单元整体教学设计中的作业设计也符合学生的认知水平,从基础巩固到综合应用再到迁移创新,逐步引导学生培养自主学习的能力,发挥学生的多元智能,尊重学生的个性化发展。

第八章 试卷讲评课

基于英语学习活动观的试卷讲评教学设计研究

——以高考模拟卷讲评为例

完成本章阅读，你将收获：

1. 试卷讲评课的定义
2. 试卷讲评课常见问题解读
3. 试卷讲评基本原则
4. 试卷考情、学情分析的具体内容及分析方法
5. 试卷讲评课教学目标的有效设计方法
6. 试卷讲评课的基本结构及其实施步骤
7. 优秀试卷讲评课教学设计案例

在阅读本章之前，请大家思考一个问题：在日常试卷讲评时，你最关注什么？基于这个问题，我们对 200 位一线英语教师进行了线上问卷调研。调研的结果显示：高达 94% 的教师非常关注如何将试卷讲评课设计得高效。基于一线教师们的需求，本章将重点阐述如何设计一节合理高效的试卷讲评课。

第一节　试卷讲评课的定义、常见问题和讲评原则

一、试卷讲评课的定义

从习题内容出发，讲评课主要分为三种：新授课同步练习讲评、专项知识练习讲评及综合技能训练讲评。新授课同步练习旨在通过对新授课的复习、补充，巩固学生课堂所学，提高学生的认知水平。专项知识练习旨在通过针对某项知识点的专项练习，帮助学生构建该项知识体系，巩固和提升学生对该项知识点的理解与运用能力。综合技能训练旨在通过综合训练，帮助学生巩固和提升听说读写四项技能。

从试卷出发，讲评课主要分为三种：随堂测试讲评、专项测试讲评和综合测试讲评。试卷讲评旨在通过对试卷的分析、讲评与练习巩固，提高学生对试卷内容的理解，进而提高其解题能力和运用学习策略的能力。本章主要围绕综合测试讲评展开。

试卷讲评课作为学科教学的课型之一，是指学生在完成考试之后，教师对试卷进行有针对性的分析以及点评，帮助学生查漏补缺、完善知识结构体系、总结学习规律以及提高学生的解题能力[1]。试卷讲评课是引导学生积极思考、培养其观察能力和思维能力的重要手段[2]。

在试卷讲评课中，师生通过共同分析知识理解上的偏差、探讨解题通法、寻找解题的思维规律，从而巩固知识并对知识进行再整理、再综合和再运用[3]。

在此次调研中，近 37% 的教师将试卷讲评课上成了词汇课和语法课，缺乏必要的篇章引导和思维训练。

1　陈秀容. 注重讲评四性，提高讲评效率[J]. 福建教育学院学报，2007（6）：92-94.
2　陆正荣，王丽娜. 提高初中英语"试卷讲评课"有效性的实践与思考[J]. 英语教师，2009（10）：55-56.
3　王广臣. 高三数学试卷讲评课教学探讨[J]. 考试周刊，2010（20）：8.

因而，在试卷讲评课中，教师不仅要帮助学生纠正错误、完善知识结构、规范做题方法，也要培养学生的语言和思维能力，使其拥有积极的学习态度。

二、试卷讲评课的常见问题

通过调研，笔者发现很多一线英语教师在实际的试卷讲评课中，主要存在以下几个问题：

问题一：教师"一言堂"，缺乏课堂互动

调查数据显示：90%以上的教师表示在试卷讲评课上，教师授课时间常常占整个课堂时间的70%，甚至更多。这种"一言堂"式的教学以教师讲解为主，缺乏师生互动和生生互动，使得学生在课堂上失去了主体地位。

美国国家实验室研究成果——学习金字塔（如图1所示）表明，使塔尖的学习方式"听讲"，即"一言堂"式讲学方式，两周以后，学生只能记住大约5%的学习内容。结合调研数据可知，若在讲评课中教师授课时间占课堂时间的70%，也就是近28分钟，那么两周后，大部分学生只能记住一分半钟的授课内容。这种教学方式，不仅让课堂枯燥乏味，而且也打消了学生学习的积极性。

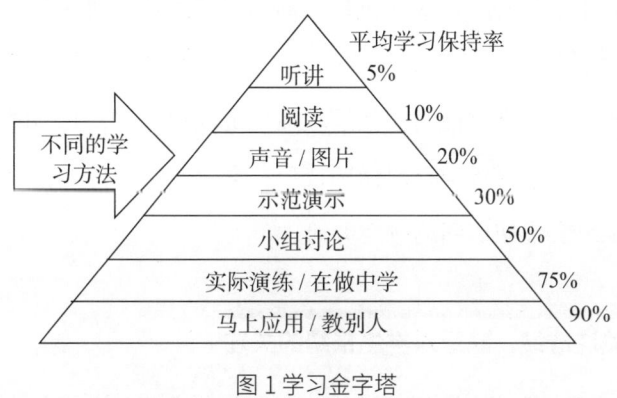

图1 学习金字塔

问题二：教师讲授内容缺乏针对性，重点不突出

调查数据显示：不少教师的讲评内容缺乏针对性，重点不突出、不明确。一方面，教师未对试卷中各个试题的难度以及学生做题得分率进行分析，大多数教师仅根据自己的教学经验确定教学的重难点。另一方面，教师会对大部分题目进行全面细致的讲解，使教学缺乏针对性。在这样的课堂上，教师滔滔不绝，既费时又费力，最后呈现出的教学效果也不理想。由于讲评的内容缺乏精确的数据统计和分析，教师不能准确了解不同层次学生

存在的问题和需求，导致教学重难点定位不清晰。基础薄弱的学生会抱怨讲课速度快、听不懂；基础优秀的学生则会抱怨讲课慢、吃不饱。这样很容易导致学生上课注意力不集中，产生消极的听课情绪，从而造成课堂效率低下。

问题三：教师讲评形式单一，缺乏思维训练

调查数据显示：不少教师试卷讲评课形式单一，偏重应试教学。不少教师在讲评试卷时，主要以核对答案和讲解篇章中的重点词法、句法和语法为主，很少从篇章结构和主题意义层面展开探究，缺乏思维训练。教师就题讲题和过多地讲解知识点，很容易脱离语篇语境，使得学生误以为试卷讲评课等同于语法课或词汇课，这不利于培养学生的语篇意识。同时，教师试卷讲评课缺少对主题意义的探讨，忽略语篇所承载的深层文化意义、内涵及价值取向，只抓"语言"，不见"文化"，导致教学碎片化和表层化等问题。

问题四：教师对学生的做题技巧和学习方法缺乏指导

调查数据显示：不少教师过度关注试卷中的知识点讲解，而缺乏必要的解题思路和技巧指导，忽略了对学生学习方法的引导。同时，教师未对典型错题展开分析和思考，不能帮助学生查漏补缺和提升其做题能力。如果教师只重试题内容，而轻解题能力，就很难帮助学生实现举一反三。试卷讲评缺乏对做题技巧和学习方法的指导，学生的学习迁移能力就得不到提升，也难以实现知识间的触类旁通。

问题五：教师过度关注成绩，缺乏对学生情绪的关注

调查数据显示：不少教师在讲评试卷前，会先公布成绩、平均分等指标，这很容易造成课堂气氛压抑。检测后，学生有必要了解自己的成绩，但是教师应提醒学生关注个人成绩的变化，而不是一味地鼓励学生互相比较。

成绩是检测学生学习效果的有效手段，但不是教师评判学生的唯一标准。教师对成绩的过度关注和对比，很容易让学生，尤其是基础薄弱的学生，产生压力和消极的学习情绪，影响其学习英语的积极性。在讲评试卷前，教师应积极关注不同层次学生的情绪变化，引导学生正确对待成绩，客观分析试卷问题，从而查漏补缺。

三、试卷讲评的原则

从以上的常见问题我们不难看出，教师在试卷讲评中扮演着重要的角色。为解决以上问题，做到有效地讲评试卷，教师应遵循以下几点原则：

原则一：师生共同参与，丰富讲评形式

通过分析学习金字塔，我们可以看出：在七种学习方式中，学习记忆留存效果在30%以下的传统方式是被动学习，而学习效果在50%以上的是团队学习、主动学习和参与式学习。讨论、实践以及教授他人等学习方式可以帮助学生记住50%~90%的学习内容。

教学是教与学的交往和互动，师生双方应该相互交流、相互沟通、相互启发、相互补充。同时教师要引导学生采用自主、合作的学习方式[4]。

所以，试卷讲评课应该以教师为主导、学生为主体进行启发式讲评，形式需更加多样化。在试卷讲评课中，教师要充分调动学生的学习积极性，充分发挥学生的主体作用，增强学生的参与度，让学生成为学习的主人，变"让我学"为"我要学"。

比如，试卷讲评可以与师生讲评、小组学习相结合。教师重点讲解共性问题以及难点，侧重帮助学生构建知识体系，总结做题技巧和学习方法。学生也可以通过小组活动，共同分析错题原因，探讨正确答案和解题思路。这样能调动全体学生参与，增强师生、生生互动，从而让学生真正学到知识。

原则二：精选讲评内容，技巧、思维并行

教师在试卷讲评中，一定要重点突出，切记不要毫无重点、面面俱到。讲评试卷前，教师可以先分析试卷命题和学生答题情况，以便确定试卷讲评的内容和重点。

首先，教师应先进行试卷的命题分析，可以借助量化表格进行试卷考查知识点的统计和分析，以及对试卷各题的命题思路进行分析——例如，命题者是通过什么手段设置干扰项，以及试题是从哪个角度对知识点进行考查。这一步旨在帮助教师明晰试卷的重难点以及对学生能力的考查要求。

其次，教师要分析学生的答题情况，同样可以借助量化表格了解学生整体的答题情况及以各项题目的得分情况，尤其是学生失分的情况，从而预判学生在解题思路上可能存在的问题。这一步旨在了解不同层次学生的失分点，进而明确讲评课的教学重难点，满足不

---

4 中华人民共和国教育部.普通高中英语课程标准（2017年版2020年修订）[S].北京：人民教育出版社，2020.

同学生的学习需求。

最后，教师结合考情和学情分析，精选教学内容。为了提高学生的得分率，教师需要从出题角度和做题技巧两方面入手，帮助学生学会读题、审题，正确把握答题方向；指导学生厘清答题步骤，并注意答题的条理性和规范性，从而实现触类旁通、举一反三。

同时，在内容层面上，教师不应只注重词法、句法等知识层面的讲解，还应引导学生基于主题语境和篇章结构展开思维训练。比如，教师可以从篇章结构层面，引导学生梳理文本内容，培养学生的篇章意识。教师也可以引导学生探讨文本的主题意义，关注语篇所承载的深层文化意义、内涵及价值取向，培养学生的思维品质和文化品质。

原则三：关注学生差异，注重分层教学

教师不仅要关注学生"学什么"，更要关注学生是否"喜欢学"，以及是否知道"如何学"[5]。这要求教师要关注学生的年龄特征、个体差异，善于发现学生的学习优势，及时肯定学生取得的进步，悉心指导学生去克服困难、解决问题，这有助于增强学生的学习自信心，逐步成为乐学和善学的终身学习者。

在试卷讲评课中，教师应根据学生的得分情况开展分层教学。因为不同层次的学生对待试卷讲评课的心理和态度是不一样的。教师可以通过观察、面谈、讨论等形式了解不同学生的学习需求，从而决定如何进行分层教学。

在讲解时，教师可以结合学情设计不同梯度的问题，引导不同水平的学生开展思考和学习，确保每一位学生都能有所收获。比如，在讲解文本的篇章结构时，教师可以要求基础好的学生自己绘制篇章结构，而对于基础比较弱的学生，教师可以提供必要的"脚手架"，引导他们进行相应的填充练习。

在小组活动中，教师可以结合学生的水平设置不同难度的活动，引导学生进行小组讨论。比如，在小组讨论中，答错的学生分享自己的错题以及做题思路，答对的学生负责讲解正确的做题思路。这既能满足不同层次学生的需求，也能实现分层教学。

同时，在试卷讲评课中，教师应该以赞扬、肯定学生为主，学会欣赏学生，切忌挖苦、讽刺学生，比如教师可以适度表扬学生的优秀做法，如卷面整洁、解题规范、思路清晰、表述清晰等。这样既能提高学生学习的积极性和主动性，也能激发学生的潜力。对成绩暂时落后的学生，教师应该积极鼓励其找出失分的原因，查漏补缺。同时，教师要善于挖掘

---

5 中华人民共和国教育部. 义务教育英语课程标准（2022年版）[S]. 北京：人民教育出版社. 2022.

他们试卷中的闪光点,并给予肯定,以增强学生的信心。教师也要鼓励学生关注每一次考试后的变化,培养学生的成长型思维。

为了保证试卷讲评课的高效性,教师须遵循以上教学原则。教师可以根据具体情况,开展相应的试卷讲评活动,不断提升学生的做题技巧和语言能力,培养学生的学习思维。具体案例会在后文详细阐述。

第二节 如何设计一节高效的试卷讲评课?

结合上一节的试卷讲评原则,本节讲述设计高效讲评课的科学方法及具体措施。

笔者通过分析和梳理中国知网的多篇试卷讲评课论文以及一线英语教师的调研结果,归纳总结出了以下可供学习和模仿的科学备课步骤(如表1所示):

表1 试卷讲评教学常用备课步骤

步骤	方法
试卷考情分析	考点统计
	梳理命题思路
	试卷难度分析
试卷学情分析	整体分析
	逐项分析
	解题思路分析
试卷讲评课教学目标	确定本课教学目标
设计教学流程	讲评前:介绍考情和学情
	讲评中:师生讲评
	讲评后:消化讲评
撰写教案	明晰步骤
	阐述活动
	明确教学目的
	教学评价

第一步:试卷考情分析

试卷考情分析主要是对试卷的内容设计进行分析评价,可以分为以下三步:

第一步,教师需要对试卷中的试题类型以及所考查的知识点进行归类统计,掌握知识点在试卷中的分布情况,明晰知识点考查的角度、问题的陷阱设置方式等[6]。

比如2019年全国Ⅰ卷语法填空的考点分析如下(如表2所示):

表2　2019年全国Ⅰ卷语法填空的考点分析

题号	61	62	63	64	65	66	67	68	69	70
提示词	无	有	无	有	有	有	有	有	无	有
考点	同位语从句	副词	介词	不定式	时态	名词	动名词	形容词比较级	冠词	主谓一致

语法填空题考查考生在所设语境中综合运用语法知识的能力。本题型要求考生在正确理解文章主旨的基础上,特别关注文章微观语境中词语、句子与整个篇章结构之间的联系,以考查考生对英语词法、句法和语篇的掌握情况[7]。

第二步,教师分析试卷中各类题的命题思路,弄清命题者的出题意图。比如,2019年全国Ⅰ卷阅读理解B篇介绍呼吸新鲜空气和接近大自然有益于身心健康;2019年全国Ⅰ卷短文改错介绍作者如何通过一次小"意外"而喜欢上足球运动;2019年全国Ⅱ卷书面表达设置了考生作为学校排球队队长写信告知队员近期活动安排的情境,在具体的体育情境中考查考生书面表达能力。这些语篇及所设置的相关试题在考查阅读理解或英语语言综合运用能力的同时,也体现了命题人的意图,即引导学生关注体育锻炼、倡导健康生活。

第三步,教师需要分析整体和每道题目的难度值[计算公式:难度值(P)=平均分÷满分值],以此对学生完成情况做出适当评价。教师可以借用各种试卷批改软件(如智学网)进行数据统计,分析试题难易程度。针对历年高考真题,教师也可以参考官方公布的统计数据,结合学情展开分析,比如2019年教育部考试中心公布的2017年至2019年的全国卷难度值统计数据(如表3所示)。

表3　2017年至2019年的全国卷难度值统计数据

年份	难度		
	全国Ⅰ卷	全国Ⅱ卷	全国Ⅲ卷
2017	0.557	0.526	0.546
2018	0.574	0.568	0.574
2019	0.589	0.567	0.588

6　高庆忠,上好试卷讲评课,提高英语教学质量[J].当代教育科学,2011(2):62-63.

7　教育部考试中心,高考试卷分析(英语分册)[M].北京:高等教育出版社,2020,55.

结合以上三步，教师便能明了试卷的考查重点，便于后期确定讲评课的重难点，保证讲评课的针对性。

第二步：试卷学情分析

试卷学情分析主要是对学生试卷答题情况进行分析，可以分三步走：第一步是对学生答题的总体情况进行分析，以了解自己所任教班级学生的整体水平；第二步是逐项分析答题的正确率，以了解学生掌握知识的程度；第三步是分析并解决学生在解题时的思路问题。正确的解题思路要分析，错误的解题思路也要分析，以便了解学生在平时学习中存在的弱点[8]。

在第一步整体分析时，教师可以将本次考试成绩和历次考试成绩进行比较，引导学生正确对待考试成绩以及反映出的问题。

在第二步逐项分析时，教师可以借助统计表格，统计好每项失分的学生名单，为分层教学提供依据。

在第三步解题思路分析时，教师要统计不同原因的丢分情况，分析学生典型的错误原因，识别知识和能力缺陷。教师可以借助观察、面谈等方式了解学生的答题思路，分析其思路障碍和解题习惯。

结合以上三步，教师便能确定讲评内容和教学重点，兼顾学生知识与能力的完善和提升，满足不同层次学生的需求，实现分层教学。同时，教师可以结合学情分析，认真反思教学方法，从而确定适合学生的讲评方法。针对学生不同的答题情况、不同的题型、不同的测试目的，教师需确定灵活多样的讲评方法，使学生走出答题的误区，从而促进他们对语言使用规律的理解和掌握，提升他们的综合能力[9]。

第三步：试卷讲评课教学目标

结合考情、学情的分析，教师基本可以掌握试卷和学生的大致情况，明晰教学重难点。基于此，教师可以从英语学科核心素养的四个维度和方向进行教学目标的设计。

本节所涉及的教学目标以英语学科核心素养的四个维度为指导方向，以下的教学目标更多地可以看作教学目标框架，是全面的、较为宽泛的教学目标，而具体到单节课则应有更为具体、详细、微小的教学目标。

---

8 孙勇.英语试卷讲评课的优化[J].教学与管理，2001（12）：56-57.
9 高庆忠.上好试卷讲评课，提高英语教学质量[J].当代教育科学，2011（2）：62-63.

一、语言能力

1. 学生能够改正错误，澄清疑点，运用正确的方法解答问题；
2. 学生能够查缺补漏，巩固基础知识并梳理重难点知识，完善考点知识体系；
3. 学生能够熟悉不同题型的解题规律和技巧，提高自己的解题能力。

二、文化意识

1. 通过试卷语篇的深度学习，学生能够了解语篇背后的英语国家相关社会现象和文化背景；
2. 通过试卷语篇的深度学习，学生能够了解中外文化知识，树立文化自信。

三、思维品质

1. 在小组讨论中，学生能够用英语理解和表达，形成英语思维；
2. 通过学生讲评和互评，学生能够提高批判性和创新性思维。

四、学习能力

通过自我改正和错误原因分析，学生能够积极运用适合的英语学习策略，发展自主学习能力和素养。

第四步：设计教学流程

基于在线调研，笔者发现，试卷讲评教学遵循相似的教学流程。本节笔者将罗列出常用的试卷讲评教学步骤（如表4所示）：

表4　试卷讲评教学设计常用的教学步骤

环节	步骤
讲评前	介绍考情和学情
讲评中	学生自主讲评
	教师讲评
讲评后	个别消化
	辅助消化
	总结反馈

一、讲评前

介绍考情和学情

  这一步教师主要介绍试卷的考情和学情，教师可以借助表格呈现。在展示考情分析时，教师可以运用表格详细展示试卷的考点、重难点以及所考查的能力，便于学生直观了解试卷难度。

  在展示学情分析时，教师可以借助图表呈现班级的各项得分、各分数段统计等数据信息，这样能够直观地呈现学生的共性问题，引起学生的重视。同时，教师可以提前收集学生的错题分析反馈。学生可以根据测试自我诊断表整理本次考试存在的问题，（如表5所示）：

表5 测试自我诊断表

_____测试自我诊断表					
姓名：_____ 考试时间：_____					
考试总分：_____ 自我纠错后总分：_____ 总分差：_____					
题号	卷面得分	自我纠错后得分	错因分析		最不该丢的分数
1					
2					
3					
…					
错因：1.知识不清；2.审题不清；3.理解不透；4.表述不清；5.时间分配不合理；6.考场焦虑；7.其他原因。					

  教师可以整合学生的测试自我诊断表，从而明确本堂课讲解内容（学生讲评题目和教师讲评题目）的分配。

二、讲评中

1. 学生自主讲评

  在教师正式讲评前，学生结合课前的测试自我诊断表在学习小组内先进行自主讲评，主要遵循以下流程：自主订正—组内讲评—班级展示。同时，教师可以在课前提供试卷的导学案，主要包括相关语篇的词汇、长难句以及难点语法，这样便于学生提前预习和回顾试卷的主要内容。

  2021年全国Ⅰ卷阅读理解B篇文章的导学案如下表6所示。

表 6　2021 年全国乙卷阅读 B 篇文章的导学案

单词	词性	词意及用法	单词	词性	词意及用法
practically			household		
survey			convenient		
concede			ring		
category			point		
naturally			popularity		
factor			identity		
makeup			necessity		

词块	词意	词块	词意
pay for		be to do with	
be hard pressed to do		rather than	
plenty of		provide ... for ...	
make and receive calls		to be honest	
rely on		pick up the phone	
a security blanket		Caller ID	
in case of emergencies		be attached to	
fall into		go the way of	
stick with		gas street lamp	
now and then		milk delivery	
compare to		daily expense	

长难句分析

1. These days you'd be hard pressed to find anyone in Australia over the age of 15 who doesn't own a mobile phone.
框架：本句为主从复合句，who 引导的定语从句修饰_____。
翻译：_____。

2. Of those Australians who still have a landline, a third concede that it's not really necessary and they're keeping it as a security blanket — 19 percent say they never use it while a further 13 percent keep it in case of emergencies.
框架：本句为主从复合句，a third concede ... 为主句，that it's not really necessary and they're keeping it as a security blanket 是 that 引导的_____从句，破折号后的内容解释说明前面的内容，who still have a landline 为限定性定语从句修饰_____。

3. Age is naturally a factor（因素）— only 58 percent of Generation Ys still use landlines now and then, compared to 84 percent of Baby Boomers who've perhaps had the same home number for 50 years.
框架：破折号后面的内容解释说明前面的内容，who 引导的限定性定语从句修饰_____。compared to 84 percent of Baby Boomers 做比较状语。

续表

长难句分析

4. Generation Xers with young families, like my wife and I, can still find it convenient to have a home phone rather than providing a mobile phone for every family member.
框架：find it convenient to do sth rather than doing sth，表示 _____。

5. That said, to be honest the only people who ever ring our home phone are our Baby Boomers parents, to the point where we play a game and guess who is calling before we pick up the phone（using Caller ID would take the fun out of it）.
框架：本句主干是 _____，who ever ring our home phone 为限定性定语从句修饰 _____，to the point 是介词短语作状语，where we play a game and guess who is calling before we pick up the phone 为 where 引导的限定性定语从句修饰 _____，定语从句又包含一个 who 引导的宾语从句 who is calling，做 _____ 的宾语。

在整个讨论和讲评过程中，教师应鼓励学生借助英语输出，逐步培养自我的英语思维。在学生自主讲评时，教师应积极巡视，及时给予必要的指导。

具体操作步骤如下：

自主改正：学生课前先结合试题答案进行自我评价和自我诊断，反思并自行改正错误。同时，学生课前完成导学案，做好小组学习讨论的准备。

学生组内讲评：学生可以结合自己的测试自我诊断表，找出自己不懂的试题，与组内成员一起讨论、分析讲解正确或错误原因。若组内都无法解决，可以向教师或者其他组成员请教，然后再讲给其他成员。这样的教学活动旨在通过小组活动，增加学生的课堂参与度。

班级展示：每个小组推选一位成员进行班级展示。展示前，教师需要明确每个小组负责的题目以及讲解的顺序，这样就避免了组间问题重叠和学生不知道从何讲起的现象。同时，教师需要引导不同水平的学生积极参与讨论，而不只是要求优秀学生的展示。在学生班级展示时，台下学生提问、反驳，进行辩论和讨论，加深理解。如果有学生回答不出，可以求助同组成员帮忙解答。

2. 教师讲评

学生基本能够通过自主讲评解决部分错题，但还是会有一些难点和共性问题需要教师集中讲解。针对这样的难题，教师可以开展以下三点优化试卷讲评。

首先，针对知识点讲评，教师可以开展表层讲评、深入讲评、拓宽讲评、拓展延伸等活动。表层讲评法指就题论题进行讲评，即考查的知识点是什么，命题的思路是什么，答题是什么，干扰因素是什么。深层讲评法指针对某个题目进行深入讨论。讲评时，教师可以改变原题，引导学生进一步思考其正确答案是什么。比如：在讲解语法填空时，教师可以根据原题以及易错点设计类似的题目，供学生对比分析，从而找出正确答案并明晰考点。拓宽讲评法指针对某个知识点引申其他类似的知识点，达到在讲评中拓宽学生知识点的效果，引发他们对相关知识点的联想记忆。这样既可以加深学生对知识点的印象，帮助学生建构完整的知识体系，也能促进学生知识的正迁移和发散性思维，拓宽学生的知识面[10]。

其次，针对解题技巧讲评，教师需要引导学生从正确的答题思路入手，掌握正确的解题方法和技巧。比如，进行阅读理解时，教师要引导学生按照以下做题顺序：标段——画出题干关键词——定位段落并画出关键句——对比选项——找出正确答案。

在讲评中，教师需要特别注重对学生进行完形填空、阅读理解、短文改错、书面表达等方面的解题技巧和方法的指导。教师要将解题方法和技巧的指导贯穿试题讲评的全过程，帮助学生举一反三、触类旁通。

最后，试卷的每一篇阅读文本都归属于三大主题语境，承载着中外文化。因此，在试卷讲评过程中，教师也需要充分挖掘试卷语篇所承载的文化内涵和主题意义，对比中外优秀文化的异同点，培养学生的文化意识，以及跨文化思维。同时，教师应在讲评中，引导学生关注文本的篇章结构，培养学生的语篇意识。比如，教师可以引导学生根据语境和关键词解题，整体把握语篇结构，准确把握文章主题和作者意图。

比如，教师进行2019年全国Ⅲ卷的完形填空题型讲解时，可以引导学生关注第一句话："The small town of Rjukan in Norway is situated between several mountains and does not get direct sunlight from late September to mid-March 1 six months out of the year."，从而得出文章体裁为记叙文，时间、地点以及文章题材是对社会有突出贡献的人物，把握文章主题和作者意图。随后引导学生关注文章的时间表达和动作描写梳理故事发展，借助故事山呈现，从而把握文章的篇章结构。

三、讲评后

1. 个别消化

学生自评和教师讲评后，教师需要采取必要的手段促使学生消化讲评内容，从而保证讲评效果。消化讲评内容的方法有：个别消化和辅助消化。个别消化是指讲评后，教师要

---

10 姜晶.英语试卷讲评课教学策略探究[J].中小学教学研究，2010（4）：39-40.

留有一定的时间让学生自主消化讲评内容，弄懂自己没有掌握的知识。在学生进行个别消化时，可以借助思维导图梳理自己课堂所学，着重标记难点。

2. 辅助消化

辅助消化讲评内容是通过及时消化和滞后消化来实现。及时消化指教师事先根据讲评的内容重点、难点以及学生答题的易错点来设计有针对性的练习题，并在讲评课上留一定的时间让学生练习。一般情况下，教师可以对试卷语篇进行二次开发，将学生易错点融入二次练习中，帮助学生巩固课堂所学。比如，在作文讲解时，教师可以将参考范文改编为语法填空或者短文改错，引导学生关注相关语言表达，强化语言运用。所谓滞后消化就是教师将失分率高的知识点重新变换角度设计题目，有计划地安排到下一次测试的试卷中，增加复现率，达到反复强化巩固知识的目的[11]。

3. 总结反馈

学生消化讲评内容后，需要进行简短的课堂反思，一般时间是 3~5 分钟。教师可开展讲评后的自由答疑，这样尽可能地解决学生仍未解决的问题。

教师可以提供相关问题，引导学生进行总结反馈，如：

本套试卷中哪些分不应该丢，原因是什么？

本套试卷中自己做题时哪些亮点值得学习，哪里需要改进？

试卷讲评后，自己收获了哪些知识，如词块、句型、做题技巧等？请具体阐述。

试卷讲评后，自己还有哪些问题没有解决？请具体阐述。

以上四个问题，教师可以借助四格法进行呈现。简单的四格操作如下：将一张纸上下左右对折两下，就形成了四格。

教师也可以提供课中学习评价表和课后学习评价表（如表 7、表 8 所示），引导学生进行自我评价和自我检查。当然，在整个教学过程中，教师需要给予学生评价反馈，帮助学生树立信心。

---

11 姜晶．英语试卷讲评课教学策略探究[J]．中小学教学研究，2010（4）：39-40．

表7 试卷讲评课课堂学习评价表

试卷讲评课课堂学习评价表			
姓名 _____ 日期 _____			
	评价标准	评价结果	
		标准分	得分
课前准备	1. 在讲评课之前，提前进行了试题纠错	10	
	2. 在讲评课之前，梳理问题、带着问题进课堂	10	
	3. 在讲评课之前，找出了不该丢的分数	10	
	4. 在讲评课之前，完成导学案	10	
课堂参与	1. 积极向教师提问	10	
	2. 积极参加组内答疑	10	
	3. 积极参加组内讲卷	10	
	4. 向班级同学分享	10	
	5. 积极参加班级辩论	10	
	6. 认真做好课堂笔记	10	

表8 试卷讲评课课后自我评价表

试卷讲评课课后自我评价表			
姓名 _____ 日期 _____			
	评价标准	评价结果	
		标准分	得分
1	导学案完成情况	10	
2	试题自我纠错情况	10	
3	梳理问题解决情况	10	
4	不该丢的分数解决情况	10	
5	大胆提问情况	10	
6	有条理地表达自己解决问题的过程	10	
7	创造性地解决问题	10	
8	课堂笔记记录情况	10	
9	最突出的表现（进步）	10	
10	还需改进和提高的地方	10	

以上讲评环节设计主要服务于日常试卷讲评教学，相关具体案例展示请读者参考本章第三节。

第三节 优秀案例展示

教学内容

高三精选模拟卷试卷讲评

设计思路

本课为高三试卷讲评课,时长为 2 课时(90 分钟)。

基于主题意义,创设情境,教师按照思维层次由低到高,开展学习理解、应用实践、迁移创新的学习活动。关注学生在课堂上的主体角色和学习探索过程,以此提高学生的学习能力。通过本课的学习,学生不仅可以学以致用,提升试卷解题能力,同时能提升其批判性思维和创新思维,发展学科素养。

教材分析

本试卷精选于高考真题、省市质检试题,注重科学性、教育性和诊断性,力求对高中英语教学,特别是高三冲刺阶段的复习教学起到应有的诊断及导向作用。试卷语篇选材围绕"人与自我""人与社会""人与自然"三大主题,重点考查考生的英语语言必备知识、关键能力、思维品质和跨文化知识。下面以听力部分所考查话题和考点为例来分析。(如表 9 所示)。

表 9 2018高考听力话题及考点分析

语段	话题	事实细节 8	推理判断 10	观点态度 1	主旨大意 1
Text 1	准备展示	1			
Text 2	购物		2		
Text 3	赶火车		3		
Text 4	步行上班		4		
Text 5	课堂请假		5		
Text 6	重返学业	6、7			
Text 7	旅行	8	9		
Text 8	就餐	11、12	10		
Text 9	租房	14	13、15、16		
Text 10	演讲:知识改变人生	18	17	19	20

阅读试卷内容分析

第一部分

文章体裁多样，有应用文、记叙文和说明文。该部分考查了学生理解语篇的能力，包括对语篇结构的理解和把握，对语篇内容的提取、加工、处理和评价能力，对语篇的表层分析理解和对文本内容的内涵与外延的深层推理和综合概括能力。

语料出自国外报刊、教材或网站，话题内容丰富、语言地道，涉及文化背景和文化差异、情感态度和价值观，能直接或间接考查学生的文化意识、思维品质和学习能力。所选内容充分考虑学生的生活经验和所处的社会环境。

第一节四篇文章设题形式多样，涵盖了具体信息分析、推理判断、主旨大意、词义猜测、作者意图及篇章结构等，与全国 I 卷该题型的命题要求相符。四篇文章中，C 篇和 D 篇文章相对较难，主要表现为长难句多、生词多等特点。

第二部分

七选五出自 2022 年广东一模，是一篇说明文，介绍如何从错误中吸取教训，继续生活。主要测试考生对文章大意整体把握能力及正确理解篇章结构和上下文衔接的能力，在逻辑意义层面上，主要从主旨、顺承、转折及总结几个角度考查学生的阅读能力。

语言运用

第一部分完形填空选自 2022 年广东一模，共 15 道试题。设空以实词为主，其中包括动词词组 1 题，名词 3 题，形容词 4 题，副词 1 题以及介词词组 1 题。

本篇完形填空是一篇记叙文，话题为"人与自我"，讲述了在一场跑步比赛中，一名运动员帮助一位摔伤的运动员完成比赛的故事，体现了真正的体育精神。在设题上注重考查在上下文语境中恰当使用词汇的能力，同时也考查考生的语篇逻辑关联、思维能力。出题人设题的重点、难点落在情境主线上，动词考查居多，文本涉及词性活用。

第二部分语法填空语篇出自 2020 全国卷，讲述了中国部分地区在春节期间用竹子、橘子树和梅花装饰家居的传统风俗习惯。通过介绍中国传统文化，引导考生增强文化自信，厚植爱国主义情怀，同时考查学生在具体语篇或对话中，识别语法现象和运用语言知识的能力。

全文共 199 词，其中给出汉语意思的生词占 3 个，长度大于 20 词的句子有 2 句。

第四部分. 写作

第一部分

第一节试题选自 2022 年福建省泉州市五检，要求学生根据已给的标题（My Experience of Cooking），结合试题所提供的内容要点写一篇短文向某英语报投稿。试题创设了贴近学生真实生活的情境，通过介绍劳动过程、实践成效和感想来促进学生成长。同时，文章作者鼓励学生养成积极参加劳动的人生态度。试题命制具有一定的开放性和灵活性，既彰显语用价值，也为学生提供了一定的思维空间。

第二部分

读后续写选自 2022 年广东一模，故事的主题语境为人与社会，话题为"历险"。文本主角 Kiana 和爸爸、妹妹在湖上垂钓，忽然间船沉了，三人都掉进冰冷的湖水中。刚做完手术的父亲和年幼的妹妹无力游泳，Kiana 奋力向岸边游去的时候看见了远处有一艘船……

该部分写作关注协同效应，注重读和写的巧妙融合，从续写内容的创造性、语言表达的丰富性、篇章结构的合理性三个方面考查学生的思维能力和读写能力。试题命制既关注写作任务的基础性和创造性，也注重价值观的引领，文本展现了父子之间深厚的情感与和谐的人际关系；鼓励学生要懂得感恩，与人为善，要积极主动向需要帮助的人伸出援助之手。

【学情分析】

从学生答题的情况分析，大多学生发挥正常，体现了较扎实的语言功底，但不少学生英语基础知识不扎实，特别是对某些语言点掌握不好，综合运用英语的能力离高考的要求还有差距，具体表现为学生对知识的钻研和探索性不够，无法拓展和延伸知识。

听力中出现的原文和选项的同义转换要求较高，学生失分多；阅读理解题材广泛，信息含量高。在考查细节理解的题型中，学生得分率较高，在词义推测题、主旨题和推断题的题型中，学生答题正确率较低。原因：1）学生词汇量不够，造成理解难度增大，解题正确率低。2）学生分析信息、处理信息能力差，无法合理分析关键信息，提取有效信息，耗费了很多时间，结果舍本逐末。本卷的阅读 D 篇完成情况最不理想；完形填空要求学生区分结构的层次和内容的逻辑关系，选项设计的词汇量丰富，干扰性强，正确率较低，其原因多是学生没有很好地根据短文的意思和行文逻辑来选择最佳选项；写作部分，大多数学生有写作的框架，具备写优秀作品的能力，但还存在一些其他的卷面问题，例如涂改及词间距等书写问题、分段的结构不合理、低级的错误表达、句子结构单一，读后续写的情节构造出现逻辑问题，语言表达不够丰富等。

【教学目标】

在本堂讲评课中，学生将在以下几个方面得到提高。

1. 通过讲评，学生应能改正错误，攻克疑点，运用正确方法解答问题；

2. 通过讲评，学生应能查缺补漏，巩固基础知识并梳理重难点，在教师帮助下，完善考点知识体系。本堂讲评课要求学生熟悉高考听力同义转换类题型体系，积累一些关于被困和被帮助摆脱困境的有效表达，并把这些技巧运用到写作练习中；

3. 通过讲评，学生应能举一反三，熟悉不同题型的解题规律和技巧，提高解题能力。本堂讲评课要求学生学会运用说明文体裁分析规范的解题步骤，以及学会分析写作基本模式及其变式应用；

4. 通过试卷语篇的深度学习，学生能了解中国春节的一些习俗，弘扬中华优秀传统文化，树立文化自信；

5. 在小组讨论以及听力训练中，学生能通过英语理解和表达形成英语思维；

6. 通过学生讲评及互相评价，对有争议的问题进行批判性思考，提出恰当的方案，妥善解决问题；

7. 在写作讲评中，学生能利用思维导图和教师搭建的脚手架来提升写作水平，提高创新性思维能力；

8. 通过自我改正和错误成因分析，学生能锻炼表达能力，积极运用和主动调适英语学习策略，发展自主学习能力和素养。

教学重难点

教学重点：如何帮助学生构建听力同义转换类题目知识体系；运用说明文体裁分析规范的解题步骤，提升解题能力。

教学难点：如何帮助学生利用思维导图和教师搭建的脚手架来归纳历险类读后续写语料及提升写作水平。

第八章 试卷讲评课

教学资源配置

多媒体课件、黑板、讲义

教学过程	教师活动	学生活动	设计意图
通报考试答题情况（2分钟）	**评价考情** 根据教师对考情的全面分析，可以制成表格式内容并提供给学生学习。教师点评试卷，指出试卷的重难点及所考查的能力。 **评价学情** 1. 通报全班三率统计（平均分、及格率、优秀率）、各分数段统计； 2. 表扬成绩优秀的学生，包括总分以及各单题得分较高的学生；表扬进步学生；鼓励临界生；鼓励学困生； 3. 呈现错题分析（根据对学生"测试自我诊断表"的分析，整理出要呈现的内容）； 4. 呈现本堂课要讲评的题目序号（错误率高的题目）：分为学生讲评题目和教师讲评题目。	学习教师分析的考情，做好批注。 做好成绩记录，进行横向和纵向的比较；分析"测试自我诊断表"，找出错误率高的题目。	从学生最感兴趣的话题入手，调动学生学习积极性。 明确学习成绩以及本堂课学习内容。
呈现教学目标（1分钟）	展示课件，点评教学目标，特别是重难点，指导学生根据教学目标弄清试卷讲评后应该掌握的内容、方法与技巧等。	比对教学目标，找出自己没能在考试中达成的目标。	让学生明白本堂教学目的，明确学习方向。
学生自主讲评试卷（35分钟）	1. 教师给学生布置小组讨论、自主分析等活动，包括分组（事先分好）、各项目完成时间、要完成的内容等，并说明其自主学习模式：自主改正—组内答疑—组内讲卷—班级前讲。 2. 教师要积极巡视，帮助学生分析原因等。 3. 注意引导学生做好记录。 4. 注意保证学生参与面、参与度。 5. 解读学生组内未能解决的问题。 6. 挑选小组长。 7. 引导学生做好总结，教师点评并点拨解题技巧。	1. 学生个人改正（5分钟）：学生参照"测试自我诊断表"以及导学案进行个人改正，找出不理解处。 2. 学生互评（5分钟）：学生在组内互相答疑。 3. 组内讲评（10分钟）：根据教师布置的指定任务或自选任务，小组内先讲，可讲错误原因或正确答案，概括方法。组内未能解决的问题，可以由指定学生向教师请教，再到组内讲给其他成员听。 4. 班级展示（15分钟）：根据前面展示的要讲评题目，在各组组内讲评的基础上，各组推荐一名小老师到班级前展示小组成果。	充分发挥学生主体作用，真正做到解决自己能解决的问题，提升综合语言运用能力。

教学过程	教师活动	学生活动	设计意图
教师指导式的讲与评（38分钟）	1. 教师讲评听力部分重难点（8分钟）：重点放在听力中的同义替换。 2. 教师讲评阅读部分重难点（15分钟）： 1）教师讲评错误率高的题目，适当归纳解题方法。 2）重点讲解阅读D篇：运用说明文体裁分析规范的解题步骤，提升解题能力。 3. 教师讲评读后续写（15分钟）：1）讲评读后续写题目；2）帮助学生利用思维导图和教师搭建的脚手架来归纳历险类读后续写语料。	学生听、讨论并记录	突破重难点，指导解题技巧，归纳考试规律，提高解题能力。
针对性练习（10分钟）	巡视指导	语料积累：找出试卷中的重点句型、长难句，一要积累，二要回译。 题目变式：教师提供从高考真题、省市质检题中找出的同类型题目，学生当堂限时训练。	运用归纳总结出来的解题技巧强化训练同类题目。
总结（3分钟）	自由答疑 教师巡视、帮助、指导，重在解决学生个体未解决的具体问题。 课堂学习评价 教师提供"试卷讲评课课后自我评价表"。	自由答疑 优生巡视、帮助、指导 课堂学习评价： 学生根据标准打分	帮助个别后进生解决课堂遗漏问题。 反思课堂学习过程及学习效果。
布置作业（1分钟）	教师总结点评，做好课堂教学反思。	学生利用"试卷讲评课课后自我评价表"进行课后学习自我评价。 讲评后可将特别优秀的答卷加上教师点评张贴在"学习园地"，供全班学生效仿、借鉴；学生整理错题到错题集，注明错误原因及正确解答；写考后心得，并和试卷装订在一起，以备复习之用。	通过作业，学生应能查缺补漏，巩固基础知识并梳理重难点知识，完善考点知识体系。

第九章 戏剧课

"过程戏剧"与"结果戏剧"方法应用于英语教学的研究

——以"*The Million Pound Bank Note*"为例

> **完成本章阅读,你将收获:**
>
> 1. 戏剧课在中小学的应用场景和重要性
> 2. 当下戏剧课型实施痛点和设计原则
> 3. "教育戏剧"理念在英语课中的设计指导
> 4. 基于教育戏剧理念下的人教社《普通高中教科书英语必修第三册》Unit 5 *The Million Pound Bank Note* 的课程设计案例展示

第一节　戏剧的定义

戏剧课的本质

在正式阅读前，教师们不妨先回答一个问题：你心目中的戏剧课是什么样？很多教师可能会说："吵闹的学生穿着新奇的服装，在租来的道具搭建的大舞台上念着'to be or not to be'的台词"。读到这里，可能有些教师会感叹"又是服装，又是道具，还有舞台，戏剧课上起来，怎么这么困难呢？"

咱们不妨来做个减法：请教师们再次思考，如果从刚才的答案里，删去多余的元素，只保留一到两个内容，你会留下什么来界定"戏剧课"呢？戏剧作为一门综合性的艺术形式，它的情节、人物、场景都需要通过台词和舞台来表现。因此，删繁就简后，最后剩下的关键词就是"舞台"和"台词"。读到这里，你大概已经猜到戏剧课的本质。

"台词"，或者说戏剧脚本，是戏剧语言的灵魂。围绕着冲突（conflict）的核心，戏剧脚本以戏剧性的语言呈现人物，推动故事发展。舞台，它可以很大，大到专门的报告厅；也可以很小，小到普通的教室。但不管舞台大小，它对戏剧课的重要性是不言而喻的——通过给学生提供排练和表演的场地，舞台让学生把脚本的静态文字转化为动态的场景和情境，做到"特定情境，身心卷入"[1]。因此，戏剧课就是教师依托戏剧脚本，以促进学生对戏剧文本的理解，提高其对戏剧的鉴赏能力，设计深度剧本研读活动，并融合戏剧的排练和表演步骤，帮助学生在戏剧化情境中阅读思考、体验展示的一种创新课型。

戏剧课 vs 常规课型

作为创新课型，戏剧课和其他日常课型存在差异。以阅读课为例，这种差异主要集中在以下四个方面（如表1所示）：

表1　戏剧课和阅读课授课的差异

课型	使用材料	设计要点	实施过程	课堂产出
戏剧课	戏剧脚本	融合目标语言和戏剧元素	借鉴并使用戏剧的方法和范式（convention）	戏剧的排练与展演
阅读课	多体裁阅读语篇	目标语言和语篇结构	依据相关教学理论设计，侧重阅读的教学步骤	与阅读技巧、语言积累有关

1　李静纯.中小学英语戏剧教学指南[M].北京：北京语言大学出版社，2020.

1. 戏剧课使用材料——关注戏剧脚本

第一点差异存在于戏剧课使用的材料上。戏剧是一种融合了台词、情节、场景、音乐、形体等的综合艺术形态。因此，戏剧的排练和表演离不开戏剧脚本（script）。作为特定的语篇类型，戏剧脚本包括场景（setting）、情节（plot）、人物（character）、对白（dialogue）等文本特征。这些特征既为戏剧课的教学设计提供了阅读类活动素材，也是学生参与后续排练过程的行动指南。

2. 戏剧课实施过程——借助戏剧排练方法

而作为需要借助语言、肢体动作和情绪等进行表演的综合性舞台艺术，戏剧的实施离不开各种戏剧方法和范式的介入。所谓范式（convention），是指在戏剧创作过程中，排练戏剧的一些常见方法，提取抽象为具有意义的符号，达到指导戏剧创作和排练的效果[2]。例如，戏剧排练中一种常见的肢体类活动就是引导表演者运用肢体动作描绘生活里的一个具体场景，定格画面。研究戏剧的学者因此就把该肢体活动命名为"Freezing Frame"（如图 1 所示），又称之为"Tableau"，意为"画面定格"。这样的戏剧方法被众多的戏剧工作者广泛使用，因此就成为一种"具有意义的符号"，即"范式"。

图 1　国外课堂"Freezing Frame"示例

通过应用戏剧范式，教师能从零到一设计出一节别开生面的戏剧课。在范式的加持下，1990 年过程戏剧（process drama）（如图 2 所示）诞生于美国和澳大利亚，和本章中所涉及的强调结果性展演的戏剧方式不同，"它是一种没有外来观众的戏剧形式，通常没有详

2　[英]纳·尼兰兹，东尼·古德.建构戏剧：戏剧教学策略 70 式（第 2 版）[M].台北：成长文教出版社，2005.

细剧本，只有故事大纲和情境，剧情会随着参与者的反应及创作而有所变化"[3]。本次案例中涉及的戏剧课，虽然会融合戏剧的排练、表演等方法和范式，但重点仍然是戏剧的排练和展演。因此，本案例中的戏剧课，属于结果戏剧（product drama）。

图 2　国外课堂上的过程戏剧

3. 戏剧课设计要点—融合目标语言和戏剧元素

戏剧课的设计要点需要以戏剧脚本为载体，关注语言的内容。但如果戏剧课只关注戏剧文本阅读元素的设计和挖掘，就沦为另一种形式的阅读课，自然也忽视了戏剧课的情境性和互动性。戏剧通过创设情境，为学生的语言学习提供了丰富的情境故事和大量的语言学习机会。语言的学习需要反复记诵，而戏剧的排练和展演，更容易让学生实现语言的反复记诵，从而提升语言的学习效果。

因此，教师不管是面对如 *The million pound bank note*、*King Lear* 这样的戏剧单元而暗自发愁，还是面对学校安排自己开设英语选修课或创办英语戏剧社团的要求而感到一筹莫展，或是为了排练一出英文剧目参加校园文化节的节目展演而苦思冥想，戏剧课都能解你的燃眉之急，助你一臂之力。而戏剧课的价值远不止于此，请接着读下去。

戏剧课的重要性

读到这里，咱们不妨"戏剧"一把，先来玩个猜谜游戏吧。

"那年大力修订它，犹如老树发新芽。捧在手里常诵读，从此教书有方法"——打一教师必备工具。

---

[3] 夏恩力. 过程戏剧在小学英语教学中的应用[J]. 英语教师, 2019(1): 4.

第九章 戏剧课

你猜到了吗？对啦，就是一线教师都离不开的《义务教育英语课程标准（2022年版）》和《普通高中英语课程标准（2017年版2020年修订）》。《义务教育英语课程标准（2022年版）》和《普通高中英语课程标准（2017年版2020年修订）》提出了核心素养的概念，而核心素养的培养需要借助课堂教学的实践，并且教师要在主题的引领下确定恰当的教学内容。

1. 戏剧课价值之一：体现"核心素养"的要求

一方面，戏剧作为人类优秀文化的载体，对应《英语课程标准（2022年版）》提出的"人与社会"的戏剧文化的主题语境，限制学生语言知识和文化知识的学习范围。另一方面，戏剧作为基于真实情境的再现、重构和"梦幻再创"，为学生的语言学习提供了有意义的语境，并且通过戏剧人物的表现，戏剧冲突的呈现和戏剧情节的开展，渗透着情感、态度和价值观。在戏剧课上，教师指导学生关注人物对白、舞台说明、情节发展、戏剧冲突等，既有助于培养学生的核心素养，也能帮助学生"理解和欣赏部分优秀的英语文学作品（戏剧、诗歌、小说等），从作品中获得积极的人生态度和价值观念启示"[4]。

2. 戏剧课价值之二：创设有意义的语言学习语境

戏剧课的第二个重要性在于它符合"全语言教育理论"的主张。传统的教学方式把语言分解为词汇、语法、语音等内容，而学者Ken Goodman的全语言教学（whole language learning）则提出：语言存在于语境当中，真实而自然地存在于人们的认知和社会生活中。

全语言理论主张通过引导"学生在语境中理解、探究、建构语言意义"来学习语言，促进自我发展。戏剧课上，学生在丰富的语境中，以语言意义为核心，通过各种戏剧游戏与戏剧文本的任务对话，思考语言传递的意义，反复操练语言形式；最终通过整体运用语言，提高其语言学习的效率。

3. 戏剧课价值之三：不可忽略的情感促进作用

而美国语言学家克拉申的"情感过滤假说"指出要做到成功习得语言，不能忽略情感因素的影响。这也佐证了戏剧课在提升学生语言学习兴趣方面的独特作用，启发一线教师在教学中关注戏剧课的价值。要做到成功习得语言，不能忽略情感因素的影响。克拉申指出：动机（motivation），即学生学习目的是否明确，能直接影响学生的学习效果；自信（self-confidence），自信、外向的学习者置身于不熟悉的学习环境，更容易习得语言；焦虑（anxiety），

---

[4] 中华人民共和国教育部.普通高中英语课程标准（2017年版2020年修订）[S].北京：人民教育出版社，2020.

当学生焦虑感较强时，情感屏障高，语言的学习效率自然也不高。

　　戏剧源于生活，戏剧是对真实情境的抽象和展示。在排练和展演的目标驱动下，学生的动机强度较高，在解构戏剧脚本的过程中，便能根据自己的理解，融合语言、表情和动作进行展现。课堂的中心不再是教师的教授，而是学生理解、体验、模仿和表演。戏剧的精彩演出离不开多个演员的合作。在戏剧课堂，学生通过和同伴的相互鼓励、互相支持，克服语言学习焦虑，提升学习自信，树立积极的人生观。因此，戏剧课不仅是一节课，更是一场生命的教育。

第二节　课程实施痛点和设计原则

　　作为一种创新课型，戏剧课的实施并不容易。针对戏剧在一线教学中的痛点，笔者对194位一线中学教师进行了调研，结果如下（如图3所示）：

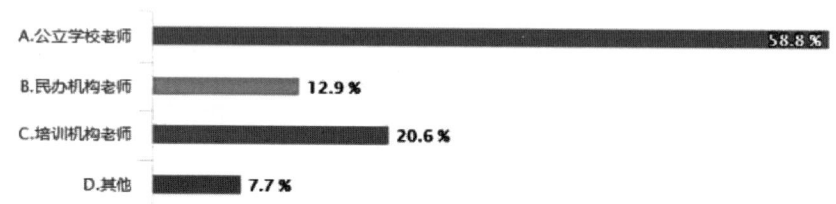

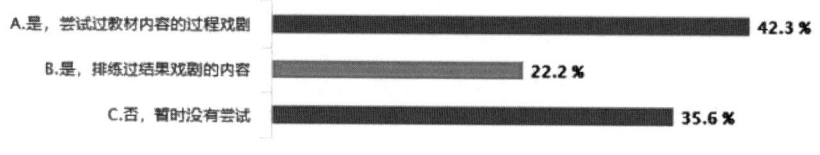

图3　戏剧课实施痛点调查结果

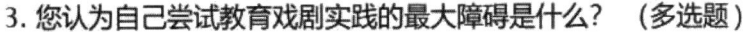

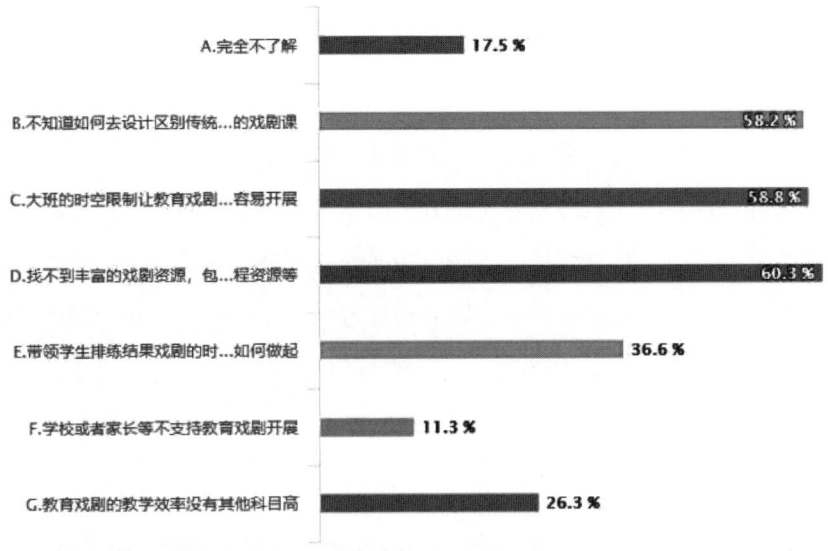

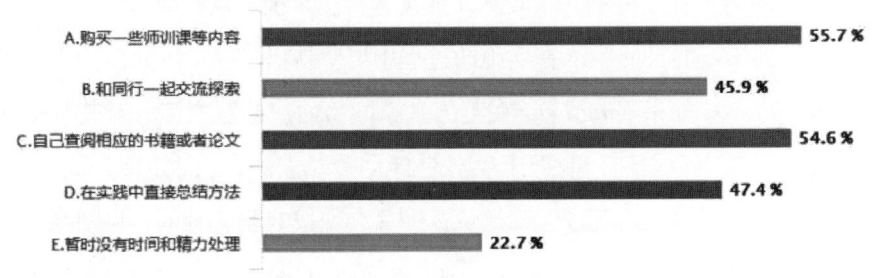

图 3　戏剧课实施痛点调查结果一览

调研结果显示，戏剧课受到了公立学校一线教师的欢迎和重视。42.3% 的教师有过上戏剧课的经历，但目前还都集中在依据教材内容而进行的过程戏剧的尝试阶段。正如第一节所讲，过程戏剧这种没有详细剧本，借助各种活动范式来开展的戏剧形式，并不像结果戏剧一样，聚焦学生对戏剧脚本的解构和关注，并引导学生参与到戏剧的排练活动中。因此教师若想提高学生对戏剧脚本的鉴赏能力，推动戏剧课在促进学生的语言输出和提升表演素养方面的积极作用，需要重点关注结果戏剧。但调研结果显示，仅仅有 22.2% 的教师尝试过结果戏剧。

究其原因，位列第一的是缺少产出结果戏剧相关的资源，其中既包括剧本、影音和课程资源等（占比为 60.3%），也包括计划开展戏剧课的教师缺少相应的师训资源（占比为 58.2%）。虽然教师们会购买一线师训课等学习资源（占比为 55.7%），或者自行查阅相关的论文和书籍（占比为 54.6%），但开展戏剧课的困难还远不止此，例如大部分学校都进行 30 人以上的大班教学，而受场地限制，大部分戏剧课难以实施，学校对教学进度的要求也会影响戏剧课的设置（占比为 58.8%）。以上现实条件导致以结果戏剧为导向的戏剧教学的开展困难重重。

此外，结果戏剧的展演是把静态文本要素转化为包括情绪、动作、台词和表演等在内的演员动态表现的过程，因而教师需要排练方法的指导。但公立学校英语教师自身缺少戏剧表演、排练等特定领域的教育背景，调研中 36.6% 的教师认为开展以结果戏剧为导向的戏剧课的障碍之一就是缺少对学生排练戏剧的指导方法。综上所述，戏剧课开展的痛点既有师资培训的理论困境，也有资源获取和排练方法的操作难点。针对上述戏剧课的痛点调研，笔者结合自身实践，以及与百余位一线英语教师共研戏剧结合英语课堂的经验，总结出以下三条戏剧课堂的设计原则：

设计原则一：融合"教育戏剧"的教学法，以"教"为核心，以"戏"促学

解决戏剧课的痛点首先离不开对戏剧课定义的再次审视。戏剧课需要"透过融合戏剧的各个要素来达到学习的目的"，在实施的过程中要坚持以"教"为核心，以"戏"促学。同样是排练 *King Lear*，如果 *King Lear* 在英国皇家剧团的演艺厅表演，对其判断标准自然是最终的呈现是否是声色俱佳，能否让戏剧迷们大呼"过瘾"；而如果 *King Lear* 呈现在中央戏剧学院的毕业汇报演出现场，则评价标准又会变成戏剧教育的科班训练能否培养出合格的艺术表演人才。但当 *King Lear* 呈现在中学英语的课本上时，例如北师大版《普通高中教科书英语必修三》中的"literature spot"，其评价标准则是教师能否指导学生通过阅读、分析戏剧这种特殊体裁的文本，让学生能够：

- 了解戏剧体裁的特点；
- 品读戏剧蕴含的文化精髓；
- 通过参与戏剧的排练活动，促进创设情境中语言的输出；
- 提高对戏剧的审美、鉴赏和表现能力。

对比戏剧课的教学目标和评价方式，我们不难发现，戏剧课立足于戏剧这一特殊体裁，引导学生品读和解构文本，关注戏剧文本背后的思维品质和文化价值，提升学生的核心素养。因此，即将踏入戏剧课实践的一线教师们，虽然"戏剧"二字会让大家感到惶恐、焦虑，甚至是手足无措，但戏剧课的核心是使用"戏剧"这一辅助工具实现"教育"的核心目的。此外，戏剧课的教学模型也和英语学科教学类似。戏剧课仍属于教育领域的一项命

题，不论其形式如何，围绕的都是"教育"二字，与大家平时的教学形式殊途同归。既然如此，又何须彷徨呢？

设计原则二：兼顾戏剧体裁和文本语言，设计序列性教学活动

面对大班教学的时空限制，戏剧课的开展是否注定会困难重重呢？其实也不尽然。通过设计合理的教学活动，一线教师即使是面对大班授课的现状，也能把戏剧课上得有声有色。

教师设计戏剧课教学活动的首要原则就是要融合文本语言和戏剧元素。戏剧是舞台上的演员通过模拟现实世界的人物，来表演一段故事的过程。因此，戏剧文本的语言具有口语化、情境化、真实化的特点。戏剧文本包括人物语言（台词 lines）和舞台说明（stage directions）两个方面，既要讲述情节、表现冲突，又要塑造人物形象。

根据布鲁姆的目标分类学，戏剧的各个基本要素包括：场景（setting）、人物（character）、情节（plot）和冲突（conflict）[5]。这些都属于"表层信息"层次的事实性知识，需要学习者在理解的基础上进行梳理和整合，这是第一阶段的学习任务。而分析人物的性格、行为和情感变化，通过读懂"言外之意"理解情节的发展变化，则属于概念性知识，需要学习者在第二阶段对其进行比较、推理和整合。戏剧不只是平面的文本分析，还涵盖了肢体动作、语言表现和情绪融合的立体化表演。因此，这既涉及教师的过程性指导，又需要学生在合作体验的过程中随时调整和修正学习内容，此类信息的整合过程对应的是程序化知识的处理过程，属于深层次的第三阶段学习任务。因此按照学习任务的序列性原则，教师可以按照"输入理解（understanding）—分享内化（sharing）—输出表达（expressing）"的序列来设计戏剧课的教学活动（如表 2 所示）。

表 2　三大序列教学活动的差别

教学活动类型	关注信息层面	教学活动关注重点
输入理解类（understanding）	事实性知识	作者、戏剧的背景信息；戏剧的各个基本元素
分享内化类（sharing）	概念性知识	聚焦情节、关注人物
输出表达类（expressing）	程序化知识	戏剧排练素养的达成

5　布鲁姆. 布鲁姆教育目标分类学（修订版）[M]. 北京：外语教学与研究出版社，2009.

1. 输入理解类活动

输入理解类的教学活动，强调的是通过引导学生使用感知与注意、获取与梳理、概括与整合的方式，对文本的表层信息进行处理。在这个教学环节，教师需要以问题为导向，引导学生关注戏剧文本的各个要素：场景、人物、情节、对话。教师可以使用一些由戏剧工作者在实践中总结出的解构戏剧元素的资源，如德国戏剧家 Freytag 总结的 Freytag's Pyramid（也称 Freytag 的金字塔）（如图 4 所示），从而有效地梳理戏剧结构（dramatic structure）和整合戏剧情节。

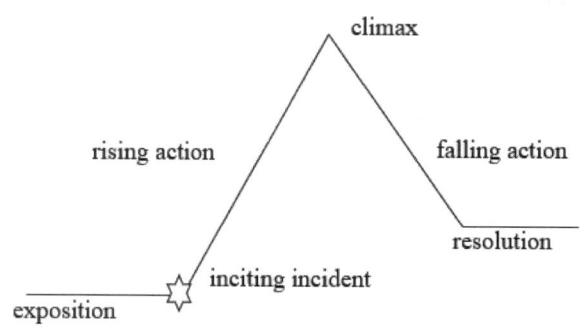

图 4　Freytag's Pyramid（Freytag 的金字塔）

2. 分享内化类活动

第二阶段的分享内化活动需要教师引导学生通过总结、推断、比较戏剧文本材料等方式，把表层信息进行深层次的解码加工。为了让学生能达到"理解戏剧情节""探究人物内心"的目的，教师在开展该阶段的教学活动时，需要借助一些戏剧范式的活动（更详细的案例会在第三节里呈现）。这样的教学设计，既能让学生在阅读的过程中不再只是简单地传递信息和被动地接收信息，而是能不停地对视觉信息进行解码、加工和处理[6]。同时，围绕着戏剧的两大核心"人物"和"情节"，学生也能在品读人物台词、赏析戏剧情节的过程中，总结概括人物的情感态度变化，辨认出剧情表象后所蕴含的人生观、世界观和价值观。

3. 输出表达类活动

在经过前两个阶段的教学活动后，学生已经能解构戏剧的各个元素，并对戏剧的角色有了较为全面的认识。这就为第三阶段输出表达类教学活动的开展打下了基础。在该阶段

6　Grellet, F. Developing Reading Skills [M]. Cambridge: Cambridge University Press, 1981.

的教学中，教师需要以激发学生的内在表演欲望、提升学生的戏剧表现能力为导向，借助情绪表达训练、肢体活动运用等方法，引导学生模拟戏剧的自由排练环节，亲身体验如何排练一出戏剧。正因为戏剧是一种"以表演艺术为中心"的综合艺术形式，需要"通过演员表演故事来反映社会生活中的各种冲突"[7]，教师的第三阶段教学活动，自然就要围绕着戏剧的排练和展演，创造条件让学生置身于戏剧情境中去操练和使用语言，最终实现"可理解性输出"的戏剧教学目标。

设计原则三：注重形成性评价方式

众所周知，一套完整的教学活动包括教、学、评三个方面。相比其他的教学方式，戏剧课具有动态性、生成性、真实性的特点。因此，如果对戏剧课的评价仍采用以往的终结性评价的方式，即以教师为评价主体，只聚焦结果，对学生的展演效果给出盖棺定论式的评价，那么会对学生的积极性和课堂生成的真实性造成较大的负面影响。而终结性评价的方式只侧重学生展演的结果，也不符合加德纳提出的多元智能理论，即"语言智能、逻辑数学智能、空间智能、音乐评价智能、身体动觉智能、人际交往智能、自我认知智能、自然观察者智能"[8]。

另一方面教学评价的应用需要贯穿教学过程的始终，体现在教学实践的各个环节，其最终目的是促进英语学习，改善英语教学，完善课程设计[9]。因此戏剧课的评价方式需要关注教—学—评一体化，关注教学过程的动态性，让戏剧的学习目标、教师开展的教学活动和对学生的评价保持一致。

因此，戏剧课的评价方式应当以过程性评价为主。教师可以采用档案评价袋（portfolio）评价的方式（如图5所示），侧重在教学实施环节搜集学生的学习作品，如各种教学活动开展过程中学生完成的表格和作业、戏剧排练和展演过程的影音资料等，并且还要通过多种主体的评价活动，如同伴互评、教师评价和自我评价等，对学生的各项学习活动，特别是戏剧排练的效果进行评价，从而对戏剧课的教学起到调节和监督的作用，让戏剧课能更顺畅、高效地开展下去。

---

7 中国社会科学院语言研究所词典编辑室.现代汉语词典[K].北京：商务印书馆，2002.
8 Gardner, H. Frames of Mind: The Theory of Multiple Intelligences [M]. New York: Basic Books, 1983.
9 中华人民共和国教育部.普通高中英语课程标准（2017年版2020年修订）[S].北京：人民教育出版社,2020.

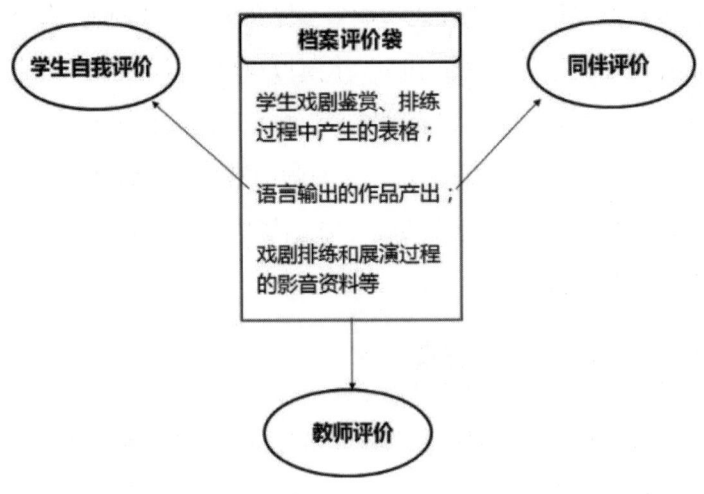

图 5 档案评价袋（portfolio）

第三节 教育戏剧的设计指导

以下是笔者实践过的戏剧课教学常用备课步骤，可以供广大教师参考（如表 3 所示）。

表 3 戏剧课教学常用备课步骤

教学活动类型	视角 / 方法
备戏剧	挖掘剧本的戏剧元素
备学情	梳理学生的基本情况
备课程	确定教学目标 设计教学活动： 输入理解类活动（understanding） 分享内化类活动（sharing） 输出表达类活动（expressing）
撰写教案	撰写教案

第一步：备戏剧

本案例选择的素材为人教版《普通高中教科书英语必修第三册》Unit 5。在本单元的"Reading and Thinking"部分，教材节选了美国作家马克·吐温的 The Million Pound Bank

Note（《百万英镑》）的内容（如图 6 所示）。

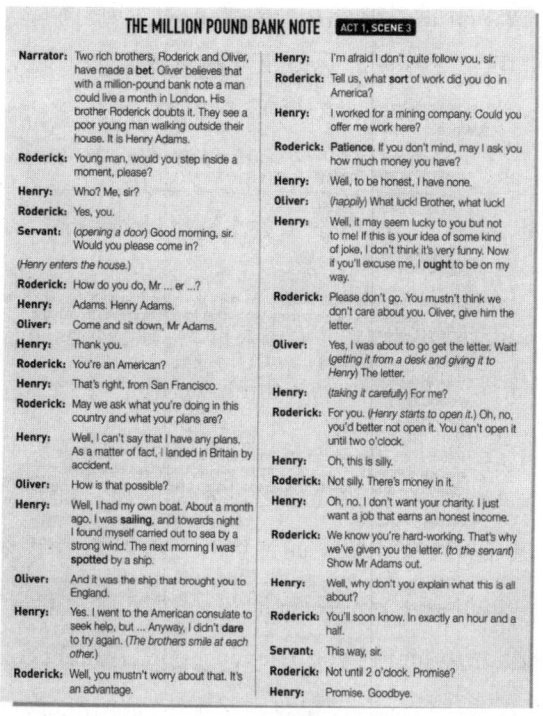

图 6 《百万英镑》

在备戏剧课的过程中，教师需要关注戏剧文本的体裁特点，从场景（setting）、情节（plot）、人物（character）、戏剧人物的对白（dialogue）等方面进行解构。此外，戏剧文本的旁白（narration）也会揭示部分场景信息。

以本剧本为例，首段旁白"narrator"的信息里就有"Oliver believes that with a million-pound bank note, a man could live a month in London."，揭示本戏剧发生地为 London。而场景不仅包括故事发生的地点，还包括故事的发生时间。本戏剧的时间信息仅通过阅读文本信息不容易得出，需要教师在后续的教学活动中结合作者的生平和创作背景引导学生补全。

在解构戏剧的其他元素时，教师要重点关注脚本中的人名，它们不仅能告诉学生戏剧中出现了哪些人物，也能通过出现的频率揭露人物在戏剧中的地位。通过阅读本戏剧文本，教师能发现本戏剧的人物包括：年老富有的兄弟俩 Roderick 和 Oliver、流浪汉 Henry Adams 和起引荐作用的 servant。Roderick 在戏剧中的对话内容多于 Oliver，仅次于 Henry Adams。情节的发展是围绕着人物的对话、结合旁白的内容而展开的。

在解读情节的过程中，教师还要关注戏剧语言和单元目标语言的融合。本单元的语法重点是让学生熟悉并了解情态动词的用法。而该戏剧文本中，借助情节，使用口语化的对话形式，使用情境鲜活真实地给出目标语言的使用范例。

例如：富人两兄弟中的哥哥 Roderick 虽然也是赌局的发起人，但他心思缜密、考虑周到，在对 Henry Adams 进行问询时，使用了"May we ask what you are doing ...?""If you don't mind, may I ask you how much money you have?"等表示客气的委婉用语。通过对人物性格的探究，教师可以引导学生关注情态动词"may"表示客气、委婉的用法；而另外一个多处使用的目标语言是情态动词"mustn't"。在询问完 Henry Adams 的经历后，两兄弟已经确定他就是最佳的赌约人选，因此 Roderick 多处使用"Well, you mustn't worry about that.""You mustn't think we don't care about you."。情态动词"mustn't"在该戏剧文本中的使用，体现了两兄弟选择 Henry Adams 成为赌约履行人的坚定决心。而 Henry Adams 在讲述完自己的不幸经历，面对 Oliver 的"What luck! Brother, what luck!"这样"幸灾乐祸"的评价时，虽然心中不快，但依然保持了绅士风度，使用"may""ought to"这样委婉的情态动词来表露自己的不满："Well, it may seem lucky to you not to me. If you'll excuse me, I ought to be on my way."。教师在备课的过程中，需要关注目标语言在戏剧文本中的使用。借助戏剧的场景和情节，教师在引导学生学习目标语言时，能起到事半功倍的效果。因此，教师在备戏剧课的时候，要兼顾戏剧的体裁和语言特点，依托戏剧的各个元素，既要关注戏剧的"形"，也要关注它的"神"。教师感知和解构戏剧的过程，是戏剧课教学活动的起点，有助于教师设计出丰富合理的教学活动。

第二步：备学情

学情是课堂教学的基点，教师只有关注和掌握了学情，才能做到有的放矢、有据可依。而戏剧课如果想达到最佳的授课效果，更需要教师依据 KWL 的设计原则，从学生的已知（have known）、欲知（want to know）和将知（will learn）三个方面来设计。因此，以下的学情分析是笔者基于自身教学实践提供的样本。

学生自然情况：
- 中等水平高中的一年级学生，语言水平中等偏下；
- 学校未开展戏剧相关的社团或校本课程；
- 寄宿制大班教学，封闭管理。

学生的已有基础：

1. 已有知识：
- 初步了解戏剧的话题，具备初步的戏剧常识；
- 对 19 世纪西方社会的面貌和历史有所了解。

2. 已有能力：
- 经过以往的阅读实践，能梳理语篇的表层信息，并能基于语篇推测"言外之意"；
- 具备语音知识，能较流利、清楚地诵读课文；
- 中等写作水平，接受指导后能搜集相关素材完成写作任务；
- 日常学习多以小组为单位，能较好地适应合作性学习的方式。

笔者经过调研后发现，以上学情分析在我国当下的公立高中具有普适性。因此，笔者确定了下述应对措施，期待以此为起点来设计教学活动（如图 7 所示）。

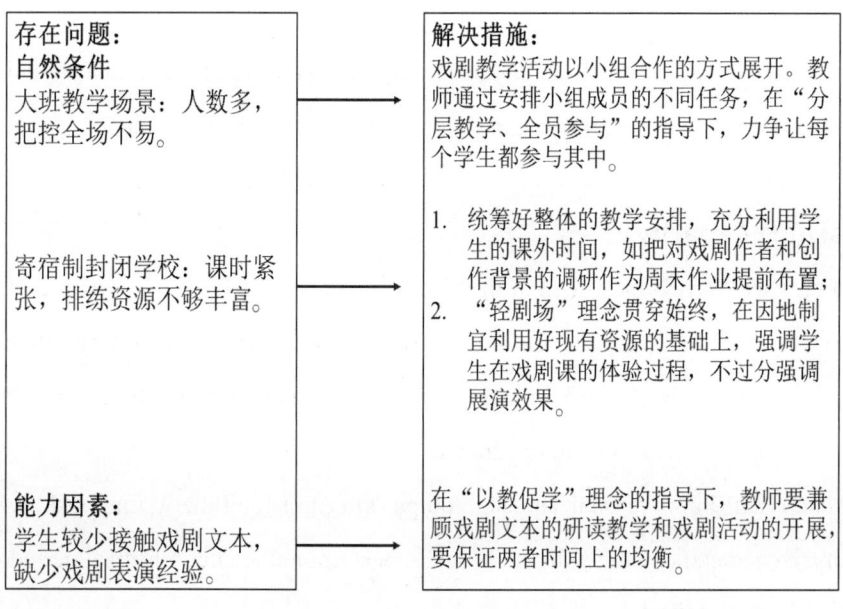

图 7　学情分析后的应对措施

第三步：备课程

备课的有机组成部分包括：确定教学目标和设计教学活动。教师也可从上述两方面设计戏剧课的内容。

确定课程目标

戏剧课虽为创新课型，但是依然面向中学生。因此，戏剧课目标的设定离不开英语核心素养的指导，教师可以在参考《义务教育英语课程标准（2022年版）》和《普通高中英语课程标准（2017年版2020年修订）》的基础上，通过关注戏剧文本的特点，依托英语学习活动观，设计渐进性、综合性的教学目标。以下是笔者基于上述原则，确定的本课例的教学目标。

英语核心素养指导下的教学目标英文版案例：

By the end of the lesson, students are expected to achieve the following goals：

1. Language Ability：

◆ Students will learn to identify and analyze the elements of drama, including setting, plots, characters and dialogues.

◆ Students will form a thorough understanding of characters in the drama by finishing the character maps and participating in dramatic activities such as "mime" "still image" etc.

2. Learning Capacity：

◆ Students will have a clear idea of the plot with the help of Freytag's Pyramid (a map that highlights dramatic structure—the order of events in which the plot of a story unfolds.)

◆ Students will improve their inferring skills after analyzing the characters' changes of emotions based on lines from the drama.

◆ Students will improve their language output after finishing the writing task, which is to analyze characters that they have chosen to perform in the later rehearsal period.

3. Thinking Quality：

◆ Students can promote their critical thinking ability by identifying the plot and characters.

4. Cultural Awareness：

◆ Students will have a better understanding of the consumerism of the western capitalist world.

在确定教学目标时，教师仍需关注以下三个方面：

1. 教学目标需要兼顾课文的语言特征和戏剧元素。语言既是文化的载体，也是思维的工具。而戏剧作为一种特殊的体裁，有助于拓展学生的语篇知识，也能通过展示背后的故事内涵和文化精华，培养学生的思维品质和文化意识。

2. 教学目标的设定需要体现英语学习活动观的层次性。教师要充分认识到学生是语言学习活动的主体，要引导学生围绕主题学习语言、获取新知、解决问题，逐步从基于语篇的学习走向深入语篇和超越语篇的学习[10]。围绕着戏剧人物的教学目标设定，从以"感知理解"为目的的表层信息梳理（to identify characters in drama），过渡到"内化实践"导向下的深层信息挖掘（to form a thorough understanding of characters），最终指向的是引导学生依托语境，进行"迁移创新"的语言输出类活动（to promote language output in context）。

3. 教学目标应可达成、可操作、可检测[11]。教师在显性化表达教学目标的时候可以采用主体聚焦、目标拆解、整合表述、具化动词、明确对象、设定标准等方式把教学目标的内容清晰地呈现出来[12]。主体聚焦即描述教学目标的主体是学生，需要从学生的角度出发来描述预期的学习效果；而目标的达成需要予以拆解，可以通过整合学生的学习活动，使用具体的动词描述目标，如"Students will improve their inferring skills by analyzing the characters' changes of emotions and summarize their characters based on lines of the drama."，聚焦学生主体，通过说明使用何种方法，让学生达到何种学习效果，让教学目标变得清晰、可行。

设计教学活动

上述活动结束后，教师就可以进入戏剧课教学活动的设计。依据布鲁姆的教育目标分类，笔者参考了教育戏剧的专业图书，按照"输入理解（Understanding）—分享内化（Sharing）—输出表达（Expressing）"三个层次，设计了戏剧课教学方案。该方案已由 50 多位一线教师评课，笔者亲身实践。现将该方案进行如下阐述。

戏剧课的开展分为"输入理解——分享内化——输出表达"三个阶段。每个阶段的教学活动共需要 3 课时（45 分钟 / 课时）来完成。笔者下面就按三个教学阶段详细进行阐述（如表 4 所示）。

---

[10] 中华人民共和国教育部. 义务教育英语课程标准（2022 年版）[S]. 北京：北京师范大学出版社，2022.

[11] 中华人民共和国教育部. 普通高中英语课程标准（2017 年版，2020 年修订）[S]. 北京：人民教育出版社，2020.

[12] 黄正翠. 思维可视化视角下的单元整体教学设计[J]. 英语学习，2021.

表4　戏剧课教学活动设计总览

教学活动类型	教学活动关注重点	辅助资源或开展的活动	设计意图
输入理解类活动 (Understanding)	作者、戏剧的背景信息、戏剧各基本要素	◇ 作者和背景信息需课前自行查阅；课上的小组展示： ◇ 戏剧的文本特征 scanning&skimming ◇ 情节梳理：使用 Freytag's Pyramid	教师通过指导学生理解戏剧作者、创作背景，梳理戏剧元素等，让学生能初步感知戏剧文本，熟悉戏剧体裁的特点。
分享内化类活动（Sharing）	聚焦情节	排序剧情卡；肢体活动理解剧情	教师在引导学生关注戏剧的两大基石：情节(plot)和人物戏剧(character)的基础上，让学生在戏剧类相关活动中加深对戏剧的认识，并在戏剧的主题语境中锻炼思维，提升语言，进而为排练展演打下基础
	关注人物	◇ 表层信息梳理：使用 character map ◇ 深层信息挖掘： 1. 影音资源的观摩 2. 角色帽子和分角色朗读等戏剧活动的开展 3. 情绪和情感变化的总结与评价 4. 人物小传的写作活动	
输出表达类活动 (Expressing)	戏剧排练素养的达成	热身游戏(warming up) 情绪类戏剧活动	教师通过热身游戏，调动起学生的情绪反应，激发戏剧课的参与热情
		肢体类戏剧活动开展： ◇ 默剧（mime）； ◇ 动作连环四重奏 ◇ 身体雕塑(body sculpture)； ◇ 画面定格（still image） 以上活动灵活组合	教师把肢体类戏剧活动和戏剧情节进行结合，吸引学生参与进来，在创设的情境中进一步理解、内化戏剧的文本，熟悉剧情，为戏剧排练和展演做准备
	戏剧文本的展演效果	自由排练环节： 盲说台词； 可以使用的资源： 戏剧排练评价表格 现场演绎内容： 剧评团 (drama critics circle) 可以使用的资源： 排练评价表格	教师指导学生自由排练，进一步巩固台词，促进表达和提升展演的能力 以展演为活动目的，促进学生对戏剧的理解。教师也能巩固学生的语言输入，促进语言输出

输入理解类活动（Understanding）

戏剧作为一门融文学、美术、音乐、表演等艺术形式为一体的综合艺术，承载了文化的精华，反映出特定阶段的文化特征。因而，在初步解读和感知的第一阶段——输入理解类活动中要观注戏剧的创作背景、背景信息等。教师可以布置学生课前查阅戏剧创作背景、作者信息的任务，并且使用"课上小组合作展示"的方式检验查阅结果。

以本案例 The Million Pound Bank Note 为例，在经过学生自主的资料查阅和课上的小组呈现后，全班学生基本了解了戏剧背景和作者的相关信息。该剧节选自 1893 年美国幽默文学大师马克·吐温创作的同名小说。该小说围绕着一穷二白的年轻人 Henry Adams 意外得到一张不能兑现的百万英镑，却在英国伦敦为市井小民、王公贵族所认可、崇拜，甚至收获了爱情的"荒谬"故事，勾勒出金钱世界的众生百态。而在学生呈现的作者信息里，也有多位学生提到马克·吐温的写作特点：语言幽默风趣、情节精炼紧凑、反讽趣味生动。这些以学生为主导进行查阅和整合的信息，能让学生们做到管中窥豹，在正式教学前对本课的戏剧文本获得初步的理解和认知。

戏剧文本作为一种特殊的文学体裁，具有独特的文体特点。在正式解构戏剧各要素前，教师需要引导学生通过览读和略读相结合的快速阅读方式，来识别戏剧脚本的文本特征。文本特征（text features）是指对印刷材料所做的改变，以提供与标准印刷体不同的视觉特征。文本特征除了字号与字体外，还包括照片、图表、工具条、线条、方框、说明、简表、颜色等表现形式（如图 8 所示）[13]。戏剧文本的文本特征和体裁直接相关。

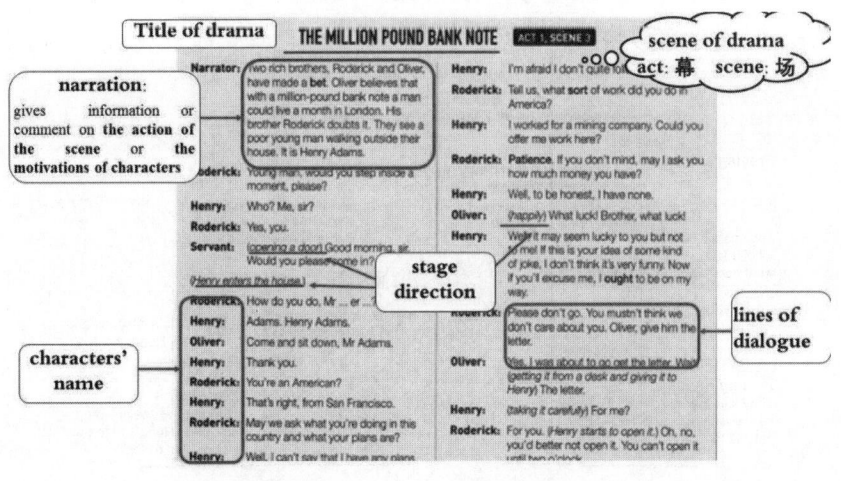

13　MARY LEE FIELD. 文本特征与阅读理解 = Text Features and Reading Comprehension：英文 [M]. 北京：人民教育出版社，2012.

图 8　*The million Pound Bank Note* 的文本特征

例如本案例中的标题用黑色大写字体呈现，而戏剧的"场（act）"和"幕（scene）"则是用黑色方框加粗，戏剧角色名字则使用斜体字，而括号内的舞台说明也使用斜体。教师引导学生关注这些文本特征，也能加强学生对戏剧体裁的理解。在该环节，教师要特别关注旁白部分。在处理该内容时，教师可以指导学生把戏剧故事的梗概和人物的基本信息填入"表 5 课例文本信息梳理"中，这样不仅能自然有效地衔接下一阶段的阅读任务，还能启发学生思考戏剧脚本的文本特征，进而深入识别和理解戏剧这一特殊的文学体裁。

表 5　课例文本信息梳理

Setting	Time	the summer of 1903
	Place	London
	Who are they	Brief introduction of him
Characters	Henry Adams	an American businessman who got lost in London
	Oliver	a rich British man who believes a million-pound enables a man to live one month in London
	Roderick	Oliver's brother who doubts his bet
	Servant	a person who leads Henry Adams

接下来的教学活动围绕戏剧的场景、情节、人物等要素展开。其中，教师可使用 Freytag's Pyramid 来辅助学生梳理和整合戏剧的情节发展。

Freytag's Pyramid 是由德国剧作家 Gustav Freytag 提出用于梳理戏剧情节的工具，分为"exposition，rising action，climax，falling action，denouement"五部分。因此使用 Freytag's Pyramid 图示可以将戏剧的情节进行梳理，帮助学生厘清戏剧的结构（如图 9 所示）。

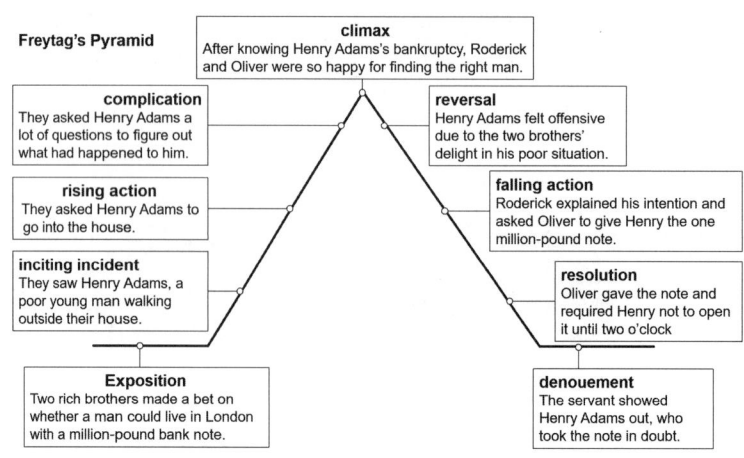

图 9　使用 Freytag's Pyramid 梳理戏剧情节

分享内化类活动（Sharing）

戏剧的两大基石是情节和人物。戏剧中的人物置身于情境当中，因而要探究人物的内在品质和性格特点，教师需要引导学生熟悉和了解戏剧的情节。戏剧是借助语言、肢体动作和表情进行表演的综合性舞台艺术，因此学生在分享内化类的教学活动中需要侧重两个方面：熟悉剧本，聚焦情节；关注人物，探究品格。

剧情类的活动可以重复使用 Freytag's Pyramid。在第一阶段输入理解类活动中，学生借助 Freytag's Pyramid 梳理的事件，可以单独拆分为剧情卡。在第二阶段分享内化活动开始时，教师可以发放打乱顺序的剧情卡，引导学生完成排序的任务，巩固学生对戏剧剧情的印象。

接下来的教学活动需要围绕戏剧的人物（character）展开。第一阶段的教学活动里，学生对戏剧人物的理解还停留在表层信息的梳理和整合上。而在第二阶段，教师可以借助人物分析表引导学生完成从人物表层信息到深层信息的过渡。

表层信息梳理：character map

通过细节阅读理解活动(detailed-reading)，学生定位并找出各戏剧人物的基本信息(basic information)和经历（experience）概况，并填写在人物分析表对应栏里（如图 10 ）：

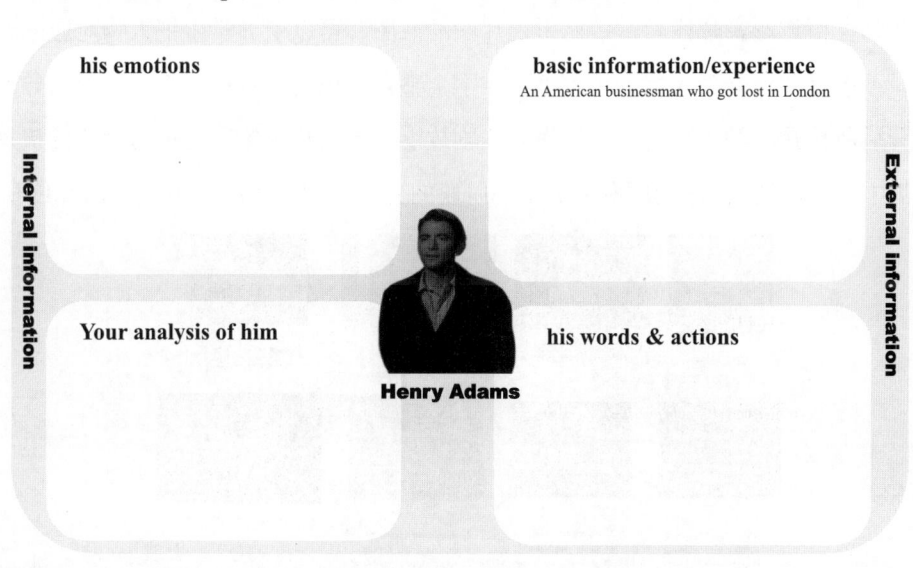

图 10　学生初步完成的 Henry Adams 的 character map

深层信息挖掘：

戏剧是由视觉艺术、听觉艺术和行动艺术合成的综合艺术[14]。因为寄宿制学校的学生缺少对戏剧的培训和指导，因此教师可以借助影音资源，按照"体验与参与——评价与调整——整合与输出"的活动序列指导学生挖掘戏剧角色的内心想法和性格特征等深层信息。

1. 体验与参与

在体验与参与环节，学生观看课文节选戏剧的对应影音片段，感知戏剧发展和人物形象如何进行表现。接着，教师可以截取影音片段里的典型画面，指导学生再次阅读戏剧文本，找出戏剧人物对应的台词内容，整合到人物分析表中。

戏剧人物表演需要借助动作，融合人物的情绪、表情等。本剧主角 Henry Adams 饥肠辘辘地在街上闲逛，被 Roderick 和 Oliver 兄弟俩看到后，进行交谈。影音片段里，Henry 从最初的疑惑，到回答问题时候的坦诚，再到希望得到一份糊口工作时的期待以及听到不合时宜评价时候的愠怒，到最后拿到百万英镑后的困惑、难以置信，都因配合台词和动作而表现得淋漓尽致。而 Roderick 和 Oliver 兄弟从发现 Henry Adams 的惊喜，到中间询问时候的凝重和考量，再到为找到合适的打赌人选而不自觉流露出的狂喜，也都表现得活灵活现。教师在播放影音片段后，依靠影视片段的截图，可以引导学生把人物对应的台词和动作记录下来，并整合到人物分析表里。在学生整合台词的过程中，教师需要引导学生思考台词背后所传达出的人物情绪，从而对戏剧故事中的人物情绪变化进行简单的梳理。这也能帮助学生酝酿情绪，进而顺利完成下一阶段的分角色朗读活动（如图 11 和图 12 所示）。

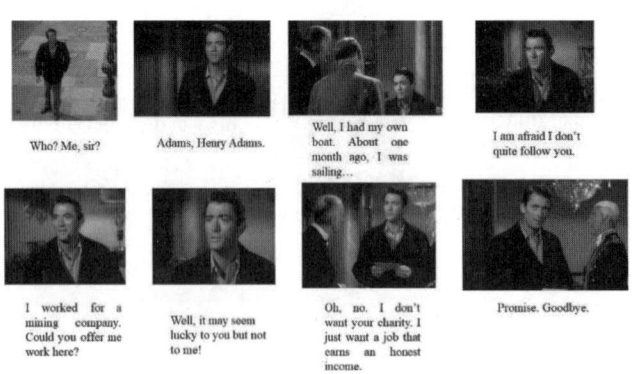

图 11　影音截图辅助下对人物 Henry Adams 台词的梳理

14　李静纯. 中小学英语戏剧教学指南 [M]. 北京：北京语言大学出版社, 2020.

第九章 戏剧课

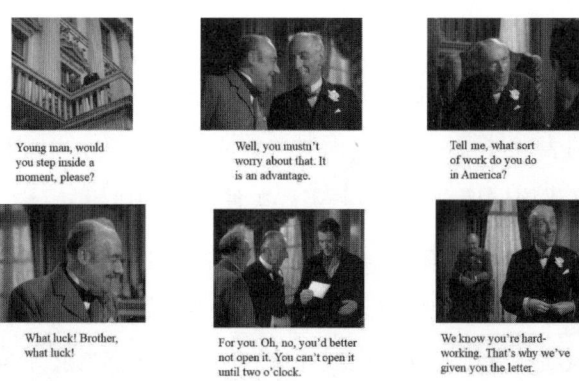

图 12 影音截图辅助下对人物 Roderick 和 Oliver 兄弟台词的梳理

通过上述活动，学生对戏剧人物的理解就不再只是文字的表层信息，而有了画面的立体感知。接着教师可以通过"角色帽子"（characters' cap）的活动引导学生确定自己想要扮演的角色。为了模拟戏剧选角的真实感，教师可以打印出包含人物姓名的纸牌，在小组内部发放。该戏剧中共有 4 个角色（包括仆人 servant），为了保证全员参与，在选角的环节，教师在保证各个角色都有人选的基础上，可以适当增加个别角色的数量。例如一个 6 人小组在随机选择角色时，可能会产生 2 个 Henry Adams。该阶段教师不用着急确定对应角色的参演人选，可以在后期通过查看学生撰写的人物小传，判断哪个学生对人物的理解更深刻，从而确定第三阶段戏剧展演环节角色的表演人选。

体验与参与的最后一个重要活动就是学生按照自己分配到的角色纸牌，对照剧情卡或者是影音截图，按照自己的理解朗读对应人物的台词。朗读的过程不必完美地和影音里的剧情一一对应，但教师可以给学生发放"分角色朗读评价表"，引导学生用自我评价和同伴评价的方式，开展评价与调整类的教学活动。朗读台词的过程中，学生可以参考自己在前面教学活动中完成的人物分析表（如图 13 所示）。

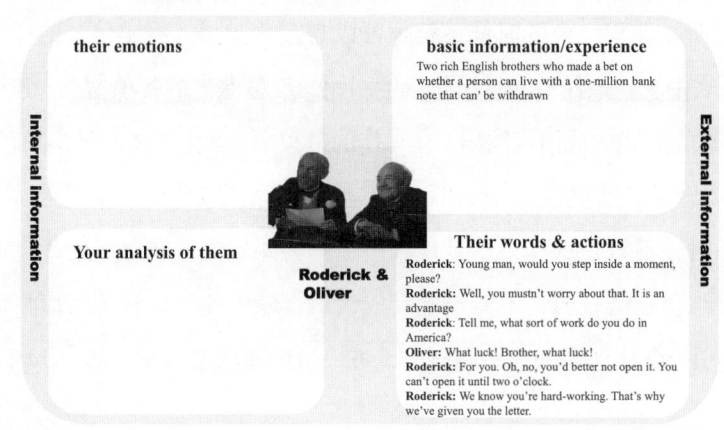

图 13 学生整合的 Henry Adams、Roderick 以及 Oliver 的 character map

2. 评价与调整

戏剧的评价方式看重的是过程性评价，强调"教—学—评"一体化，在开展戏剧活动的同时，及时对学生的表现进行评价，从而对教学活动进行指导和调整。因此在引导学生挖掘人物的情感、性格等深层信息时，教师需要关注评价的作用。下述表格（如表6所示）从文本朗读的要求和人物表演的情绪情感方面着手，通过把对学生在朗诵过程中的教师评价、同伴评价和学生朗诵后的自我评价相结合，引导他们思考自己在朗读对应角色台词的时候是否能达到戏剧表演的要求。而在完成评价之后，教师应当引导学生再次观看影视原声片段，综合考虑自己的表现，结合评价给出反馈建议，进而加深自己对角色情感的理解，也可将其对角色的理解整理到人物分析表上。

表6 分角色朗读评价表

Item		Evaluation					Evaluator		
		20	15	10	5	0	peer	teacher	self
Language	pronunciation & intonation								
	tone & rhythm								
Emotion	appropriateness								

3. 整合与输出

语言学习具有持续性和渐进性的特点。对戏剧人物的理解，也应从表层信息过渡到深层信息。教师可以邀请学生观看影音片段，选择角色，分角色朗读，归纳、评价人物的情感和情绪的变化，此活动旨在通过请学生体验与参与和评价与调整的层次性活动，引导学生完成对人物信息的整合与输出。

因此在第二阶段课程结束的时候，教师可以布置"撰写人物小传"的任务（依然可以整合到人物分析表中）。该任务通过引导学生回顾、反思课上的各项信息，进而完成信息的整合，最终以写作的方式完成语言输出。在写作的过程中，学生需要归纳出角色的情感变化、性格特点，更需要思考自己在下一阶段"输出表达类"教学活动中的表演要点。需要关注的是，在布置该项任务时，不管是选择当堂呈现，还是作为课后作业布置，教师都需要综合学情考虑。如果学生综合学情较弱，不能当堂完成该语言输出任务，教师可以将该任务布置为课后作业，通过引导学生课后的思考和整合，进一步巩固课堂所学（如图14和15所示）。

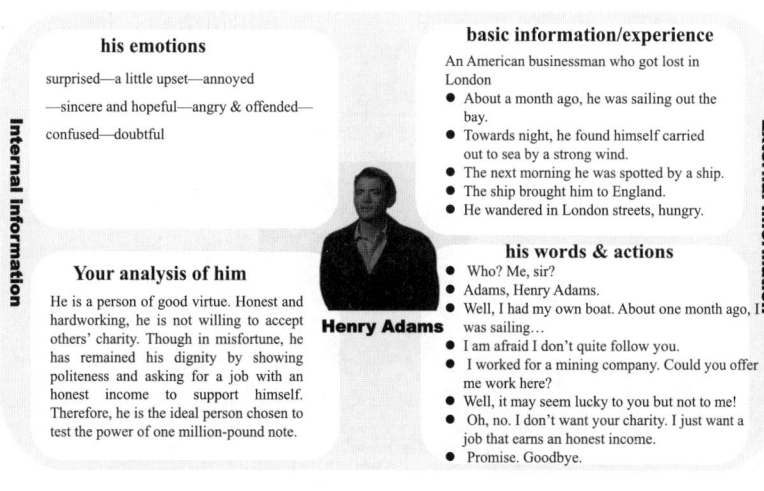

图 14　输出表达类教学活动中人物 Henry Adam 的 character map 样本

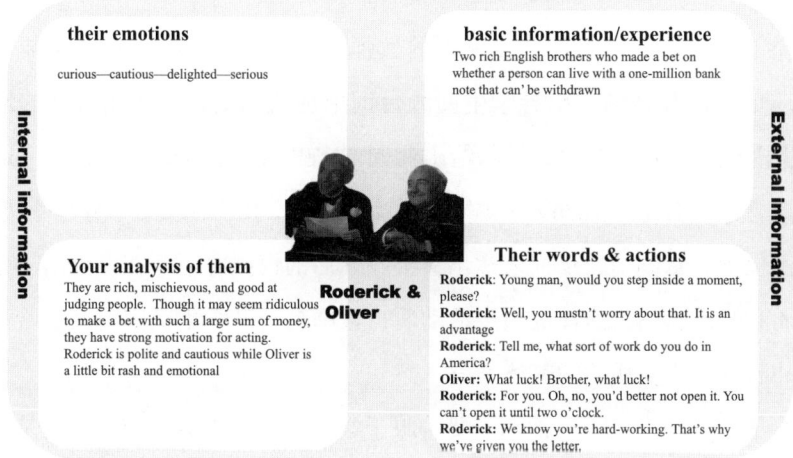

图 15　输出表达类教学活动中人物 Roderick 和 Oliver 的 character map 样本

输出表达类活动（Expressing）

戏剧的终极目标是展演。要达到展演的目的，需要借助戏剧的游戏和范式。因此在输出表达类的活动中，教师需要借助一系列戏剧活动来达成教学目标。

1. 热身游戏（Warming up）

热身活动，即通过一些游戏，吸引学生亲身参与，帮助学生做好肢体和情绪上的准备，从而使其愿意投身到戏剧的排练和展演中。戏剧活动中有许多类型的热身游戏，这里以针对情绪的"情绪变变卡"游戏为例，演示在戏剧活动中如何开展情绪类的热身活动。

情绪的变化需要依托情节的展开。教师可以聚焦人物，根据前一阶段学生 Freytag's

Pyramid 和 character map 里人物的情绪变化相互结合，制作出情绪变变卡（emotion cards）（如图 16 所示）。

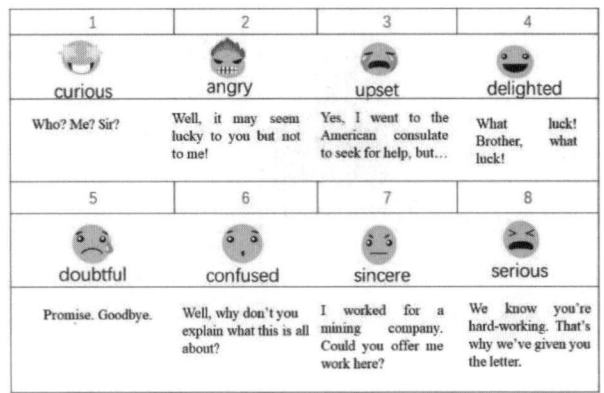

图 16　结合戏剧台词的情绪变变卡

在进行游戏时，手里拿着情绪变变卡的教师，邀请学生随机说出一个数字，随后教师展示出对应的台词和情绪，引导学生回顾台词出现的剧情，并使用恰当的情绪说出台词。例如学生随机说出数字 2 时，教师给出台词 "Well, it may seem lucky to you but not to me."，指出该台词是 Henry Adams 在讲完自己流落美国，找工作失败、身无分文的窘境后，看到 Oliver 不仅不表示同情，反而表达出喜笑颜开后的愤懑之语。在设计出一个融剧情回忆、台词朗诵和情绪表达为一体的热身活动后，教师能帮助学生巩固前两个阶段的学习成果，并且调动起参与戏剧活动的热情。

在情绪释放后，输出表达类活动需要着眼于学生肢体的表达。肢体活动是戏剧排练活动中的重要组成部分，既有助于演绎戏剧特定的场景，也通过调动起学生的身体智能、语言智能等，鼓励学生思考，进而深层次地理解情节和人物。

2. 肢体活动（Body movement）

常见的肢体活动有很多，例如默剧（mime），使用无声的动作来表现戏剧的场景；画面定格（still image），学生运用肢体动作描绘具体的场景，定格凝固画面；动作连环四重奏（quartet of motion），通过寻找任何可以用"定格"动作表现的场景或主题，请参与者选出四个动作定格，按次序排列，再按次序串联成一连串的动作。而在本案例中，教师设计了融合画面定格（still image）和旁白（narration）的"蜡像复活"（waxworks come alive）的活动。

在该活动中，学生首先需要借助画面定格（still image），表现出戏剧中的典型场景，例如学生可以表现出眉头紧锁，托耳凝腮沉思的样子；或是伸出手去，急切地想要拉住某人或某物的样子。接着教师引导台下观看的学生猜测，该"蜡像"对应的戏剧中的哪个人物、哪个戏剧场景。在学生完成猜测后，台上凝固的蜡像会复活，表演的学生说出自己扮演的角色，并且朗诵出和刚才的"画面定格"相互对应的剧中台词。这既是在完成和台下观众的互动，也是帮助全体学生进一步熟悉戏剧的场景和台词。

在本课例里，教师还安排了另外一个肢体活动，音画同步（caption）。音画同步是戏剧活动的范式之一，通过搭配视觉呈现口号、标题、献词等文本信息[15]。在该活动中，教师指导学生以小组为单位，采用默剧（mime）的方式随机表现剧情卡里的片段，而在台上学生表演默剧的同时，教师随机邀请台下的学生按照自己在角色帽子（characters' cap）环节选择的人物，在观看默剧的同时，给台上对应的人物进行配音，力求做到"音画同步"。事实证明，这样的方式也能调动起全场的气氛，进而提高学生对戏剧活动的参与度。

3. 戏剧排练（Drama rehearsal）

在调动起学生的情绪，打开他们的肢体活动之后，学生就可以进入自由排练的环节。最终展演的效果离不开学生对戏剧场景和人物台词的熟悉。自由排练环节里，学生需要"盲说台词"，在进行初步排练的时候，少看甚至是不看台词，在彼此的合作中进行初步的表演。教师在该过程中需要充当一个观察者和指导者的角色，通过关注学生的情绪状态和参与程度，给予适当的指导。如果大班场地受到限制，教师可以安排学生合理布置桌椅，从而让学生能够自由走动，完成戏剧的自由排练。

4. 戏剧展演（Drama performance）

输出表达类的最后一个环节和戏剧的展演相关。为了体现戏剧课的"教—学—评"一体化和"形成性评价"的特点，教师可以设置"剧评团"（drama critics circle），依据戏剧展演评价表（如表7所示），对展演的学生进行评价。"剧评团"的成员可以是基础薄弱、口语表达和表演能力较弱的学生，也可以是前期角色撞车，通过撰写人物小传评选后筛选下来的学生。该团的设置既是增强表演学生参与戏剧展演的动力，也是争取让学生们做到全员参与，且身心投入。而为了建立起学生戏剧展演过程中的档案评价袋，教师需要安排合适的学生担任摄影师等职务，搜集现场的影音资料。这些图片，和学生在戏剧课各个环节产出的表格、评价信息一起，都是档案评价袋的重要组成部分。

---

15 ［英］纳森·尼兰兹,东尼·古德.建构戏剧:戏剧教学策略70式(第二版)[M].台北:成长文教出版社,2005.

表 7　戏剧展演评价表

Item		Evaluation					Evaluator		
		20	15	10	5	0	peer	teacher	self
Language	pronunciation & intonation								
	fluency								
	rhythm								
Acting	naturalness								
	appropriateness								
Facial Expression	richness								
Teamwork	performance as a group								

在完成上述所有的教学活动后，教师可以把第二阶段—sharing 布置学生撰写的人物小传再次进行审视和修订。通过引导学生回顾整个戏剧课实施的步骤和活动，并且参考自己在第三阶段—expressing 的排练和展演过程，教师能促进学生在戏剧课学习过程中的思维能力和语言表达能力，让三个阶段的课时活动安排更紧密、更有递进性和层次性。

而该案例实施的具体过程可以参考第四节。

第四节　优秀案例展示

课程类型

戏剧课

教学内容

The Million Pound Bank Note

第九章 戏剧课

年级

高一

教学指导思想

依据核心素养的指导，通过构建以学生为中心、围绕语境展开的各种有意义的学习活动，本课从戏剧的语言和排练两方面进行教学设计。聚焦学生的思维层次，以从低阶思维活动到高阶思维活动螺旋上升为准则，本课按照"输入理解类（understanding）—分享内化类（sharing）—输出表达类（expressing）"三个阶段安排教学活动，从而引导学生深入理解戏剧的各个元素（包括场景、人物和情节等），参与到戏剧的排练和展演中，提升其戏剧素养。

教材分析

本课文本为戏剧脚本，属于戏剧体裁，内容节选自19世纪美国小说家马克·吐温的同名小说 *The Million Pound Bank Note*。该小说以富翁兄弟俩对一张不能兑现的百万英镑的赌约开始，讲述了亨利·亚当斯（Henry Adams）作为被选中践行赌约的幸运儿，带着百万英镑的支票，在英国伦敦独立生活一个月的故事。而本课聚焦的是故事刚开始时，富翁兄弟选中亨利·亚当斯后，对他进行考查的过程。该戏剧文本以"人与社会"为主题语境，以提升学生对戏剧的学习兴趣，形成正确的金钱观念为宗旨。

学情分析

本课的授课对象为高一年级的学生。依据以往的教学经验，他们对马克·吐温幽默和讽刺的写作风格略有了解，并具备初步解读文本的能力。该课围绕着他们日常生活会接触到的金钱话题开展，情节新颖，语言简洁，可联系他们的生活实际，引起他们的共鸣。但因学生之前较少接触戏剧文本，因而对戏剧文本的赏析能力较弱。这就需要教师在备课时，围绕戏剧的各个元素，安排递进性的、使学生的戏剧能力螺旋上升的教学活动。而学生身处寄宿高中的大班教学场景中，也需要突破戏剧资源不足的限制，在戏剧的排练和展演活动中，加深对戏剧的鉴赏能力，提升自身的戏剧素养。

教学目标

在本课结束时，学生应能达到如下学习目标：

1. 学生能辨别和分析戏剧的各大要素：场景（setting）、情节（plot）、人物（character）、对话（dialogues）和独白（monologue）；

2. 学生能够借助人物分析表，依据台词概括，总结人物的情感变化，深入而全面地了解戏剧中出现的各个角色；

3. 学生通过古斯塔夫金字塔结构（Freytag's Pyramid）整理戏剧情节，加深对戏剧结构的理解，并锻炼阅读理解的推断能力；

4. 学生围绕戏剧脚本，从对各戏剧要素的解构和赏析，到参与如"默剧"（mime）和"画面定格"（still image）等戏剧排练活动，继而通过戏剧的展演提升自身的戏剧排练能力；

5. 学生通过品读幽默、讽刺的戏剧语言，深入思考资本主义世界里"金钱至上"的价值观念，进而通过批判性思考，形成正确的金钱观。

教学重难点

教学重点：

教师要借助人物分析表和古斯塔夫金字塔结构（Freytag's Pyramid），引导学生梳理和整合戏剧的情节，加深对戏剧中各角色人物的理解；

教师通过设置序列性的教学活动"输入理解类（understanding）—分享内化类（sharing）—输出表达类（expressing）"，促进学生的文本鉴赏能力，提升戏剧综合素养。

教学难点：

学生不熟悉戏剧文本，教师要设计合理的教学活动，促进学生对戏剧各元素的解构和深入了解；

寄宿高中的大班教学场景下，学生能利用的戏剧排练等资源较少，教师要因地制宜，仔细选择并设计符合学生学情的戏剧类活动。

教学步骤

全部教学设计按照"输入理解类（understanding）—分享内化类（sharing）—输出表达类（expressing）"可以分为三个阶段。详细的活动设计列举如下：

第九章　戏剧课

教学设计	输入理解类（Understanding）	
教学流程 学生角色	教学活动（总计 45 分钟）	教学目的
\multicolumn{3}{c}{预习和读前活动（10 分钟）}		
步骤 1： 戏剧基本元素和作者生平信息展示 学生角色：参与者和展示者	1. 教师邀请学生以小组的形式展现周末作业； Weekend homework: Search for the answers to the following questions on the Internet and share the results in groups: （1）What are the basic elements of drama? （2）Who wrote the novel *One Million Pound Note*? （3）When was the novel written? 2. 教师展示 19 世纪美国人生活的场景，巩固学生对该课戏剧创作背景的认识； 3. 教师引导学生阅读课本上该课读前活动（pre-reading）中的作者信息巩固学生对马克·吐温的语言风格和写作特点的认知。	1. 通过以周末作业的形式提前布置关于本课戏剧背景信息相关的内容，教师可以弥补寄宿制高中大班教学戏剧资源的不足，消除教学的部分障碍； 2. 学生通过查阅戏剧文本和创作者信息，能加深对戏剧背景知识的了解，为下一步的戏剧各要素解构打下基础。
步骤 2： 跳读（skimming）和览读（scanning） （10 分钟） 学生角色：阅读者和信息集成者	1. 教师把包含戏剧各要素的表格发放给学生，包括戏剧场景表（setting）和人物分析表（character map）； 2. 教师指导学生快速阅读文章，并关注包括斜体字、粗体字，人名、图片等非文本特征； 3. 教师引导学生以戏剧脚本的非文本特征为线索，通过填写戏剧元素的解构表格，进一步理解戏剧文本的基本元素：场、幕、舞台说明、人物对话和角色； 4. 教师在引导学生关注非文本特征的形式的同时，把非文本特征表现的戏剧内容和戏剧的场景分析图结合起来，梳理戏剧的基本要素内容。	1. 教师依据非文本特征，引导学生关注戏剧的各构成元素，以进一步熟悉戏剧这种特殊体裁； 2. 通过把非文本特征的形式和表现内容结合在一起，教师帮助学生解构戏剧的场景和人物的基本信息。
步骤 3： 细节阅读活动（detailed-reading） 学生角色：阅读者和信息整合者	教师借助古斯塔夫金字塔结构，指导学生仔细阅读全文，并把对应的信息填写进去，完成对戏剧基本情节的梳理。	借助古斯塔夫金字塔结构的帮助，教师引导学生梳理戏剧的基本信息，了解戏剧的情节走向，从而为下一步的依据戏剧情境开展人物分析做准备。
\multicolumn{3}{c}{读后活动（7 分钟）}		
步骤 4：讨论和展示（10 分钟） 学生角色：讨论者、问题解决者	整合戏剧各要素信息，教师启发学生思考： 1. 你认为该故事中的哪部分是最有趣的? 2. 你对戏剧中各个角色有什么评价? 3. 如果有表演的机会，你最想表演哪个戏剧角色?	1. 帮助学生梳理和巩固戏剧各要素； 2. 通过讨论戏剧人物形象，引导学生形成对戏剧人物的初步感知，进而提升他们对戏剧排练和表演的兴趣。

251

教学设计	分享内化类（Sharing）	
教学流程 学生角色	教学活动（总计45分钟）	教学目的
预习和读前活动（4分钟）		
步骤1：复习情节和人物角色 学生角色：参与者和合作者	1. 教师把古斯塔夫金字塔结构的各个要素对应的情节，包括序幕（exposition）、起因（inciting incident）、发展（rising action）、高潮（climax）、反转（rehearsal）、收尾（resolution）和结局（denouement）拆解出来，设置成为剧情卡，按照正确的顺序排序发放给学生（3分钟）。 2. 教师邀请学生在不看课本的情况下说出剧中出现的所有人物姓名（1分钟）	1. 巩固学生对戏剧情节的理解； 2. 通过说出人物姓名，为下一阶段的人物性格梳理做好衔接。
读中活动（17分钟）		
步骤2：定位和寻找戏剧人物的基本信息(5分钟) 学生角色：阅读者，信息收集者	教师发放人物分析表，引导学生仔细阅读戏剧脚本，并且在角色分析表的"基本信息和经历"一栏处进行填写。	引导学生通过阅读定位并概括出戏剧各个角色的基本信息和主要经历。
步骤3：影音观摩和记录（12分钟） 学生角色：观察者、信息的定位者和整合者	1. 教师播放1954年的 The Million Pound Bank Note 同名电影给学生观看，提醒他们注意观察戏剧情节的展开和各个人物角色的表演、微动作（6分钟）； 2. 教师引导学生回忆影音内容，对照影音片段的截图内容，从课文中找到人物对应的台词，标注在图片旁边，并整合到步骤1发放的人物分析表中（6分钟）。	1. 以影音片段为学生下一阶段戏剧排练和展演的借鉴素材，教师通过引导学生观看该片段促进他们对戏剧的理解，并初步感知戏剧表演的过程； 2. 借助人物分析表，教师引导学生从角色的外在表现过渡到人物内心世界的深层次探索，锻炼阅读的推断技能。
读后活动（15分钟）		

第九章 戏剧课

教学设计	分享内化类（Sharing）	
教学流程 学生角色	教学活动（总计 45 分钟）	教学目的
步骤4:"角色帽子"和"盲说台词"（10分钟） 学生角色：表演者和评价者	1. 教师设置"角色帽子"的活动，邀请学生选择稍后阶段所要表演的角色； 2. 选好表演的角色后，教师鼓励学生在不看课本的情况下，使用上一课时的人物分析表，按照自己的理解来大声朗读所选择角色的台词； 3. 在学生进行"盲说台词"活动时，教师和其他学生都担任"评价者"的角色，从"语音语调""情感情绪"等方面对进行台词表演的学生进行评价。 4. 在"盲说台词"活动结束后，教师引导学生在自己表演的基础上，再次回归课本，在人物分析表的"情感变化"一栏概括整合角色的情感变化过程。	1. 通过"角色帽子"和"盲说台词"的活动，教师引导学生从戏剧表演的角度深层次理解角色的情感变化。 2. 把学生的表演和对他们的评价结合在一起，教师鼓励学生参与到戏剧排练的活动中，提升他们的戏剧表演动力。
步骤5：自我评价和人物信息总结（5分钟） 学生角色：评价者和信息总结者	1. 教师把上一阶段同伴和教师做完的评价表发放给学生，引导他们回想自己刚才的表现并做好自我评价； 2. 学生在自我评价的过程中反思自己对所选人物的情感表现方式是否恰当，并且修正自己对人物的理解，制订下一阶段的表演计划。	教师引导学生做好自我评估和反思，促进其对所选角色的深层次理解。
步骤6：写作任务："人物小传"（9分钟） 学生角色：信息总结者和阐述者	学生梳理回顾人物分析表中的各方面信息，并完成"人物小传"的写作任务，写下自己对所选人物的理解。	1. 在学生总结和整合人物各方面信息的基础上，教师帮助学生提升语言输出能力； 2. 在自我评价、反思的基础上，学生结合写作活动，形成对人物全面的理解，进而为下一阶段的角色表演做好铺垫。
教学设计	输出表达类（Expressing）	
	预习活动（5 分钟）	
步骤1:"情绪变变卡"的热身活动（5分钟） 学生角色：参与者	教师设计情绪变变卡活动，邀请学生参与： 第一步：学生从数字1到8中随机选择1个数字，并大声说出来； 第二步：教师展现提前设计的角色变变卡对照图，把学生所选择的数字和对应的戏剧场景、台词展示出来，邀请学生用变变卡上展现出的情绪朗诵特定的台词。 特别提醒：情绪变变卡上的其他场景和台词在学生做出选择前保持悬念，不予展示。	教师通过设置情绪类的热身活动，调动学生的情绪，让他们为下一阶段的表演做好准备。
	Movement and mime（9 mins）	

教学设计	输出表达类（Expressing）	
教学流程 学生角色	教学活动（总计 45 分钟）	教学目的
步骤 2： 肢体类戏剧活动 1："蜡像复活" （9 分钟） 学生角色：表演者和观众	教师选择融合"画面定格"和"旁白"的"蜡像复活"（Waxworks come alive）的戏剧活动： 步骤一：教师邀请部分学生使用定格的肢体动作，表现"蜡像"，呈现戏剧特定的场景； 步骤二：在台上学生充当"蜡像"表现场景时，教师引导台下观看的学生猜测台上的表演内容； 步骤三：随后，台上动作凝固的"蜡像"复活，针对台下学生的猜测，说出自己所扮演的戏剧场景，并在场景中朗诵对应人物的台词。	通过肢体活动类的戏剧表演活动，教师引导学生调动其在戏剧中的肢体表现能力。
排练（15 分钟）		
步骤 3： 自由排练 （15 分钟） 学生角色：表演者	在自由排练环节，教师引导学生用小组合作的方式，探讨如何表现某一戏剧场景和演绎对应的人物，并进行初步的排练。 特别提醒：教师在该过程中不应主动干预，而应在旁观察，在必要的时候才对学生进行指导。	以小组活动的方式，教师帮助学生提升合作意识，以促进语言输出为导向，在轻松自在的氛围中引导学生参与戏剧的排练活动。
展演（16 分钟）		
步骤 4： 戏剧展演和评估 （16 分钟） 学生角色：表演者	1. 教师组织学生在自由排练环节结束后进行展演。 2. 教师可以选择一些学情薄弱或者表现能力较弱的学生担任"剧评团"，对台上学生的表演进行评估。 3. 教师在该过程中需要拍照或者录像，记录学生的表演片段，作为档案评价袋的素材。	呈现学生排练的结果，教师以"剧评团"的方式，引导学生全员参与，并对展演的结果做出评价。
作业		
布置作业	1. 教师引导学生反思自己在戏剧课的表演和收获，并形成自己的档案评价袋。 2. 学生在展演之后，对表演前自己在角色分析图里写的"人物小传"进行修订，加深对人物的理解。	教师帮助学生巩固戏剧课所学，促进语境中的语言输出，提升其戏剧表演技巧。

第十章 语音课

由浅入深的整体性语音教学设计研究

——以"/ɜː/, /ə/, /tʃ/, /dʒ/"音标教学为例

完成本章阅读，你将收获：

1. 语音教学重要性的解读
2. 语音课的主要内容
3. 语音课的教学目标设计方法
4. 语音课的课程设计原则
5. 语音课的备课步骤指导
6. 优秀语音课教学课程设计案例

第一节　语音课的现状和重要性

一、语音教学的现状

笔者通过调研发现，全国约有 2/3 的英语教师没有语音课的教学安排，部分有过语音教学经历的教师则反馈其语音教学的课时占比非常低，只有极少数教师会用一个完整的课时进行语音教学。为什么会出现这样的情况呢？据了解，义务教育阶段对学生英语知识的考查多以笔试形式出现，考查英语的词汇、语法及语用，而英语口语考试不属于必考项，所以教师容易忽略语音教学这个环节。

这样的教学安排是否符合英语学习的本质呢？

早在 19 世纪，著名语言学家 Ferdinand de Saussure（费迪南德·德·索绪尔）就指出，语音是传达思想的工具，语义依托语音而存在。人类的语言首先是以语音的形式形成，世界上有无文字的语言，但没有无语音的文字，语音在语言中起决定性的支撑作用。著名语言学家 Gimson（吉姆森）也认为，要想学好一门语言，你必须掌握近 100% 的读音，约 50% 的语法和 1% 的词汇就足够了。可见，掌握语音知识是学习语言的基础，也是学习语言的必要条件，更是准确、流利、自然地说好一门语言的有利保证。学习任何一门语言，都是从了解这门语言的语音开始的，有了语音基础，才能更深入地去学习这门语言。

究竟什么是语音呢？

语音是语言的声音，是人类发音器官发出的具有一定社会意义的声音。在语言的音、形、义三个基本属性当中，语音是第一属性，也是直接记录思维活动的符号体系，是语言交际工具的声音形式。语音与其他声音的区别在于：第一，语音是由人的发音器官发出来的；第二，不同的声音代表了不同的意义；第三，语音的作用在于社会交际。语音代表了一定的语义，能达到社会交际的目的。

学生在日常的英语学习中会遇到很多问题，比如在听力过程中抓不住关键词、找不到关键信息，阅读文章的速度较慢，写作中的单词拼写错误多，以及不敢开口用英语进行交际等。出现上述问题的部分原因与语音教学的缺失有关，教师应意识到语音教学的重要性并改善语音教学现状。

二、语音教学的重要性

语音教学为什么是英语学习过程中不可缺少的一个环节呢？因为，语音习得是掌握语言知识和语言技能的基础。

1. 语音是口语交际中听、说这两项技能的基础

听、说是以语音为基础的，如果学生不能正确发音，不懂发音规则，则无法有效地获得信息，也无法准确传达自己的想法或情感。比如英语单词 sheep /ʃiːp/ 和 ship /ʃɪp/，元音的长短不同，整个单词所表达的意思就会不一样。学生缺乏辨音能力，对于接收的语言信息不能做出迅速的反应和理解，最终会导致交际受阻。在正确的语音知识的基础上，学生能清楚地听出对方所说的内容，不会因为发音的错误引起意义上的误解。在与他人交际的过程中，学生也能够通过运用语音知识来清晰地表达自己的观点和情感。

2. 语音对阅读理解的影响

1995 年，David Share（大卫·沙雷）教授在 Self-teaching Hypothesis 理论中提到，如果一个人能将单词的音和形对应起来，那么在遇到新单词时，运用语音解码能力可以帮助阅读。

1997 年，美国国家阅读委员会（National Reading Panel）的研究表明，影响阅读理解的五大能力可以用图 1 的阅读金字塔来表示，其中最基本的一项就是培养语音意识。

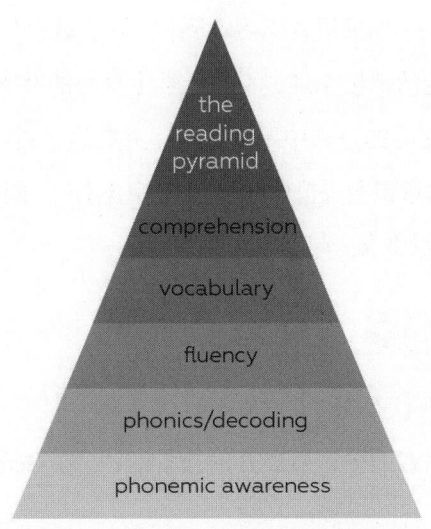

图 1 影响阅读理解的五大能力（阅读金字塔）

2000年，该委员会的报告还指出，形成语音意识和系统地学习语音知识，不仅能够帮助学生提高阅读水平，还能有效帮助有阅读障碍的学生更好地阅读。

如果学生严重缺乏语音知识，则会降低阅读效率，阅读的理解能力也会大打折扣。在阅读过程中，语音能帮助学生将看到的文字在大脑里具像化，而学生的单词拼读能力、对句子的意群和停顿的把握，则可以很好地帮助学生去理解所阅读的语篇。

3. 语音对写作的影响

很多学生在写作中会出现单词拼写错误的情况，这对写作题型的得分有很大的影响。英语是表音文字，不同的字母或字母组合有着不同的读音，如果学生还停留在按照字母所在位置进行单词背诵的阶段，那么在写作过程中，往往会因为单词与单词之间很相似，而将其义记混。但如果学生学会了音标和拼读规则，将大大提高其单词拼写的速度及准确率。比如听到目标单词 pet /pet/ 的读音，学生脑海里的第一反应就会是字母 p 发 /p/ 的音，然后确认字母 e 或字母组合 ea 发元音 /e/，字母 t 发 /t/ 的音，再根据单词的读音和所学的读音规则，可以写出单词 pet 或者 peat。学生在学习这个单词的过程中只用去识记 /pet/ 中的 /e/ 是字母 e 即可，其他辅音可以直接根据字母的读音写出，省去了背 p、e、t 三个没有关联的字母的步骤，这对于提升学生的写作能力有很大的帮助。

4. 语音对学生学习情绪的影响

从学生的全面发展来看，如果语音学习不到位，学生就会处于不敢开口说英语的境况，久而久之，会产生自我否定的消极态度，不利于学生身心的健康发展。当语音知识充足时，学生会敢于开口交际，在交际的过程中不断进步，并在这个过程中赢得其他学生和教师的正向反馈。这种自我肯定的意识会提升学生的英语综合素质，同时也符合核心素养下的《英语课程标准（2022版）》的要求。

三、语音课的主要内容

那么语音课到底需要教什么呢？

首先，语音课是围绕语音的内容所展开的教学活动。在 Gerald Kelly（杰拉尔德·凯利）

编著的 How to Teach Pronunciation[1] 一书中，归纳了语音的主要内容，如图 2 所示。

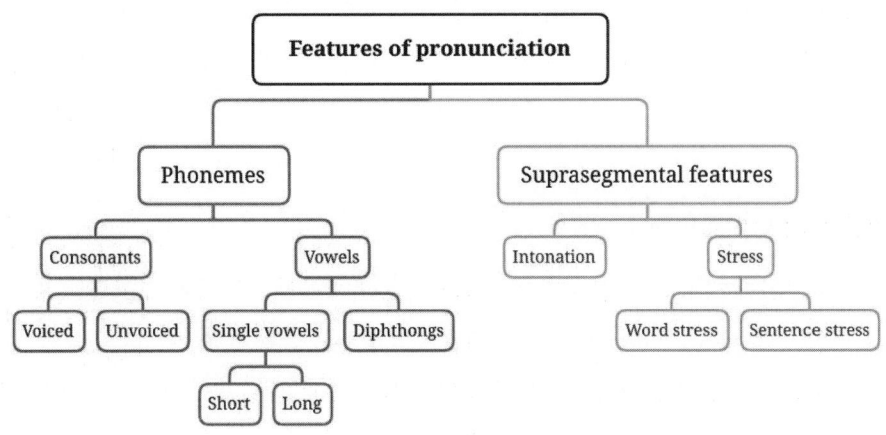

图 2 语音的主要内容

由图 2 可以看出，语音教学主要包括音素（Phonemes）和超音位特征（Suprasegmental features）的教学，也就是我们俗称的语音层次和语流层次的教学。下面我们就来看看语音层次和语流层次的教学分别包含了哪些内容。

1. 语音层次（Speech sound）

语音层次的语音教学一般含有音标教学和读音规则教学。

（1）音标教学

音标是记录音素的符号。音素是音的最小单位，英语中一共有 48 个音素，按照发音时气流是否受阻分为元音音素和辅音音素两大类，包括 20 个元音音素和 28 个辅音音素。我国目前采用的国际音标（International Phonetic Alphabet，简称 IPA）是在英语语音教学中被广泛使用的一种注音符号。音标教学有助于学生更好地学习和掌握单词的读音。

（2）读音规则教学

英语单词是由 26 个字母组成的，掌握 26 个字母的读音规则是第一步。在单音节的单词里，元音是一个单词发音的核心所在，在掌握元音字母及字母组合的读音规则后，再加上辅音字母和字母组合的读音规则，可以帮助学生完成英语单词的拼读。根据上述读音规则，学生在读音正确的基础上还能更轻松地识记单词。然而，英语单词中除了单

---

1 Kelly, G. How to Teach Pronunciation[M]. England: Pearson Education Limited, 2000.

音节单词外，还有很多双音节或多音节单词，这类单词往往会有一个或多个重音，其重音位置的不同会导致单词中元音字母或字母组合的读音发生改变，并且单词的词性和意思也会有所不同。所以，读音规则教学不仅包括字母及字母组合的发音规则，还包括单词的重读规则等。

2. 语流层次（Speech flow）

语流层次的语音教学一般包括重音、节奏、意群和停顿、连读和失去爆破及语调等。

（1）重音（Sentence stress）

句子的重音是节奏和语调的基础，用来传达重要信息，会根据说话人的感情和意向有所变化，从而达到不同的情感表达。重音会影响学生在实际交际中所表达的意思和情感。

（2）节奏（Rhythms）

节奏是在用英语交流或朗读语篇时所出现的一系列音节所持有的重轻、长短、快慢的现象。节奏影响着学生在交流或朗读语篇时的流利程度。

（3）意群（Sense group）

意群的划分和停顿，是指通过句子的成分和结构将句子进行划分。意群学习可以帮助学生更好地理解句子的意思，同时还有助于培养学生按意群去阅读的习惯，提高记忆语篇的效率。

（4）连读和失去爆破（Liaison and loss of plosion）

连读和失去爆破，是读句子时的一种规则和技巧。连读和失去爆破的学习可以帮助学生提高读句子时的连贯程度和流利程度。

（5）语调（Intonations）

语调不同，在同一个句子里所起到的作用和效果也不尽相同。语调的学习可以帮助学生在实际语境下更为准确地表达自己的想法和情感态度。

四、《英语课程标准（2022版）》下的英语语音教学

相较于《普通高中英语课程标准（2017年版2020年修订）》，《义务教育英语课程标准（2022年版）》中语音知识标准的侧重点发生了实质性的变化。如表1所示：

表 1《义务教育英语课程标准（2022 年版）》与《普通高中英语课程标准（2017 年版 2020 年修订）》中语音知识标准的对比

《义务教育英语课程标准（2022 年版）》语音知识标准	《普通高中英语课程标准（2017 年版 2020 年修订）》语音知识标准
一级（3~4 年级）： 1. 识别并读出 26 个大、小写字母；（原三级内容） 2. 感知字母在单词中的发音； 3. 感知简单的拼读规则，尝试借助拼读规则拼读单词；（原三级内容且要求有升级） 4. 感知并模仿说英语，体会单词的重音和句子的升调与降调。	
二级（5~6 年级）： 1. 借助拼读规则拼读单词； 2. 使用正确的语音、语调朗读学过的对话和短文； 3. 借助句子中单词的重读表达自己的态度与情感；（表述调整） 4. 感知并模仿说英语，体会意群、语调与节奏；（表述调整） 5. 在口头表达中做到语音基本正确，语调自然、流畅。（原五级内容）	三级： 1. 正确读出 26 个英文字母；（已调整至二级目标下） 2. 了解简单的拼读规律；（已调整至二级目标下） 3. 了解单词有重音，句子有重读； 4. 了解英语语音包括重音、连读、节奏、停顿、语调等现象。
三级（7~9 年级）： 1. 了解语音在语言学习中的意义和在语境中的表意功能； 2. 辨识口语表达中的意群，并在口头交流中按照意群表达； 3. 根据重音、意群、语调与节奏等语音方面的变化，感知和理解说话人表达的意义、意图和态度；（表述有调整） 4. 借助重音、意群、语调、节奏等方面的变化，表达不同的意义、意图和态度； 5. 根据读音规则和音标拼读单词； 6. 查词典时，运用音标知识学习单词的发音。	五级： 1. 了解语音在语言学习中的意义； 2. 在日常生活会话中做到语音、语调正确、自然、流畅；（已调整至二级目标下） 3. 根据重音和语调的变化，理解和表达不同的意图和态度； 4. 根据读音规则和音标拼读单词。

在《英语课程标准（2022 版）》的二级目标下，有两条要求都提到了"正确的语音"，那什么样的语音语调才算是正确的呢？

在英语语音教学中，英语语音是以英式英语标准发音（Received Pronunciation, RP）为基础的，这一概念最早由语言学家 Gimson（吉姆森）提出，现在则用 GB（General British）取代了 RP 的说法[2]；这表明了英语语音的标准将说英语的区域扩展到了更为广阔的范围。

值得一提的是，语言学家 Peter Roach（彼得·罗奇）在 *English Phonetics and Phonology: A practical course* 一书中曾指出，教师在语音教学过程中需要注意的是，语音教学的目标不是让学生的英语发音听上去和英语母语者一样标准，而是能让学生和英语母语者进行有效的沟通和交流。这一点和我国教育部出版的《英语课程标准（2022 版）》

---

[2] Cruttenden, A., Gimson's Pronunciation of English[P]Eight Edition. London, New York:Routledge, 2014.

中关于语音教学的要求描述很接近,所以,根据《英语课程标准(2022版)》的要求,教师在语音教学过程中应以在实际生活中进行交际为主,将语音教学落到实处,为学生的英语学习打下良好的基础。

第二节　语音课的课程设计

想要设计好的语音教学课,教师需要坚持以学生为中心去设计语音课程的教学目标和教学步骤,这样才能达到《英语课程标准(2022版)》的语音教学要求。在了解了语音教学的重要性和主要内容后,教师如何根据语音教学内容去设置语音课的教学目标,以及如何实现这些目标将是我们这一节要探论的问题。

一、语音课的设计原则

《英语课程标准(2022版)》围绕核心素养展开,为了能达成基于核心素养下的语音知识目标,发挥语音教学的最大功效,教师在语音课的设计上须遵循以下原则:

(一)准确性原则

准确性原则是语音课设计中的基本原则。在《英语课程标准(2022版)》语音知识内容要求的二级目标下,多次提及"语音正确",学生学习语音最主要的目的就是为了正确发音、听懂并理解对话内容。

(二)整体性原则

教师在设计语音教学任务时,还需要遵循整体性原则。发生在真实情境下的交际,发音的准确与否和语调、节奏的变化都会影响句子所表达的意思,所以语音教学不仅仅是发音及发音规则等语音知识层面的教学,还包括重音、连读等语流层面的知识。语音层次的教学和语流层次的教学是不可分割的。

(三)真实性原则

教师在设计语音课程时,真实性原则也是不可忽略的。课程里出现的语料应尽可能的真实，因为学生学习语音是为了能在语境中感知和理解说话人表达的意义、意图和态度，这也是《英语课程标准（2022版）》在语音知识三级目标下所强调的内容。教师只有将语音教学融入有意义、有情境的语言练习和任务性的语言训练中去，学生才能真正学习好发音为口语交际打好基础。

（四）趣味性原则

学习语音需要大量的模仿练习，而机械地跟读会让学生觉得语音学习枯燥无趣，那么在设计教学活动时，教师应设计富有趣味性的教学活动，提高学生对语音学习的兴趣。同时，教师在教学过程中应与时俱进，结合多媒体资源和技术，让课堂变得更生动、更有趣，这样语音教学的效果会更好。

二、语音课的备课步骤

为了落实核心素养的要求，教师应培养学生独立思考和实践创新的能力。我国义务教育阶段的语音教学不仅需要学生反复模仿练习，更需要教师在教学过程中以学生为中心，引导学生去学习和掌握语音知识，并在练习环节中加入有趣、实用的训练，帮助学生学会语音知识并将其用到实际的生活情境中去，这样才能有效达到《英语课程标准（2022版）》中提出的语音教学目标。英语教学专家 Jeremy Harmer（杰拉米·哈默）在其所著的 *How to Teach English* 一书中提出的"ESA"理论（即 Engage—Study—Activate）与此不谋而合。

所以，接下来所讲的语音课备课步骤，就是以"ESA"理论基础的授课模式为例，并结合上文所提到的语音教学的设计原则和教学理论设计出来的。

（一）确定语音教学的内容

根据《英语课程标准（2022版）》对语音知识的教学要求，教师应根据学生的年龄段和学习情况设计语音教学课程：

在一级目标下的要求，针对小学三至四年级的学生，语音教学应围绕英语26个字母展开。学生不仅需要熟识26个字母，还应知道26个字母中每一个字母对应的常见发音，比如：字母 Aa 的发音为 /æ/；字母 Bb 的发音是 /b/；字母 Cc 可以发 /k/，也可发 /s/ 等。同时，这个阶段的学生还应学习简单的拼读规则，即一些常见的字母组合的发音，比如：ee 和 ea 可以发 /iː/；oa 可以发 /əʊ/；or 和 al 可以发 /ɔː/；ch 可以发 /tʃ/ 或 /k/；th 可以发 /θ/ 或 /ð/；sh 发 /ʃ/ 等。在了解简单的拼读规则后，学生要尝试借助拼读规则拼读单词。

此外，教师可以鼓励学生尝试借助拼读规则读出由辅音＋元音＋辅音（consonant + vowel + consonant, 即 CVC）组成的单音节单词，如 cat 等。

在二级目标的要求下，针对小学五至六年级的学生，教师需要让学生在熟悉拼读规则后，从单词过渡到句子，通过模仿原汁原味的音频或视频，体会对话中句子的意群、语调和节奏。通过语音学习，学生不仅能够使用正确的语音语调朗读对话和短文，还能借助句子中单词的重读来表达自己的态度与情感。

在三级目标的要求下，中学七至九年级的学生需要学习 48 个国际音标，学生在遇到生词时，通过查阅字典识读音标，掌握生词的正确发音。根据读音规则和音标，能熟练地拼读或拼写出目标单词也是学生必须掌握的一项技能。教师需要帮助学生学习和掌握音标，借助音标准确读出和记忆单词，为学生开展自主学习奠定基础。那么，教师在确定教学内容时，可以依据教材里某一个单元的主题，通过收集该主题下相关的词汇和句子，改编该主题下的篇章，让学生除了能辨识和运用口语表达中的意群外，还能根据重音和语调的变化，理解和表达不同的意图、态度。

（二）语音课的设计步骤

基于核心素养的要求和《英语课程标准（2022 版）》，在 "ESA" 这一理论的基础上，教师可以将语音课步骤设计为 Engage—Study—Activate 三个环节。每个环节的活动设计可以按照从易到难、从单词到句子再到语篇层层递进，以满足不同层次的学生需求（如图 3 所示）。

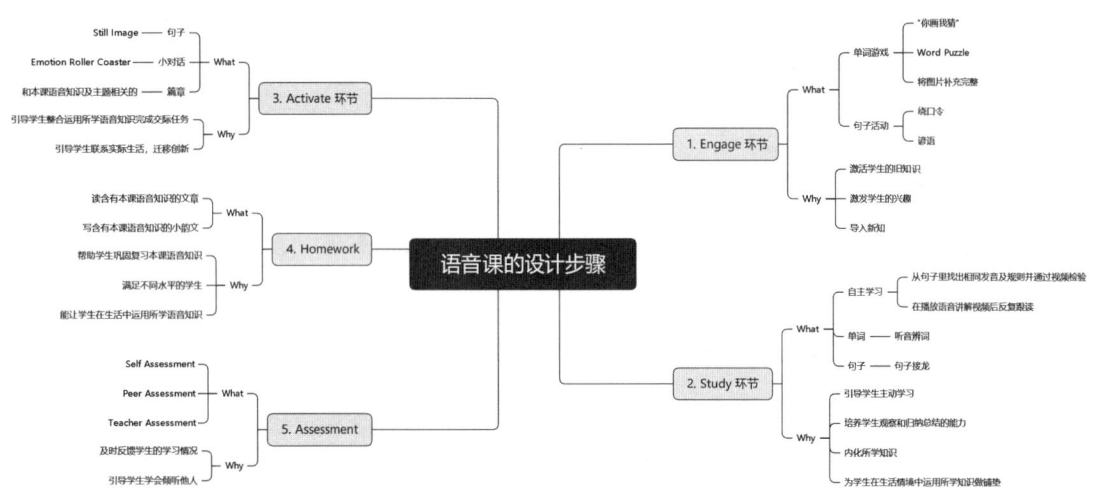

图 3 语音课设计步骤的思维导图

1. Engage 环节

这个环节是为了帮助在学生复习旧知识的同时，激发学生对本节课主题内容的兴趣，让学生能更快速并全身心地投入课堂学习中。根据上文提到的趣味性原则，教师可以设计游戏活动或者通过展示图片或播放音频、视频的方式复习上节课的内容，并引出这节课需要学习的内容。

为了帮助学生复习旧知识并导入本节课的新知识，教师应观察学生对已学过的单词和音标的掌握情况，了解其对某一主题下的词汇储备。教师可以设计以下活动：以字母 th 的发音教学为例，教师可以利用幻灯片展示一幅不完整的图片，图片中缺少的部分涉及本节课所学发音的单词，比如，教师展示一张缺少嘴（mouth）或牙齿（tooth/teeth）的人脸图片（如图 4 所示），要求学生根据图片里缺少的内容，说出目标单词 mouth 或 teeth/tooth。

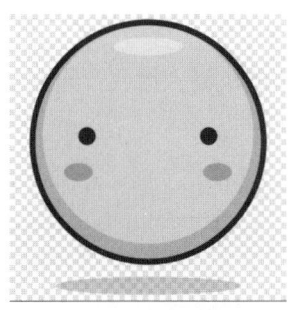

图 4 不完整的人脸图片

教师还可以和学生一起玩 "你画我猜" 的游戏，具体操作如下：教师将目标单词展示给某一位学生看，并请该学生在黑板上通过画图的方式来展现该词，剩余的学生根据黑板上的图来猜测目标单词。比如，教师请一位学生上台，并给出 south 一词，该学生可通过画指南针来提示其他学生说出目标单词。

这一环节的设计遵循了教学设计里的趣味性原则，能激发学生对本节课所学内容的兴趣，为过渡到下一个环节做好铺垫。

2. Study 环节

在 Study 环节，教师应遵循教学设计里的准确性和真实性原则设计教学活动，引导学生通过观察，自主归纳并总结出读音规则，通过模仿视频里的内容熟练掌握本课知识点。教师可以通过由浅入深的活动设计，充分调动学生学习的积极性。

为了培养学生积极思考和归纳总结的能力，教师可以在黑板上展示涉及发音规则的句子，要求学生在规定的时间内读出这些句子，或者分小组进行比赛，看哪一组读得又准又快。

在熟悉了句子后，教师可以通过鼓励或引导的方式，让学生观察 Engage 环节里出现过的单词以及读过的句子，找出单词和句子里发音相同的部分，即单词所含有的相同的字母或字母组合，从而归纳出本节课所学的发音规则。然后，教师可以播放相关的读音视频，让学生检验自己的答案是否正确。接下来，教师通过文字和视频讲解语音的发音部位和技巧，让学生通过模仿达到准确发音的程度。对于个别没有达到标准的学生，教师继续示范让学生模仿并跟读。同时，教师应在黑板上示范单词的正确书写，让学生通过拼读规则达到会认、会读、会写的目标。教师可设计以下活动对学生的学习情况进行检验：

（1）单词的活动设计

为了使学生内化所学内容，教师可使用最小对立体（minimal pairs）的单词去检验学生是否能正确辨认和区分不同的语音。"最小对立体"是指除了出现在同一位置上的一个音之外，其余位置上的读音都相同的两个语音组合，如：sheep—ship、pat—bat 等。教师可以使用 5~6 组读音相近或易混淆的单词，播放音频让学生听音，并识别音频里播放的是哪一个单词。除此之外，教师也可以直接给出 3~4 组单词，让学生找出每一组里画线字母或字母组合读音不同的单词。这一类活动设计着重训练学生学会区分长元音和短元音以及清辅音和浊辅音。

（2）句子的活动设计

为了学生能在现实生活情境中运用所学的语音知识，教师可以设计"句子接龙"的游戏，要求学生造句，所添加的词汇必须包含本课所学的发音。以字母组合 th 的发音为例，教师可以要求学生用"I have ..."的句型进行句子接龙，教师给出第一个句子"I have a mouth."，并选择一位学生说第二个句子"I have a mouth and teeth."，接着选择班上另外一位学生说第三个句子"I have a mouth, teeth and three shirts."，以此类推。有关句子的活动设计，教师需从生活角度出发，让学生感知英语在实际生活中的运用。

3. Activate 环节

针对这一环节的内容设计，教师可以在讲授完语音知识后，结合学生的水平，给出相对应的训练活动。除了从单词到句子再到语篇的递进，教师还可以在每项训练活动中分别设计初阶、中阶和高阶三级不同难度的活动内容，使学生得到全面的语音训练。（如图 5 所示）

第十章　语音课

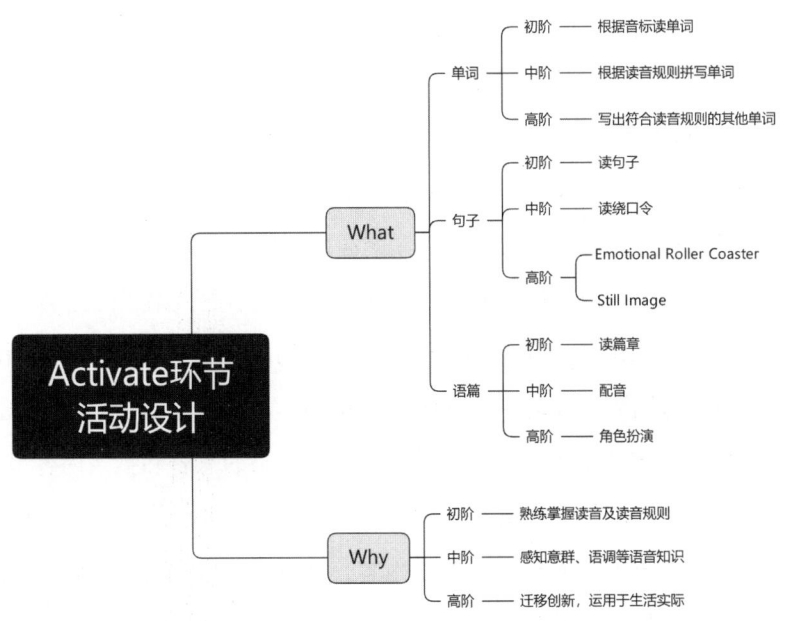

图 5 Activate 环节活动设计思维导图

（1）单词的活动设计（这部分的活动不需要教师讲解单词意思，只着重训练本课所学的读音及相对应的读音规则即可）

初阶：熟悉音标。教师给出含有本课读音和读音规则的单词，引导学生根据所学规则拼读单词，并能正确写出单词的音标，或者鼓励学生根据教师所给的音标正确读出单词。这一类活动主要是锻炼学生的拼读能力，帮助学生学会正确记忆单词。

中阶：教师给出一个含有本课所讲解的发音的单词，引导学生根据拼读规则正确拼写出该目标单词。这一类活动主要锻炼学生的拼写能力，帮助学生正确拼写出所学的单词。

高阶：教师鼓励学生自行想出符合该读音规则的其他单词。这一活动设计可以让学生对所学的语音知识进行迁移创新。

（2）句子的活动设计

初阶：（这部分的训练不需要教师讲解意思，只着重训练本课所学的发音规则即可）教师可以给出几个含有本课所学的读音规则的句子让学生朗读。句子可由易到难，以 /i:/ 的发音为例："Come to tea! Come to tea with me! Come to tea with me by the sea!"。

中阶：（这部分的训练需要教师讲解意思，为训练意群和句子的停顿做铺垫）教师让学生重新练习 Engage 环节里的绕口令，学生在学习完发音规则后，读起来会更熟练，这样也可以增强学生学习语音的兴趣和信心。当然，教师也可以给出新的绕口令，还可以在绕口令的练习中加入意群和语调等语音知识点。

高阶：教师可以通过"Emotion Roller Coaster（情绪过山车）"的游戏让学生在练习读音及读音规则的同时，训练重音、语调等语音知识。在这个游戏里，教师可以随机点一位学生，并指定一种情绪，让学生带着情绪去读目标句。在这项活动中，学生根据不同的情绪变换不同的语调，从而感知重读和语调的变化对句意表达所产生的影响。教师还可以通过教育戏剧中的"Still Image"（画面定格）的游戏，考查学生对句子意思的理解。比如，教师将学生分为4组，每组10人，从每个组里选出一位学生，给出一个含有本课所学读音和读音规则的句子或谚语，让4位学生根据纸条上的内容分别做出一个"画面定格"的动作，在此过程中不可用语言或动作进行描述，台下的学生根据台上的"画面定格"动作，猜出大致意思并用英文描述出来。四轮活动结束后，猜出的意思和纸条内容最接近的小组可积一分。最后，教师在幻灯片上展示正确表达，并让学生进行朗读练习。

这一环节的设计，既有语音层面的教学内容，又有语流层面的教学内容，还有教育戏剧里的游戏活动，充分体现了教学设计里的整体性原则和趣味性原则。

（3）语篇的活动设计

初阶：读语篇。教师可以根据新闻、故事等对语篇进行改编，使语篇里含有大量本课所学发音规则的单词，要求学生朗读。

中阶：配音。教师选择部分动画短片或电影选段，让学生为其配音，进一步练习本课所学的发音，并考查学生对意群和语调的掌握程度。

高阶：角色扮演。教师根据初阶的语篇内容，或者结合生活实际，编写对话，然后让学生将对话表演出来。

这一环节的活动设计体现了教学设计的真实性原则，让学生在真实语境中达到交际的目的。

教师可结合活动评价表（如表2所示）让学生自评或互评，再结合学生的综合表现给出具体评价，以帮助学生在学习过程中不断进步。

表2　活动评价表

Assessment Contents	Excellent	Good	Fair	Improvement Required
Pronunciation				
Intonation				
Fluency				
Creative Performance				

以上就是一节语音课的活动设计，供广大教师们参考。在设计每一个环节的活动时，教师应充分考虑活动设计能否达到教学目标。同时，教师应在每个环节都加入教学评价，多元化的教学评价有助于学生提升语音技能。教师可从语音和语调的正确性、朗读的流利程度及交际过程中能否正确表达观点等方面设计评价表格。整个教学过程可以通过学生自评、学生互评、教师评价等多种方式进行评价反馈。

一节语音课结束后，为了巩固学生课上所学知识，教师可以要求学生在课后模仿一篇新闻报道并录音，以考查学生对发音规则的理解和掌握程度。教师也可以要求学生在课后写一篇含有本课所学读音和读音规则的韵文，并在下节语音课上展示优秀的韵文作品。

第三节　优秀案例展示

课程类型

语音课

教学内容

本节语音课属于"人与社会"的范畴，涉及"常见职业与人们的生活"，可对标人教版《初中英语Go for it 八年级上册》Unit 6 和牛津沪教版《英语English 七年级上册》Unit 4 的内容。

年级

七、八年级

教学目标

1. 通过观察，自主归纳总结出四个音标所对应的字母及字母组合：/ɜː/（ir、ur、or、ear）；/ə/（er、or、a、e、o、u）；/tʃ/（ch、tch）；/dʒ/（j、g、ge）；

2. 熟练掌握四个音标的发音技巧及读音规则，并积累相关俗语和谚语的表达；

3. 在语境中感知不同的语调对情感态度表达的影响；

4. 在实际情境中掌握句子意群的划分，并对常见的职业有一定的了解。

学情分析

大部分七、八年级的学生在英语学习中缺少具体的语音知识学习

教学重难点

教学重点：熟练掌握四个音标的读音规则。

教学难点：在实际语境中感知语调及句子意群划分对表达的影响。

教学用具

幻灯片

教学流程

教学目标	学习活动 (45 minutes)	效果评价
	一、Engage 环节 活动 1: Word Puzzle 首先，教师通过幻灯片向学生展示下面这个含有音标的 8*8 的表格，表格里隐藏了 14 个关于常见职业的单词音标。其次，教师将学生分为每 10 人一组，要求学生以小组为单位，在 3 分钟内找出尽可能多的单词音标，找出单词数量最多且用时最短的小组将积一分。在学生寻找单词音标时，教师可提醒学生通过从上往下、从左往右或是从下往上、从右往左的顺序进行寻找。 如果教师认为难度过大，也可以给出参考答案中的单词，让学生找出对应的音标即可。 | p	aɪ	l	ə	t	uː	m	ə | |---|---|---|---|---|---|---|---| | ɪ | ə | t | k | ɒ | d | h | p | | ə | k | eɪ | b | æ | r | e | ɑː | | n | ɜː | s | v | ə | n | t | t | | ɪ | w | b | ɔː | dʒ | ʌ | dʒ | ɪ | | s | t | ʊ | θ | iː | p | ɪ | s | | t | iː | tʃ | ə | m | ə | n | t | | ɒ | p | ə | t | k | æ | ɪə | w | (参考答案：pilot /ˈpaɪlət/, doctor /ˈdɒktə(r)/, baker /ˈbeɪkə(r)/, nurse /nɜːs/, servant /ˈsɜːvənt/, judge /dʒʌdʒ/, teacher /ˈtiːtʃə(r)/, actor/ˈæktə(r)/, pianist /ˈpɪənɪst/, worker /ˈwɜːkə(r)/, butcher /ˈbʊtʃə(r)/, author/ˈɔːθə(r)/, engineer/ˌendʒɪˈnɪə(r)/, artist/ˈɑːtɪst/)	观察学生对已学过的单词和音标是否已经达到熟练掌握的程度，了解其关于职业的词汇储备，根据情况给予必要的指导和反馈。
设计意图：导入主题，激发学生参与的兴趣，鼓励学生找出关于职业的词汇；通过找寻单词音标的游戏活动，培养学生通过读音将音标转换成单词的能力以及准确获取信息的能力。（观察与辨析）		

第十章　语音课

教学目标	学习活动 (45 minutes)	效果评价
1. 通过观察，自主归纳总结四个音标所对应的字母及字母组合：/ɜː/ (er, ir, ur, or, ear); /ə/(er, or, a, e, o, u); /tʃ/(ch,tch); /dʒ/(j, g, ge)。（学习理解） 1. 通过观察，自主归纳总结出四个音标所对应的字母及字母组合：/ɜː/ er, ir, ur, or, ear; /ə/ er, or, a, e, o, u; /tʃ/ ch,tch; /dʒ/ j, g, ge。（学习理解）	二、**Study** 阶段 活动 2： 首先，教师在幻灯片上展示下面 4 个英文句子，每一组请 4 位学生读黑板上的句子，要求尽可能准确地读出句子。教师可计时，读得最快、最准的一组积一分。 Th<u>ir</u>ty <u>ear</u>ly b<u>ir</u>ds w<u>or</u>k on h<u>er</u> d<u>ir</u>ty p<u>ur</u>ple sh<u>ir</u>t. An<u>o</u>ther driv<u>er</u> will <u>a</u>rrive at the c<u>or</u>ner ar<u>ou</u>nd sev<u>e</u>n o'clock. I <u>ch</u>oose to <u>ch</u>erish the <u>ch</u>ance to ca<u>tch</u> the <u>ch</u>icken in the kit<u>ch</u>en. <u>G</u>eorge en<u>j</u>oys the colle<u>ge</u> and <u>g</u>ets a <u>j</u>olly good <u>j</u>ob. 其次，教师引导学生观察刚刚读过的 4 个句子，让学生通过小组讨论，尝试找出句子里含有相同元音或辅音发音的单词。教师可以提示学生第一句和第二句里分别有一个相同的元音发音；第三句和第四句里分别有一个相同的辅音发音。 参考答案： 1. th<u>ir</u>ty, <u>ear</u>ly, b<u>ir</u>ds, w<u>or</u>k, h<u>er</u>, d<u>ir</u>ty, p<u>ur</u>ple, sh<u>ir</u>t; 2. an<u>o</u>ther, driv<u>er</u>, <u>a</u>rrive, th<u>e</u>, c<u>or</u>ner, ar<u>ou</u>nd, sev<u>e</u>n, <u>o</u>'clock; 3. <u>ch</u>oose, <u>ch</u>erish, <u>ch</u>ance, ca<u>tch</u>, <u>ch</u>icken, kit<u>ch</u>en; 4. <u>G</u>eorge, en<u>j</u>oy, colle<u>ge</u>, <u>j</u>olly, <u>j</u>ob. 第三，教师引导学生再次观察刚刚找出的每一句里有相同发音的单词，让学生尝试找出这些单词有哪些字母或者字母组合发音相同，找出正确答案最多的一组积一分。 参考答案： 1. /ɜː/ er, ir, ur, or, ear Th<u>ir</u>ty <u>ear</u>ly b<u>ir</u>ds w<u>or</u>k on h<u>er</u> d<u>ir</u>ty p<u>ur</u>ple sh<u>ir</u>t. 2. /ə/ er, or, a, e, o, u An<u>o</u>ther driv<u>er</u> will <u>a</u>rrive at the c<u>or</u>ner ar<u>ou</u>nd sev<u>e</u>n o'clock. 3. /tʃ/ ch, tch I <u>ch</u>oose to <u>ch</u>erish the <u>ch</u>ance to ca<u>tch</u> the <u>ch</u>icken in the kit<u>ch</u>en. 4. /dʒ/ j, g, ge <u>G</u>eorge enjoys the college and gets a jolly good job. 最后，教师播放有关这四个读音的动画（动画来源：BBC 儿童教育频道 CBeebies 出品的 Alphablocks），让学生对自己归纳总结的答案进行检验。	观察学生在小组讨论时能否正确找出相同读音的单词并正确总结归纳读音规律，评价学生归纳的准确度。
	设计意图：引导学生主动观察句子里单词的发音规则，培养学生积极思考和归纳总结的能力。（感知与注意、观察与辨析、归纳与推断）	

教学目标	学习活动 (45 minutes)	效果评价
2.熟练掌握四个音标的发音技巧及读音规则，并积累相关俗语和谚语的表达。(学习理解、应用实践)	活动 3： 首先，教师播放讲解本课四个音标发音的视频（视频来源：BBC国际音标英语发音课程），学生在了解发音技巧后可跟着视频模仿练习。然后，教师在幻灯片上向学生展示本课的四个音标及其对应的读音规则。最后，教师带领学生一起反复跟读视频里出现的音标及单词，这一步骤可重复两至三次，直至大部分学生能熟练掌握。 活动 4：听音辨词 教师在幻灯片上给出 6 组单词，每一组只播放其中一个单词的音频，让学生根据音频内容判断播放的单词，并将听到的单词写在练习本上，最后以小组为单位进行统计，写出正确答案最多的一组可积一分。 单词如下： ① bird　bed　　② term　tomorrow ③ cheap　jeep　④ teach　teacher ⑤ work　walk　⑥ ridge　rich	根据学生跟读时的表现，了解学生对新知识的学习情况。 根据学生在活动时的表现，了解学生内化所学内容和语言的情况。
	活动 5: Sentence Chain 教师以"I know ..."的句型开头，每次指派小组中的一位学生以接龙添词的形式造句，每个小组轮流进行，所选句子必须包含与课上讲解的四个音标发音有关的职业类单词。在添加的新词符合要求的情况下，能完整复述接龙的句子且所造的句子最长的小组将积一分。 例如： Teacher: I know a doctor. Student 1: I know a doctor and a nurse. Student 2: I know a doctor, a nurse, and a butcher. Student 3: I know a doctor, a nurse, a butcher and... Student 4:...	观察学生活动过程中的表现，根据其说出的具体内容了解其对本课知识的掌握程度。
设计意图：引导学生梳理、学习和内化关键知识点，为进一步在现实生活情境中运用所学做好铺垫。（内化与运用、习得与建构）		

教学目标	学习活动 (45 minutes)	效果评价
3. 在语境中感知不同的语调对情感态度表达的影响。（迁移创新）	三、Activate 环节 活动 6: Emotion Roller Coaster 首先，教师在幻灯片上展示下列对话内容，先邀请2位学生用正常的语调表演对话。 然后，教师在每个小组里选出两位学生按照教师给出的指令进行表演。在表演过程中，教师会随时给出不同的情绪指令（如高兴、生气、兴奋、疲惫、失望、害怕等），学生在收到指令后立即切换至相应的情绪并进行表演。其余小组的学生仔细观看，以小组为单位根据活动评价表上的内容进行打分，得分最高的一组可积一分。 A: Which girl is your friend? B: She wears a skirt with a purple watch. A: What's her name? B: Her name is Julia. A: What's her job? B: She is a teacher. A: What does she teach? B: She teaches children magic.	观察学生活动过程中的表现，了解学生对语言的内化情况。
设计意图：引导学生整合运用相关语音知识，完成交际任务。（表达与交流）			
4. 在实际情境中掌握句子意群的划分，并对常见的职业有一定的了解。（迁移创新）	活动 7: 首先，教师在幻灯片上展示一则招聘广告，要求学生找出含有本课所学的四个发音的单词。 然后，教师要求学生将句子按意群进行划分，小组讨论后选出一位代表按照划分的意群进行朗读，其余小组的学生仔细聆听，以小组为单位根据活动评价表上的内容进行打分，得分最高的一组可积一分。 例：A Canadian company/ is searching for/ candy testers. / This job/ is to give/ "honest and objective opinions" / on more than 3,000 sweet products. / Candy testers / will also help select / the first ever candy line, / which will feature / ten new and original "candy creations" / from hundreds of possible choices./ 　　"If you love / sweet things, / this might be / a chance for you. You don't have to / get up early / for the work. / You can be / a child, but you should have / no food allergies./ 　　Imagine! / When you work / in this company, / you could have / many sweets / in your fridge, / and you don't even have to / pay for them. / This is the sweetest job / in the world! / Please join us!" /	观察小组能否正确划分意群，根据需要给出必要的指导和反馈。
设计意图：引导学生联系实际生活，推动迁移创新。（合作与探究、想象与创造）			

教学目标	学习活动 (45 minutes)	效果评价

作业：
流利朗读上述文章，录音并在下节课带来。（Record when you read the passage above and bring it in the next class.）
参考上述文章，以 4 人小组为单位写一篇招聘广告，招聘岗位可任意选择，要求尽可能多地用到本课所学的四个发音。（According to the passage above, write a job recruitment with the four sounds /ɜː/, /ə/, /tʃ/, /dʒ/.）

第十一章 口语课

以项目制学习为依托的口语教学设计研究

——以"Technology-assisted learning"为例

完成本章阅读，你将收获：

1. 口语能力的三要素及口语课与口语活动的区别
2. 口语课的重要性及其教学现状解读
3. 口语课的设计原则
4. 基于项目式学习的英语口语教学模式解读
5. 优秀口语课教学课程设计案例

第一节 为什么要上口语课？

口语课，就是以培养学生口语能力为教学目标的课型。对于大部分教师来讲，口语课是一种既"熟悉"又"陌生"的课型。一方面，教师们在自己的常规课上或多或少会涉及口语交际；但另一方面，口语能力到底是什么？口语课和口语活动有什么异同？大家的心中未必能有明晰的答案。因此，在进一步讨论口语课设计前，我们首先要回答这两个问题。

> 在本章中，常规课是指阅读课、写作课、听力课、语法课、复习课等在中学英语教学中常见的课型。

口语能力的三要素

口语能力[1]主要包含以下三个要素。第一个要素是社会语言能力。拥有社会语言能力要求人们能够视场合与对象，把想要表达的意思用恰当、得体的方式传达出去，维护好与对方的人际关系。例如，在公开场合演讲时，说话人需要使用正式且有逻辑的语言，以确保准确地传达自己的观点；而在私人场所闲谈时，说话人则可以使用非正式的语言，以达到拉近彼此距离、增进感情的目的。

口语能力的第二个要素是策略能力。这是指在交际中，我们可以将不会说或不便说的事情运用多种方式（语言或者肢体动作等）表达出来。想象一个场景：假设你去国外旅游住宿，希望向前台借用吹风机，却又一时想不起这个单词，你会怎么做？也许你会对前台负责人说：我想要借用那个可以产生热风、让湿头发变干的机器；也许你会指着自己湿漉漉的头发，做出吹头发的动作。这些都是策略能力。

最后，语篇能力也是口语能力不可缺少的要素。语篇能力包含衔接和连贯两个层面，要求人们将要表达的意思清晰有效地传达出来，便于听者明确说话者所要传达的意思。换句话说，具备良好的口语能力要求说话者在与人交际时能够拥有较为清晰的逻辑和条理，比如，适当使用指代词进行上下衔接，能够在话轮持续的转换中依旧沿着

> 话轮是会话的基本结构单位，指在会话过程中说话人在任意时间内连续说出的话语。

---

[1] 余国良，范海祥. 英语口语教学活动设计 [M]. 北京：外语教学与研究出版社，2016.

同一主题进行交流。

口语能力的三要素涵盖社会、交际参与者和说话人三个层面，它既明确了口语提升的目标与方向，也搭建了后文提到的口语课程目标的思维框架。

口语课与口语活动的区别

不可否认，口语课与口语活动都可以在一定程度上起到培养学生口语能力的作用，但二者有很大的区别。首先，口语课和口语活动的教学目标不同。口语课旨在培养学生的口语能力，而口语活动作为其他常规课型的一部分，通常指向知识操练、情感教育等，口语能力的提升并非其主要目标。

其次，二者的主要课堂环节有差异。作为一节口语课，口语交际占据课堂的大部分时间，教学设计也均是围绕"说"展开的。口语活动则不然。在课堂中，口语活动经常紧随在听力、阅读、语音等输入性内容之后，作为课堂衍生环节，帮助目标语言知识的运用与迁移。因此，通常口语活动在课堂中所占的时间仅为较少，并非课堂主体。

最后，需要注意的是，口语课不是口语活动的延长。同其他常规课型一样，一节好的口语课也有其一以贯之的教学目标和与之相适应的教学流程，一味地让学生去说绝不等于一节高效且科学的口语课。

口语课的重要性

尽管口语课与口语活动有所不同，但二者都可以直接或间接地培养学生的口语能力。那么，中学阶段是否还有必要开展专门的口语课教学呢？不论是在主观意愿上还是客观要求上，笔者认为答案都是肯定的。

为了解教师群体的主观意愿，笔者面向全国中学英语教师进行了口语教学现状调研，共收到466份有效回答，其中81.3%（366名教师）坚定地认为应当在中学开设口语课。仅有24名参与调研的中学英语教师受困于课时、个人能力等因素，认为不应当开设专门的口语课（如图1所示）。因此，从主观上讲，开设口语课是大部分中学英语教师的诉求和愿景。

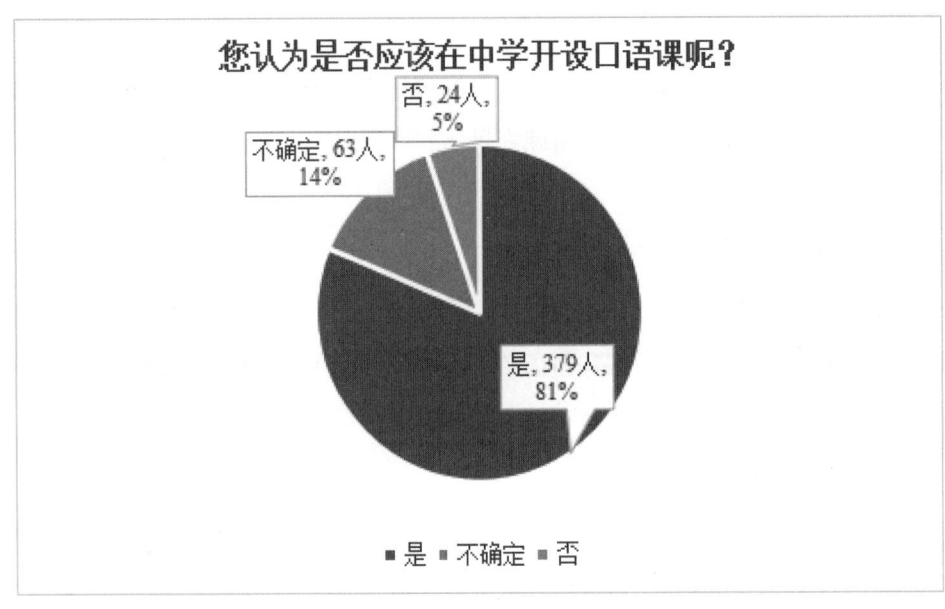

图 1 中学英语教师开设口语课的主观意愿情况

客观上看，开设口语课是英语学科核心素养和中学英语课程性质的必然要求。一方面，"学科核心素养是学科育人价值的集中体现，是学生通过学科学习而逐步形成的正确价值观、必备品格和关键能力"[2]。具体来讲，英语学科核心素养主要包括语言能力、文化意识、思维品质和学习能力。口语能力是语言能力必不可少的一部分，因此，要想培养学生的英语学科核心素养，提升口语能力势在必行。同时，研究表明，合理的英语口语教学可以有效地提升语言学习者的思辨能力[3]。思辨能力的提升不仅有助于学生成为更加高效的语言学习者，也是学生形成良好思维的必经之路。

另一方面，《义务教育英语课程标准（2022年版）》和《普通高中英语课程标准（2017年版2020年修订）》均在开篇中指出，英语课程具有工具性和人文性融合统一的特点。工具性是指英语课程应该帮助学生学习和运用英语基础知识和技能；人文性则是指通过学习英语课程，学生可以形成跨文化交际意识，加深对祖国文化的理解，树立正确的世界观、人生观和价值观。如梅德明教授与王蔷教授所说，"学习英语的主要目的之一就是借助第二种语言工具，了解英语国家的风土人情、民族习俗、社会生活、历史文化等，同时运用掌握的英语语言工具，讲述中国故事，传播中国的优秀文化，让世界了解中国"[4]。也就是说，

---

2 中华人民共和国教育部.普通高中英语课程标准（2017年版2020年修订）[S].北京：人民教育出版社，2020.第4页.

3 龚雁.英语口语教学与思辨能力培养研究[M].北京：外语教学与研究出版社，2012.

4 梅德明，王蔷.改什么？如何教？怎样考？—高中英语新课标解析[M].北京：外语教学与研究出版社，2018.

优秀的英语学习者不仅要有英文表达与交际的能力，更要有英语表达与交际的内涵——文化。落实英语学科的工具性和人文性，要求中学英语教师在教学中创设真实的情境，以主题为引领、以语境为依托，发展语言的综合技能，提升学生的跨文化交际意识。口语在生活语境中的重要性毋庸置疑，因此开设口语课在中学英语教学中有着极为积极的意义。

第二节 口语课的教学现状

如前文所说，在中学阶段开设专门的口语课无论在主观上还是客观上都有着重要的意义。但有趣的是，在笔者面向全国466名中学英语教师的调研中，仅有67名参与者（14.4%）表示自己会在教学中开展专门的口语课。经过归纳总结，一线中学英语教师在口语教学中面临的问题得以显现。

当教师想要着手准备一节口语课时，三大问题横亘在他们面前。第一，应试教学压力大。受限于课时、考评等因素，教师们"不敢"将宝贵的教学时间用于与成绩不直接相关的教学内容上。相反，教师们倾向于将时间更多地用于似乎与成绩更加直接相关的读写教学之中，长此以往，学生的接受性技能（receptive skills）和运用性技能（productive skills）发展失衡[5]，不利于其英语学科核心素养的提升。第二，不少参与调研的中学英语教师表示想要尝试口语课教学，却没有合适的教学资源。一些教师本能地认为口语教学需要完全脱离课本的语料素材，因此对其望而生畏。可如果我们仔细研读教材就会发现，教材本身就给我们提供了口语交际的素材库，例如，外研版高中英语教材每单元结尾的 Presenting ideas 板块就是很好的口语交际起点，北师大版高中英语教材更是在每单元都有 Speaking 板块，新人教版高中英语教材不仅在单元内部设有 Listening and talking 板块，更是在单元末尾增设了 Project 这一拓展部分。第三，近六成的调研参与者承认自己不知道如何上口语课，也因此无法开展口语课教学。如本章第一节所说，口语课也有其一以贯之的教

> 接受性技能（receptive skills）是指人们从语篇中获取信息的能力，如听、读、看；运用性技能（productive skills）是指人们运用语篇表达信息的能力，如写、说。

---

5 薛惠娟.英语口语教学中的师生互动[J].教育学术月刊，2014（1）: 5.

学目标和与之相适应的教学流程，笔者会在接下来的几个小节中与大家一起逐步解读口语课的教学模式。

除了备课难，中学英语教师还面临着口语课上课难的问题。首先，学生不重视口语能力的培养是参与调研的教师们提及最多的难处。学生不重视口语能力的培养，在课堂上便也不愿投入其中，甚至认为口语课是浪费时间。解决这一问题首先需要教师从自身做起，提升自身对口语教学的重视程度，进而影响学生对口语课的认识。其次，学生的口语能力不足也是口语课教学的一大难点。换句话说，哪怕学生已经认识到了口语课的重要性，部分学生在口语课上也是"有心无力"，很难跟上课堂节奏。这就要求教师在口语课备课时充分分析学情，结合所教学生的口语能力进行相应的课程设计，具体操作建议会在第四节详细展开。最后，在参与调研的466名中学教师中，近半数表示自己上口语课的困难在于交际情境创设。研究表明，如果交际情境不真实，则该口语活动或口语课难以激发有意义的交流，也就无法实现提升学习者口语能力的目标[6]。这是因为教师在备课时未能充分考虑学生的心智特点、生活环境等，同时，也疏于引导学生根据口语交际的特点使用适当的语言。

第三节　口语课的设计原则

尽管教师们在口语课备课与上课的过程中面临种种实际问题，但经过归类分析我们会发现，这些问题可以概括为：说什么、为何说、怎么说三个大问题。针对这三个问题，教师在设计口语课时需要注意以下三个原则。

说什么？——原则一：提供适当的讨论素材

首先，适当的讨论素材是一节成功口语课的基石，这也就是学生"说"的内容。适当的讨论素材首先应当源于教材并高于教材。如本章第二节所说，教材本身就能够为口语课教学提供许多有益的支持。在此基础上，教师应该结合学生的知识背景和年龄特点，对课本素材进行适当的补充拓展，如：补充相关背景知识，或补充可供学生进行模仿的语料框架。

6　张云建. 英语口语教学中的话语真实性研究[J]. 教学与管理, 2018（19）：3.

其次，适当的素材应当是真实的。在语言教学中，语料的真实性（authenticity）有着多层含义[7]。一方面，真实性可以直接理解为英语母语者在日常生活中会使用的语言；另一方面，真实也指语言要承载其传递信息、沟通交流的功能；同时，真实的语料中蕴含着表达者与其社会关系的总和。在口语教学的语境中，教师们需要注意真实的口语语料与书面语在用词、语句的完整性、表达策略等方面的区别，确保语料的真实性是学生口语能力发展的基础保障。

另外，趣味性和贴合性也是衡量口语讨论素材的重要指标。如同成人之间的闲聊一样，多数情况下只有话题有趣、吸引人，谈话才会继续。学生在课堂上的交流也是同样的道理，有了交际需求，才会有交际的动力。要做到有趣，教师们可以借助教具、图片、视频等，也可以尝试让学生提供讨论主题。与此同时，教师们也需要考虑素材的贴合性。这就要求教师们在备课时充分关注学情，包括所处的地理环境。例如，假设学校位于西南地区，采茶等极具地域特色的活动就十分贴合。贴合学生所处环境、兴趣与学习目标的素材可以有效地调动其已有认知并激发学生的学习热情。

最后，口语课的讨论素材需要可讨论。不少教师在选择口语素材时都会掉入或过于抽象、或过于直白的陷阱。例如，假设教师们在中学课堂上讨论"是否需要爱护环境"的主题，学生应当无法被真正调动，因为这一问题的答案过于明显，不具备可讨论性。假如讨论的主题是"我们应当如何爱护环境"，学生就可以结合自己的实际生活，表达自己的看法。此外，可讨论的主题还体现在符合学生目前的口语能力及知识储备上。这再次说明了备课时分析学情的重要性，这一点会在第四节详细展开。

为何说？——原则二：体现交际策略及会话特性

在前文分析口语课的教学现状时，参与调研的中学教师们表示自己无法创设适当的交际情境，因此学生不能进行真正有意义的交流。要解决这一问题，教师们在设计口语课时就需要体现交际策略及会话特性，这就是学生在课堂上"说"的原因和方式。

什么是口语的交际策略（communication strategy）呢？Rod Ellis（罗德·埃利斯）[8]指出，交际策略的关键在于两方面：一是有意识地使用，二是问题导向，即在语言知识有限的情况下，使用某种方式进行语义协商或话轮转换等使对话顺利进行。在中学英语口语交

7　Gilmore, A. Materials and authenticity in language teaching[M]// S. Walsh, & S. Mann (Eds.). The Routledge handbook of English language teacher education. New York: Routledge, 2019: 299–318.

8　Ellis, R. Communication strategies and the evaluation of communicative performance[J]. ELT Journal, 1984.

际的语境中，口语的交际策略主要体现在两方面：回避（avoidance）和转述（paraphrase）。比如，当对方的表达令人难以理解时，会话者可以请求对方复述并运用手势辅助，抑或不着痕迹地转移话题。同时，真实的口语交际不同于课本中经过修饰加工的语言，人们往往秉持着"语言经济性原则"，不会将所有的信息表达完整。因此，在口语课设计中加入交际策略的培养，是提升学生交际策略能力的必然要求。

除了体现交际策略外，中学口语课教学还需体现会话的社会交际性和事务性[1]。交际性是指为了维护社会关系，对话往往随意性较强；事务性则是指为了处理特定事物而交流，这种对话往往流程较固定，如预定餐厅。了解不同的会话特性，有助于学生在真实的交际情境中，使用恰当的交际策略以及调动相关的语言知识。

怎样说？——原则三：创设安全的交际环境

一节学生参与度高、表达积极性高的口语课离不开让学生感到安全的交际环境，这是学生"说"的氛围。以下是六个可以帮助教师创设安全交际环境的做法。

第一，教师们可以尝试用适当的方式引出话题。结合不同的主题，教师可以使用图片、新闻、设问等方式导入。以设问导入为例，教师在课堂刚开始抛出一个较为浅层的问题串，这样不仅可以快速引出主题，还可以帮助学生进入轻松舒适的课堂环境中，为后续活动奠定较好的交际基础。需要注意的是，浅层次的发言和互动并不意味着口语课堂讨论的失败，相反，因时制宜地调节讨论的深度和广度，恰恰是教师需要考量的地方。

第二，在口语课堂上，清晰的课堂活动指令尤为重要。设想一下，当教师走进课堂，经过热身活动并引入话题后，告诉学生："接下来，请大家说说看你对于上网课的优缺点有什么想法？"学生肯定会怔怔地望着教师，不知所措。要想创设安全积极的交际环境，教师要避免过于空泛的课堂指令，同时应当明确交际目的、活动步骤等细节，让学生可以跟随教师的指令逐步深入，层层探索。

第三，教师应当给学生准备时间[9]。中学生处于心理发育的敏感时期，因此大部分中学生害怕犯错、不愿展示自我。在口语课堂上，教师应当在提出问题或布置任务后，给学生充分的准备时间，让学生更自信地表达自我。一些教师错误地认为口语课上学生应该持续不断地表达，因此难以忍受课堂上的沉默，但这往往会给学生带来很大的压力，不利于安全交际环境的创设。

9　Scrivener, J. Learning Teaching: The Essential Guide to English Language Teaching (THIRD EDITION)[M]. Oxford: Macmillan, 2011.

第四，教师需要为学生的表达搭建脚手架。脚手架是指教师为帮助学生理解而在其已知与新知之间提供的支持。在口语课教学中，脚手架是在学生自主表达前，为其提供可模仿的语料模板，或是为其补充相关的背景知识等。一个坚实的脚手架能够让学生在表达时更加自信，提升其口语能力。

第五，结合不同主题，教师应当尽可能运用合作学习（cooperative learning）模式。口语交际是双向的，口语交际能力训练要求练习者有合作伙伴。相比课外，课堂是学生练习的更好场所。所以教师应当利用好课堂时间，在口语课堂上尽可能使用合作学习的方式，增加学生的表达机会。合作学习是目前世界上许多国家普遍采用的一种富有创意和实效的教学理论与策略体系[10]。目前的合作学习活动大致可分为四种：师生互动、师师互动、生生互动和全员互动。教师在口语课设计时可以通过合作学习的方式来开展教学，为每个学生都提供表达的机会。

第六，创设安全的交际环境还需要教师把握流畅性（fluency）与准确性（accuracy）之间的平衡[11]。在口语课堂上，教师是否要纠正错误一直是饱受争议的话题。过度追求准确性会使教师频频打断学生，导致学生不敢开口；而过度追求流畅性可能会使学生忽视准确性，不利于学生语言综合能力的提升。因此，教师在设计口语课时，需要结合学情选择适当的纠错时机，比如，在一个教学环节完成后进行不针对个人的错误反馈，力求寻得流畅性与准确性之间的平衡。

第四节　如何设计一节有效的口语课？

如何设计一节符合前文所述三个原则的口语课呢？通过与50余位一线中学英语教师的交流总结，并学习相关研究成果，笔者认为基于项目式学习（Project Based Learning）的英语口语教学模式是当前中学口语课教学的较好选择。在优质的项目式教学实践中，学生以开放式的项目为依托，在小组合作互助和教师课堂指导下，持续在真实语境下探究该

10　王坦. 合作学习的理念与实施[M]. 北京：中国人事出版社，2002.

11　Huang, J., Hao, X., Liu, Y. Error Correction in Oral Classroom English Teaching[J]. English Language Teaching, 2016, 9(12), 98–103.

项目的相关问题，最终在完成项目的过程中收获知识与技能。基于项目式学习的教学模式中的"真实""探究""合作"三要素和口语课设计的三项原则不谋而合。参照基于项目式学习的黄金标准（Gold Standard PBL）[12]（如图2所示），本节总结出基于项目式学习的口语课设计流程：提出课题、分析学情、制定目标、规划项目、细化教学流程。在本节中，将以人教版《普通高中课程标准实验教科书英语必修5》Unit 4 Making the News 为主要示例，对设计流程逐一阐释。

提出课题

图2 基于项目式学习的黄金标准（Gold Standard PBL）[13]

优质的项目式学习源于一个具有挑战性的问题或疑问（Challenging Problem or Question）。同理，基于项目式学习的口语课需要一个"具有挑战性"的主课题。在本章中，主课题可以理解为讨论主题或讨论素材，如第三节中"原则一：提供适当的讨论素材"，"适当"意味着要结合教材、真实、有趣、贴合、可讨论。在具体的教学实践中，教师可以从教材中的单元整体主题出发，结合当下时事热点或生活实际情况，提出主课题。

实践中，教师可以从教材中单元整体主题出发，结合当下时事热点或生活实际情况，提出不少先进的科学技术发明也被用在教育领域，如远程教学、翻转课堂、AI辅助教学等。因此，项目主课题可定位为：Technology-assisted Learning。这一主课题源自课本，同时又与学生和社会关切十分贴合。但此主课题无疑是较为宽泛的，不符合"原则一"中素材可讨论的要求。为了让主课题可讨论，教师需在课堂上引导学生充分发挥自己的主观能动性，

12　Riswandi, D. The Implementation of Project-Based Learning to Improve Students' Speaking Skill[J]. International Journal of Language Teaching and Education, 2018, 2(1), 32-40.

13　Larmer, J., Mergendoller, J., Boss, S. Setting the Standard for Project Based Learning[M]. Alexandria: ASCD, 2015.

在教师的适当启发下，学生于小组讨论后将课题细化。即，当教师在课堂上引入主课题后，学生需要以小组为单位对主课题进行相关讨论，依据组员的兴趣、课题的可讨论性、贴合度等因素，确定主课题下的子课题。而为了确保教师在课堂上给予学生充分的相关支持，获得最好的课堂生成，教师在备课时需要对主课题下可能存在的子课题进行充分预设。例如，在 Technology-assisted Learning 主课题下，可选子课题有：

Teachers' perspective: The pros and cons of online teaching

Students' perspective: The pros and cons of online teaching

AI in education:Should ChatGPT be allowed in schools:students voice?

Online V.S. Traditional school:Which is the better choice?

Are Parents bothered because of the mobile-assisted learning?

需要格外注意的是，尽管教师对于子课题有了一定预设，但在课堂上，为了让学生拥有真实的学习体验，真正进行有挑战性的探究，教师需要避免过度干涉学生选择子课题，在课堂上仅适当举例加以引导即可。因为细化主课题的过程本身也是对学生的挑战，这也与图 2 中基于项目式学习的黄金标准之一——"保证学生的声音和选择（Student Voice & Choice）"异曲同工。

学情分析

初步确定主课题及预设子课题后，与常规课一样，教师应当进行学情分析，依据学生的心智特点、相关知识及能力水平进一步确定主课题，视情况决定是否需要进行调整。如，在初步确定 Technology-assisted Learning 主课题后，教师经过学情分析，发现本班学生思辨能力较弱，处于能力培养的初期阶段，可以将主课题适当具象，如，将 Technology-assisted Learning 具体为 Online teaching 或 Mobile-assisted learning，帮助学生更快步入正轨。

除了关注学生本身，由于项目式学习与真实生活环境的关系十分密切，学情分析还应包括对学生所处外部环境的分析。假设学生就读于全寄宿制中学，教师应充分考虑学生与家长接触机会较少的实际情况，可以将主课题限定在师生的二元视角内，避免学生在项目实施时过多受环境因素的制约。

制定目标

经过学情分析，主课题最终确定，教师就该明确项目的教学目标了。不论是项目还是基于项目的课程，教学目标都是十分重要的。在项目式教学中，如图 2 所示，所有黄金法则的中心是核心知识（Key Knowledge）、理解（Understanding）和成功策略（Success Skills）。换句话说，对教师而言，组织并实施某个项目的最终目的是达成丰富学生的知识、提升学生的理解能力、培养学生成功技能的教学目标。因此，对于基于项目式学习的口语课来说，教学目标就是为了提升学生的口语能力。结合第一节关于口语能力三要素的界定，基于项目式学习的口语课教学目标可以分为社会能力目标、策略能力目标和交际能力目标。

在 Technology-assisted Learning 项目中，通过完成本项目，学生将能够达成如下目标：

（1）社会能力目标：在采访的情境中使用适当的语言询问被采访者对中学学习生活的看法；

（2）策略能力目标：有意识地在交谈时运用改述的语言技巧，或是肢体语言来辅助自身对中学学习生活的看法表达；

（3）交际能力目标：在交谈时有意识地运用指代词保持会话的连贯性，并能始终聚焦在当前话轮的讨论主题中。

规划项目

在结合学情明确教学目标后，教师便正式进入项目设计环节。相比设计一节常规课，同时教师需要花费更多的时间、更细致地思考各个部分之间的衔接。一个优质的项目是"刚刚好"的：不能是"自助餐式"项目（"Buffet" Projects），过于灵活让学生无从下手；也不能是"单元展演式"项目（End-of-unit performance assessments or applied learning tasks），过于死板让学生全程处于被动状态。具体来说，教师需要从项目类型、项目时长、预期形式，及素材准备四个方面进行项目设计。

项目类型

不同项目类型对应不同的时长、产出，及组织形式，因此教师需要首先明确当前项目所属类型。基于项目式学习大致分为四类：（1）问题解决类（Solving a real-world problem）。如，"如何高效记笔记"这一项目就直击学生日常学习的痛点。（2）设计需求类（Meeting a design challenge）。如，在学校的空地上设计一个小花园。（3）抽象讨论类（Exploring an abstract question）。这一类型的项目不像前两类那样具体，相反，此类型项目更多关注抽象概念。这里需要说明的是，抽象不等于不真实。比如，"我们何时真正长大"项目旨在探讨心理上的成熟，属于抽象的概念，但同时它和学生的生活实际息息相关。（4）调查研究类（Conducting an investigation）。此类项目需要学生进行田野调查，透过数据看现象。比如，学生选择"Students' perspective: The pros and cons of online teaching"这一子课题，学生就需要对同学们的看法进行调研总结。（5）立场抉择类（Taking a position on an issue）。比如，学生在校期间是否必须穿校服？

常见的项目或学习可分为抽象讨论类、调查研究类和立场抉择类。这三类项目往往会产生大量的交际需求，并且项目成果均可口头呈现。

项目时长

区别于普通的项目，项目式学习要求项目实施的主体时间为学生的在校时间，目的是不给学生增加课后负担。因此，在进行项目设计时，教师应当均衡考虑学生的课业压力、英语课时、项目涉及范围等因素，合理规划项目时长。例如，在 Technology-assisted Learning 项目中，当课时较为紧张、且学生对于项目式学习尚不熟悉，教师可将项目时长设置为一课时。与项目时长相对应，主课题只有限定在学生主体中，项目才具备可行性。假设学生已经具备一定的组织能力及自主性，教师可将项目时长设置为一周。相应地，在足够的时间内完成项目，子课题可选范围就会更加广泛，成果展示也会更加充分。在本章中，考虑到大部分教师的实际情况，以　课时的项目举例。

预期产出及合作形式

不同时长的项目对应不同的项目产出及合作形式。执行时间较长的项目可能需要多人小组，相应地，项目可以有更丰富的产出；而时间较短的项目则要求合作上更加精简，产出更加直接。例如，在 Technology-assisted Learning 项目中，由于时间较短，预期产出为 2 分钟左右的采访及报道展示，合作形式为三人小组，包括一名采访者、一名受访者、一名报道者。

语料素材准备及背景知识补充

最后，教师需要结合项目预期产出准备相关的语料（包括词组、句型、范式等）及背景知识补充，为学生的课堂生成搭建脚手架。在示例项目中，需要准备的素材包括访谈常见结构、采访常用语及提问技巧、受访者的回答技巧、公众采访中需要规避的事项等。考虑到课堂时间有限，教师可以将其制作成讲义，供学生灵活使用。

细化教学流程

项目的宏观规划完成后，最后一步便是教学流程设计。参考常规课教学流程，以及图2所示项目式学习的黄金标准，基于项目式学习的口语课主要包含五个步骤（如图3所示）。

图3 基于项目式学习的口语课主要教学流程

课题引入、语料及背景补充与常规课类似，主要目的是引起兴趣、唤醒已知、补充知识性内容，为小组项目学习扫清障碍。在"分组规划方案"环节中，学生需以小组为单位讨论确定子课题及分工。如果学生之前对于项目式学习、小组合作学习较为陌生，教师需要在这一步骤预留更多时间，帮助学生逐步适应新型学习模式。

步骤四是课题产出及分享。真实的学习体验不仅要求项目内容与实际生活有较强联系，同时，如果项目成果能被更多外部观众看到、得到更多样的外部视角评价，可以更加完善学生的学习体验（如图4所示）。尽管受限于课时，学生在课堂上展示的时长和数量都比较有限，但教师可以通过录像、照片、文字等形式将学生的产出记录下来，在课后以互联网等其他方式进行进一步传播。例如，若小组未能在课堂上获得分享机会，教师可以在课后收集该小组的课题文本资料，或是鼓励该小组利用课余时间录制其分享内容，经编辑后分享在社交媒体上，促进学生在与外部观众的交流中进一步提升。

最后一个步骤是"评价反思"。顾名思义，在这一环节，学生会结合项目评价表，进行自评与互评，教师还可以选取1~2名学生在班级分享反思所得。以上教学流程具体示例可参考第五节：口语课教学设计课例。

尽管前文对基于项目式学习的口语课设计流程进行了较为详细的说明，需要提醒的是，教师们要做好"迂回前进"的心理准备。正如本节开头所说，项目设计比常规课设计要更加烦琐、耗时。项目设计并非一蹴而就，在备课过程中，教师很有可能需要随时调整。另外，在完成初步设计后，有条件的教师可以进行小规模的同行评议，就像学生可以在项目合作中成长，教师也会在交流研讨中提升。

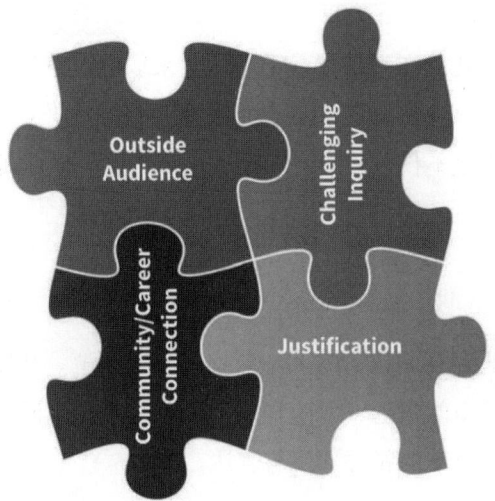

图 4 真实学习体验的要素（Elements of Authentic Learning Experiences）[14]

第五节　优秀案例展示

课程类型

　　口语课

教学内容

　　人教版《普通高中课程标准实验教科书英语必修 5》Unit 4 Making the News

设计思路

　　本课为基于项目式学习的口语课，时长为 1 课时（40 分钟）。

　　本单元主题为"Making the news"（制作新闻），新闻的一大特点就是时效性，故本项目定位为调查研究类项目，主课题选择当前热议的社会问题——科技对生活的影响。

14　Laur, D. Authentic Learning Experiences: A Real-World Approach to Project-Based Learning[M]. New York: Routledge, 2013.

考虑到课堂时长及课堂资源，主课题细化为"科技辅助下的学习（Technology-assisted Learning）"

本课以"项目"为依托，在教师指导下，学生采取小组合作形式探究彼此对科技辅助下学习的看法，从而帮助学生在真实且安全的环境下进行口语交际，促进其口语能力的提升。通过本课的学习，学生不仅可以提升口语表达能力，同时也能提升其对社会热点的敏感度，培养其思辨能力。

教材分析

本项目要求学生首先对新闻报道的基本流程有一定了解。从联系访谈对象、制定访谈大纲，到开展访谈并撰写新闻报道，学生均需完全参与其中。同时，学生应当了解访谈及报道的最终呈现形式，以及掌握相关词汇与表达。

本课为本单元的最后一课时。在本单元已完成的学习中，学生以新手记者的视角，不仅学习了新闻的相关词汇与表达，还了解了新闻产生的步骤，以及采访与报道中的部分注意事项（如：关注热点、尊重事实）。但在现有教材内容中，对于访谈本身（如：访谈问题的设计、受访者回答技巧等）涉及较少。因此，在学生自主探究前，教师应当对相关背景知识予以补充，为学生搭建新知脚手架，帮助学生更加顺利地获取新知。

学情分析

本课面向高二年级学生，学生已经具备一定的思辨能力。同时，在已有生活经验中，学生通过电视、网络、其他学校课程（语文、政治），对中文访谈和报道已经拥有了一定的知识储备。但由于学生平常较少接触英文报道及访谈，因此在课堂中可以根据需要，适时进行中英文报道对比，借助母语迁移辅助教学。

教学目标

通过完成本项目，学生将达到以下三个目标：

1) 社会能力目标：能够在采访的情境中，使用恰当的语言询问及表达对于疫情下的中学学习生活的看法；
2) 策略能力目标：能够有意识地在交谈时运用改述的语言技巧，或是肢体语言来辅助自己表达对于疫情下的中学学习生活的看法；
3) 交际能力目标：能够在交谈时有意识地运用指代词等来保持会话的连贯性，并能始终聚焦在当前话轮的讨论主题中。

教学重难点

教学重点

为学生口语表达创设真实的访谈与报道场景，帮助学生在适当情境下使用所学的口语知识及策略进行交际。

教学难点

引导学生以小组为单位自主确定子课题，并根据子课题自主制订课题规划并开展探究。

教学用具

多媒体课件、黑板、讲义。

教学流程

教学环节	教学步骤	环节目标	时长
课题引入	·教师展示一则新闻报道，讲述人工智能（如ChatGPT）全面进化，开始对人们的学习工作方式产生一定影响，引入"Technology-assisted Learning"主课题。 ·教师简要表达个人使用ChatGPT辅助教学的感受，并播放一段本人用英文采访同事对比传统教学模式和使用多媒体辅助教学的视频（约1~2分钟，带字幕）。 ·教师询问学生在科技辅助下学习的体验及感受。同时自然过渡：如想要了解他人的感受和看法，则要像视频中那样进行交流、访谈。 ·教师鼓励学生运用本单元所学的"新闻报道"相关知识对他人进行探寻，全面了解各个相关群体对主课题的看法。	本环节旨在通过新闻报道、设问交流激发学生对主课题的兴趣，并唤醒学生对"新闻报道"的已有知识。 同时，教师的分享和视频展示为学生后续自主开展项目提供了可模仿的样本，有助于项目的顺利开展。	4min

教学环节	教学步骤	环节目标	时长
语料及背景补充	· 教师举例本课题下可能的子课题方向，如： 1) Students' perspective: The pros and cons of online teaching 2) Online V.S. Traditional School: Which is the better choice? 3) AI in education: Should ChatGPT be allowed in schools: Students' voice? · 教师依托讲义进行背景知识补充： 1）访谈相关：访谈常见结构、采访常用语及提问技巧、受访者的回答技巧、公众采访中需要规避的事项。如： · Explain to the interviewee why you would like to interview them and what the interview will be about. · To start the interview, ask the interviewee for their point of view on the subject. · If the interviewee isn't being very talkative, you could keep asking so he/she will go into more details. · Be polite and friendly. · Don't forget to bring a notebook and a pen. 2）主题相关：科技辅助下的学习相关词汇与表达。如： · E-learning · online course · distance learning · virtual classroom · blended learning · massive open online course (MOOC) · gamification · personalized learning · flipped classroom · digital literacy · collaborative learning · mobile learning · blessing and a curse · with the advance of technology	本环节以教师活动为主体，旨在为学生提供完成项目所需的脚手架。 子课题举例帮助学生厘清项目思考方向，背景知识补充帮助学生完善此主题下的知识结构，为自主开展项目奠定良好的基础。 同时，教师需要在这一环节向学生明确接下来的学生活动内容，可使用指令检查问题 (ICQ)[15] 对指令的清晰度进行确认。	5min

---

15 指令检查问题 (Instruction-Checking Questions, 缩写为ICQs)：是指在教师下达课堂指令后，教师使用的用以检查学生是否完全清楚该指令涵义的问题。如，Are you going to work in groups of four?

第十一章 口语课

教学环节	教学步骤	环节目标	时长
分组规划方案	·学生以4人为一组讨论确定子课题（如有5人小组，则可增加受访者）。 ·小组讨论确定分工（一名采访者、两名受访者、一名报道者）。 ·教师通过课堂指令，帮助学生明确课题产出： 　　2~3分钟班级展示（报道者介绍访谈背景及采访者、受访者；随后采访者及受访者进行现场访谈）。	本环节以学生活动为主体。 1. 通过学生自主讨论确定子课题，赋予了学生选择权，保证交际的真实性；	18min
	·课题方案规划： 　1）采访者与报道者协作，拟定采访大纲（约3~4个问题）、并同步分享给受访者； 　2）受访者提前熟悉大纲并进行准备； 　3）在小组内进行预访谈，由报道者进行评估； 　4）小组共同修改采访提纲。 ·在此过程中，教师在课堂内巡视，关注小组规划进度，适时提供指导。	2. 通过小组分工协作，为学生创设安全的交际环境； 3. 通过方案规划及实施，学生可以及时调整自己的交际策略，进一步发展自己的口语能力。	
课题产出及分享	教师选取2~3个小组在班级内就课题产出进行展示。	本环节旨在为学生创设更多的表达机会，同时，扩大受众范围也可以进一步增强学习体验的真实性。	8min
评价反思	·课内评价： 　1）结合项目评价表，学生进行自评与互评 　2）邀请1~2名学生在班级分享完成本课题的收获。 ·课后提升： 　1）（必修）将课题产出录制成视频，由教师统一进行发布； 　2）（选修）除学生外，关于"Technology-assisted Learning"，你是否还想了解其他人（如，教师、家长）的看法呢？另选子课题，制定一份课题方案并实施。	通过自评与互评，学生总结并反思课题完成情况，固化学习成果。 课后任务分为必修与选修两部分。必修任务一方面增加学生的交际机会，另一方面，进一步扩大受众范围，使课题与真实世界产生更强的联结。 选修任务鼓励学生以辩证的角度看待问题，同时将课题所学应用于更加真实的情境中。	5min

板书设计

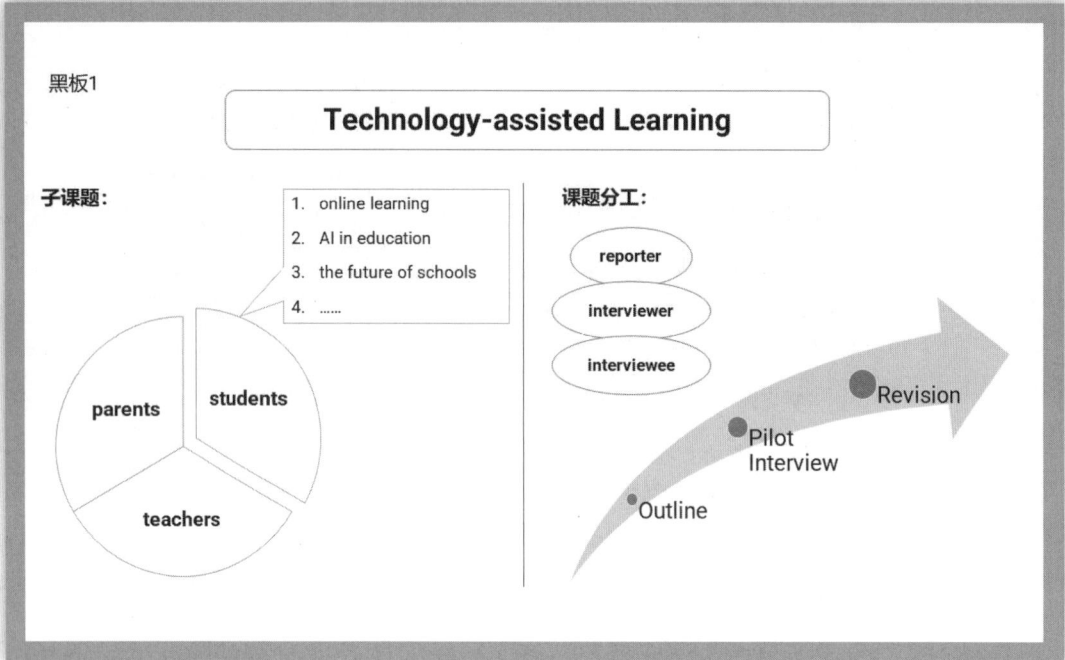

图 5

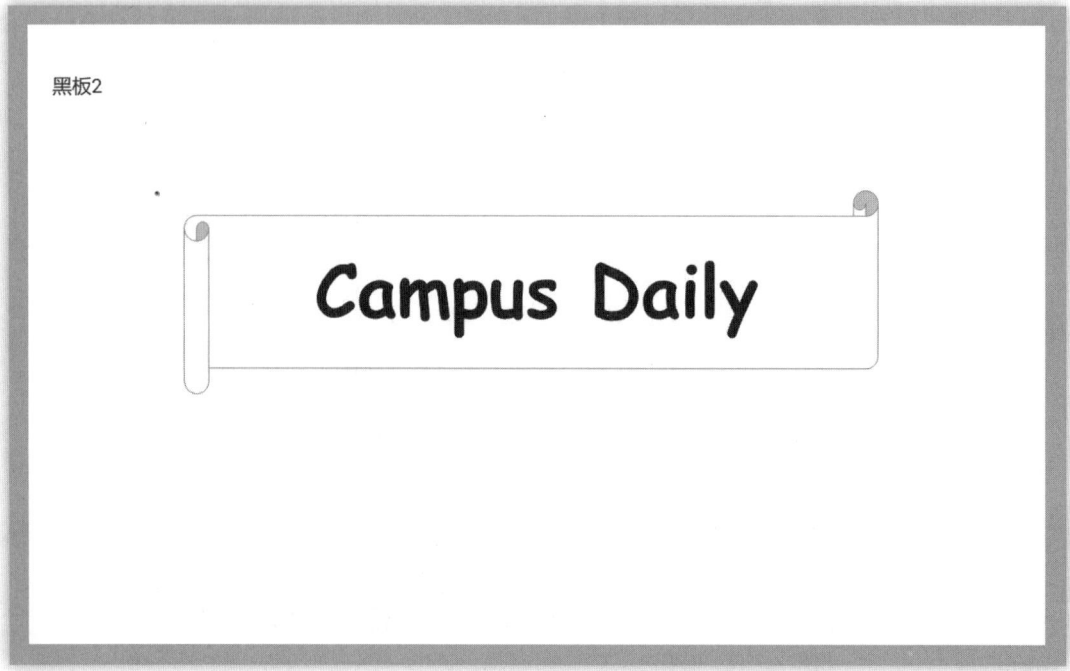

图 6

教学评价

1　课内评价：

项目评价表

请根据个人主观感受，在☆中涂上适当的颜色。

优秀——★　　　　　良好——⯨　　　　　待提升——☆

表1　项目评价表

	具体内容	自评	互评	师评
学习态度	学习态度主动、积极。能够根据教学各阶段的进度及要求，认真解决学习过程中所遇到的困难；积极参与讨论、交流、汇报。	☆	☆	☆
团队协作	积极配合小组成员讨论，能虚心采纳他人意见；圆满完成了所承担角色应做的任务，并能适时表达自己的看法，为组员提供建议。	☆	☆	☆
社会能力	能够在采访的情境中，使用适当的语言询问并表达对于疫情下中学学习生活的看法。	☆	☆	☆
策略能力	能够有意识地在交谈时运用改述的语言技巧，或是肢体语言来辅助自己表达对于疫情下的中学学习生活的看法。	☆	☆	☆
交际能力	能够在交谈时有意识地运用指代词等保持会话的连贯性，并能始终聚焦在当前话轮的讨论主题中。	☆	☆	☆

2　课后提升：

✿（必修）将本组课题产出录制成视频，由教师统一发布；

✿（选修）除学生外，关于 Technology-assisted Learning，你是否还想了解其他人（如，教师、家长）的看法呢？另选子课题，制定一份课题方案并实施。

第十二章 演讲课

完成本章阅读，你将收获：

1. 演讲课的定义
2. 演讲课的总体设计原则
3. 设计一节有效的演讲课的方式
4. 优秀演讲课教学课程设计案例

很多人都有过被某一段演讲感染而热血沸腾的经历，也有人体验过因发表了一段得体的演说，从而产生被认可，被欣赏的成就感。

语言的力量在于思想和情绪的传递与交流。语言教学的最终目的是培养学生交流信息、表达思想的能力。英语演讲课会给我们带来什么？它适不适合在中小学阶段开展？英语演讲课究竟应该怎么上？如果你有同样的困惑，请阅读本章内容。

第一节　演讲课的力量

英语演讲课与演讲课的目的

语言是思维的工具。英语演讲课是一门集口语、写作、阅读和听力四项技能为一体，以培养语言学习者语言交际综合能力为目标的教学改革新课型。英语演讲不仅展现了学生的语音、词汇、语法、语篇、语感等基本语言能力，还体现了其社会文化知识、思辨创造能力、语用交际策略能力、人文素养以及心理认知等多方面的能力。英语演讲的公众性也体现了它应该是一门社会交际性较强的课程，涉及课堂与社会的连接和延伸。

英语演讲课，是一门系统性、综合性、实践性很强的课程。一节完整的英语演讲课应包含如下教学目的：①了解演讲特点和要素；②了解演讲中的中西文化差异；③学会演讲稿的写作方法；④学会演讲程序和技巧。

由此可见，英语演讲课是涉及口语教学、写作教学甚至传播学等相关知识与信息，旨在提高学生英语综合应用能力以及综合素质的课程。

演讲课是一门实践性很强的技能课，其主要目的是帮助学生更有效地掌握演讲技巧，并通过它培养独白言语的能力。

演讲和辩论是现代生活中语言交际的重要方式，也是培养学生分析、综合、推理、辩驳思维能力的有效手段。在演讲课堂学习英文演讲并不是以培养演讲家为目的，而是通过演讲的方式提高学生的口语交际能力，尤其是要发展学生的逻辑思维能力和创新能力。

基于英语演讲教学的以上特点和教学目的，其教学内容也具有独特性。英语演讲教学以语言为手段，以交际为目的，注重交际过程中各种能力的培养，如逻辑与创造思维、论据收集、分析、合成、组织构架、快速反应、鉴别赏析水平（Grice，1998），所以教学内容演讲不仅局限于对语言表达力的培养，还要着眼于对语言感染力的培养。

开展英语演讲课的现实意义

一、英语演讲能力是全球化过程中的一项重要交际能力。

古往今来，无论东方还是西方，演讲辩论能力始终与个人的前途乃至国家的命运息息相关。"片语可兴邦，一言可辱国"也就是这个道理。英语是当今世界经济、政治、科技、文化中广泛使用的语言，是国际交流与合作的重要沟通工具，也是传播人类文明成果的载体之一，对中国走向世界、世界了解中国、构建人类命运共同体具有重要作用[1]。

二、英语演讲课有助于推动学生核心素养的发展。

首先，英语演讲课对学生掌握和运用语言知识起到促进作用。英语演讲的过程涉及演讲稿的构思与写作，涉及语言的表达和应用，这既涵盖了输入性技能，也囊括了输出性技能。演讲的过程既是学生展示语言流畅度、语音准确度、思维清晰度的过程，也是学生语言意识培养、语言能力锻炼的过程。

其次，英语演讲课有利于学生思维品质的培养。在演讲课程中，学生需要就特定主题进行理解、分析、比较、推断、批评、评价以及创造。在此过程中，学生发现问题、分析问题和解决问题的能力会不断增强。演讲写作的过程是语言的内化与生成的过程，也是思维的逻辑性、批判性和创新性得以充分凸显的过程。演讲还可以帮助学生在训练思辨能力的同时思考社会问题，在选择话题、分析问题、收集论据、准备讲稿、回答提问等活动中提升学生的责任意识和正义感，形成正确的人生观与世界观。

英语演讲课对学生学习能力的提升有推动作用。在英语演讲准备和实施中，从话题的选材和解读，到讲稿的构思与谋篇，再到终稿的打磨和雕琢，以及演讲前反复进行的模拟训练和实战演习，这些过程都可以激发学生英语学习的兴趣、提高英语学习的认知、升华英语学习的意义、加深英语学习的理解、促进英语学习的效能、涵养英语学习的能力、内化英语学科育人的功能。

---

1 中华人民共和国教育部.义务教育英语课程标准（2022年版）[S].北京：北京师范大学出版社，2022.

英语演讲课能提高学生在动态语境下的交际能力。演讲教学是语言操练、思维拓展与语境教学的有机统一。演讲课能鼓励学生进行有意义的交际，其所提供的交流环境使演讲者和观众成为交流的积极参与者，有利于激发学生的内外动机。[2]

英语演讲课有利于培养学生的文化意识和提升其文化自信。演讲的内容和素材大多来自中外不同国家，需要学生对中外文化有一定的理解和鉴赏能力。同时，学生可以通过学习和实践英语演讲了解中外文化，弘扬中国优秀文化，彰显中国文化自信。

三、英语演讲课关注学生心理体验，有利于形成新型和谐的师生共同体。

英语演讲课为学生提供了自由言说、充分表达的机会，是教师了解学生思想和情感诉求的窗口。演讲课的教学过程应是师生合作探究和建构知识的过程。它使教师与学生有了心灵的沟通，有助于学生身心健康成长，有利于构建师生共同体。

在"践行学思结合、以创为本的英语学习活动观"理念下，英语教学不能再受制于信息传送，而须超越学科、限域，激发学生的追求与思考，对"人与自然""人与社会""人与自我"关系及矛盾进行探究。由此构建的教学饱含学术感动、人格感动和灵魂感动，是有温度的教学，使学生获得心灵体验，有助于他们克服学习的畏难情绪，催生他们对学习、生活和世界的热情，[3]这就是我们孜孜以求的课堂教学的高境界。

第二节 演讲课的现状与教学原则

英语演讲课的现状

目前英语演讲课在大学教育阶段有相对成熟的理论和实践经验，而在中小学阶段，可参考借鉴学习的相关方法和经验并不多。那么，中小学阶段开设演讲课面临的问题有哪些呢？

笔者以"演讲课的认识和实践"为主题，针对466名一线英语教师开展了问卷调查。

2　井卫华, 李文萍. 英语公共演讲课与外语人才的综合能力培养探究 [J]. 外语与外语教学, 2009 (9) : 32 - 35.
3　王玉明, 汪颖, 冯晓英. "金课"视阈下英语演讲课的价值及其实现路径 [J]. 长春师范大学学报 2021 (1) : 187-188.

调查结果显示：83% 的教师从未开展过英语演讲课教学，23.6% 的教师未听说过英语演讲课。根据调查，48% 的教师认为学生缺乏演讲主题相关的基础词汇和句型，36% 的教师认为学生难以转变学习方式和学习思维的现状是推行英语演讲课的最大障碍。

笔者"以教师对演讲课的认识"为主题再次开展问卷调查，此次参与调研的教师仍为 466 人，结果显示：69% 参与调研的教师选择了"想上英语演讲课，但是不会备课，不知如何组织"，58% 的教师选择"自己的理念跟不上，对演讲课不了解"，39.6% 的教师认为"课时不够，根本没时间"，14.1% 的教师表示不感兴趣，不想上英语演讲课。

由此可见，中小学阶段的英语教师有着对英语演讲课的需求与渴望，但是他们都面临着巨大的压力和困难。

英语演讲课的可行性

在中小学阶段推行和实施英语演讲课，我们需要考虑演讲课型是否符合《英语课程标准（2022 版）》，其内容和方式是否符合学生的认知规律、认知水平。前者决定了是否"应"开设演讲课，后者决定了是否"可"开设演讲课。

中小学生可以分级别习得英语演讲必备的能力，这使得在中小学阶段开设英语演讲课具有可能性。

古希腊哲学家西塞罗对公共演讲所需要的能力进行了金字塔式的规划，从低到高依次是：记忆能力、表达能力、语言运用能力、结构策略及思维能力（如图 1 所示）。这 5 项能力标准看起来非常抽象，其实囊括了语言学习的方方面面。

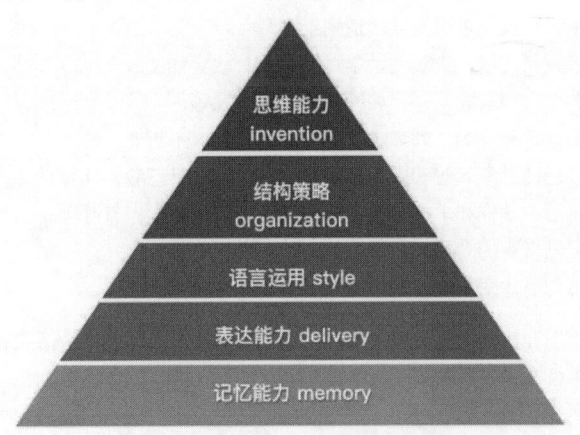

图 1　西塞罗演讲体系金字塔能力培养

西塞罗的金字塔规划的基础是记忆能力，也是学习输入的基本要求，有足够的输入积累才能进行输出。

第二项是表达能力。在演讲中，表达的重要性不言而喻，再美好的愿景如果无法以有效的途径表达出来让他人理解，那也只是空中楼阁。

第三项是语言运用，语言的运用能力和表达能力息息相关。演讲者需具备精准恰当地运用词汇和句式将信息传播出去的能力。

第四项是结构策略，众多语言及入学考试的议论文写作部分就是对结构策略能力的考查。演讲通常是议论文体，议论文既要议问题现状也要论个人观点，因而对学生的逻辑思维、表达能力都有极高要求。

公共演讲能力"金字塔"中最顶端的则是思维能力，英文原意为 Invention，体现的是观点的创新及开创性。在表达能力、语言运用、结构策略的基础上，一场演讲背后是否有与众不同的视角及开创性的观点，是很多演讲能否名留青史的真正原因。

从 2018 年教育部发布的《中国英语能力等级量表》到上海 2018 年公布的中考英语改革，外语学习开始逐渐回归语言最原本的功用：表达交流。西塞罗搭建的演讲体系金字塔看起来抽象，实则条条直指语言交流的基本能力。

那么，是不是只有等学生具备大学英语专业水平或者较高的基础知识才能发展这些能力呢？答：不必。《英语课程标准（2022 版）》将语言技能分为理解性技能和表达性技能，并将各阶段应达到的技能水平进行了详细的阐述。具体如表 1 所示：

表 1　语言技能（表达性技能）内容要求（部分）

分级	内容要求
一级、一级 +	在语境中与他人互致简单的问候与道别： 1. 大声朗读音视频材料，正确朗读学过的对话、故事和文段； 2. 交流简单的个人和家庭信息，如姓名、家庭情况等； 3. 表达简单的情感和喜好，如喜欢或不喜欢，想要或不想要； 4. 简单介绍自己的日常起居和生活，如作息时间、一日三餐、体育活动、兴趣爱好等； 5. 简单介绍自己的学校和学校生活，如课程活动以及学生、教师等； 6. 简单介绍自己喜欢的动物，如外形特征、生活环境等； 7. 用简单的语句描述图片或事物。
二级、二级 +	1. 围绕相关主题和所读内容进行简短叙述或简单交流，表达个人的情感和观点； 2. 简单描述事件或讲述简单的小故事； 3. 模仿范文的结构和内容，写几句意思连贯的话，并尝试使用描述性词语增加细节，使内容丰富生动； 4. 结合相关主题进行简短的主题演讲，做到观点基本明确，逻辑比较清晰，发音准确，语调自然（加 1 分）； 5. 结合主题图或连环画口头创编故事，有一定的情节，语言基本准确（加 2 分）。

续表

分级	内容要求
三级— 7年级	1. 完整连贯地朗读短文，简单复述短文大意； 2. 围绕相关主题，用简短的表达方式进行口头交流，完成交际任务； 3. 在口头表达中使用较为准确的词语和表达方式，语音语调基本正确； 4. 自选主题，围绕特定语境独立写出几个语言连贯、表意清楚的语句； 5. 利用所给提示，如图片、图表、海报、实物、文字等，写出简单文段，传达信息或编写情节较为完整的小故事，语言基本准确；
三级— 8年级	1. 正确流利地朗读短文，有逻辑地讲述短文主要内容； 2. 在特定的情境中引出主题，并用所学语言与他人进行口头交流，有效询问，恰当表达，完成交际任务； 3. 在口头表达中结合主题，使用正确的词汇、句式和语法，表达准确得体； 4. 以口语或书面语的形式简单转述语篇的主要内容和观点； 5. 用简单的书面语篇描写他人的经历或熟悉的事物等； 6. 结合相关主题进行主题演讲，观点基本明确，逻辑比较清晰。
三级— 9年级	1. 恰当运用一般社交场合的礼貌用语； 2. 口头概括所读故事或短文大意，转述他人简单的谈话； 3. 围绕相关主题，口头表达个人的观点和态度，并说明理由； 4. 就口语或书面语篇的内容、观点、态度做出简单的口头评价，并说明理由； 5. 借助语调和重音突出需要强调的意义； 6. 根据所读语篇内容和所给条件进行简单的口头或书面改编、创编； 7. 根据写作要求，收集准备素材，独立起草、修改和完成语篇； 8. 围绕相关主题，用所学语言，以书面语篇的形式介绍，描述和介绍身边的人和事物，表达情感、观点。 9. 在口头和书面表达中使用常见的连接词，表示顺序和逻辑关系，连接信息，做到语意连贯。 10. 在口头和书面表达中进行恰当的自我修正，用词得当，沟通与交流得体有效（加1分）。 11. 使用文字和非文字手段描述个人经历、事件和事物特征（加2分）； 12. 恰当质疑语篇的内容、观点以及解释不合理的地方（加3分）。

英语演讲课的开放学习形式和互动方式可以作为常规教学的有效辅助手段，如果设计分级演讲课程进行教学，不但不会给学生增加学习负担，还可以促进学生达成语言技能目标。

面对不同学段水平的学生，演讲课程内容也应该依据其语言能力发展的年龄特征，遵循由易到难、由浅到深的原则，螺旋上升。

学生在演讲的过程中，不断积累词汇量，拓展句型结构；在学习过程中，高效掌握语言规则、提升英文表达能力；演讲过程中，学生逐渐克服胆怯的心理，塑造自信和健全的人格。

由此可见，分级思路为英语演讲课程地顺利实施提供了可能的路径和解决方法。

二、各类演讲比赛和社交平台组织的活动，促进学生提升演讲能力。这使得在中小学阶段开设英语演讲课具有延伸需求。

"英语课程标准（2022年版）"在界定课程性质时提出："学习和运用英语有助于学生了解不同文化，比较文化异同，汲取文化精华，逐步形成跨文化沟通与交流的意识和能力，学会客观理性看待世界，树立国际视野，涵养家国情怀，坚定文化自信，形成正确的世界观、人生观和价值观，为学生终身学习、适应未来社会发展奠定基础。"

在以上短短的一段话里，文化一词出现了五次，可见文化是义务教育阶段英语课程的关键词，这足以说明英语课程在培养学生文化意识和跨文化交际能力方面的重要作用。此外，《英语课程标准（2022版）》将英语学习的价值提升到文化的高度，体现了党中央关于树立文化自信的重要思想。

优秀中国文化的传承和传播需要青少年的努力。而英语演讲比赛、新的媒体手段和平台可以将每个人的声音更快、更直接地传达给世界。

三、核心素养下的英语考试命题将从知识立意转向素养立意，学习演讲会更适应新的考查要求，这使得在中小学阶段开设英语演讲课具有基础条件。

英语演讲课的设计原则

演讲课是培养语言运用及其相关多种能力的综合课，在设计过程中应遵循以下四点原则：

一、以主题语境教学为主导

学生是在演讲课提供的相对真实的主题语境中运用语言交流观点，涉及的情境包括工作、社交及生活场景。具体场景包括一般工作场景，如产品展示、工作汇报、项目报告、流程介绍、产品促销等；社交场景包括热点话题、争议话题评论；生活场景包括晚宴、同学同事聚会等。

主题语境教学的目的是使学生熟悉不同语境对语言交际的不同要求，并培养其适应能力。

二、在实践中学习，输入与输出并重

演讲的构思、演练及展演，更多进行的是输出。输出的活动方式可以以小组为单位练

习。小组定期聚会，组员轮流练习演讲，各成员每轮扮演不同的角色，如演讲者、反馈者、协调员等。

以上强调的是信息输出，输出在演讲中的重要性不言而喻，但是同时也要注重信息输入。在课程设计中教师应对学生进行多种感官刺激，尽量给学生提供感性认识，并在此基础上扩展引申。因此教师应充分运用视听材料，采用摄像技术，比如录制学生的演讲过程作为输入素材，然后在全班回放进行解析、评析，用放大镜来发现问题，最后用当堂反馈的形式指出问题，全班讨论解决方案。

三、素材应匹配学生水平

演讲课程的内容没有现行教材可依，需要教师自行寻找素材并进行匹配，所选内容既要在词汇方面匹配学生的水平，又要在句式方面易于学生模仿。一般情况下，教学需要的素材为视频内容、音频内容以及文本内容。在选择时，教师既需要考虑与日常教学主题相关，又需要考虑学生水平。

将英语演讲课程设置为初阶、中阶、高阶三个阶段，依据《英语课程标准（2022版）》对语言技能、思维品质等方面的分级描述，让英语演讲课的内容和学习方式都更适合学生的"最佳发展区"。

在演讲课上，教师不断为学生营造符合他们学习水平的主题情境，并通过不断地"抛锚"，创设真实的大情境，启发学生消解"锚"的问题，适当地提供指导和帮助，引导学生进入学习情境，不断深入学习，直到目标达成。

四、语言提高与演讲技巧的过程教学并重

语言提高与演讲技巧并不是阶段性完成的线性目标，而是在同一时期的课堂教学活动中完成的。比如，我们可以通过在实际语境中解析文体、措辞、句法及其他写作技巧的运用来提升语言与演讲技巧。在较高阶段的演讲课程要把学生的语言水平从日常生活的简单表达推向新的高度，即在多种语境中表述观点和感情。同时，教师指导学生在演讲过程中如何与听众沟通、如何采用演讲技巧与方法、如何运用逻辑与创造思维、如何达到讲话目的、如何处理演讲中的突发事件等，旨在帮助学生成为真正的思考者[4]。

---

4 王彤. 英语专业口语教学新课型－公共演讲课的探索与实践[J]. 外语界，2001（3）：142-143.

第三节　如何设计一节演讲课？

一、教师可以从三个维度制定演讲课的教学目标：

知识目标：了解演讲与口才的概念、特点和分类；区别有声语言、无声语言的基本特点、作用、技巧；明晰演讲者与听众的关系；掌握演讲稿的撰写方法和实用口才技巧；每节课主题的相关表达方式。

能力目标：利用演讲提高口头表达能力，准确阐述自己的观点，传递信息、交流思想、表达情感；掌握不同行业的表达技巧，提高沟通效率。

情感教育目标：树立正确的人生观、价值观；使用文明、优雅、谦虚、礼貌的交流方式；拥有良好的心理素质和人际交往能力。

二、分析学情

确定教学目标后，教师需要结合本班学生的英语情况，挑选适合的、能够激发学生兴趣的演讲话题。同时，教师应尽量将演讲话题与常规课程学习相匹配，以便学生通过演讲巩固日常所学。

三、编写搜集演讲课素材

在前期准备演讲课素材时，教师需结合学生学情选择适合的文本、视频、音频等资料。教师可以通过网络平台搜索选择适合学生的授课素材。同时，为了更好地开展演讲教学，教师可以对演讲课的素材进行必要的字幕处理，如使用剪映等软件进行字幕处理，这样便于开展跟读等活动。

四、配齐设备

演讲课不同于常规课，对教室配置要求较高。首先，教室需要配备多媒体、计时器、话筒和摄像机。其次，按照哈克尼斯圆桌的方式放置桌椅（如图2所示）。

图 2　哈克尼斯圆桌模式

五、设计课程

演讲课主要分为四大核心环节：输入、预演、表演、评价。

第一环节——输入 (input)。

美国学者 Krashen 提出"语言输入假说"理论，认为输入假设是外语习得的中心部分，并认为外语习得包括学习假设、监察假设、自然顺序假设、输入假设和情感过滤假设。输入假设认为理想的输入应具备以下四个特点：可理解性、足够的输入、既有趣又有关联、非语法程序安排。这就对教师选择演讲课的输入内容提出了要求：教师需要选择长度适中，可供学生理解的文本，并且文本要与学生的常规课堂主题有关联。

具体输入环节的活动如下：

首先，教师播放教学所需的音频或者视频。在播放前，教师需要提醒学生观察演讲者对视觉辅助物的选择、使用方法及其展示效果；引导学生关注演讲者的体态语言是否运用适当，哪些可以学习，哪些需要改进。

其次，视频播放结束后，教师根据演讲的内容进行方法论指导，重点在于内容主题的拆解和逻辑架构的指导。同时，结合视频播放前的引导，教师给予学生一些策略指导。

1. 如何开好头，恰当切入选题。

笔者整理了各类开头可用的句式供大家参考学习（如表 2 所示）。

表 2　演讲课开头句式

开头方式	开头句式
开门见山式	Hello, everyone, today I am going to talk about... Hello, everyone, the topic I am going to share is... Today, I am here to give a presentation on...
提问 / 设置悬念式	Do you know...? Here's a bottle of water. What would you do with this plastic bottle after drinking it up?
故事 / 举例式	Once upon a time, ... Three days ago, I went through ...
名言引语式	As a saying goes... We all know the proverb that ...

"开门见山式"旨在直接阐述演讲的内容。"提问 / 设置悬念式"旨在通过提问和设置悬念激发听众的兴趣，参与互动，但是要保证问题与主题的相关性，并给予听众一定的互动时间。"故事 / 举例式"旨在通过讲述故事或者实际事例，激发听众的好奇心，但是演讲者要控制好开篇故事的时间，避免篇幅过长。"名言引语式"旨在通过名人名言引出演讲话题，但是难点在于既要紧跟主题，又要发人深省，这要求演讲者有非常丰富的文化知识储备。

无论以哪一种开头方式，开篇语都应简练且有创意。

2. 如何完成演讲稿写作，恰当传达观点

教师可以提前准备相关的活页练习题，主要包括与演讲话题相关的单词、词块、句式表达、演讲稿的框架以及必要的内容，引导学生根据活页练习题的内容完成演讲稿。值得注意的是，演讲稿的写作不同于日常写作。

首先，演讲的关键是传达观点，这十分考验演讲者的口语表达能力。因此，教师在指导学生写稿时，应重点关注思想和观点的表达以及逻辑的架构，而不是拘泥于语法的准确性及其他书面表达的一些严苛的要求。

其次，演讲稿可以存在一些演讲必备的停顿语（filler words）。停顿语，就是在演讲过程中，当演讲者想不起来后面要说的内容，但是又不想冷场的时候作为填充用的一些语言。这些语言可以起到以下作用：犹豫或停顿的过渡、表达情感、表达礼貌、表达疑惑、强调观点等。比如我们在日常交流中，突然忘词了，一般会说"呃，那个，我想说……"，这些就是中文里的停顿语。停顿语的穿插不一定符合英语的语法，但是这些词在演讲稿中起着重要的过渡作用。

第十二章 演讲课

笔者列举了演讲中常见的停顿语以及其常用的场景例句供教师参考（如表3所示）。

表3 演讲停顿语

停顿语	例句
Oh	**Oh**...I didn't know.
Like	It's, **like**, not a big deal. I was **like**, why didn't you want to go?
You know	The book was sort of boring, **you know**? He was, **you know**, always late.
I mean	**I mean**, that would be amazing! **I mean**...you never know.
Well	Well, well, well...what do we have here?
Just	**Just**...I don't know what to say.
Basically	**Basically,** all I did was call her.
Actually	That **actually** happened to me!
So	**So** what's next?
Right	**Right**, I'll see you tomorrow.
Okay	I know you're tired so let's leave, **okay**?
Alright	**Alright**, that makes sense.
Um	That would go between the, **um**, couch and the TV.
Yeah	You know where the burger place is, **yeah**?

3. 如何收尾

演讲的结束语至少具备三大功能：让听众知道演讲将要结束；给听众留下足够思考的空间；在一些说服性演讲中，还要鼓励听众采取行动。但是，结束语不能太长。

笔者整理了各类演讲结尾句式供教师参考（如表4所示）。

表4 演讲结尾句式

类型	例句
总结式	To sum up, what I want to say is... In conclusion, I'd like to...
积极召唤式	Let's hand in hand and ... Come on, everyone, we can all ...
名言引语式	As a saying goes... We all know the proverb that ...
扣题式	Do you remember my topic? ...

309

续表

类型	例句
排比式	I was your fan. I am your fan. I will always be your fan. I have a dream... I have a dream... I have a dream...
直接结束式	Thank you for listening. That's all. Thank you.
提问式	Would you like to join me ? Isn't it a brilliant idea to...

结束语可以总结内容，加深听众印象；可以向听众发起号召；可以通过提问，发人深省；可以直接致谢收尾。如果采用名言或者引语总结，演讲者需要找到与主题契合的内容，避免陈词滥调，落入俗套。

第二个环节——预演（rehearsal）

完成必要的演讲素材输入后，教师需要引导学生进行必要的预演活动。

首先，演讲者需要做好充分的准备。演讲者对演讲的主题和内容越熟悉，准备越充分，演讲时底气和信心就越充足。

其次，演讲者需要放弃完美主义。演讲并不是一场考试，演讲是一场演出。在演讲过程中，得体的仪表、恰当的肢体语言以及必要的目光交流等都会给演讲者加分。

最后，正式演讲前，教师组织学生在小组内进行预演，目的是帮助演讲者预演自己的演讲内容，建立自信心。此外，根据克拉申的"情感过滤假设"理论(Affective Filter Hypothesis)，没有过高或过低焦虑感是语言学习的良好状态。因而，在小组内的预演也可以帮助学生克服羞怯和自卑心理，树立演讲的信心。

第三个环节——表演（performance）

正式演讲时，演讲者需要调整好心态，享受演讲。演讲者可以运用一些可视化辅助手段，如图画、照片、实物、模型、视频等，这既能引起听众的兴趣，也能降低自身由于被关注而产生的焦虑。同时，演讲者要学会随机应对演讲过程中的突发情况。

演讲过程中，演讲者需要不断关注目标语信息的输入和输出。同时，演讲者可以通过与听众的互动和反馈，反思自己的语言输出。这体现了输出假设的元语言功能：在语言输出时，学习者会利用已有的语言知识来分析和描述语言。

演讲过程中，教师需要引导其他学生结合"演讲课班级评价量表"（下称评价量表）（如表5所示）观察并记录演讲者在各个方面的表现。这体现了输出假设的注意功能：语言输出能引起学习者在学习和使用目标语时对目标语的关注，并意识到在使用目标语的过程中存在的问题，加强对有关语言信息输入的处理。

演讲结束后，教师可以根据主题内容对演讲者和听众进行提问。同时，听众也可以向演讲者提问或者对其进行点评。这体现了输出假设的检测假设功能：学习者在语言习得的过程中，对目标语进行假设和检验，根据听众反馈不断调整自己的语言输出。

第四个环节——评价 (assessment)

所有人都要积极参与英语演讲活动。在正式演讲开始前，教师需要给全体学生发放评价量表。在演讲过程中，教师及学生需要结合评价量表对演讲者进行评价，并填写中文/英文版的评价表。演讲结束后，每个演讲者要上交演讲后的反思及自评表。教师将以上所有相关材料汇总，作为英语演讲项目学习过程性记录的材料，存入学生的个人学习档案袋。

笔者总结了以下评价的维度，教师可根据学情设计自己班级的评价量表（如表5所示）：

表5　演讲课班级评价量表

演讲内容	1. 使用创造性的技巧和策略引起听众对本话题的注意； 2. 观点例证结论清晰明确，逻辑清楚合理； 3. 选词组句正确、恰当，基本无语法、句法错误，句法结构达到要求。
语言使用	1. 语音语调正确，语言表达流畅，声音富有感染力； 2. 眼神、手势等体态语言运用恰当，丰富表达效果； 3. 与听众互动，注重听众反馈并获得听众明确、自发的反应。
仪表仪态	1. 言行、衣着适当，整体精神面貌良好； 2. 面部表情和姿态自然。
其他	1. 恰当使用多媒体等视觉辅助工具； 2. 完全脱稿演讲，整体演讲效果好； 3. 时间控制得当； 4. 问答环节回答的准确。

笔者提供中英文两个版本的评价表供大家参考，可进行师评、他评、自评（如表6和表7所示）。

表6 中文版评价表

第　轮	选手序号：	评分细则和标准	小项得分	分项得分
演讲	主题内容（40分）	1. 主题新颖、有趣、适切等（10分）		
		2. 观点、例证、结论清晰明确、逻辑清楚合理等（20分）		
		3. 语言运用：用词准确、无语法错误、表述得当等（10分）		
	语言表达（40分）	1. 语音：语音标准、语调起伏、表达流利且富有感染力等（10分）		
		2. 肢体语言得体丰富等（10分）		
		3. 演讲技巧：脱稿、与听众互动、运用多媒体等（10分）		
		4. 整体演讲效果（10分）		
	回答问题（20分）	1. 应答准确、表述连贯、富有逻辑（10分）		
		2. 反应迅速、表述得体等（10分）		
总分	100分	该选手得分：　　　名次：		
总评	综合评价（优缺点与建议）			
	感悟与感受（关于选手、比赛、英语学习与英语教学等）			
评委姓名：		班级：		日期：

表7 英文版评价表

Turn	Number	Scoring rules	Scores
The Score Chart of Speech	Content（40）	1. the novelty, interest, and aptness (10)	
		2. the sufficiency of examples (20)	
		3. the accuracy of language (10)	
	Expression（40）	1. the pronunciation, intonation, volume, fluency (10)	
		2. the body language: eye contact, gesture (10)	
		3. the assistance of speech and skills: make the speech without manuscript, interaction with the audiences, multimedia applications (10)	
		4. the overall result (10)	

续表

Turn:	Number	Scoring rules	Scores
	Q&A（20）	1. the accuracy of language and the understanding of questions (10)	
		2. the coherence of answering and response ability (10)	
Overall score			
Overall evaluation	Advantages and disadvantages		
	Feelings		

Name:　　　　　Grade:　　　　　　　　　　　　　　　　Date:

所有学生演讲结束后，教师对学生的演讲进行总结评价，并基于学生的共性问题进行有相针对性的指导。与此同时，整个授课环节需要全程录制，可作为课程资源便于学生学习。

第四节　优秀案例展示

课程类型

演讲课

教学内容

以 Don't You Quit 为主题进行演讲

目标学生水平

7~9 年级的学生

教学指导思想

教师以"Don't You Quit"为主题向学生提供语境，并传授一定的学习方法，学生通过学习理解、迁移创新，将自己的语言知识和文化知识融入所输出的语篇之中，最后进行演讲实践。

文本分析

本次演讲的主题和"坚持"有关，选择的演讲片段应符合初中生英语水平，欣赏的视频片段旨在帮助学生树立人生理想，让学生能明白坚持理想、坚持信念的意义。

学情分析

初中生已经掌握与"坚持"这一主题相关的词汇和搭配如：persist、insist、keep doing、adhere to、stick to 等，同时学生已经上了2~3节演讲课，知道一篇演讲稿包含什么，应该如何书写演讲稿。

初中生正在建立自己的价值观，他们已经学会如何表达，但是在更好地输出表达上还需要一定的指导和建议，同时他们需要正确的价值观引导。

以"坚持"为主题的演讲课可以帮助学生积累与"坚持"主题相关的语言知识，这些语言知识能够丰富学生的语言积累。同时，演讲课能够提高学生的表达能力和沟通能力，这也是学生面对世界所必须掌握的一个技能。

教学目标

在本课结束时，学生应能达到如下学习目标：

1. 掌握本节课与主题相关的演讲语言和体态要求，丰富关于"坚持"这一主题的口语表达如：no matter、quit、shock、bear、make a difference、miss、hop、hang on、go on、keep the faith、strength、thumb、get；

2. 提高口语表达能力，增强实际的演讲能力，能够进行三分钟的命题演讲输出。

教学重难点

教学重点：教师根据演讲的要求，从输入、预演、表演、评价四个角度帮助学生搭建语言脚手架。

教学难点：

1. 教师设置合理的教学活动，帮助学生理解演讲技巧。

2. 教师创设演讲输出的环境，帮助学生搭建脚手架并进行演讲输出。

教学流程

教学过程	教学活动（总计 45 分钟）	教学目的
热身（5 分钟）		
第一步：观看主题视频	教师播放视频 学生观看视频 互动反馈游戏：教师在黑板上写出 10 个单词，请学生回忆这 10 个单词中哪些是视频里出现过的。 引出本节课我们要输出的演讲主题并公布规定时长为 3 分钟。	帮助学生形成本节课学习内容的初步印象，并明确本节课的主题。
构思（15 分钟）		
第二步：头脑风暴	根据所看视频，让学生分享关于"坚持"的亲身经历。 帮助学生从不同角度分享经历，如 who、what、when、where、how、why。 分析所看视频，作者是如何展开"坚持"这一主题的。 引导学生思考：什么是坚持、坚持的意义是什么?	帮助学生形成演讲内容的基本思路。
第三步：输入	教师邀请学生分享观后感，可从演讲的评价维度展开。 教师从演讲内容稿中，提取关键句型，并引导学生思考：如何将这些关键句型与演讲主题结合。 教师引导学生从视频中选择可以放在自己的演讲稿中的内容，并引导学生进行组内分享。 教师举例说明演讲中可以使用的句子来源，如谚语、宣传语、名人名言，其他的演讲稿及书籍等。引导学生分享与"坚持"有关的内容，如"Failure is the mother of success."可设置小组 PK 活动，引导学生进行头脑风暴并分享。获胜的小组拥有演讲顺序的选择权。	帮助学生搭建演讲稿的写作脚手架演讲稿可用句型。
写稿（15 分钟）		
第四步：演讲稿的书写	学生根据演讲稿的开篇、中段、结尾三部分，进行演讲稿的书写。 教师在教室内走动观察，对学生的演讲稿内容进行指导。	帮助学生搭建写作脚手架。
改稿（5 分钟）		
第五步：演讲稿的润色修改	学生写稿进行 5~10 分钟之后，教师可引导学生进行稿件的修改。	根据演讲要求，帮助学生进行演讲稿的重新梳理和调整。

教学流程	教学活动（总计 45 分钟）	教学目的
	演练（6 分钟）	
第六步：小组内预演	教师组织小组成员进行组内演讲预演。教师在各个小组内观察并给予一定的指导意见，确保每一小组的输出正常进行。每一组设置一位组长，确保每个学生在上台演讲前都能够预演至少一次。	让学生在正式演讲之前都能预演。因为小组内的预演可以帮助学生建立自信心。同时，因为上课时长的限制，不一定所有人都能上台演讲，因此小组预演可以保证所有人都能有口语输出的机会。
	实战（6 分钟）	
第七步：演讲	教师布置演讲舞台，摆正话筒，并宣布演讲正式开始。可采用一定的轮流机制进行演讲输出，如学号或者随机抽取，因每节课的课时有限，每一节课最多选择 2~3 名学生进行正式演讲，其他学生可在课间或者之后的课程中进行演讲。	帮助学生进入演讲课的正式场景并进行演讲输出。
	评价（3 分钟）	
第八步：评价	分发评价表，并告知学生在演讲者的演讲过程中进行记录和评分；教师指导观看者评价演讲，同时，教师也进行评分，评价表见"中文/英文版评价表"： 教师进行整体的评价及收尾，并要求学生上交本次演讲的评价表，同时将视频存档。	立体化的评价更加客观，提高了"大班制"场景下学生英语演讲学习活动的质量和数量。
	收尾	
第九步	教师将桌椅归位，关闭摄像机，撤掉演讲话筒。	

第十三章 泛读课

基于整本书阅读过程中的章节内容复盘赏析类泛读课教学研究

——以《杀死一只知更鸟》为例

> **完成本章阅读，你将收获：**
>
> 1. 关于泛读概念的解读
> 2. 泛读课设计原则解读
> 3. 泛读课备课步骤
> 4. 优秀英语泛读课教学设计案例

第一节 泛读和泛读课

阅读教学是英语教师们日常教学的重难点，同时也是提升学生英语核心素养的基本保障。教师在英语阅读教学中不能只为了应试而进行教学，而应让学生在掌握重点内容的同时，培养良好的阅读素养。虽然中小学英语教师在教学中对阅读教学的研究较多，大家也认同阅读对英语学习的重要性，但是大多数教师更侧重精读教学，对于泛读教学研究较少，而将其付诸实践的更是凤毛麟角。本节将通过对泛读和泛读教学的回顾与解读，帮助教师厘清泛读和精读的区别，为广大教师更高效地实践泛读教学提供指导。

什么是泛读？

那么，什么是泛读？泛读和精读有什么区别？这两个问题是学术界和广大教师群体一直在研究和探讨的内容。*Davis. C. 在 Extensive Reading: an Expensive Extravagance?* 中这样来定义泛读："Extensive reading supplementary class library scheme attached to an English course, in which pupils are given time, encouragement and materials to read pleasurably at their own level as many books as they can without the pressure of testing marks. The aim of extensive reading is to develop learners' reading speed and fluency." 随后 Renandya 和 Jacobs 在此基础上对泛读定义有了进一步阐释：泛读指的是以兴趣为目的，快速地阅读大量的长篇文本。泛读关注文本本身的内容和意义，而不是文本的语言[1]。从这两个定义中，我们可以看出三个关于泛读的关键标签：阅读兴趣导向、文本意义为主、连续性阅读体验。这三个标签也就是泛读与精读的最大区别。

一. 泛读以阅读兴趣为导向，而非以应试为导向。

泛读的第一个标签是"阅读兴趣导向"。精读是为了积累语言而细致深入分析文本的一种阅读方式。泛读则是为了阅读兴趣而进行的扩大阅读量、开阔眼界、提高人文素养的一种阅读方式。

二. 泛读以研究文本内容和意义为主，研究文本语言为辅。

泛读的第二个标签是以研究文本意义为主。精读关注文本语言点，学习语言，研究语言。比如教师们对文本逐字逐句逐段地分析就属于精读。跟精读相比，泛读对文本语言的研究没有那么深入，它更关注句子、段落和文本整体内容，更注重探索文本整体意义。

---

[1] J. C. Richards & W. A. Renandya, Methodology in language teaching: An anthology of current practice.[M]. Cambridge: Cambridge University Press.

三. 泛读以连续性的阅读体验为主。

泛读的第三个标签是连续性的阅读体验。在精读场景下，读者阅读的是一个语篇，这些语篇往往是节选或改编的，文本结构的完整性和意义的连贯性被打破。而在泛读场景下，读者阅读的通常是一个完整的文本，其行文方式和结构都被保留了，这便能最大程度地呈现文本，更能给读者提供连续性的阅读体验。例如对整本书的阅读便是泛读的一种。阅读整本书不是去读单个语篇，而是阅读一本完整的书。从封面到内容再到封底，读者能体验更加完整、连续的阅读。

为什么要泛读？

泛读不仅可以提升学生的语言能力，还能为其阅读素养的提升奠定坚实的基础。

一. 学生可以通过泛读提升语言能力。

阅读不仅能够提升学生的阅读理解能力，还可以为学生的口语、听力、写作等打下坚实基础。作为精读的有效补充，泛读也是提升语言能力的有效途径。一方面，学生通过泛读，不仅能提升阅读速度，还可以增加词汇量，训练阅读技巧，从而提升阅读理解能力。另一方面，学生通过泛读，在自然真实的语境中接触原汁原味的语言文字，让自己了解该语言如何在教科书以外的情境中使用，加强了语感，潜移默化地提高了自身的语言能力。

二. 学生可以通过泛读培养阅读素养。

阅读素养不仅包括能够在阅读中提取信息、构建含义的阅读能力，同时也包含辅助学生终身阅读的阅读品格[2]。在《中国中小学英语分级阅读标准》中，王蔷教授和陈则航教授将阅读品格分为阅读习惯和阅读体验两部分。其中，阅读习惯包括阅读量、阅读频率和阅读行为，而阅读体验包括阅读兴趣、阅读态度和自我评估。英语阅读能力与英语阅读品格共同构成中小学生英语阅读素养。

学生可以通过泛读培养阅读素养。第一，学生在泛读时一般是自主选材，题材和话题本身就能激发他们的阅读兴趣，所以他们的阅读体验是积极的。第二，学生泛读时是自由阅读和自主阅读，教师通过一定的监督策略，比如可追踪的阅读记录单跟踪阅读情况，从而培养学生良好的自主阅读习惯。第三，学生泛读时通过大量输入所积累的语言知识，提高阅读理解能力，开阔视野。第四，学生通过课堂上教师的引导，积极思考，讨论和分享自己的观点，这也能提升了他们的综合分析能力，发展思维品质。

什么是泛读课？

泛读课是通过在课外阅读丰富多样、具备连续性且尊重原版的文本，在课堂上提问

---

[2] 王蔷. 中国中小学英语分级阅读标准，[M] 北京：外语教学与研究出版社，2021.

讨论和交流分享，让学生能够习得阅读策略、提高阅读能力，提升文化意识和人文素养的一种阅读课型。本章提到的泛读主要是指整本书阅读，泛读课一般包括导读和赏析两种课型。泛读课打破语篇教学壁垒，侧重训练学生阅读整本书的技巧，提高学生阅读整本书的能力。

第二节　如何设计一节有效的泛读课？

本节提到的泛读课设计是指以阅读整本书为前提，设计读前、读中、读后阅读课程，以下简称泛读课。

如何才能设计一堂高效的泛读课？关于课程设计原则，笔者查阅与之相关的文献，结合30余位一线教师的实践探索，加之对200余位一线教师的在线调研，总结归纳出以下泛读课教学的备课步骤。

一. 确定阅读素材

泛读课课程设计的第一步就是选书，图书的选择不管是对学生的自主阅读还是教师的引导教学都非常重要。因为并不是所有的图书都适合用于泛读课，所以在选书过程中教师要遵循如下原则：

1. 合适原则

首先，教师在选择书本时要遵循合适原则，这个"合适"需要教师结合所选文本的语言难度和学段学生的语言能力。教师如果直接给学生看超过其语言能力的书，学生会因为书中的生词和长难句而产生畏惧情绪。因此，教师可以参考蓝思阅读网站（此网站用语义难度和句法难度来确定图书的难易程度，是有公信力的阅读难度分级系统。大部分书都能搜到对应的蓝思值），教师只需要在网站上输入想选的书，就可以查到该书对应的蓝思值。具体学段阅读能力培养目标可参考表1[3]。

3　施志红. 初中阅读那些事[M]. 上海：上海教育出版社, 2020.

表 1　不同学龄段阅读能力培养目标蓝思值参考

一类示范学校			英语特色校		
年级	蓝思值	对标阅读能力	年级	蓝思值	对标阅读能力
小学五/六年级	300L	达到一类示范校初中一年级平均水平,学生能够独立阅读简单的英文原版书。	小学五/六年级	500L	学生能够独立阅读简单的英文原版书。
初三	700L	满足中考能力要求,达到高中一类示范校高一平均水平。	初三	900L	学生能够独立阅读文学、人物传记、科普类的英文原版书,具备用英语学习的能力。
高三	1000L	满足高考对阅读能力的较高要求,力争突破 130 分。	高三	1200L	学生以实现国外生活、大学入校所需阅读能力为培养目标。

笔者使用 Scholastic LiteracyPro 平台,它是由美国学乐出版社结合蓝思体系（Lexile Framework）研发的一套测试系统,用来检测学生的蓝思等级。教师了解学生阅读能力后就可以跟图书蓝思值配对。

2. 兴趣引导原则

由于英语学科每学期的课时紧凑,教学进度压力较大,学生的整本书阅读任务很难在课堂进行,所以教师可以将它布置成课外阅读。一般情况下,课外阅读是鼓励学生根据自己的阅读兴趣和爱好进行广泛阅读,教师不进行干预。但实践研究表明,仅基于兴趣和直觉感悟的阅读无法实现对学生阅读策略和阅读深度的培养,只靠阅读量的积累并不会必然提升学生阅读的质量[4]。

那么在实际教学中,整本书阅读需要教师根据学生的认知能力和阅读兴趣有规划、有指导地选择阅读素材。阅读兴趣作为选书依据,与学生年龄、认知能力和个体差异相关。教师可以通过问卷调查和谈心活动等方式了解学生感兴趣的阅读主题。

3. 教育价值原则

1999 年,著名语言学家 Ross（罗丝）针对阅读进行了问卷调查,发现 60% 的被调查者有因阅读而改变自我的经历。此后其他学者认为,"阅读可以通过将自己投入故事情节和人物思想中而'软化'自我的'界限',将自己向更大的空间开放,去认识到自己可能

---

[4] 张金秀. 中小学英语整本书阅读的五点主张 [J]. 英语学习, 2019(7), 3.

成为的样子"[5]。学生可以通过整本书阅读去认识自我，反思自我和完善自我，促进他们人格的完善。因此教师在选择图书时，要评析并考查其教育价值。所选书目最好是积极的、正能量的，有利于学生完善自我认识，实现精神发展，这也符合英语核心素养要求和社会主义核心价值观。

二. 设计阅读过程追踪

泛读教学不同于精读教学，因为学生是自主阅读，他们的阅读过程发生在课堂之外，所以教师对于学生的阅读进程和阅读困难不太了解。为了取得更好的阅读效果，为后期整本书的阅读设计，尤其是为泛读反馈课堂的教学目标设计提供可靠的依据，教师需要对学生的阅读过程进行追踪。具体操作如下：

教师可以利用阅读导学案或学生自制的阅读笔记来追踪检查学生的阅读情况。导学案主要有三种设计思路：语言积累为主的导学案，文本思考为主的导学案和文本外思考的导学案。第一种导学案指教师引导学生用阅读笔记本或者思维导图等工具来记录语言积累，包括词汇、短语和句子。利用四格法（如图1所示）对语篇中的词句等语言知识点进行梳理，不仅能增强学生语言积累意识，还能训练其思维，为后期泛读设计做铺垫。

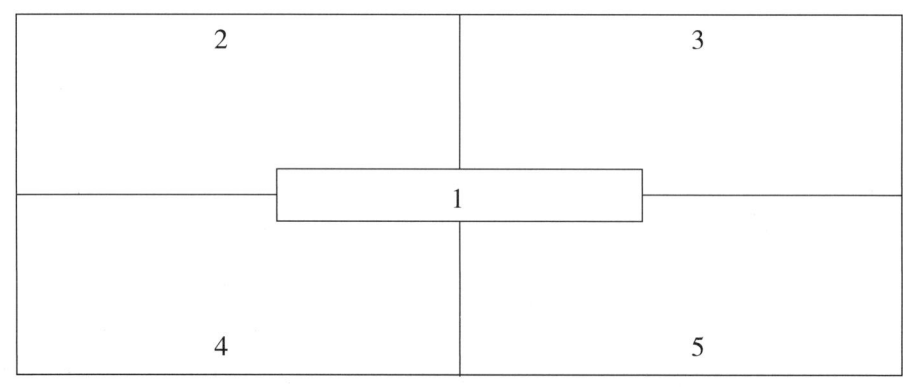

图1 四格法

四格法是把一张纸分成四个格子，格子1是主题，接下来围绕它的是基于主题的四个子主题，可以写单词、短语、句子和其他思考（如图2所示）。

5　Bortolussi, Marisa. Directions in Empirical Literary Studies. Amsterdam:John Benjamins Publishing Company,2008.

第十三章 泛读课

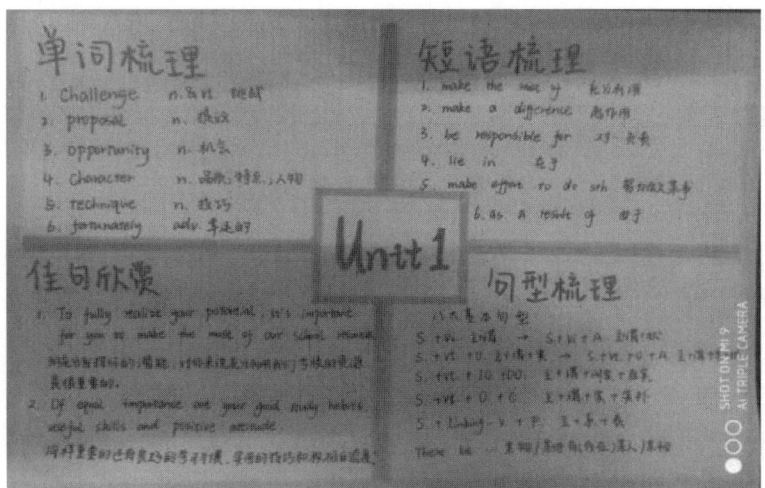

图 2 学生运用四格法进行语言梳理的作品

以文本思考为主的导学案包括阅读基础情况反馈和读前任务设计。阅读基础情况反馈包括通过阅读的多样化任务设计引发学生预测文本内容并对文本内容进行思考，比如通过阅读记录反馈表引导学生积极思考文本内容（见表 2 和表 3）。

表 2 阅读记录表（追踪学生阅读进程）

Reading Schedule	
Title	
Author	
Chapter/page	
Minutes read	
Words	
My favourite part	
…	

表 3 阅读反馈表（了解学生阅读情况）

Reading Response	
Chapter/page	
New words you have learned from reading	
Your favourite sentence	
Questions you want to ask	
Others	
…	

在科普类阅读课中，学生可以通过 321 笔记法，梳理文章的脉络和内容（见表 4）。

表 4　321 笔记法阅读记录表

Reading Response			
Book Title:	Date:	Minutes Read:	Pages Read：
3 things that happened			
2 words or phrases you found interesting			
1 thing you're wondering about			

文本以思考为主的导学案主要是通过提问的方式，引导学生结合自己生活经验理解文本，积极讨论，形成自己独特的理解和评价，培养批判性思维。

KWL 阅读记录表是学生记录自主阅读的有效工具。K 表示"Know"，记录学生已经了解到的内容；W 表示"Want"，记录学生想了解的内容；L 表示"Learned"，记录课上学到的新内容。在实际操作中，学生在课前填写表格中 K 栏和 W 栏信息，比如在"Know"一栏中，学生根据书的封面和标题联系自己的生活经历，填写关于作者、故事、主题或者人物相关的信息内容。在"Wonder"一栏中教师可引导学生就情节发展和人物性格提问。如图 3 所示，在泛读赏析课上，学生完成自主阅读后，可以重新回顾自己的提问，并在小组内分享讨论。最后教师也可以再补充一些思辨式的问题，例如探讨与主题意义相关，或者与中外文化异同相关的问题，或是针对泛读内容提出可以引导学生深度思考的问题，从而培养其分析、评价和创造等思维能力。

KWL Chart　　　　　　Name
Topic:　　　　　　　　Date

know	Wonder	Learned
What have you already known about the topic?	What do you wonder about this topic? Write your questions below.	After you complete your reading, write what you have leamed.
1. How much do you know about the author? 2. How much do you know about the story?	1.What do you think of the main character and why? 2.Would you make the same decision if you were the girl?	

图 3 KWL 阅读记录表图示

教师利用导学案不仅能追踪学生课外阅读情况，还能增加对学生实际阅读进程与阅读困难的了解，为后期的泛读课设计提供可靠的依据。

此外教师还可以利用线上应用程序督促学生打卡跟读，并掌握学生的阅读情况。教师可以指导学生下载相关应用程序，督促学生在学生端听音频和跟读。这些程序基本上可以对学生的跟读情况自动打分，对学生语音作业做出评价。部分程序还允许教师查看学生作业并支持连续播放学生的录音，对整体作业进行评价，这极大地方便了教师的教学。

三．泛读课课堂教学设计

泛读的文本可以根据所选阅读素材分为虚构类文本和非虚构类文本。虚构类文本是指故事、戏剧、诗歌、神话等，而非虚构类文本是指自然科普、社会纪实、人物传记等反映真实世界的文本。

泛读课可以分为两类课型：导读课和赏析课。导读课的教学目的主要是创造良好的阅读氛围，激发学生的阅读兴趣。教师通过阅读策略帮助学生提高阅读速度，增强其阅读信心。赏析课的教学目的则是培养学生的阅读素养，提高其思维品质和增强其文化意识。

泛读课之导读课（也称泛读导读课）设计步骤

导读课设计是指读前指导，主要是教师指导学生对所读作品内容、阅读方法、主题等进行导读。具体操作如下：

一．教师引导学生对内容进行导读。

教师引导学生挖掘文本相关信息，包括书名、封面、插图。封面是读者阅读之前最先关注的部分。封面设计的图形、文字和书名很多时候代表了一本书的质量，影响着读者的阅读期待，并影响阅读过程。在导读课中，教师可以展示封面、扉页、封底，并组织学生讨论封底、封面、扉页，让他们形成阅读期待。

教师引导学生搜集资料，包括作者和作品的简介。教师通过引导学生关注作者相关信息和文本信息，让学生与作者及文本建立一定的联系，这是学生认识和理解文本的前提，为后续深入学习文本做准备。引导学生关注作者创作背景和时代特征，也能为文本赏析提供必要依据。

学生的课堂展示也需要准备和训练。在教师的指导下，学生需要小组合作分工并搜集相关资料。学生课上分组展示的内容可以包括作者简介、作品简介和人物介绍。作者简介可以对作者的个人信息、时代背景和创作背景等做相关说明。作品简介则可以通过梳理故事情节，引导学生简要概述本书内容。人物介绍则是学生分组展示阅读文本中的人物卡片和人物海报，具体包括人物年龄、身份、职业和性格等信息。

还有一种比较新颖的课堂活动是"图片环游"。它以问题为引导，通过封面、扉页和主题图来了解和预测故事里可能发生的事情，激发学生对故事的好奇心，启发学生主动观察、预测、思考、分享个人经验[6]。在实际操作中，教师引导学生观察图片寻找线索，然后设置问题让学生分析情节和理解人物性格，最后学生合作讨论、分享自己的理解，以此推进故事的动态生成。这不仅能提高学生的阅读积极性和深度，也在不知不觉中提高了学生对于故事情节的预测、理解及创新能力。学生在不断推测和阅读中发现问题、分析问题和解决问题，培养他们的批判性思维。

二．教师指导学生进行语言梳理。

语言梳理包括对阅读中生词的处理方式和如何进行长难句积累的指导。其中，教师如何引导学生进行正确高效地处理生词尤为关键，因为只有掌握了足够的英语词汇才能够确保阅读的流畅性和准确性。

处理生词的方法有三种：一是忽略对文本理解不重要的词汇。二是在字典里查阅重要的词汇。三是根据上下文猜测生词的意义[7]。众多阅读专家，比如 Kemper（坎伯）和 Mitzer（莫策）认为，根据上下文猜测生词的意义对于提高阅读速度非常有益。所以在语言梳理的过程中，教师一方面可以组织学生自主梳理积累的词汇并将其形成词汇量，另一方面也可以根据学生导学案里涉及的生词设计一些测试题，让学生去猜测词义。此外，教师不应该忽略对学生查字典的指导。笔者曾经在自己任教的班级做过调研，超过一半的学生甚至不知道应该如何查阅英语字典。

三．教师指导阅读策略和阅读方法。

导读课上，教师要引导学生学会整本书的阅读策略和方法。首先教师可以通过标题、插图和目录等内容培养学生的体裁意识，让学生根据体裁类型有意识地获取所需信息。其次，通过一些思维导图，比如故事框架图培养学生的思维可视化能力。最后通过引导学生自主阅读和自主提问引导学生联系自己的生活，发展批判性思维。这不仅为他们后续自主阅读、探寻文本主题意义以及分析人物等活动提供可循的方法，也可以提高其阅读能力，增强阅读信心。

泛读课之赏析课（也称泛读赏析课）设计步骤

《普通高中英语课程标准（2017年版2020年修订）》中关于文本分析的部分中提到，"使学生围绕某一具体的主题语境，基于不同类型的语篇，在解决问题的过程中，运用语言技能获取、梳理、整合语言知识和文化知识，深化对语言的理解，重视对语篇的赏析，比较和深挖文化内涵，汲取文化精华。"在泛读赏析课中，教师指导学生关注、探究文本，

---

6 王蔷,敖娜仁图雅.中小学英语绘本教学的途径与方法[J].课程.教材.教法,2017(4),6.

7 王金巴.英语阅读过程中生词理解状况调查研究[J].外语教学,2014,35(3):5.

通过丰富多样的活动让学生梳理文本内容，聚焦主题意义和文化内涵，发展思维能力就是落实高中英语新课标要求。

在泛读赏析课中，教师引导学生聚焦文本的重点内容和关键细节，探讨其语言表达、作品架构、文化内涵和主题意义等。文本类型对泛读赏析课备课有一定影响，以下赏析课备课步骤将从虚构类文本和非虚构类文本两种类型分别说明。

基于虚构类文本阅读的泛读赏析课备课步骤

基于虚构类文本的泛读赏析课除了检查学生读后情况，更应聚焦读后升华。检查学生读后情况是指帮助学生解决他们在自主阅读中不能解决的问题，比如对部分章节的情节梳理或对个别人物行为的困惑。读后升华指在教师的引导下，学生在主题语境中赏析作者的写作手法，探究主题意义，关注中外文化差异，增强文化意识，提高思维能力和培养创新能力。

1. 阅读检查

教师用导学案或阅读记录表来检测学生是否达成阅读目标。阅读记录表包括一些基本的阅读信息：阅读时间、内容概要、生词难句和反思性问题。语言梳理导学案可以用选择、填空、问答等形式来设计（如图4所示）。

Chapter One Here Comes Charlie

Before you read

　　The protagonist (主角；主要人物) in *Charlie and the chocolate factory* is a very likable boy, Charlie bucket, whose life goes through some dramatic changes at the story unfolds. Think back on some of your favorite characters from past novels you have read or movies you have seen. What do you think makes for an especially interesting protagonist？

_____

Vocabulary

Choose a word from the list to complete each sentence.

awful	marvellous	treasure	stand	sniff	freezing	torture
desperately	water	munch	enormous	starve	pile	helping

1. He was upset to see such _____ (adj 极坏的；糟糕的) living conditions.
2. It's _____ (adv. 极冷的) cold outside.
3. He took a deep breath, _____ (adv. 竭尽全力地；不顾一切地) trying to keep calm.
4. Snow was _____ (v. 堆积) up against the door.
5. The smells from the kitchen made our mouths _____ (v. 流口水).
6. It's the most_____ (adj. 极好的；美妙的) piece of music.
7. I _____ (v. 珍惜；珍爱) my family and friends, and hope that we will share a loving and caring lifetime together.
8. It is such a _____ (n. 折磨) to commute every day in rush-hour traffics.

327

9. His son Luke is _____ (v. 大嚼) a chicken sandwiches.
10. After 30 minutes of walking, they came across a（an）_____ (adj. 极大的) house.
11. Then he _____ (v. 闻；嗅). There was a smell of burning.
12. Here are two loaves and a ham for you, so that you won't _____ (v. 挨饿).
13. I can't _____ (v. 忍受) the sight of blood.
14. She gave them an extra _____ (n. 份) of ice cream.

Comprehension questions
Answer the following questions in your own words using complete sentences. Use supporting details from the book where applicable.
1. What's the setting of Chapter One?
_____
2. How many people are there in Charlie's family? Who are they?
_____
3. How do you describe the living condition of Charlie's family? Can you give some examples/ evidence to support your idea?
   Words to describe the living conditions:_____
   The place they live in:_____
   The food they eat:_____
   Other evidence:_____
4. Was Charlie's family full of love or hatred (恨)? Please give your opinion and list some examples.
   Opinion:_____
   Reasons:_____
   _____

图 4 语言梳理导学案

2. 深挖文本

泛读赏析课对虚构类文本的挖掘是通过引导学生聚焦故事情节，分析人物性格以及探讨整本书的主题意义等方面来实现的。教师可以引导学生从两方面着手：梳理文本内容和赏析文本写作特点。

· 梳理文本内容的方法

①故事山

"故事山"是一种思维导图，是将故事发生过程中的节点事件，按顺序标在一条曲线上。这条曲线起伏的形状像一座山，所以称这种思维导图为"故事山"。在虚构类文本里，教师可以引导学生按以下两条线去归纳概括文本大意：第一条情节线可以按照故事开端、发展、高潮、回落和结局来归纳梳理；然后每个情节点上标注的人物情感就可以作为第二条线。具体形式可以参照图 5。

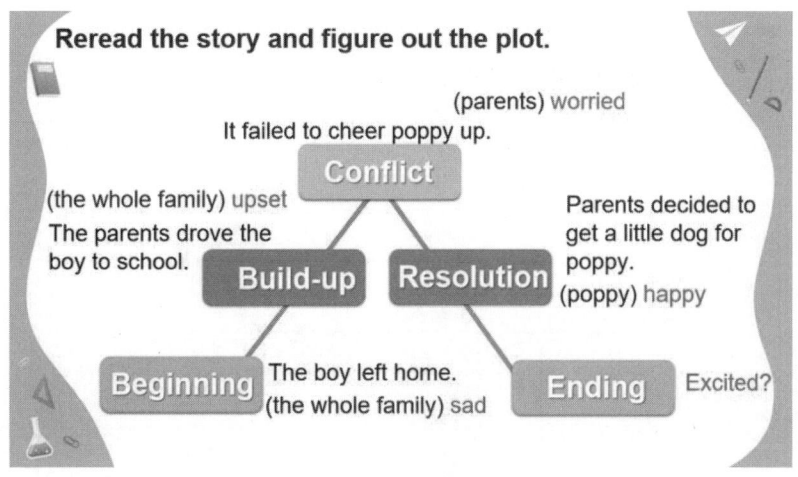

图 5 故事山示意图

②**阅读圈**

阅读圈又被称为文学圈（Literature Circles），是一种由学生自主阅读、自主讨论与分享的阅读活动[8]。阅读圈教学是指教师将学生分成 4~6 人的小组，每人承担一种角色，有目的地阅读并完成自己负责的任务[9]。泛读赏析课中可以借鉴阅读圈的一部分操作来辅助文本分析。例如，每个组的阅读组长负责引导与文本内容相关的讨论；篇章大师负责解释文中的重要语句和段落；实际生活联系者负责探寻与实际生活或学生自身有关的内容；文化采集者负责对比中西文化的异同之处；篇章概括者负责总结阅读材料，具体形式可参照图 6。

图 6 阅读圈示意图

---

8 Furr, E. Stories for Reading Circles [M]. Hong Kong: Oxford University Press，2007.
9 陈则航. 英语阅读教学与研究 [M]. 北京：外语教学与研究出版社，2016.

情节梳理具体操作可以参考图 7。

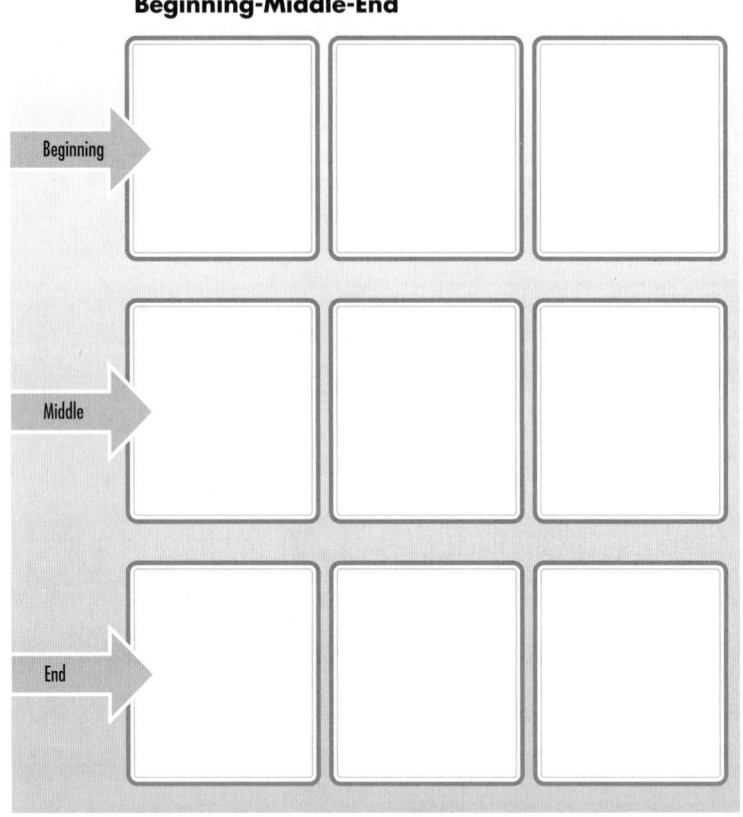

图 7 情节梳理图

· **赏析文本写作手法**

教师引导学生关注文本写作手法，不仅可以增长、内化语言知识，提升学生审美情趣，还有助于学生领悟作品的思想内涵和艺术表现。写作手法包括表达方式、修辞方法和表现手法。实际教学中，学生虽能读出文本的表面意思，却很少能自主发现文本的隐含意义和内涵，所以教师可以引导学生重点关注修辞手法和表现手法。

修辞手法包含八种常见的修辞格：比喻、比拟、借代、夸张、对偶、排比、设问和反问。文本的表现手法比较复杂，常见的有对比、象征、联想、对照、照应和典故等。课堂上，教师可以引导学生关注语言特征，标注文本中此类表达，引导学生分享阅读感受，体会文本的美学价值和文学价值。

3. 设计创意性输出活动

创意性输出活动也是泛读赏析课非常重要的一部分。它可以促进学生思维品质的发展，增强学生课堂参与的主动性和积极性，让学生"在学中用，在用中学"，让阅读变得更丰富、有趣且更有意义。葛炳芳认为，读后环节的核心任务就是拓展文本内涵，内化文本思想，让学生结合原有认知，针对文章内容和作者观点表达自己的观点和看法，培养深层思维能力，从而成为具有评判力和创造力的读者[10]。教师可以设计不同活动来引导学生输出，以读促写，为写作提供基础，同时也能提升其综合语言能力。

① **五指复述概要图**

五指复述法是一种在英语国家广为流行且有效的复述故事的方法，不仅能够帮助学生将读过的故事清晰而有条理地复述出来，还能帮助他们加深对故事的理解，锻炼他们的表达能力和逻辑思维能力。

构成一个故事的五要素是：角色、地点、问题、事件和解决办法。而五指复述法，就是把五根手指头跟五要素结合起来，这让学生复述故事有参照，更具体形象，有条理、有逻辑。在泛读赏析课上，学生完成文本阅读后，教师可以展示五指复述概要图，让学生口头复述故事。

② **出门条**

"出门条"（如图8所示）其实是一种思维可视化工具，可以应用于各种教学场景。学生阅读文本后，教师可以引导他们回顾总结课堂知识点，通过填写表格来反思文本内容。具体内容可以是：1. 三件我了解的事情。2. 两件我觉得有趣的事情。3. 一个我仍然存疑的问题。这种学习记录引导学生自我反思和自我评价，对学生阅读习惯的培养和阅读素养的提高有重要作用。

Exit Ticket	
3 Things I have learned today	
2 Things I want to know more about	
1 Thing I don't quite understand	

图 8 出门条

③ **读者剧场**

读者剧场是一个阅读教学的延伸活动，让学生成为阅读活动的主角，最后将其练习的成果，以简易"剧场"的方式呈现并分享。读者剧场是以文为本的口语阅读，它将故事的内容分成旁白和人物角色，以团体形式朗诵出来。学生在朗诵故事台词时，通过不同角色的人物设定，揣摩角色的特质，随着不断重复的语句，再加上一些简单的肢体动作和脸部表情将文本以声音的形式呈现。剧本创作是在教师指导下，学生以整本书或者个别章节为依据，选取文本相关段落改编而成。

---

10 葛炳芳. 英语阅读教学的综合视野：内容、思维和语言 [J]. 英语教师, 2015(15).

4. 设计有效评价

根据《英语课程标准（2022版）》，课堂评价注重评价维度、评价方式的多样性和合理性，教师要贯彻落实英语学科核心素养，以此为导向设计多样化的实践活动，正确运用形成性评价。在泛读赏析课上，这种形成性评价能提供学习反馈，使泛读教学更有针对性，更有效地提升教学效果。

① 评价维度

在泛读教学中，阅读评价贯穿了学生的阅读过程和教师的教学过程，包括课前学生自主阅读的自我评价，课堂上的生生互评和教师评价。师生共同构建完整且合理的评价体系是开展泛读有效评价的必要前提。

在泛读教学的过程中，教师可以通过导学案评价表来引导学生进行自我评价。学生的自我评价内容包括阅读兴趣、阅读习惯、阅读策略和阅读方式。生生互评主要指学生对其他学生课堂表现，比如任务参与积极性、小组合作协调能力和任务完成等方面的评价。对于阅读过程和读后反馈，教师可利用评价表对学生阅读的任务完成情况和阅读效果进行评价。

② 评价方式

多样化的评价方式对泛读及其教学过程有很大意义。评价方式包括课堂观察、问卷调查、学习日志、学习评价表、项目与演示及学习档案袋等。教师可以通过课堂观察记录表及阅读任务单的完成情况进行评价（见表5）。

表5　阅读自我评价表

阅读书目		评价人			
评价内容		评价等级			
		A	B	C	D
自我学习	完成相关阅读任务				
	实现语言知识目标				
	扩展相关文化知识				
	实现阅读能力的培养与提升				
自我巩固	阅读后积累句型和词汇				
	阅读后提出问题，分析并解决				
	改写或写摘要				
	进行相关扩展阅读				
	合作学习、探讨及总结				

③基于非虚构类文本阅读的泛读赏析课备课步骤

非虚构类文本以传递信息为主，包含大量的自然、地理、历史和社会知识。文本类型多种多样，包括手册、指南、菜单、地图、海报、科技介绍、社会研究报告等，涵盖了人们日常生活或工作的各个方面[11]。非虚构类文本占现实世界阅读材料的84%，学生如果对其接触不多或了解不够，将不利于开阔视野，学习相关知识和发展高级阅读技能。

非虚构类文本备课步骤跟虚构类文本的备课步骤大同小异，两者只在深入文本分析时有差异。虚构类文本活动设计聚焦故事情节发展，而非虚构类文本多样化的体裁形式注定需要多样化的组织形式。

泛读赏析课上，教师可先重点引导学生识别文本类型，利用结构视图分析文本结构。常见文本结构示意图如图10所示。[12]

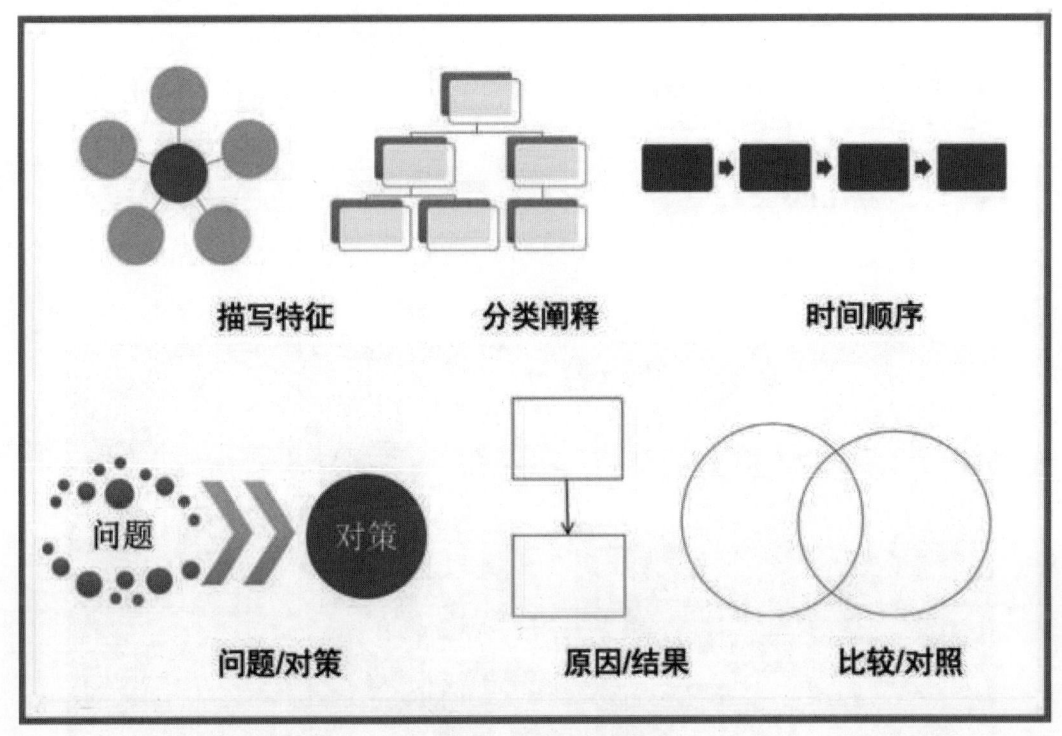

图10 常见文本结构示意图

然后教师对文本中的信息进行分析、重组，帮助学生理解知识、内化知识。具体活动除了可以借鉴前面提到的图片环游、阅读圈之外，还可以通过访谈、创建班级博物馆、举办科学展和制作主题折叠书等形式引导学生挖掘更多文本特征，分析文本内涵。

制作主题折叠书属于项目式学习，特别适用于非虚构类文本。主题折叠书就是把文本

---

11 路瑾.英语非故事类文本的阅读教学策略[J].江苏教育,2019(49):3.

12 王蔷.非故事类英语读物教学的意义与有效途径[J].英语学习,2018(2X):5.

内容集中在一起，从写作内容的多个角度，比如将生长曲线、类别、特点等维度整合在一起，用图画、文字、表格、图形、卡片等形式，做成 3D 立体书的样子。

这种活动形式新颖，学生在制作和讲解的过程中，不仅能自主探索新知识、锻炼逻辑思维能力、培养审美和创新意识，还能提升手工制作能力和口头表达能力，真正提高他们的阅读素养。如图 11、12 所示：

图 11 天气主题折叠书

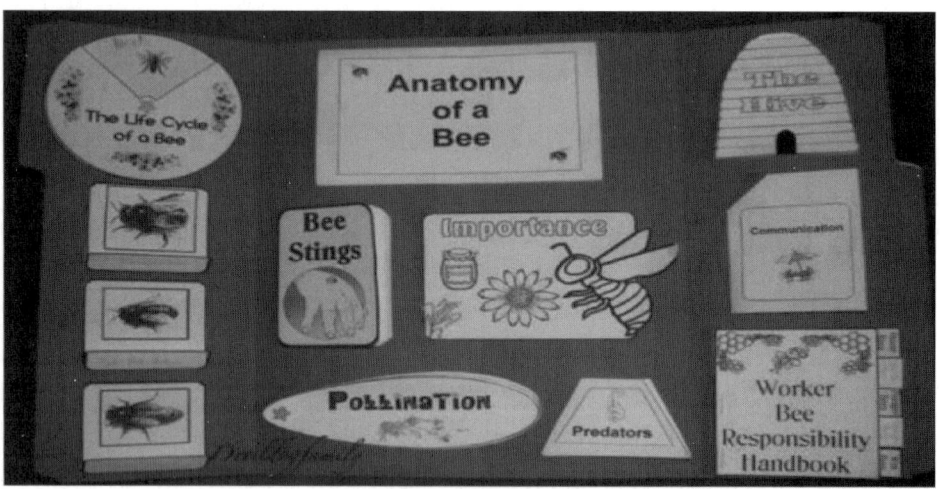

图 12 蜜蜂主题折叠书

第三节　优秀案例展示

备课教师：张青葱
课程主题：《杀死一只知更鸟》教学设计
课程类型：泛读（整本书阅读）

内容简介

《杀死一只知更鸟》是美国女作家哈珀·李发表于 1960 年的长篇小说，本节课例设计节选自第二章。

主人公斯库特的父亲阿蒂克斯是某南方小镇的一位律师。小镇上的白人农民尤厄尔指控黑人劳工汤姆强奸了他女儿马耶拉。事实却是马耶拉勾引汤姆，扑倒亲他的一幕恰好被她的父亲看到。尤厄尔知道后恼羞成怒，毒打了马耶拉一顿并且教唆威胁她一起诬陷汤姆。阿蒂克斯坚守正义和公平，做了汤姆的辩护律师。在庭审现场，阿蒂克斯的发言感动了所有观众，但由于陪审团成员有种族歧视倾向，无辜的汤姆最终还是被判有罪。

学情分析

授课对象为高二学生，该班学生整体开朗、外向、思维活跃、学习态度端正、学习基础较好，有原版阅读习惯，并具备一定文本分析能力。他们对故事阅读有着浓厚兴趣，为教学有效开展提供可能。同时，他们需要提高英语原版小说章节内容的理解能力和归纳概括能力，同时也需要提高对文本的深层理解能力和课堂英语口语表达能力。学生已经阅读完第一节，了解了一些与小说相关的背景和主题信息。此外，学生在阅读时可能会遇到一些生词和长难句，难以理解其含义，而无法准确梳理并概括章节主要信息。

教学目标

① 自主阅读，获取文本关键信息，运用阅读策略理解文本；
② 与同伴交流讨论，梳理并概括本章大意；
③ 了解本章节主要人物及其性格特点，并通过查找故事细节来分析人物性格。

教学重点

① 如何概括梳理章节大意；
② 如何引用文本论据来分析人物性格。
课时：45 分钟。

教学用具

教案、书、角色卡片

教学流程

教学过程	活动	设计目的
阅读情况检查和词汇梳理（10分钟）	教师通过提问来引导学生回顾本章内容。（5分钟）What impressed you most in this chapter? Share one of them. 教师根据文本和学生作业，展示本章重点词汇并带读，学生齐读，小组讨论补充其他重点词汇（见表6）。（5分钟）	1. 通过提问，检测学生阅读和作业完成情况；2. 通过展示和补充文本重点词汇，帮助学生拓展并积累词汇，完善学生单词库。
情节梳理（15分钟）	1. 各小组交流讨论如下问题并梳理本章主要情节： 1) Why was I sad at the beginning of this chapter? 2) How did I feel during my school days? 3) What do you know about Miss Caroline? Do you think she is a good teacher? Why? 4) What did Jem do? 5) What did Atticus do? 2. 学生回读文本完成章节概要分析表（见表7）； 3. 请一个小组代表分享本组章节概要（见表7）。	1. 通过文本分析表格，帮助学生获取文本信息，归纳梳理文本重点内容，提升学生提取信息、概括总结信息的能力；2. 通过组间、组内交流讨论，锻炼学生思辨、表达能力，促进学生主动参与。
人物分析（18分钟）	1. 引导学生回读文本，完成人物分析表；（5分钟） Acts: 1. 2. 3. 4.　　Feels: 1. 2. 3. 4. Looks: 1. 2. 3. 4.　　Says: 1. 2. 3. 4. 2. 教师以主人公琼为例，示范从文本中寻求依据来分析人物； 翻到第八页找到如下句子"Hours of wintertime had found me in the treehouse, looking over at the schoolyard, spying on multitudes of children through a two-power telescope Jem had given me, learning their games, following Jem's red jacket through wriggling circles of blind man's buff, secretly sharing their misfortunes and minor victories."从这句话中可以分析琼好奇心较强且很聪明。（3分钟）	1. 帮助学生有逻辑、分角度地分析人物性格。2. 帮助学生捕捉文本细节，并结合文本的相关内容进行判断、推论、分析，培养学生的分析推理能力，从而对人物形象做出有想法且可信的评价。

教学过程	活动	设计目的
	3. 按表格分小组讨论主人公性格，让学生在文中寻找支撑句（如图13、14所示）；（5分钟） 4. 请两位学生代表分享人物分析：任选文本中的一位人物谈谈你的认识。（5分钟）	
作业布置（2分钟）	小结反思与布置家庭作业 1）引导学生自主完成"出门条（如图15所示）"进行自我评价； 2）预习下一章并做笔记。	通过"出门条"让学生反思本节课学习内容并预习下一章内容。

附录

表6　词汇积累单（导学案）

Word Bank					
Word	Part of speech	Synonym	Antonym	Picture or icon that represents the word	Definition

表7　章节概要分析表（导学案）

Chapter Analysis	
Title	
Main Character	
Plot	
Something impressive I learned	

续表

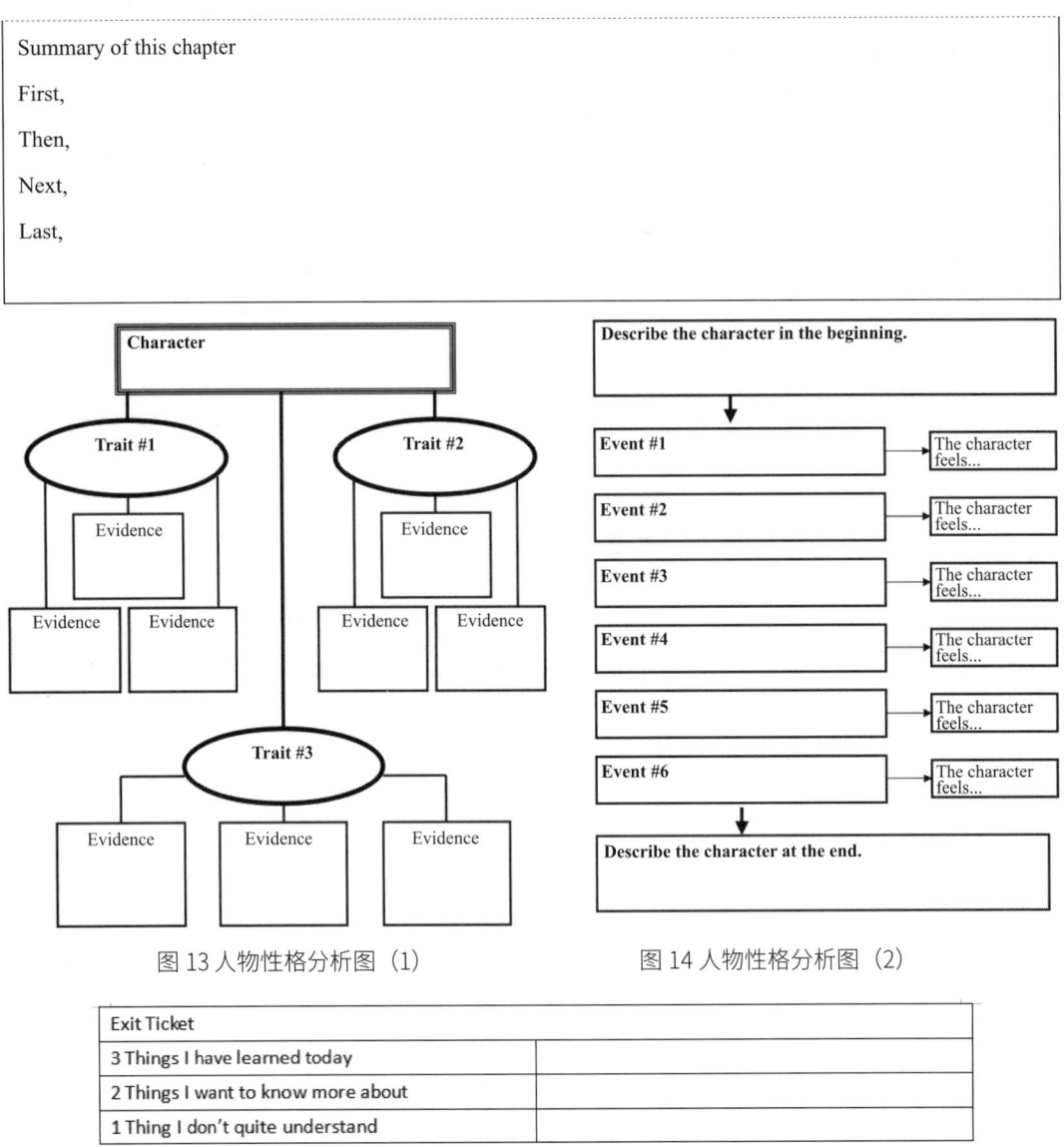

图 13 人物性格分析图（1）　　图 14 人物性格分析图（2）

图 15 出门条（课堂总结）

第十四章 活动课

基于"PBL"的英语活动课教学设计研究

——以"如何提高人们保护濒危动物的意识"为例

完成本章阅读，你将收获：

1. 活动课的概念和活动课的特点
2. 如何在英语活动课中落实核心素养
3. "PBL 项目式学习"模式下的英语活动课设计思路
4. 优秀英语活动课教学设计案例

PBL 项目式学习：Project-based Learning

第一节　什么是活动课？

英语是一门实践性很强的学科，学生只有通过大量听、说、读、写的训练，并增加语言实践，才能提高英语的综合运用能力。综合实践活动课作为辅助英语教学的一种课堂形式，能够给学生提供更多的语言实践机会，从而弥补常规课型教学的不足，促进学生更全面地发展。

英语活动课是一种创新课型，尚处于探索阶段，其题材内容和活动形式比较零散、多样。本章将从落实核心素养的角度出发，将英语实践活动作为主要形式，阐述和解读活动课的设计。

第二节　什么是英语活动课？

英语活动课

杜建群在其 2012 年的博士论文中这样论述："'综合实践活动课'是一种课程形态，不是一种活动，也不是一种学习方式。综合实践活动课程与其他课程的区别主要体现在这是一门活动课程，是强调既有思考又有行为的过程；又强调这是一门实践活动课程；最后是强调综合，从课程内容、培养目标、课程管理等多方面进行整体性地创设。"本章所说的活动课，即这种注重思考与行为过程的综合实践活动课。下文简称为"英语活动课"。

英语活动课的特点

图 1 英语活动课的特点

1. 需要真实、独立的项目

真实情境和真实项目会给学生提供真正的语言运用环境，促使学生用英语思考、用英语做事。很多英语教师喜欢创设"假设的情境"，比如"假设有一个外国朋友来学校参观，我们怎样欢迎他并向他介绍我们的学校？"虚假的情境让学生感觉教师在进行一场"考试"，学生们会更多关注语言知识而忽略了该学科其他能力的锻炼和提升。但是如果我们的任务是"如何改善学校餐厅的菜品？"这样一个真实的项目，学生会被激发出更高的主动性，并积极思考，设计针对用餐师生、食堂员工甚至营养师的调研活动。这些活动需要跟真实人群沟通，需要查阅营养学相关资料，了解师生对饭菜的喜好甚至是菜品的成本和定价。教师可以允许学生在采访过程中对部分工作人员使用汉语，但做采访提纲和调研报告要用英文。学生实践和努力的最终结果也很有可能成为现实，为学校餐厅提出可采纳的建议和意见。

2. 要有跨主题的语言运用

英语教材会以自然单元主题为中心，涵盖相关的词汇、句型，使学生在主题教学范围内进行语言练习和运用。但开放型的项目不会只涉及一个主题的知识。学生在提出及解决问题的过程中，需要融合地使用语言。跨主题的语言运用更有助于培养学生的综合语言运用能力。

3. 活动课要能培养学生的创新能力

教师应具备将英语学习与培养全面人才相结合的意识。想要培养学生的思辨能力和创新能力，教师要引导学生积极思考，启发学生主动探索、解放思想。真实的项目发生在现实生活当中，往往不像考卷和教科书那般有绝对的正确答案，所以项目式学习尤其需要学生用创新思维来解决真实问题。

4. 要实现跨学科学习

《英语课程标准（2022 版）》明确指出：设立跨学科主题学习活动，加强学科间相互关联，带动课程综合化实施，强化实践性要求。

跨学科学习是指跨出学科界限，与多个学科相互交叉、渗透、融合，形成新理论、新理念、新方法，进而提升自己的决策力和创新力。传统分科式教育不能够适应信息时代，不利于学生对知识体系从部分到整体的把握和理解，更割裂了学生与真实世界的有机联系。于是跨学科学习成为学校教育新的选择。

活动课的实践与误区

英语活动课作为一种课程形式，大纲没有明确的教学要求，大部分学校也未设置专门课时——这些客观因素成为活动课推广的阻力。教师层面来看，很多教师对活动课教学认识不到位，缺少相关的学习和培训，不知道如何设计和组织活动课，这也成为活动课未能全面推行的一个重要原因。除此之外，对于一线教师来说，有些英文教材在应对考试考查方面，已稍显不足，故教师不能留出更多教学时间给学生进行活动探究。活动课教学正处在一个尴尬的处境，即"好是好，但我们弄不了。"（某一线教师如是说）。

的确，这些障碍都是摆在英语老师面前的巨大难题，但是社会对人才的选择终会改变教育的方式。英语活动课作为创新课型，作为落实核心素养的有效途径，已逐渐成为英语教师们不可或缺的一项高于学科教学的综合技能的载体。

第三节　为什么要上英语活动课？

通过了解活动课的特点，我们已初步了解英语活动课对教育的重要意义。从结合英语教学的实际来看，活动课是对核心素养的具体实践。

英语学科核心素养包含语言能力、文化意识、思维品质和学习能力四个方面。

而活动课因为内容不定，教师反而可以根据学生需求设计课程，这一过程则能更加灵活地促进学生英语核心素养的提高。

1. "学中做"——用语言做事情

《英语课程标准（2022版）》指出：义务教育英语课程体现工具性和人文性的统一，具有基础性、实践性和综合性的特征。

在中小学教育阶段，教师应以发展学生的逻辑和创造性思维为主。本节所说的英语学科课程是指以英语教材为主的常规课程。英语学科课程的特点决定了学生的学习活动方式主要是"在学习中参与"，而英语活动课的特点决定了学生的学习活动方式主要是"从参与中学习"。

英语活动课为学生提供了很好的机会和场景来运用语言。学生在查阅资料、调研与讨论、展示与表演等形式中，以解决实际问题为目标，将英语的工具和人文属性发挥出来。学生在用语言做事情的过程中，语言能力和学习能力都得到双重锻炼与发展。

英语学科课程的"学习中参与"适用于学生积累间接经验，培养逻辑思维能力。而英语活动课的"参与中学习"则有利于培养学生的主动性和创造性，让学生可以积累大量的感性认识，从而形成多方面的综合能力。在"参与中学习"还有利于克服过去"学习中参与"模式下常出现的死记硬背、机械学习、被动接受等弊端，帮助学生在主动、开放的体验中发展创造性思维。

2. 在思考辨析中推动活动进行——用PBL项目式学习模式解决问题

先分享美国盖洛普的一项调查结果。2019年，他们采访了上万名教师、家长和学生。调查结果显示："经常实施创造性项目式学习的教师，与其他教师相比，更有可能认为，他们的学生表现出了一系列学习和其他能力提高的特点，包括树立自信、使用他们独特的强项、提升批判性思维和解决问题的能力。"87%的教师和77%的家长同意下面这个说法："虽然在学习过程中激发创造力的教学方法，更加耗费功夫，但（对学生或孩子来说）回报更高。"

PBL（Project-based Learning）项目式学习是一种研究型学习模式，最早应用于医学教学领域，强调项目以学生为中心。它以学科概念和原理为基础，学生通过参与真实的活动项目，对复杂、真实的问题探究，进行信息收集、调查、研究、协作，最终形成作品或解决问题。PBL能在现实生活中将知识学以致用。

项目式学习是体现学习本质的方式之一。项目式学习要引导学生在真实情境中发现问题、解决问题，又在解决问题的过程中去发现新的问题，呵护和点燃学生的学习热情，引导学生探究并体验学科知识在内的外部世界，发展对学科以及外部世界的内在兴趣。项目式学习最重要的价值是对问题持续不断的探求，这是学习的本质。

项目式学习是有思维含量和思维发展意义的学习。项目式学习要让学生透过问题的情境看到问题的本质，要在实际问题的探究和解决中，调动和激活相关知识，形成可迁移的思维方式，并在项目的完成中实现对不同学科知识的深度理解。从这个意义上来说，项目式学习是创造条件让学生不断迸发思维火花的过程[1]。

3. 在交往协作中思考和创新——实现有效交流和深度思考，提升创造力

合作有利于完成任务目标，有"工具价值"和"功利价值"。但更重要的是合作本身具有"内在价值"，合作让人抱团取暖、协力共进，使人不感到无助、不再孤独，给人带来力量、带来温暖，让个体从群体与团队中获得智慧、友谊、勇气与力量。合作能力并不仅仅是与人交往协作的能力，其背后还蕴藏着深刻的价值观。正如联合国教科文组织在《反思教育》报告中所指出的，教育不仅关系到学习技能，还涉及尊重生命和人格尊严的价值

---

[1] 尹后庆.让素养在中国的课堂上真实地成长[J].现代教学，2022(13)：003.

观，而这是在多样化世界中实现社会和谐的必要条件。"应将以下人道主义价值观作为教育的基础和目的：尊重生命和人格尊严，权利平等和社会正义，文化和社会多样性，以及为建设我们共同的未来而实现团结和共担责任的意识"。

在英语学科课程实践中，基于教材内容和学生认知习惯，教师多把重心放在"知"的方面，尤其是语法、词汇等方面，而对"听、说"能力训练不足。英语活动课恰恰相反，它可以贴近社会、贴近生活，注重英语作为语言工具的实用性，让学生眼、耳、口、手并用，同时结合学生各方面的能力和知识，在活动中深化知识。学生在英语实践活动中可以同时达到学习英语、运用英语、掌握英语的三重目标。这样的活动课，是符合英语学习活动观的实践形式。

在英语活动课中，学生运用所学语言进行有意义的思考、建构、交流和表达，呈现和展示最终的学习成果。学生"在体验中学习、在实践中运用、在迁移中创新。他们围绕真实情境和真实问题，激活已知，参与到指向主题意义探究的学习理解、应用实践和迁移创新等一系列相互关联、循环递进的语言学习和运用活动中。在应用实践类活动中内化所学语言和文化知识，加深理解并初步应用；学创结合，在迁移创新类活动中联系个人实际，运用所学解决现实生活中的问题，形成正确的态度和价值判断。"整个过程中，学生从不是"被动地听"和"被要求学"，也没有什么"标准答案"，学生在深度思考中提出解决问题的方法，在有效交流中获得经验，完善计划，发挥创新能力。

4. 将跨学科学习落实——在 STEAM 理念框架下实现融合

《英语课程标准（2022版）》明确提出："设立跨学科主题学习活动，加强学科间相互关联，带动课程综合化实施，强化实践性要求。""开展英语综合实践活动，提升学生运用所学语言和跨学科知识创造性解决问题的能力。引导学生结合个人生活经验和社会生活需要，围绕特定主题，由真实的问题或任务驱动，综合运用其他相关课程的知识自主开展项目学习。"

跨学科学习的 STEAM 教育理念，是一种重实践的跨学科教育。它将科学、技术、工程、艺术和数学有机结合在一起，打破单一学科知识体系的壁垒束缚，实现跨学科、重思考、勤动手、善沟通、多创新等多方面能力素养的提升。《教育部教育装备研究与发展中心 2016 年工作要点》提到要贯彻国家"双创"要求，为创客教育、"STEAM 课程"提供教育装备支撑，探索将新的教育装备融入课堂，培养学生的创新能力、综合设计能力和动手实践能力。

在 STEAM 教学中，可探究英语学科与各种学科的融创。比如在传染病流行时期，结合课本内容，针对七、八年级的学生开展了关于常见流行病情况的有意义的语言交流活动（如表 1 所示）。

表1　STEAM框架下的英语活动课[2]

STEAM 分级	内容
S（科学）	通过听力文本认识公共卫生：The science and art of preventing（阻止）disease 且正确表达健康问题与事故。 分析、探究医学治疗的全过程并完成 Medical Report（医学报告），就健康与安全问题提出建议。
T（技术）	能够用英语制作关于如何预防流感的医疗宣传手册（Medical Advice Booklet）。讲解医疗宣传手册的制作步骤和提供语料箱帮助学生进行制作。
E（工程）	学会用大数据对流感进行统计分析，对病情进行分类，建立模型。通过世界卫生组织、美国 CDC 和中国 CDC 关于对流感的分析和调查，对因患流感产成的症状进行归类。
A（艺术）	运用表演和 Chant（童谣）的形式将关于健康的语言进行有效输出，转化成对语言内容的深入理解。通过词块（Chunking）的学习方式，正确使用"have+(a)+病症"讨论健康问题并进行演绎。
M（数学）	建立科学防御流感的数学思想。学生对流感感染情况进行数字分析并且用英文解读数字。使用对流感感染地图呈现的数据，学生进行科学防疫的数字分析。

科技的日新月异和不同文化的交融使得当代人在英语学习上更具专业性和实践性，这就要求处于基础教育阶段的学生扩充词汇量并且提升英语应用能力。《英语课程标准（2022版）》对课外阅读量的要求非常高，同时，英语能力的提升更是要求学生同步拓宽自己的知识广度和深度，所以打破班级、年级，甚至是校际局限的英语活动课就是对于新时期英语学习的有益探索。

其实，英语活动课教学不仅能够提高学生的英语运用能力，培养学生的核心素养，其中的项目式学习模式等一些探究问题的方法还可以成为学生学习以及未来工作中的一项技能，为学生的终身发展提供支持。

第四节　如何设计一节有效的活动课？

设计一节英语活动课会很难吗？其实在理念到位、方向正确后，我们只需要遵循原则，依托框架，就可以轻松设计出一节优秀的英语活动课了。

设计项目式学习活动课的原则

1. 适应性原则

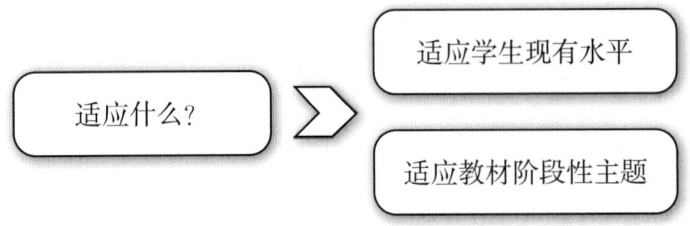

为什么？

英语活动课需以学生现有的语言水平为基础，适应教材的阶段性学习主题。这是学生对所学知识灵活运用的巩固过程，也是拓展新知识的学习过程，更是将知识生活化的迁移过程。

注意什么？

教师引导学生在完成活动的过程中，尽量使用英语。教师应在充分了解学生水平的基础上，进行教学设计和引导。教师根据"已知"和"将知"，提供给学生学习资源或者适合的获取资源的途径，以确保在完成项目的过程中，学生可以尽可能多地用英语进行交流。如果与调研人群不便使用英语沟通，教师应提示学生用英语记录和汇总。

2. 实践性原则

项目式学习需要学生的亲身实践，这种实践不同于观看，也不同于按部就班的流程推进。这种实践活动是带有提问、假设、计划、实施、验证、修订、结论、表达和交流等一系列手脑结合，伴有心智转换的行动。这就是说，如果我们提出了一个从头到尾只需依靠收集资料就可以得出结论的问题，或者提出一个按照流程去做就可以完成的任务，那么这就不符合项目式学习真正意义上的"实践性"原则。

项目式学习要充分鼓励学生心智发展，使学生充分习得，产生心智转换。以"校园植物的浇水频率"为主题的项目式学习可以这样进行：

观察现象——校园花草有干或涝的情况出现吗？

区分情况——哪些花草旱了，哪些花草涝了？分别有什么表现？

分析现象——喜水花草有哪些特征？喜干花草有哪些特征？它们在什么湿度下生长更好？

提出创造性解决方案——还有哪些途径可以满足校园植物在湿度和温度方面的要求，从而更适合他们生长？

进行决策分析——这些方案各自的优缺点是什么？就我们目前的情况来看，最适合采用哪一种方案？

创造性地解决问题——实际动手，验证自己的方案是否可行。

反思与迁移——在这个过程中，我学到了什么？还可以用这种方法解决其他类似问题吗？

学生在观察、思考、讨论、运用证据、实验、决策中获得分析现象、解决问题的方法，他们的心智得到了充分的发展，这是一个既动手又动脑的过程。

3. 学创性原则

为什么？

《英语课程标准（2022版）》明确提出坚持学创结合，引导学生在迁移创新类活动中联系个人实际，运用所学解决现实生活中的问题，形成正确的态度和价值判断。

怎样做？

创造性是可以培养的，学生可以通过积累领域知识、思维方法，逐步产生有洞见的新想法。我们的教育应该创造机会让学生做新颖的、有意义的思考，有机会解决日常的、复杂的真实问题，发展学生的创造性。

在英语活动课设计中，教师提出一个真实的驱动性问题，而不是知识性问题，这样学生才有思考和创造的空间。比如"你最喜欢的动物是什么？他们的生存环境和习性是什么？"这个问题只需要学生收集资料，查找信息就可以解决，并未有"假设、论证"的思辨过程，这就难以培养学生的创造力。如果把问题换成"你喜欢的动物的栖息地有什么特点？如果让一些动物离开栖息地，会产生什么后果？以目前地球气候和环境的变化，这些动物会面临什么？你有哪些解决方案？"学生在进行这个项目式学习的过程中，除了收集资料，还需要思考、假设、论证，以及通过创新来尝试解决问题。

我们可以用类似的项目，带给学生创造性体验，在活动项目中引导学生体会日常的、身边真实的问题解决过程，帮助学生形成对知识的新见解，引导学生创造性地运用学科知识进行创新实践，引导学生关注更具有社会关怀导向的真实而复杂的问题，探索不同专业领域的创造性解决问题的方式。

4. 合作性原则

项目式学习中的合作不仅是为了培养学生的能力，更是为了完成项目任务而采取的必要做法。

学生在参与项目式学习过程中，需要讨论并确定问题，他们会计划个体学习过程和合作学习过程，并与他人进行广泛合作。他们会和项目成员一起探讨、交流，甚至展开激烈的讨论和严谨的论证。他们也需要共享探究流程和结果。

同时，合作学习对于提高学生素养也有重要作用。合作学习给予学生更多的表达机会；让学生拥有跨文化意识和尊重他人的意识与习惯；让学生拥有自主学习意识并提高其分析能力。

5. 持续性原则

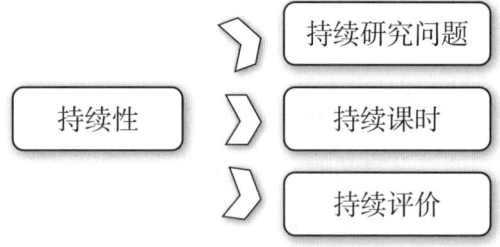

在项目式学习模式下的英语活动课，教师并非提出一个问题，学生找出答案就能完成任务。在学生的假设和论证过程中，会出现新的问题，这是一个持续研究的过程。也就是说，我们的英语活动课不是一个课时能完成的，它是一系列的活动，需要一个周期才可以完成。

在学习过程中的评价也同样具有持续性的特点。这个过程要求教师同时运用过程性和总结性评价策略，并且结合多元主体参与的评价方法来促进学生真正地投入学习。项目式学习模式的英语活动课的评价指向学习目标，具有目标——实践——成果——评价的一致性。过程性评价主要考查学生的认知、策略和实践，结果性评价主要考查学生的最终学习成果。

设计项目式学习活动课的环节

Step 1 设计项目式学习活动课的环节

◆ 提出一个真实的驱动性问题[3]

---

[3] 夏雪梅，项目化学习设计：学习素养视角下的国际与本土实践 [M]. 北京：教育科学出版社，2021.

关键词1 真实

大家怎么理解"真实"这个概念呢？是否是生活中真实发生的事件？其实我们发现，真实情境与学校情境之间的联系非常脆弱，很难常态化。真实问题是指学生习得的知识和能力是可以在现实生活中使用的，学生解决这个问题的思路在现实生活中是可以迁移的。比如模拟联合国大会，大家都知道这不是真实的情境，但是学生在其中的思考方式和解决问题的方法都是可以应用到在现实生活中的。当然，真实的生活问题具有更高的价值，比如"如何减少校园食品浪费？"

关键词2 驱动性

我们从下面两个问题开始：
What do students usually do on weekends?
How do students make weekends meaningful?
这两个问题哪个更适合作为驱动性问题？
很显然是第二个。

第一个问题是事实性问题，指向的是封闭性答案。第二个问题是开放性问题，它不仅需要学生找到信息，还需要学生提出观点、分析推理、给出结论。第一个问题是解决第二个问题的基础，是必要的知识组成，但是要充分回答第二个问题，仅仅有第一个问题作为知识基础还不够，还需要大量的拓展知识。比如：大部分学生的周末自由时间有多少？周末活动对学生未来的影响是什么？家庭、社会和学生个人的需求是什么？拥有不同家庭背景和理想的学生对这个问题的答案存在什么样的差异？

驱动性问题（Driving Question）指的是能够连接学习目标和项目过程的问题，它基于现实或者半现实的环境，激发学生探究知识以及寻找解决方案。

因此，"How"和"Why"的问题更利于引导学生思考和论证。

◆分析已知、未知和想知

如何解决提出的问题呢？首先，我们要进行大量的背景分析，明确这是个什么性质的问题，到底要怎样解决问题，是否要做背景研究。其次，在研究过程当中，我们希望达到的标准是什么，我们面临的限制是什么？我们可以通过KWL图形组织器引导学生归纳和分析（如图2所示）。

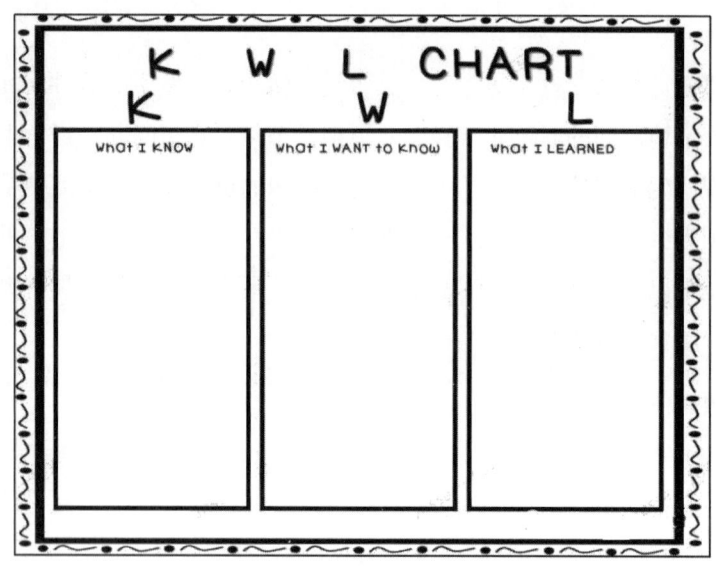

图 2 KWL 图形组织器示例

另外，在提出问题—确定问题的过程中，教师应综合考虑教材的教学内容，即学生应掌握的核心知识，学生在完成项目过程中所需的扩展语言知识（包含词汇和语言表达等）以及学生的思维角度和研究方向。

我们可以通过课堂提问来了解学生需求，也可以通过问卷或者 KWL 图形组织器在获得信息的同时推动学生思考。

◆ 补充知识

教师需要结合课本核心知识、学生掌握水平和所需拓展知识这三方面做好知识储备。教师对完成项目过程中所需词汇，交流所需的语言结构，以及调查和总结用语，提前对学生进行培训，确保语言工具性作用的发挥。教师也可以用课堂复习或者课外阅读资料等方式，对学生进行词汇、句型、参考用语等方面的补充，以确保学生在活动过程中运用英语交流，同时要求在调研或宣传过程中用的汉语资料配以英文版本。

◆ 准备辅助工具

针对室外活动或调研，教师需协调活动时间、相关人员和地点，并保证所需物料、现场设施和应急准备等。

下面，我们以一个完整项目的设计为例，按照设计步骤，来一起学习一节英语活动课的教学设计过程（如表 2 所示）。

表2　项目式学习活动课设计实例

步骤	设计过程	备注
活动背景	在学完人教版《初中英语 Go for it 八年级上册》Unit 10 后，学生们谈论自己拥有的物品的时长，以及在课文中了解到用"yard sale"处理自己不再用的物品，以最大化实现物品的价值。	总结课本中学到的目标语言，为交际做铺垫。
Step 1 设计问题	教师引导学生思考问题："你有哪些既喜欢又有意义的旧物品？""有哪些你现在用不到的旧物品？""你是怎样处理这些物品的？"，"还有什么更好的办法让旧物品变得更有价值吗？"通过这些问题，教师对核心知识进行总结，并为下一步确定项目做好铺垫。 教师分析学生提到的旧物利用方法，并允许学生进行证明和表达反对，之后确定主题"怎样使不用的旧物品重新拥有价值？"	问题要能引导学生思考。 问题要能激起学生的参与欲望。 问题要有后续研究和转化的空间。

Step 2 拆解小问题或确定小任务

把终极目标问题进行解码和拆解，分成小目标的过程，是学生进行思维对焦的过程，而解决小问题和完成小任务则是学生实现终极目标的过程。

◆小组头脑风暴可能的解决方案

学生以小组为研讨和行动单位，讨论出结果后再到班级进行交流。

首先学生在小组内进行头脑风暴。头脑风暴是没有评判性地提出和接受不同的意见。在头脑风暴的过程中，学生会提出不同的解决方案。当然，满足所有要求的完美方案一般很难找到。每个方案都有人赞成，有人反对，那接下来应该怎么办呢？

我们可以用决策矩阵来确定方案。请学生针对标准给每个方案打分，再参考每个标准的优先级。如果一个方案的总分比较高，而且拥有较高的优先级别，那么这个方案就可能被选中。这种决策方式也同样适用于通过班级讨论来选出最优方案。

◆确定小目标，做好任务分工

想要做好项目管理，就要将项目按照一定的原则进行分解，将一个项目分解成任务，再将任务分解成一项项工作，工作分解成日常活动，直到分解不下去为止。这样一级级分解下去，就可以将无法量化的项目变成可以量化的日常活动，每个活动只能由一个人来完成，以一个人所需要的完成时间作为活动的单位时间，这就是 WBS (Work Breakdown Structure) 工作分解结构法。我们要对目标分解，知道在哪个环节做什么、谁来做，怎么做等。

那么，小目标的确定就需要教师对学生进行引导和培养了。比如在 "How can I make the old things new?" 项目中，这个问题就能拆解成以下需要解决的小问题：

What old things can we show?

What can we do with the old things?

Who needs these things?

How can we sell them easily?

What can we do to make more people take part in our activity?

How much can we get?

What can we do with the money?

...

在逐渐细化和假设的思考过程中，更多的小目标被确定，更多的现实因素被学生们考虑到，这样我们就实现了目标分解。目标分解就是让我们了解要达成目标究竟要做哪些事的过程。只有明确任务安排，才能保证团队的工作有条不紊地进行，尤其是在面临突发情况时，更要细化目标任务，以准确快速地解决问题。

◆ 确定调研方式和完成时间（如表 2-续表 1）所示

将小目标对应到负责人，学生要明确完成时间，确定采用的方式，比如查阅书籍资料或网络信息、实地观察与采访调研、收集信息、假设推理等。

表 2-续表 1

步骤	设计过程	备注
Step 2 分解并 明确任务	1. 学生在小组内进行头脑风暴。提出自己的初步解决方案并在班级内的讨论中选出最优方案。将"旧物改造——帮助别人"结合。（或其他学生讨论得出的结果） 2. 学生结合所有提交方案对入选方案进行综合完善。 将"旧物——yard sale——帮助别人"结合（或其他学生讨论得出的结果） 教师引导学生进行问题解码，将大问题拆解成小问题。 学生分配和认领小任务，教师提示学生深入思考，结合 K-W-L 图形组织器，帮助学生深入理解问题本质，提出已知、未知和想知，并明确解决方式和完成时间。	主问题：How can I make the old things new? 可能出现的小问题：What old things can we show? Who needs these things? How can we sell them easily? What can we do to make more people take part in our activity? How much can we get? What can we do with the money? ...

Step 3 收集资料，探究论证（如表 2-续表 2 所示）

◆ 调研与搜集资料

这个阶段的学习活动需要一个时间周期。教师应为学生的研究行为提供保障，并做好过程性评价。我们可以通过规范学生的调研记录来做好监督工作。

◆ 交流结论

在调研阶段完成后，学生们将调研结果进行整理，并得出结论或者提出新的问题。在这个过程中，一些假设可能被证实可行，也可能被推翻。

第十四章 活动课

◆优化假设

在问题解决的过程中，学生需要不断尝试来寻找最优的问题解决路径，这就要求学生评估自己解决问题的结果，在情境中进行尝试。如果问题无法得到解决，就需要探查原因，纠正错误，发现新的问题，提出新的解决方案。

◆细化目标

将优化后的方案，再次进行目标细化，细化到具体的成果展现方式。

表2-续表2

步骤	设计过程	备注
Step 3 优化实施	学生按照既定目标进行调研和资料收集。学生在调研时应使用英文。在调查对象无法用英语沟通时，学生可用中文与其沟通，但需以英文形式记录。 教师组织学生进行学生调研后发现，仅学生提供的物品相对单一，所以将参与者范围从中学生扩大到小学生和附近小区的居民。 学生确定开展 yard sale 现场义卖活动。捐赠人可以改造自己的旧物，也可以保持原样，并讲述自己和捐赠物的故事。 结合调研结果，学生优化活动方案，细化下一步目标。将项目组细化分工为"宣传组""摄影组""保障组"和"现场组"，同时使个人目标更为具体准确。	

Step 4 解决问题（如表2-续表3）所示

◆展示成果，解决问题

学生活动质量的高低有一半取决于该项目的最终成果。成果不仅仅是做出东西，更要解决真实问题，体现对核心概念的理解，展现自己和团队成员在此过程中的深入理解与探究。即使最终的展现形式是报告、演讲，学生也不能仅谈理想、谈感悟、谈过程，而是要表现自己在核心知识上的深度理解。公开成果往往包含两类，一类是制作或表现出来的产品，另一类是用来说明这个产品内在设计理念与过程的文本、PPT 或口头报告。当然，学生在项目式学习过程中生成的材料，比如观察日志、过程记录清单、核查表、实验报告、项目方案、个人学习记录、小组清单、日记等，也同时可以作为佐证材料。

项目化学习成果类型有很多，为了便于设计，我们将其划分为三大类。

第一类是制作类成果，包括戏剧表演，食谱、菜单、网站、设计出的物品。

第二类是解释说明类成果，如演示、口头报告、PPT 报告、书面说明、研究报告、海报、演讲等。

第三类是现实性成果，如组织现实活动等。

表2- 续表3

步骤	设计过程	备注
Step 4 问题解决	学生策划和主办 yard sale 现场义卖活动。	本篇为活动后设计,结果导向较为明显。

Step 5 评估结果

教师要对学习实践的整个过程进行评价,引发学生更深层次的学习和理解。教师要同时运用过程性和总结性评价策略,并且结合多元主体参与的评价方法来促进学生真正投入学习。

教师可采用自我反思、档案袋、真实性评价、同伴评估等评价方式。另外,学习时间和最终结果都要运用到量规设计的方法来进行评价。教师还要做到评分者来源与分数的多样性,听取来自同伴、班级、学校外部的评议以及专业人员的建议等(如表3所示)。

表3 "旧物改造"活动过程自评与互评表

评价内容	自评星级	互评星级
独立思考旧物改造的活动方案。	★★★	★★★
能大方、流利地介绍自己的设计方案。	★★★	★★★
在讨论中既能表达自己的意见也能接受和融合组员的意见,形成决定。	★★★	★★★
能顺利完成 yard sale 现场义卖活动筹备中的采访、备料、组织等任务。	★★★	★★★
在活动过程中亲身参与并完成记录表,在资料搜集和准备过程中认真进行结果分析。	★★★	★★★
对 yard sale 现场义卖活动筹备组织过程及时总结,与成员沟通,能做出调整与改进。	★★★	★★★
成果满意度	★★★	★★★

第五节　优秀案例展示

唐山市丰南区经安中学　王明云

教学设计

如何提高人们保护濒危动物的意识？

活动背景

这次活动课旨在帮助学生们学习到更多关于保护濒危动物的知识，并且引导学生们参与到帮助周围人提高保护濒危动物意识的活动中来。课后学生们能够从自身做起，主动学习环保知识。

学情分析

七年级的学生可以使用简单的英语进行沟通交流，并且大部分学生乐于与他人沟通、分享。但是，部分学生英语知识储备还是很薄弱，英语语言的综合运用能力比较低。通过这次活动课，学生们需要拓宽知识面并且能够用英语表达和交流来解决实际问题。此外，在活动中学生可以锻炼他们自身的思维能力、学习能力以及合作能力。同时，虽然学生可以通过电视、网络等途径对濒危动物有一定了解，但感觉与自己的生活相距较远，并未产生深刻的影响。通过对身边老一辈的采访，促使学生认识到家乡生物的多样性以及一部分动物濒临灭绝的严酷现状，唤起学生保护动物的意识。

教学目标

1. 发展语言能力

①通过查阅资料，学生能够积累关于动物的关键信息和相关的英语表达。学生能够运用积累的语言知识来构建自己需要运用的语篇知识。

②通过调查、采访、总结和评价，学生能够记录被采访人的观点和感受，并且把记录下来的信息尽量准确地用英语进行转化。另外，学生能够在此基础上发表自己的观点和看

法，这有助于提升其信息整理能力、信息转化能力、英语知识综合运用能力等。

2. 培育文化意识

在积累、学习和运用语言知识，查阅整理资料以及对活动的总结评价的过程中，学生能够形成人与动物和谐相处的意识。

3. 提升思维品质

在进行小组沟通以及信息记录整理等环节的过程中，学生能够学习并思考运用不同的语篇知识。此外，学生还能够提高获取关键信息的能力，这包括对各种信息进行正确的价值判断后筛选、应用的能力和对采访者的碎片式语言信息进行整理创编的能力。

4. 提高学习能力

在活动实践过程中，学生能够先进行独立思考再进行小组合作，以此明确小组目标以及具体的目标实施方案。在方案实施的过程中，学生会遇到各种困难，他们需要在学习、合作的过程中解决问题，在反思、交流和总结中实现与组内成员的深度合作，共同完成实践任务，最终达成目标。

教学重难点

1. 培养学生对英语知识进行综合性和创新性的应用能力；
2. 通过实践活动，学生能够提高自身思维能力、学习能力和合作能力。

课程主题

"濒危动物需要大家"的英语活动课教学设计

教学流程

教学过程	教学活动	活动目的
设计问题 （5分钟） （第一课时）	教师播放一个关于濒危野生动物现状的短视频，激发学生的学习兴趣，引起学生共鸣。随后，教师询问学生是否愿意帮助这些处于险境的小动物。在得到学生肯定的回答后，教师提示学生提高人们保护动物的意识才是解决问题的根本。引出话题：如何提高人们保护濒危动物的意识。	1. 学生能够了解到濒危动物现状； 2. 视频内容可以引起学生对濒危动物的同情心。

第十四章 活动课

教学过程	教学活动	活动目的
任务1 解读问题 明确任务 (15分钟) （第一课时）	教师将学生分为5~6个人的小组，要求每个组都确定准备宣传的濒危动物名单。 学生先进行独立思考和准备，选择自己想要宣传的动物并列出理由。之后，学生们在组内进行交流讨论，先在小组内达成一致意见，然后再选出一种濒危动物。最后，每组把结果填入下列表格。 | Group	G1	G2	G3	G4	G5	G6 | |---|---|---|---|---|---|---| | Animal | | | | | | |	通过独立思考和交流，有效地锻炼学生的英语表达能力和沟通能力，培养良好的学习习惯。
任务2 搜集资料、研究论证 (课上25分钟) （第一课时和课后采访活动）	1. 学生认真阅读并理解以下表格内容、明确活动规则和采访内容。教师为学生做好调研采访的脚手架； **Rules of the interview** 1. Find more information about the animal you want to introduce(including its habitats, present situation, reasons of becoming endangered animal and so on) 2. Make sure you know you want to introduce your animal to. 3. You should use simple English words.phrases or sentences to take notes. 4. After the interview. you should analyze the information and make a report. 2. 学生观看关于如何进行采访的小视频； 3. 学生在组内进行讨论，确定课堂和课后采访的目标人群和搜集资料的其他方式，并确定分工； 4. 学生进行讨论后制订采访计划，并在班内做报告； 5. 学生完成课堂采访。每组派出3名学生作为采访员，对学生进行采访并记录数据； 	People(job)	Know	Unknow	Need to know	 |---|---|---|---| | | | | | | | | | | | | | | |	1.学生在教师的指导下，能够通过假设——实践——调整——印证的研究方式展开学习。 2. 教师鼓励和引导学生尝试多种获取信息的方式，并能够对信息进行筛选和整理，通过对信息的分析提出自己的疑问和观点。
	6. 通过课内采访实践，调整采访内容和方法，研讨确定课后采访对象、采访时间、采访内容、采访形式等，并提前写好英文大纲，若采访中必须使用中文，需形成英文版采访记录。 **Report example** Through the interview, we can know that ×× is a fisherman, and he has known that _____. But he didn't know _____. ×× as a _____ has known _____. But he didn't know _____. ... Therefore, we want to introduce our animal from the following partse 1. _____ 2 _____ ... 学生按照分工开展课后采访实践活动，了解濒危动物，搜集信息。（课后完成）	通过调查，学生可以了解人们对濒危动物的认识现状，更有针对性地采取行动，唤起人们"保护濒危动物"的意识。

教学过程	教学活动	活动目的
任务3 优化实施 （40分钟） （第二课时）	1. 学生在小组内交流和整理搜集到的信息，并进一步提出问题："怎样让XX（某种动物）得到更好的保护？"； 2. 在学生决定好宣传方式后，商讨并分配好每个成员的任务； 3. 教师需要给学生们提供英语表达，比如英语单词、短语、句型等； 4. 在完成表格和任务分配后，每组需要对任务分配进行书面记录并保存记录信息，方便后续任务实施过程中进行核实。	这一阶段任务可以帮助学生提升信息筛选能力，对资源的整合利用能力，以及对英语知识的综合利用能力。除此之外，学生们还能够提升自身的实践能力。
任务4 展示成果， 解决问题 （课后活动）	在完成任务3后（教师可以根据活动情况把握时间长短），教师组织学生以小组为单位，进行实践成果展示。 1. 学生将得到的信息、自己的思考、得出的结论、确定的措施以形象生动的方式进行展讲。展示过程需体现学生的分工与合作； 2. 在听取教师与其他学生的意见和建议后，各小组进一步调整和完善措施方案； 3. 实施计划与方案。教师组织"濒危动物需要我"主题周活动。学生将本组的措施方案付诸实践。（街头海报传单、网络短剧、公益讲座、知识竞赛、纪念品义卖等形式）。	通过完成调查采访以及整合采访信息等任务，学生可以锻炼他们自身的表达能力、信息转化能力以及信息整合能力。这些任务还能够帮助学生增强自信心及体验成就感，同时使学生们体会到实践活动的乐趣。
任务5 总结评价 优化方案 （40分钟） （第三课时）	1. 小组自评 组内成员对自己在完成任务的过程中的表现进行评价； 2. 小组互评 对其他小组的整体学习过程给予评价，可指出值得学习的地方和不足之处； 3. 第三方评价 教师对活动参与和完成质量、成果呈现效果、小组协作能力、学习过程记录等多方面进行综合考虑，给出评价。同时，也可邀请参加对象以网络投票的形式收集意见和建议。	评价与评估的过程，让学生回顾项目完成的得失，有利于总结经验，吸取教训，提升其学习能力。